Barbara Beuys

Der Große Kurfürst

Der Mann,
der Preußen schuf

Biographie

Rowohlt

Umschlagentwurf Werner Rebhuhn
1. Auflage August 1979
Copyright © 1979 by Rowohlt Verlag GmbH,
Reinbek bei Hamburg
Alle Rechte vorbehalten
Bildquellennachweis auf S. 410
Gesamtherstellung Clausen & Bosse, Leck
Printed in Germany
ISBN 3 498 00456 5

«Ein Mensch, der nicht glaubet, daß er vom Himmel herunter gefallen ist; der den Anfang der Welt nicht nach seinem Geburtstag abmisset; ein solcher muß nothwendig begierig seyn, zu erfahren, was zu allen Zeiten und in allen Ländern vorgegangen ist.»

Friedrich der Große:
«Nachrichten zur Geschichte des Hauses Brandenburg»

«Galilei: ... Mauern und Schalen und Unbeweglichkeit! Durch zweitausend Jahre glaubte die Menschheit, daß die Sonne und alle Gestirne des Himmels sich um sie drehten. Der Papst, die Kardinäle, die Fürsten, die Gelehrten, Kapitäne, Kaufleute, Fischweiber und Schulkinder glaubten, unbeweglich in dieser kristallenen Kugel zu sitzen. Aber jetzt fahren wir heraus, Andrea, in großer Fahrt. Denn die alte Zeit ist herum, und es ist eine neue Zeit...»

Bert Brecht: «Leben des Galilei»

Inhalt

Als die neue Zeit begann

Das 17. Jahrhundert hat nur zwei Fürsten «groß» genannt. Den einen kennen wir alle: Ludwig XIV., Tyrann und Sonnenkönig, der nach der Devise lebte und regierte: Der Staat bin ich. Louis le Grand nannten ihn die Zeitgenossen. Als «Großer» ist er zwar nicht in die Geschichtsbücher eingegangen, aber geschrieben haben die Historiker immer wieder über ihn.

Der andere – Friedrich Wilhelm, der Große Kurfürst von Brandenburg – ist heute nicht mehr als ein geschichtlicher Schatten. Von ferne klingt es zu uns aus dem Kleistschen Drama über den Prinzen von Homburg herüber: «In Staub mit allen Feinden Brandenburgs!» Denn wenn es zu diesem brandenburgischen Fürsten überhaupt noch ein Stichwort gibt, dann ist es «Fehrbellin» – die siegreiche Schlacht gegen das erfolgsgewohnte schwedische Heer mitten in der Mark.

Die Geschichte ist ungerecht und wertet nicht nach Verdiensten. Dabei trifft auf Friedrich Wilhelm, der 1620 geboren wurde und fast ein Halbjahrhundert – von 1640 bis zu seinem Tod 1688 – regiert hat, zu, was nach Jacob Burckhardt («Weltgeschichtlichen Betrachtungen») den «großen Mann» ausmacht: «. . . weil bestimmte große Leistungen nur durch ihn innerhalb seiner Zeit und Umgebung möglich waren und sonst undenkbar sind.»

Leopold von Ranke hat gefordert, Geschichte solle «bloß zeigen, wie es eigentlich gewesen ist». Am Anfang dieses Buches stand meine Neugier. Wer war dieser Mann Friedrich Wilhelm aus dem Geschlecht der märkischen Hohenzollern, dessen langes Leben jene Epoche durchmaß, in der Europa endgültig aus dem Mittelalter aufbrach in die neue Zeit? Als sich Entwicklungen anbahnten, die uns noch heute in Atem halten. Sollte das alles wirklich spurlos an diesem Menschen und diesem Land vorübergegangen sein?

Die neue Zeit: War sie denn nicht schon ein ganzes Jahrhundert früher angebrochen? So jedenfalls lehren es doch die Schulbücher: Kolumbus entdeckte 1492 Amerika, Kopernikus nach 1507 den Lauf der Erde um die Sonne, und Luther gab 1517 mit seinen

Schlägen an die Schloßkirche zu Wittenberg geradezu das Zeichen für die neue Welt. Drei Zeitgenossen, die wie niemand sonst das Ende des Mittelalters signalisieren. Uns Nachgeborenen scheint das selbstverständlich, nur die drei wußten nichts davon. Kolumbus glaubte, er sei in Indien gelandet; Kopernikus war kein Revolutionär, sondern ein frommer Domherr, und als Luther von den Theorien des Kopernikus hörte, nannte er ihn laut vor aller Ohren beim Mittagstisch einen Narren. Drei Männer, die fest im Mittelalter und seiner Gedankenwelt verwurzelt waren. Die radikalen Konsequenzen ihrer Entdeckungen zog erst das nächste Jahrhundert. Die neue Zeit brach wirklich auf, als am 17. Februar 1600 auf dem Campo dei Fiori in Rom der Dominikanermönch Giordano Bruno, nackt an einen Eisenpfahl gefesselt, von der Inquisition verbrannt wurde. Erst Bruno hatte gezeigt, was die Theorien des Kopernikus für den Menschen bedeuten: Nicht Gott war unendlich, wie es die christliche Lehre behauptete, sondern der Kosmos. Die Erde ein Planet unter unzähligen. Der Mensch ein Staubkorn im Universum.

Doch was in unsern Ohren so vernichtend klingt, war nicht Ausgangspunkt tiefer Verzweiflung oder ohnmächtiger Resignation. Für den Mönch bedeutete das neue Himmelsbild ungeahnte Möglichkeiten: «Öffne uns das Tor, durch das wir hinausblicken können in die unermeßliche Sternenwelt.» Das ihm folgende europäische Jahrhundert nahm sich diese ungewohnte Freiheit und nutzte sie. Es explodierte geradezu: Die exakten Naturwissenschaften entstanden, und der Philosoph René Descartes behauptete, daß der kritische Verstand die höchste Autorität sei und nicht, was die alten Griechen geschrieben hatten. Und während die Gelehrten suchten, forschten und entdeckten, machten sich die Fürsten daran, den modernen Staat aufzubauen. Die Säulen der neuen Ordnung hießen Bürokratie und Verwaltung. Nicht der Ritter war mehr gefragt, sondern der Jurist, und der kam meist aus einem bürgerlichen Elternhaus. Die Neuzeit wurde Wirklichkeit.

Was aber hat das alles mit Preußen zu tun? Was mit der Mark Brandenburg, diesem Haufen Sand am Rande der Barbarei? Und was vor allem mit jenem Herrscher, der längst versunken ist im historischen Treibsand, mit dem Großen Kurfürsten?

Friedrich Schiller hat die Großen nicht nur geliebt, weil sie dem Drama die Würze geben. Er war auch als Historiker kein Freund der Massen: «Einzelne wenige zählen, die übrigen alle sind blinde Nieten.» Solcher Zynismus ist nicht die Grundlage dieser Biographie. Der Große Kurfürst wird hier nicht als Held gefeiert. Denn natürlich hat er seine Untertanen hart ausgepreßt für die Größe des Staates, den er schuf. Doch die Leiden der Mehrheit zu sehen, die Fragwürdigkeiten des Fortschritts, kann nicht heißen, blind zu sein für die Wirkungen und Veränderungen, die von wenigen ausgehen. Wer nicht davon überzeugt ist, daß ein einzelner Motor der Geschichte sein kann, wird keine Biographie schreiben.

Der Große Kurfürst verdient unser Interesse, weil er Entwicklungen auslöste, förderte, die uns bis heute bestimmen. Er konnte es, weil er ein europäisches Lebensgefühl vertrat, das die neue, moderne Zeit verkörperte und uns so über eine lange Spanne Zeit trotz vieler Fremdheit nahe ist. Weil er dem Bürger näher stand als den Tyrannen. Paul Fleming, Arzt und Dichter, gestorben 1640, hat dieses Gefühl präzis in Verse gegossen:

«Sei dennoch unverzagt, gib dennoch unverloren,
Weich keinem Glücke nicht, steh' höher als der Neid,
Vergnüge dich an dir und acht es für kein Leid,
Hat sich gleich wider dich Glück, Ort und Zeit verschworen! . . .
Wer sein selbst Meister ist und sich beherrschen kann,
Dem ist die weite Welt und alles untertan.»

Es ist schon erstaunlich, wie genau dieses Psychogramm des neuen Menschen auf Friedrich Wilhelm zutrifft. In diesem Sinne war er einer, der nicht aufgab, sooft er auch scheiterte, sooft sich seine Siege in Niederlagen verwandelten. Er sah wie seine Zeitgenossen darin aber kein vergebliches Tun, sondern eine wesentliche menschliche Tugend. Es gab keinen Widerspruch zwischen Disziplin und Vergnügen.

Um den Menschen der damaligen Zeit so dicht wie möglich auf den Fersen zu bleiben, werden sie in diesem Buch ausführlich selbst zu Wort kommen. Die nicht selten sperrigen und gewundenen Zitate wurden nicht gekürzt, um den Text gefälliger zu machen. Wer sie laut liest, wird sich schnell hineinfinden. Andere wiederum gehen leicht von der Zunge. Es ist nicht zu übersehen, wie unterschiedlich die Sprache der Zitate quer durch das Buch ist. Neben dem originalen barocken Deutsch stehen vor allem Übertragungen aus dem 19. Jahrhundert. Diese Buntheit hängt damit zusammen, daß der Große Kurfürst ein Stiefkind der Historiker war. Längst nicht alle Quellen, die etwas über ihn und seine Mitarbeiter aussagen, stehen in historisch-kritischen Ausgaben zur Verfügung. Sie sind weit verstreut. Jeder Biograph heute muß sich deshalb auch auf die Sekundärliteratur stützen. Doch soweit sie von Fachleuten stammt, gibt es keinen Grund, an der Echtheit der Quellen zu zweifeln. Und weil Geschichte ohnehin nicht pur im Reagenzglas gefiltert werden kann, darf auch ihr Abbild zwischen zwei Buchdeckeln bunt sein und auf die Uniformität verzichten.

Geschichte zu erzählen heißt eine lange Reise in die Vergangenheit antreten. Wer erzählt, will nicht Forschung für wenige treiben, sondern möglichst viele unterhalten. Einsichten können sich auch auf diese Weise einstellen. Unverständlichkeit ist kein Zeichen für Tiefe. Die Frage, wer wir sind, schließt schon immer die Frage ein, woher wir kommen. Es lohnt sich, rückwärts zu blicken – unter der Voraussetzung, daß man keine Genickstarre bekommt und keine ewigen Wahrheiten erwartet. Goethe hat auch hier die treffende Formulierung gefunden: Man reist doch nicht, um anzukommen.

1

Kindheit und Jugend

Im Juni 1620 zog ein Regiment englischer und schottischer Soldaten durch die Mark Brandenburg und auf Berlin zu. Sie waren auf dem Weg nach Böhmen, wo Kurfürst Friedrich V. von der Pfalz seit einem Jahr als neuer König die protestantische Sache gegen die katholischen Habsburger, die bisher im Lande geherrscht hatten, verteidigte. Der Kronenwechsel löste den Krieg aus, der dreißig Jahre verschlingen würde und gerade einen zögerlichen Anfang genommen hatte. Geschickt waren die 2000 Mann vom englischen König Jakob, dem Schwiegervater des Pfälzers. Der Engländer erwartete für seine Soldaten in der Mark nicht nur freundliche Aufnahme, weil die hohen Herren – von London über Berlin bis Prag –, die einen mehr, die andern ein bißchen weniger, dem reinen und unverfälschten Evangelium anhingen. War doch außerdem der Herr der brandenburgischen Lande, Kurfürst Georg Wilhelm aus dem Geschlecht der Hohenzollern, mit einer Schwester des neuen böhmischen Königs verheiratet.

Die Berliner Bürger allerdings sahen nicht auf das gemeinsame Blut der hohen Herrschaften, dafür um so genauer auf das Evangelium. Sie dachten sehr viel strenger als die weltlichen Verteidiger der geistlichen Sache und ließen über den rechten protestantischen Glauben nicht mit sich handeln. Seit Martin Luther dem Papst in Rom genau ein Jahrhundert zuvor den Gehorsam gekündigt hatte, waren die Untertanen in der Mark treue Anhänger des Mönchs aus Wittenberg. So treu, daß sie die radikalen Kinder der protestantischen Freiheit, die sich um den Genfer Theologen Johann Calvin sammelten, als Teufelsanhänger verdammten. Die Märker standen nicht allein. Die Lehre des Calvin und seiner reformierten Kirche – auch Calvinismus genannt – fand keine Freunde unter den Lutheranern im Reich. Von den wichtigen Herrscherfamilien hatte sich nur das kurfürstliche Haus in der Pfalz und – 1613 – der brandenburgische Kurfürst Johann Sigismund und sein Sohn Georg Wilhelm für die Lehre aus der Schweiz entschieden. Ein unentwirrbares Knäuel aus machtpolitischen Erwägungen und persönlicher Überzeugung hatte in Berlin zum Konfessionswechsel geführt: gewaltiges Ärgernis in einer strenggläubigen und ordnungssüchtigen Zeit. Es stiftete Verwirrung und Haß unter den lutherischen Untertanen, die in ihrem Abscheu vor Calvinisten und Katholiken keinen Unterschied machten. Bei den Landesvätern, die nun zur religiösen Minderheit im eigenen Land zählten, wurde der Übertritt zum Motor einer bis dahin unbekannten Toleranzpolitik, die Brandenburg-Preußen in diesem Jahrhundert von allen Staaten Europas unterschied.

Die englischen Soldaten für König Friedrich in Prag, einen Calvinisten, waren also für die Bevölkerung in der Mark nicht Verbündete, sondern ein religiöses Ärgernis. Und weil ihnen niemand sagte, wozu der wilde Haufe gut sei, wurden die Bürger der Residenz mißtrauisch. Wollte man sie vielleicht mit Gewalt zur reformierten Sache drängen? Sollte nun späte Rache folgen, weil sie nach 1613 auf den neuen Glauben ihres Herrscherhauses mit Tumulten und Steinwürfen reagiert hatten? Die Gerüchte, die sich stündlich weiter aufblähten, verlangten Taten. Die Trommel erscholl, die Bürgerwehr trat mit Gewehren und Musketen zusammen, von denen mancher Schuß in die Luft gefeuert wurde oder sich ungewollt entlud. Nachdem man so seinem Unmut hörbar Ausdruck verliehen hatte, ging ein jeder schimpfend und palavernd nach Hause.

Im Hohenzollernschloß auf der Spreeinsel diktierte zu gleicher Zeit der Kanzler Pruckmann an seinen Herrn, den Kurfürsten Georg Wilhelm, der sich im Herzogtum Preußen aufhielt, einen eiligen Brief: «Der gemeine Haufe aus Haß gegen die Reformierten geht knurren und murren, daß man die Engländer nicht abgetrieben habe.» Und er ließ weiter mitteilen, das Lärmen und Schießen sei so groß gewesen, daß des «Kurfürsten junges ungetauftes Herrlein» zweimal davon in der Wiege aufgeschreckt worden sei. Am nächsten Morgen – die Berliner waren wieder friedfertige Leute geworden – beschwerte sich die Kurfürstin Elisabeth Charlotte, Mutter des «Herrleins» und Gemahlin Georg Wilhelms, bei der Bürgerschaft über den Krach. Das gleiche tat im Namen des kleinen Prinzen der Kammerjunker von Schlieben und erklärte mit gebührendem Pathos, der Kurprinz habe die ganze Nacht kein Auge zugetan.

Die Soldaten zogen schnell weiter. Sie hatten noch kaum den märkischen Sand von den Stiefeln geschüttelt, da brachte ein reitender Bote aus Königsberg einen Brief des Kurfürsten ins Schloß. Georg Wilhelm schrieb, er müsse noch länger in Preußen bleiben, und man solle ohne ihn Taufe halten. Weil der Großvater des Täuflings, gestorben 1619, zwar eingesargt, aber noch nicht feierlich in die Gruft geleitet war, versammelte sich die Taufgesellschaft im Dom zu einer wenig aufwendigen Feier – das Geld war ohnehin knapp –, und der junge Herr wurde auf den Namen Friedrich Wilhelm getauft. Es war der 9. August 1620 neuen Stils, während man in der brandenburgischen Kanzlei den 30. Juni schrieb. Noch weigerten sich die protestantischen Länder, sich der Kalenderreform Papst Gregors XIII. aus dem Jahre 1582 anzuschließen, die den Kalender des Julius Cäsar ablöste und verbesserte. Die religiösen Neuerer hielten fest am «alten Stil». Nichts symbolisiert besser, wie sehr sich in diesem 17. Jahrhundert Altes und Neues überkreuzt und überlagert. Noch hält das Alte stand. Aber die Zeichen stehen schon auf Veränderung.

Die Geburt des kleinen Hohenzollernprinzen war sogleich der großen europäischen Adelsfamilie auf verschiedene Weise angezeigt worden. Die minderen Herrschaften erhielten ein kurfürstliches Schreiben. Den ganz hochgeborenen wie dem König von England, dem Prinzen von Oranien, dem Schwager in Prag brachte ein Bote mündlich die wichtige Nachricht. Auch die eigenen Untertanen wurden nicht übergangen. Der märkische Landtag, wohin Adel und Städte ihre Vertreter sandten, bekam vom Kurfürsten eine Einladung, bei der Taufe Zeuge zu sein. Er versäumte in seinem Schreiben aber nicht, darauf hinzuweisen, daß er sie mit dieser Einladung keineswegs «in Kosten und Ungelegenheit» bringen wolle.

Das Land hatte keinen Taler in der Kasse. Niemand wußte das besser als Georg Wilhelm. Seit der Kurfürst 1619 nach Königsberg gezogen war, um seinen Anspruch auf das vor einem Jahr geerbte Herzogtum Preußen an Ort und Stelle durchzusetzen, mußten zwei Hofhaltungen mit fast tausend Personen bekleidet und beköstigt werden.

Am Hof des Herrschers wurden viele satt. Es war ein Staat im

Staate, wo es für jeden Handgriff einen Bediensteten gab; wo Schneider, Küchenmeister und Pagen, Mundschenke und Mägde von früh bis spät auf Trab waren. Seit dem 16. Jahrhundert hatten sich die Sitten zunehmend verfeinert. Niemand warf mehr mit Knochen bei Tisch nach dem Nachbarn. Statt mit der Hand ging man nun mit dem Löffel in die Schüssel und schneuzte sich artig in sein Taschentuch. Die Elite zivilisierte sich.

Mit dem feinen Geschmack stiegen die Kosten. Niemand bei Hofe dachte trotz leerer Kasse daran, sich einzuschränken. Der Hof zu Berlin war bei den Bürgern tief verschuldet. Von Zeit zu Zeit weigerten sich die Gastwirte, kurfürstlichen Besuch aufzunehmen, bevor nicht die überfälligen Rechnungen bezahlt waren. Es würden Zeiten kommen, während des Großen Krieges, wo man vom Schloß zum Rathaus ging, 15 Taler zu leihen, damit alle satt werden konnten.

Ein wenig Kosten wurden gespart, als die kurfürstlichen Frauenzimmer im Spätsommer 1620 ebenfalls nach Preußen zogen und den kleinen Fritz mit seiner drei Jahre alten Schwester Louise Charlotte unter der Obhut einer Hofmeisterin im Cöllner Schloß zurückließen. Es war nun eine so kleine Gesellschaft, daß sie mittags alle an einer Tafel Platz hatten.

Der Prinz wuchs die ersten Jahre unter weiblicher Obhut heran. Ab und zu kam elterlicher Besuch. 1623 wurde eine jüngere Schwester, Hedwig Sophie, geboren. Es gibt nichts zu berichten über diese ersten Lebensjahre. Wir dürfen annehmen, daß es ein unbeschwertes Leben ohne allzuviel Zwang und Protokoll war. Ein zweiter Sohn, der dem Kurfürstenpaar 1624 geboren wurde, starb nach wenigen Monaten. Die Familie würde sich nicht mehr vergrößern.

Es waren Frauen, die auf das Kind in diesen frühen prägenden Jahren den größten Einfluß hatten. Der Vater verbrachte seine Zeit mißmutig damit, sich den schwierigen Zeitläuften halbwegs richtig anzupassen. Es waren Frauen von starker Persönlichkeit, gewohnt, in wichtigen Dingen wie Politik und Religion eine eigene Meinung zu haben, sich keinesfalls in «weibliche Reservate» abschieben zu lassen. Zwei kurfürstliche Witwen lebten jetzt am Hof und kümmerten sich mit um den Enkel, ohne ihr politisches

Interesse darüber zu vernachlässigen. Anna von Preußen, die Mutter des Kurfürsten – überzeugte Lutheranerin –, ließ hartnäckig ihren Prediger in der Schloßkapelle gegen den calvinistischen Glauben des Herrschers und seiner Familie predigen. Des kleinen Fritzens Großmutter mütterlicherseits, Louise Juliane von der Pfalz, war in Brandenburg geblieben, nachdem ihr Sohn Friedrich mit seinem Griff nach der böhmischen Krone gescheitert war und in Holland Zuflucht gefunden hatte. Sie hielt die Interessen der Reformierten hoch. Auf ihrer Seite stand ihre Tochter Elisabeth Charlotte, die Kurfürstin.

Elisabeth Charlotte war eine energische Frau und eine liebevolle Mutter. Eines Tages schenkte sie ihrem Fritz ein Armband mit einer Inschrift, in der sich auf die zurückhaltende Weise der Zeit, die persönliche Gefühle nicht auf den Markt trug, ihre Zärtlichkeit für den einzigen Sohn ausdrückte: «Dieses gebe ich euch zur Versicherung meiner herzlichen Liebe gegen euch und einer Erinnerung, meiner getreuen Vermahnung nicht zu vergessen, Gott und eure Unterthanen über alles zu lieben, aller Tugenden euch zu befleißigen, die Laster aber ernstlich zu hassen, so wird Gottes Beistand euren Stuhl befestigen und aller zeitliche und ewige Segen euch folgen.»

Mehr als dreißig Jahre später, er war schon längst Kurfürst, schrieb Friedrich Wilhelm über dieses Geschenk: «Dieses ist mir während meiner ganzen Regierung stets vor Augen gewesen, und mein Sohn soll solches Armband nebst dieser Lehre von mir auch wieder erben.»

Es ist schwer für uns, sich eine Zeit vorzustellen, in der das Innerste sich nur nach außen kehrte, wenn Dichter sich ans Schreiben machten, und auch dann meist mit einem Wust konventioneller Formeln. Privatheiten waren für den Chronisten von Interesse nur, wenn sich mit ihnen öffentliche Funktionen verbanden. Eine Geburt war es; eheliche Liebe, die Zuneigung der Kinder zu den Eltern waren es nicht.

Als Elisabeth Charlotte, die Mutter des Großen Kurfürsten, 1660 starb und ihre jüngere Tochter, inzwischen Landgräfin von Hessen-Kassel, nicht zur Beerdigung kam, griff Friedrich Wilhelm, der Bruder, zur Feder. Ein seltener Vorgang. Ein wenig hebt sich der Vorhang. Hinter höflichen Formulierungen deutlich versteckt zeigte sich der Unmut über das Fernbleiben der Schwester. Das war mehr als Protokoll: Trauer über den Verlust eines geliebten Menschen.

Das Kind Fritz nahm in seinem Alltag ohne Worte auf, daß Frauen selbständige Wesen waren mit eigenen Meinungen. Man respektierte sie, weil sie klug waren. Der Mann wird mit ähnlich starken Persönlichkeiten – mag die Wahl auch durch die Politik bestimmt worden sein – eine gute Ehe führen. Und von jenen starken Frauen, denen er in Politik und Verwandtschaft außerdem begegnet, wird er fasziniert sein.

Das Kind erlebte bei den wenigen Gelegenheiten, in denen es mit beiden Eltern zusammen war, daß der Vater – eher weich und nachgiebig – die Frau an seiner Seite respektierte. Das fiel sogar anderen auf. Kurfürst Johann von Sachsen sinnierte eines Tages im Gespräch mit seinem Kollegen aus der Mark, wie viele Dinge sie gemeinsam hätten. Einen Unterschied allerdings müßte er erwähnen: Wenn seine Frau so viele Widerworte fände wie die des Brandenburgers, würde er es an etlichen Maulschellen nicht fehlen lassen.

Die Verhältnisse

Bevor der kleine Fritz älter wird, halten wir die Zeit ein wenig an, in die er hineinwächst, um Einblick in ihre verworrenen Bahnen zu gewinnen.

1619, als die böhmischen Stände Ferdinand II. von Habsburg für abgesetzt erklärten, den Kurfürsten Friedrich V. von der Pfalz zum neuen König kürten und damit in den Augen der Bewahrer von altem Glauben und alter Ordnung zu Aufrührern wurden, als ein Feuer gelegt wurde, das erst ein Menschenalter später gelöscht werden konnte und Europas Landkarte und Bewußtsein veränderte, damals hatte die Geschichte ein Jahr zuvor in aller Stille noch einen anderen Sprung gemacht. Die Hohenzollern in der Mark

Brandenburg erbten das Herzogtum Preußen, den ostpreußischen Teil des Landes, das einst dem Deutschen Orden gehört hatte. Der Orden hatte sich seit seinem Wechsel zum Glauben Luthers – 1525 – dem König von Polen als Lehensherrn unterstellt. Vom Kaiser lange bestritten, setzte sich als verbindlich durch, daß Preußen kein Teil des Reiches mehr war. Als Herzöge von Preußen mußten die Herren von Brandenburg deshalb dem König in Warschau den Treueid schwören. Sie nahmen das für die weitere Vergrößerung ihrer Länder in Kauf.

Den Hohenzollern war schon vier Jahre zuvor im Westen des Reiches einiges – ebenfalls durch Erbschaft – zugefallen. Das ganze Paket ist unter dem Stichwort «jülisch-clevische Erbschaft» in die Geschichtsbücher eingegangen. Ihre Verwicklungen über die nächsten Jahre brauchen uns nicht weiter zu interessieren. Entscheidend für das Haus Brandenburg: Es erhielt im Vertrag von Xanten 1614 das Herzogtum Cleve, rechts und links am Niederrhein gelegen, die Grafschaft Mark nördlich und südlich der Ruhr mit den Städten Hamm und Hagen, Iserlohn und Soest und die Grafschaft Ravensberg mit Bielefeld und Herford. Allerdings bestand diese Erweiterung vorläufig nur auf dem Papier. Denn weil der Herr der Mark zu den bedeutungslosen und finanzschwachen Fürsten des Reiches gehörte, mußte er tatenlos zusehen, als in seine westlichen Besitzungen unter Ausnutzung der kriegerischen Zeitläufte sogleich spanische, niederländische und hessische Soldaten einrückten. Trotzdem: Die neuen Territorien zwischen Königsberg und Cleve verdoppelten die Landmasse des Hauses Brandenburg von 30400 auf 81000 Quadratkilometer und setzten es damit fast über Nacht – was die Quantität betraf – an die zweite Stelle im Reich hinter die Habsburger.

Die Mark Brandenburg war ein armes Land. Bodenschätze gab es keine. Der märkische Sand, in dem noch heute am besten die Kiefern gedeihen, war weder für Vieh noch für Getreide günstig und ließ die andern verächtlich von «des Heiligen Römischen Reiches Streusandbüchse» reden. Weite Sumpfgebiete machten die Landschaft öde und unwirtlich. Schafe waren die einzigen, die sich in diesen Gegenden wirklich zu Hause fühlten. Die Lage in der Mitte Europas konnte Nachteil und Vorteil sein. Ein Kanal zwischen Elbe und Oder – auf den Flüssen herrschte reger Schiffsverkehr – hätte Ost- und Nordsee verbunden und viele Waren durchs Land geschleust. Aber es gab diese Verbindung nicht, und die Mündungen beider Ströme waren in fremder Hand, denn Hamburg war eine Kaufmannsrepublik, und Stettin lag im Herzogtum Pommern.

Doch wenn das Land, gemessen an seiner politischen Bedeutung, zu den Leichtgewichten zählte, so gehörte sein Herrscherhaus ganz selbstverständlich zur großen Familie des europäischen Adels. 1412 kam der Burggraf Friedrich I. von Nürnberg aus dem Geschlecht der Hohenzollern – vom Kaiser gerufen – ins Land der Seen und Wälder. Schon drei Jahre später erhielt er für sich und seine Erben die Mark nebst der Kurwürde. Damit war der brandenburgische Kurfürst einer der sieben höchsten Würdenträger im Reich, die den neuen Kaiser zu küren hatten, sobald der amtierende aus dieser Zeit in die Ewigkeit gerufen wurde.

Die großen adligen Familien, die seit Karl dem Großen begonnen hatten, Europa untereinander aufzuteilen, ließen sich durch die Schläge des Mönchs aus Wittenberg nicht auseinanderreißen. Zwar wurden die Untertanen als Zeugen des neuen Glaubens gefoltert, geviertelt und durch ganz Europa getrieben. Die Herrschenden aber, nicht mehr als der Punkt an der Spitze der Bevölkerungspyramide, gingen weiterhin gemeinsam zur Jagd, wenn auch nicht mehr in die gleichen Kirchen, und feierten Feste. Wohl trafen sie sich zwischendurch auf dem Schlachtfeld in feindlichen Lagern. Doch der Krieg war schon immer das Handwerk des Adels, ausgeführt von Söldnerheeren. Da wurde der Anlaß zweitrangig. Nach der Schlacht saß man wieder zusammen an der Tafel und sprach dem Wein fleißig zu.

Die engen Beziehungen mußten nicht vom Protokoll diktiert werden. Sie waren ja alle verwandt, diese europäischen Herrscher über Land und Leute. In unserem Fall, wie schon berichtet: der englische König war Schwiegervater des Friedrich von der Pfalz, 1619 für ein Jahr König von Böhmen geworden. Friedrichs Schwester war die Frau des brandenburgischen Kurfürsten. Eine Schwester des Brandenburgers war mit dem Herzog von Braunschweig-Wolfenbüttel verheiratet, der wiederum war mit dem

König von Dänemark verwandt, und der war ein Schwager des Königs von England. Die Pfälzer hatten außerdem enge verwandtschaftliche Bande zum schwedischen Königshaus, und damit sind wir wiederum bei den Hohenzollern in der Mark angelangt. Denn der Schwedenkönig Gustav Adolf heiratete 1620 die Schwester des Kurfürsten Georg Wilhelm von Brandenburg.

Nach diesem europäischen Familienausflug wieder zurück in die Provinz.

Der junge Friedrich Wilhelm, den Eltern, Geschwister und Tanten nach seiner Taufe «Fritz» nannten, der Sohn des Kurfürsten Georg Wilhelm von Brandenburg, verlebte seine allerersten Jahre im alten Schloß der Hohenzollern. Das Schloß stand, wie alle Urkunden, die dort gesiegelt wurden, als Absender vermerkten, in Cölln an der Spree. Ein einheitliches Berlin gab es noch nicht, dafür die «kurfürstlichen Residenzstädte Berlin und Cölln», die streng auf Unterscheidung achteten, wie das bei engen Verwandten oft geschieht.

Berlin hieß die Stadt am östlichen Spreeufer. Seine Häuser wurden überragt von der Marienkirche und der Nikolaikirche. Es gab den Molkenmarkt und den Neuen Markt, wo die Einkäufer vor lauter Verkaufsbuden kaum Platz zum Gehen hatten. Am Molkenmarkt stand der Gasthof, «Zum Schwarzen Bären», in dem oft kurfürstlicher Besuch einquartiert wurde.

Cölln hieß die Stadt auf der Spreeinsel, von Schloß und Dom geprägt. Gegenüber am westlichen Ufer standen das Reithaus mit einer gedeckten Bahn und das Ballhaus, wo sich der Hof und angesehene Bürger trafen, um den Ball mit einem Schläger zu treffen. Hinter dem Schloß dehnte sich bis an die nördliche Inselspitze der Lustgarten, in dem Gemüse und Kräuter für die Hofküche gezogen wurden. Das Schloß selbst war eine U-förmige Anlage mit vielen Giebeln, Türmen und Erkern. Die längste Front zog sich am Wasser entlang mit Blick auf Berlin. Der Bau war drei Stockwerke hoch. An einer Ecke der Anlage stand ein Wasserturm. Eine Leitung führte zur Spree, wo ein Wehr ständig Flußwasser staute, damit es – über den Turm geleitet – als fließendes Wasser im Schloß landete. Ursprünglich war das Schloß außen bemalt gewesen, doch davon hatte die Witterung nicht viel übriggelassen. Die Räume dienten nicht nur der kurfürstlichen Familie als Wohnung. Hier kam der Geheime Rat zusammen, das Kammergericht, und für Missetäter standen einige Verliese als Gefängnis bereit. Es war ein ständiges Kommen und Gehen. Der Dom – vor der Reformation ein Dominikanerkloster – gehörte zum Schloßviertel und war bequem zu Fuß erreichbar. Als oberste Cöllner Pfarrkirche stand er auch den Bürgern offen. Der Platz zwischen Dom und Schloß zum Fluß hin wurde von einer festen Mauer begrenzt. Hier, auf der Stechbahn, fanden ritterliche Turniere statt. An solchen Tagen war Jahrmarktsstimmung, und die Händler schlugen längs der Mauer ihre Buden auf. In Cölln wohnten viele Beamte, Kaufleute und Hofbedienstete. Mittelpunkt war der Fischmarkt mit dem Rathaus, der Apotheke, einer beliebten Garküche und dem Gasthaus zum «Goldenen Hirsch», in dem adlige Gäste Unterkunft fanden, wenn das Schloß belegt war. Auf dem Fischmarkt befanden sich die festen Stände der Bäcker und Schlachter. Nicht weit davon entfernt lagen die Gewölbe vom Kaufhaus «Sturm», in dem vor allem Tuche aus England und Seide aus Indien feilgeboten wurden.

Es gab schon einige Gebäude aus gebrannten Ziegelsteinen in den beiden Städten. Doch die meisten Häuser waren um diese Zeit noch aus Fachwerk. Ihre Giebel zeigten zur Straße, und ein durchschnittliches Grundstück maß fünf mal sieben Meter. Die Straßen waren entweder gar nicht gepflastert, oder es saßen alle Steine locker. Überall häufte sich der Unrat. Nicht wenige Bürger hielten ihre Schweine auf der Straße. In den Abflußgräben längs der Häuser staute sich das Schmutzwasser und ließ nicht nur empfindliche Nasen schnell weitereilen. Kellergewölbe dienten als Wohnungsersatz, und auf den Hinterhöfen lebten Familien in notdürftig zusammengeflickten Buden. Nur die Ärmeren waren Mieter. Den meisten Bürgern gehörte Grund und Haus.

Bei den Wohlhabenden wurde am Wohnkomfort nicht gespart. Die Innenräume waren geweißt oder getäfelt, bei manchen sogar das Bad. Ganz Vornehme hatten ihre Zimmer mit Tuch ausschlagen lassen. In der Regel lagen im Erdgeschoß Küche, Flur und Wohnraum, im ersten Stock das Schlafzimmer mit Himmelbett. Die Fenster, sechsmal unterteilt, hatten inzwischen «klarscheibichtes» Glas. Zum Proviant im Keller gehörten Bier und Wein, Butter und Schmalz. Das geräucherte Fleisch hing in einer gesonderten Kammer. Geheizt wurde mit Eisen- und Kachelöfen. Aus der Wand kamen eiserne Arme, auf die man Kerzen steckte. Wer etwas Besonderes wünschte, ließ sich ein Hirschgeweih als Kerzenhalter von der Decke hängen.

Das Leben in den Straßen begann morgens um vier und hielt bis Sonnenuntergang an. Es war noch eine mittelalterliche Welt, in der der einzelne viel arbeitete, aber noch von keiner Uhr, keiner täglich gleichen Disziplin gehetzt wurde. Der Plausch mit dem Nachbarn, das Kartenspiel, der Gang ins Wirtshaus gehörten für den Gesellen zum Tagesablauf. Kein Meister wunderte sich darüber. Disziplin hieß nicht Reglementierung. Der Freiraum des einzelnen war noch nicht in zementierte Versatzstücke aufgeteilt. Jede Gruppe hatte ihre eigene Ordnung und jeder seinen festen Platz darin. Doch die Ordnung richtete sich nach dem Leben, nicht umgekehrt. Immer wieder drängte der Rat der Stadt auf saubere Straßen, doch er hatte nicht die Kraft, eine Ordnung durchzusetzen, die für alle verbindlich war.

Der wichtigste Ordnungsfaktor in diesem bunten Leben voller Gerüche und Ausgelassenheit, Hunger und Tränen war der christliche Glaube und jene Institution, die ihn vermittelte, die Kirche. Der tägliche Kirchgang am Morgen war für Katholiken wie Protestanten so selbstverständlich wie das abendliche Gebet, mit dem der Tag abgeschlossen wurde. Daß der Sinn jeder irdischen Existenz darin bestand, für Gott zu leben und in ihn hinein zu sterben, bedurfte keiner Fragen. Doch seit Martin Luther war der Himmel geteilt, behaupteten immer mehr christliche Kinder, daß im Hause des Vaters viele Wohnungen seien.

Schon im 16. Jahrhundert hatten Katholiken und Lutheraner im Augsburger Religionsfrieden von 1555 nach Aufruhr und Krieg mühsam eine gemeinsame Lebensbasis geschaffen. Cuius regio – eius religio: so lautete die Kurzformel in der Sprache des gebildeten und des politischen Europas. Was der Landesfürst glaubte, dem mußten auch seine Untertanen anhängen. Den Fürsten des Reiches ging es um ihre Macht, erst in zweiter Linie um die Seelen. Es entstand unter den Mächtigen ein katholisches Lager – die

Liga – und ein protestantisches – die Union –, so wenig festgefügt wir beide denken dürfen. Der lutherische Kurfürst von Sachsen führte die Protestanten an. Es war zu unserer Zeit der konservative Johann Georg. Alles Neue war ihm zuwider, auch in den eigenen Reihen der protestantischen Religion. Er war ein Fürst des Reiches, und deshalb blieb der Kaiser in Wien für ihn immer die selbstverständliche Obrigkeit. Verschonen sollte man ihn mit allen Gedanken, die auf anderes gingen. Verrat am Reich hieße das. Jagd, Wein und Musik waren Johann Georg genug. «Was ist er für ein Vieh, und was führt er für ein Leben», so sprach über ihn der kaiserliche Feldherr Wallenstein.

Die brandenburgischen Kurfürsten waren ebenso reichstreu wie die sächsischen, und seit beide Länder protestantisch wurden, blieb es ungeschriebenes Gesetz, daß man in Cölln unbesehen dem Nachbarn aus Sachsen folgte. Der Übertritt der Hohenzollern zum Calvinismus änderte nichts daran. Was Sachsen innerhalb des Reiches für die Protestanten war, das schien Schweden auf dem großen europäischen Machttheater zu werden, seit dort Gustav II. Adolf 1611 den Thron bestiegen hatte. Ein jugendlicher Held, groß, blond und strahlend, zudem überzeugter Lutheraner. Dänemark und Rußland wurden von ihm sofort kriegerisch besiegt, und der König verbarg nicht, daß alle Küsten rund um die Ostsee schwedisch werden sollten. Das brachte viele Zölle in den Häfen und eine Festigung der lutherischen Religion zugleich.

Der kleine Fritz war gerade vier Monate alt, da traf im Mai 1620 der Pfalzgraf Johann Kasimir, von Schweden kommend, als Gast im Schloß zu Cölln an der Spree ein. In seinem Gefolge überragte ein großer schwedischer Hauptmann namens Gars alle andern. Die Damen bei Hofe wußte dieser Fremde vortrefflich zu unterhalten. Nach zwei Tagen zog die Gesellschaft weiter, und bald flüsterten die beiden Städte, daß Gustav Adolf, der Schwedenkönig, incognito als Hauptmann Gars auf Brautschau gewesen sei und Marie Eleonore, die Schwester des Kurfürsten, in die engere Wahl gezogen habe.

Im Juni kam der Freier wieder und hielt offiziell um die Hand der brandenburgischen Prinzessin an. Eine hochpolitische Staatsaktion, wie jede Heirat der Mächtigen damals. Die Entscheidung lag bei Georg Wilhelm, dem Kurfürsten. Es war keine leichte. Die geplante Verbindung signalisierte Parteinahme für eine offensive protestantische Politik und gegen den habsburgischen Kaiser in Wien. Solches konnte Georg Wilhelm nicht recht sein. Es ging gegen seine innerste Überzeugung. Er hatte mit seinem einen Schwager, dem Winterkönig, der offen gegen den Kaiser aufgestanden und geschlagen worden war, schon genug Ärger. Der Krieg, der 1618 begonnen hatte, bedrohte den Status quo von 1555. Die Konturen großer feindlicher Koalitionen quer über den Kontinent erschienen am Horizont. Politik und Religion steuerten wie zwei Mühlsteine in einen tödlichen Kreislauf.

Gewissensfreiheit

Um das schwedische Heiratsprojekt zu verstehen, müssen wir einen Umweg über die Religion nehmen. Als Kurfürst Johann Sigismund am ersten Weihnachtstag 1613 an einer reformierten Abendmahlsfeier im Dom zu Cölln teilnahm, hatte er offen seinen Konfessionswechsel vom lutherischen zum reformierten Glauben demonstriert. Der Kurfürst nahm das Abendmahl in Gestalt von Wein und Brot, für den reformierten Christen eine Handlung, die insgesamt das Heilswirken Jesu abbildet, jedoch keine Wandlung von Wein und Brot in Blut und Leib Christi ist. Die Lutheraner glaubten nicht an die Wandlung, aber an die Präsenz Christi und nahmen weiterhin die Hostie wie die Katholiken.

Die politischen Hintergründe dieser Weihnachtsfeier waren unübersehbar. Denn Johann Sigismund wollte auf diese Weise seinen seit 1609 bestehenden Anspruch auf die jülisch-clevische Erbschaft untermauern. Die Reformierten bildeten am Niederrhein eine starke Gemeinde. Doch zuerst einmal gab es Ärger bei den früheren Glaubensgenossen. Der Aufschrei im lutherischen Lager war einhellige Entrüstung bei den eigenen Untertanen in der Mark ebenso wie im benachbarten Kursachsen, dem Hort des Luther-

27

tums. Der Berliner Hofprediger Gedicke bat seinen Kollegen, den Doktor Hoë in Dresden, den Kampf gegen den Calvinismus in Brandenburg aufzunehmen. Und Hoë schrieb sogleich ein Pamphlet mit dem eindeutigen Titel: «Besser türkisch als calvinisch.»

Mit dem Kurfürsten traten sein Sohn, sein Bruder und die meisten Geheimen Räte zum reformierten Glauben über, eine winzige und ungeliebte Minderheit im eigenen Land. Jetzt nach dem Grundsatz zu verfahren «cuius regio – eius religio» und die Untertanen zum reformierten Glauben zu bewegen, hätte Aufruhr und Krieg bedeutet, wenn nicht sogar Revolution gegenüber dem Herrscherhaus. Johann Sigismund machte aus der Not eine Tugend, verließ die Bahnen des alten Denkens und entwarf eine bis dahin nicht gedachte und von den Herrschenden noch nie gehörte Alternative: Alle drei Konfessionen – Katholiken, Lutheraner, Calvinisten – sollten in seinem Land nicht nur geduldet werden, sondern als gleichberechtigte Konfessionen miteinander leben können.

Wenige Tage vor seinem offiziellen Übertritt hatte Johann Sigismund am 18. Dezember 1613 Vertreter der märkischen Stände, seine Geheimen Räte und die lutherischen Prediger aus Berlin und Cölln zur Audienz aufs Schloß geladen, um ihnen seinen Konfessionswechsel anzukündigen. Durch seinen Kanzler ließ er eine Erklärung verlesen, die den verblüfften lutherischen Zuhörern Gewissens- und Religionsfreiheit versprach und dasselbe für sich und seine Glaubensgenossen in Anspruch nahm: «Und das es darumb hochlich unrecht und gegen Gott unverantwortlich were, ob die Obrigkeit sich anmasste, die Unterthanen zu zwingen, umb ihretwillen das zu glauben, was sie in ihrem Gewissen uberzeuget unrecht zu sein erkennen und bekennen musste . . . Aus diesem werden I. Churf. G. auch bewogen, niemanden der Unterthanen in die Freiheit des Gewissens zu greifen . . . konten derowegen woll geschehen lassen, dass sie ihre Ceremonien mit Altaren, Luchtern, Bildern, Messgewandt und allem anderen behielten . . .»

Damit waren der lutherische Glaube und alle seine Kultformen und Institutionen garantiert. Was ihm recht war, konnte nun den Reformierten billig sein: «. . . Gleichwie aber recht were, das die

Obrigkeit den Unterthanen des Gewissens Freiheit gonnete und zuliesse, also were auch gleichfalls, ja meher recht, da die Unterthanen ihrem Herrn nicht vorschreiben, was sie sich ihrem Gewissen gemees predigen lassen . . .» Das Gewissen: Seit den Tagen des Kirchenvaters Augustinus war es christliche Pflicht, die Gewissen zum Heil der Seelen zu zwingen. Tausende von Scheiterhaufen hatte die alleinseligmachende Kirche für diesen Grundsatz angezündet, selbstverständlich unterstützt von der weltlichen Obrigkeit. Der Mönch aus Wittenberg berief sich auf die Bibel und das Gewissen. Toleranz wurde damit nicht gewonnen. Den orthodoxen Protestanten – ob Lutheraner, ob Calvinisten – blieben Abweichler ein ebensolcher Greuel wie den Altgläubigen. Die Erklärung im Schloß zu Cölln an der Spree forderte Frieden zwischen den Konfessionen, wenige Jahre bevor man im Namen dieser Konfessionen in Europa wieder zu den Schwertern griff. Die Zeit war noch nicht reif. Was der eine Gleichberechtigung nannte, bedeutete für die andern Abbau ihrer Privilegien.

So schnell ließ sich jahrhundertealtes Denken nicht verändern, auch nicht in der kurfürstlichen Familie. Zu den Paten, die der Kurfürst Georg Wilhelm für seinen erstgeborenen Sohn Friedrich Wilhelm 1620 auswählte, gehörte auch seine Mutter, die Kurfürstinwitwe Anna von Preußen. Sie war eine zielstrebige und energische Frau, die ihrem konfliktscheuen Mann Johann Sigismund häusliche Szenen gemacht hatte, bei denen Teller und Gläser in Scherben gingen. Anna, seit 1619 Witwe, war nicht dem reformierten Glaubenswechsel ihres Mannes gefolgt, sondern blieb Lutheranerin. Bei der Taufzeremonie für ihren Enkel im Dom glänzte sie folgerichtig durch Abwesenheit und schickte eine ihrer Töchter in Vertretung. Die lutherische Großmutter brachte es nicht über sich, einer reformierten Taufe beizuwohnen, die in der Taufformel auf den Exorzismus – die Austreibung des Teufels aus dem Säugling – verzichtete.

Mit der Taufe sind wir wieder im Sommer 1620 in der Mark, als der Schwedenkönig Gustav Adolf um die Hand einer brandenburgischen Prinzessin anhielt, der Schwester des Kurfürsten. Anna von Preußen versprach dem Schweden ihre Tochter – vorbehaltlich der Zustimmung ihres Sohnes, der im Herzogtum Preußen weilte. Doch Georg Wilhelm konnte nun seine Mutter schlecht desavouieren. Er fügte sich. Als Verlobter verließ der Schwedenkönig am 21. Juli 1620 die Residenz an der Spree. Anfang September erschien sein Kanzler Axel Oxenstierna mit 73 Personen, 57 Pferden und 11 Wagen, um in Verhandlungen mit den Geheimen Räten die Angelegenheit perfekt zu machen. Die Situation war typisch für Georg Wilhelm: ein vorsichtiger, ängstlicher Mensch, ohne Entscheidungskraft, der die Dinge treiben ließ und schließlich Entwicklungen mit halbem Herzen im nachhinein gut hieß. Eine Verletzung am Oberschenkel, die ihn plagte, daß er sich schon bald die meiste Zeit in einer Sänfte tragen ließ, bietet sich zu auffällig als Ausdruck seines schwerfälligen Temperaments an. Draushalten wollte er sich aus allen Händeln und seinem Kaiser gerne geben, was ihm gebührte. Doch die Zeiten, sie waren nicht so. Andere würden bald Forderungen stellen. Trotz allem Taktieren kamen höchst unangenehme Entscheidungen auf ihn zu.

Als Friedrich V. von der Pfalz 1619 in Böhmen zum protestantischen König ausgerufen wurde, rührten seine Glaubensbrüder im Reich keinen Finger für ihn. Schon ein Jahr später waren Friedrich und seine schwangere Frau – eine Schwester des Kurfürsten von Brandenburg – auf der Flucht in Richtung Norden zum Schwager. Georg Wilhelm war von den unerbetenen Gästen peinlich berührt. Sein Verhältnis zum Kaiser war ihm wichtiger als familiäre und konfessionelle Bande. Hatte sich doch gerade an seinem Schwager, der nach diesem Vabanquespiel sein eigenes Land, die Pfalz, einbüßte, gezeigt, wie es denen erging, die gegen den Kaiser rebellierten. Die Konsequenz, die der Brandenburger daraus für seine Politik zog, war eindeutig: «Ich hab' nur einen Sohn. Bleibet der kaiser kaiser, so bleibe ich und mein Sohn wohl kurfürst, da ich mich beim Kaiser halten werde.» Die Schwägerin durfte gerade noch unter kümmerlichen Verhältnissen in der Festung Küstrin ihren vierten Sohn zur Welt bringen. Die Pfälzer, weltgewandt und höfische Pracht gewohnt, machten ohnehin schnell, daß sie weiterkamen, und zogen an den ebenfalls verwandten Hof des Prinzen Friedrich Heinrich von Oranien, Statthalter in den Niederlanden.

Die Entwicklung der folgenden Jahre sprach für die Entscheidung Georg Wilhelms. Die protestantische Union löste sich auf, die katholische Sache war im Vormarsch. Sachsen hielt zum Kaiser, und Georg Wilhelm beteuerte dem Habsburger 1625 ausdrücklich seine Ergebenheit. Der Krieg zog in diesen Jahren nach Norden. Wallenstein erschien auf der Szene, kaiserliche Truppen lagen 1626 in der Mark. Gustav Adolf, dem es nicht gelungen war, seinen Schwager gegen den Kaiser und für eine eigene protestantische Politik zu gewinnen, landete in Preußen, um Brandenburg mit Gewalt zum Frontwechsel zu zwingen. Anfang 1627 zog Georg Wilhelm mit 4500 Mann in sein östliches Herzogtum, um dort den schwedischen Angriff abzuwehren.

Sieben Jahre in Küstrin

In diesen Jahren muß die Politik die Konturen ersetzen, die Fritz, der Erbe im Hause Brandenburg, noch nicht zeigen kann. Ein Bild allerdings gibt es von ihm. Ein Kupferstecher hat ihn konterfeit, als er vier oder fünf Jahre alt war: ein Kind mit dichtem Haar, gekleidet wie die Erwachsenen – Jäckchen, Spitzenkragen und Manschetten, weite Hosen. Eine Kinderhand stützt sich auf einen Tisch, die andere faßt einen kleinen Degen. Im Februar 1627 feierte er seinen siebten Geburtstag. In den äußeren Veränderungen, die bald darauf folgten, zeigte sich der Einschnitt, den dieses Jahr für ihn brachte. Die Kindheit ging zu Ende. In Cölln traf Johann Friedrich von Kalkum, genannt Leuchtmar, im Schloß ein. Der Kurfürst und seine Berater hatten diesen Adligen aus dem Bergischen Land, der schon länger in brandenburgischen Diensten stand, dazu ausersehen, sich in den folgenden entscheidenden Jahren ausschließlich um die Erziehung des heranwachsenden Prinzen zu kümmern. Im Mai 1627 brachen Friedrich Wilhelm und Leuchtmar mit kleinem Gefolge auf und nahmen Quartier in der Festung Küstrin an der Oder. Dort, abseits der Residenzstädte, war der Erbe der märkischen Hohenzollern sicherer. Daß Friedrich Wilhelm getrennt von Vater und Mutter aufwuchs, daß sie die Erziehung eines Menschen, an dem die Herrschaft über eine große Ländermasse hing, ohne Zögern in fremde Hände legten, wundert uns. Eltern und Kinder, daran gibt es heute nichts zu deuteln, gehören zusammen. Das war die längste Zeit unserer Geschichte keine Selbstverständlichkeit. Nicht, weil für Vater und Mutter das eine Kind, das gerade gestorben war, gleich durch ein nächstes ersetzt wurde und keine persönlichen Beziehungen sich entwickelten. Die Liebe zeigt sich in höchst unterschiedlichen Formen und Verhaltensweisen. Was uns heute fremd ist, muß deshalb damals nicht weniger ernst gemeint gewesen sein. Das Mittelalter kannte die Rute, die Kindheit war kurz. Doch daran schloß sich für den einzelnen gleich die Verantwortung an und nicht unendliche Jahre im pubertären Niemandsland. Das Vertrauen in die Fähigkeiten der Heranwachsenden war groß, ebenso in die prägende erzieherische Kraft von Menschen, die nicht zur Familie zählten. Der Lehrling ging über in die Gewalt des Meisters. Die gelehrten Schüler, oft nicht älter als zehn Jahre, zogen fort im Rudel wandernder Scholaren, und kein erwachsener Aufpasser war dabei. Die Elite kam in die Obhut des Hofmeisters.

Leuchtmar hatte seine umfassende Bildung auf langjährigen Reisen durch Frankreich, Italien, Holland und England erworben. Er war ein überzeugter reformierter Christ, was auf den jungen Prinzen sicher nicht ohne Einfluß blieb. Die beiden kamen offenbar gut miteinander aus. Als Friedrich Wilhelm Kurfürst wurde, gehörte Leuchtmar weiterhin zu seinen wichtigsten Vertrauten. Von 1627 bis 1638 waren sie täglich zusammen, ersetzte Leuchtmar Vater und Mutter und eine Menge Lehrer dazu. Mitte April 1627 war Leuchtmar in Cölln angekommen. Kurz darauf erkrankte Friedrich Wilhelm an den Pocken. Nichts Ernstes. Da Wallensteins Armee immer näher rückte und in der Stadt zudem einige Pestfälle gemeldet wurden, handelte die Kurfürstin. Sie schlug ihrem Gemahl vor, den Sohn in die sichere Festung Küstrin zu schicken. So geschah es denn im Mai.

Der Kurfürst, wieder mal in Preußen, hatte aus Königsberg an seine Geheimen Räte geschrieben, in der Registratur des Cöllner

Schlosses nach jener Erziehungsinstruktion zu suchen, die sein Vater für ihn selbst vor vielen Jahren aufgesetzt hatte. Kanzler Pruckmann schrieb seinem Herrn zurück, daß die Hofmeister im kurfürstlichen Dienst stets integre Leute gewesen seien, denen man ihre Pflichten nicht aufzählen müsse, und von früheren Instruktionen wisse er nichts.

Georg Wilhelm war es zufrieden und überließ seinen einzigen Sohn und Erben auf Empfehlung einem Fremden, ohne Vorschriften oder Anweisungen zu geben, ein Grad an Vertrauen in den Menschen, an Verzicht auf Routine und Rationalität, der mittelalterliches Erbe war. Wie sehr der Vater sich trotzdem kümmerte und wie wenig er von falscher Disziplin hielt, zeigte sich im November. Leuchtmar erhielt einen Brief, in dem der Kurfürst ihm mitteilte, es sei ihm geraten worden, seinen Sohn in jungen Jahren das Polnische lernen zu lassen, eine Sprache, die ihm als Herzog in Preußen und Lehensherr des polnischen Königs von Nutzen sein werde. Georg Wilhelm kündigte aus Königsberg den Sprachlehrer Johann Willudovius an, der wenige Wochen später mit zwei Edelknappen, die Polnisch sprachen, in Küstrin anlangte. In diesem kurfürstlichen Schreiben war auch eine Empfehlung für die tägliche Unterrichtszeit in der neuen Sprache gegeben: höchstens eine oder bloß eine halbe, wenn nicht gar nur eine Viertelstunde. Hauptsache, daß der junge Prinz keinen Abscheu vor dem Lernen bekomme, weil er überfordert sei. Der Kurfürst hatte sich Gedanken gemacht: Vielleicht gehe es dem Fritz leichter ein, wenn man sich mit ihm beim Spazierengehen unterhalte. Das sei besser als sture Paukerei. Und um zu unterstreichen, wie wichtig ihm das Spiel neben dem Ernst war, schickte der Vater dem Sohn außer dem Lehrer sieben Pferde und eine Kutsche als Geschenk.

Der Prinz schrieb mit zierlicher Handschrift ein Dankschreiben auf französisch an den «Monseigneur l'Electeur de Brandenbourg», das ihm sein Lehrer aufgesetzt haben muß. Soviel konnte er in den vergangenen sechs Monaten nicht gelernt haben, zumal sein Lehrer in den kommenden Jahren noch oft an den Kurfürsten schrieb, wie langsam es trotz aller Mühe von Lehrer und Schüler mit dem Lernen insgesamt vorangehe.

Ein Intellektueller sollte dieser Fürst nicht werden. So groß sein allgemeines Interesse war, so weit er sich auch eines Tages für das Luftschloß einer Weltuniversität würde fortreißen lassen, das abstrakte Denken lag ihm nicht. Sein Französisch blieb immer schwerfällig. Doch solche Mängel beschränkten sein Selbstbewußtsein nicht, im Gegenteil. Kaum zum Regieren gekommen, verließ Friedrich Wilhelm die Konventionen der Zeit und begann, seine Briefe auf deutsch zu diktieren oder – was selten vorkam – eigenhändig zu schreiben. Ein für jene Zeiten ungewöhnlich klares Deutsch, voll plastischer Bilder und ohne allzu viele Schnörkel. Der Kurfürst hatte zweifellos ein Gefühl für Sprache.

Das Latein machte dem Jungen ebenfalls Mühe. Am besten ging ihm das Zeichnen von der Hand, die Figuren der Geometrie und die Skizzen von Befestigungsanlagen. Über die Geschichte hörte er am liebsten, wenn konkrete Überreste handgreifliche Anhaltspunkte boten. Auch Waffenübungen gehörten zum Tageslauf.

Spielend zu lernen, hieß das neue pädagogische Ziel, das Erasmus von Rotterdam schon hundert Jahre zuvor im Zeichen des Humanismus gepredigt hatte, für Bürger- und für Königskinder. Nur die privilegierte Spitze der Bevölkerungspyramide hatte es aufgenommen. Die Bürgersöhne mußten weiterhin pauken und die unsinnigste Pedanterie ertragen, um die Zulassung zu einem besseren Leben – das Studium – zu erreichen. In den Fürstenschulen, die protestantische Obrigkeit errichtet hatte, um gelehrten Nachwuchs für Staat und Kirche zu erhalten, ging es von morgens um fünf bis zur Dunkelheit mit unmenschlichem Drill zu wie in einer Kaserne. Auch hier war es selbstverständlich, daß aller Unterricht in der lateinischen Sprache gehalten wurde und daß die Bibel pädagogische Grundlage war. Es galt, einen Stoff auswendig zu lernen, mochte er noch so unverdaulich sein. Der 1632 geborene Samuel von Pufendorf, einer der herausragenden Köpfe dieses Jahrhunderts, Rechts- und Verfassungsgelehrter, von dem in unserer Geschichte noch viel zu berichten sein wird, war Stipendiat der sächsischen Fürstenschule in Grimma. Der Erwachsene erinnerte sich an seine Schulzeit in einem Brief, der Kritik am Schulsystem aus eigenen Erfahrungen herleitete: «Insgemein plagen sie die jungen Leute mit ihren Grammaticken, Logicken, Rhetoricken und dergleichen Bärenheuterey, daß sie die beste Zeit nichts lernen. Gott aber gab mir zu Grimme ein, daß ich denselbigen Quark fahren ließ und las sofort brave Autores, ungeachtet Magister Brodtkorb mir etliche Mal Maulschellen derowegen gab . . .» Der junge Prinz in Küstrin hatte es besser. Sein Lehrer sollte Geist und Persönlichkeit bilden. Das Lernen hatte sich nach dem Reifungsgrad des Schülers zu richten, und es sollte Spaß machen. Der spätere Kurfürst vergaß die Erfahrungen dieser Jahre nicht. Sie würden sich an seinen eigenen Kindern bewähren. Ob natürliche Anlage oder das Vorbild Leuchtmars: Friedrich Wilhelm hatte als Erwachsener eine ausgesprochen pädagogische Begabung in einem pädagogischen Jahrhundert.

In den Briefen Leuchtmars, die vom langsamen Lernen berichteten, stand jedesmal, daß es mit der Gottesfurcht um so stetiger aufwärtsgehe. Das Leben bewies später, daß dies keine Phrase war. Aus Berlin und Frankfurt an der Oder kamen Theologen und Hofprediger, um sonntags den Gottesdienst zu halten und Friedrich Wilhelm in der Religion zu unterweisen. Hier wurde eine solide, aber keineswegs bigotte Frömmigkeit untermauert, die, wie Ranke wohl richtig erkannte, zum innersten Kern seines Wesens gehörte. Er hatte für theologische Spitzfindigkeiten, fanatischen Eifer oder skrupulöse Grübelei nichts übrig. Friedrich Wilhelm war überzeugt, als Herrscher eine besondere Aufgabe von Gott erhalten zu haben. Als göttliches Wesen oder Vertreter der zürnenden Allmacht des Himmels hat sich dieser Fürst nie geträumt. Wie die meisten deutschen Calvinisten glaubte er nicht an das strenge Dogma der Vorherbestimmung, wie es seine Glaubensgenossen in Holland und der Schweiz taten. Gewiß, Zusammenhänge gab es auch für ihn. Wenn ein Unglück eintraf, wollte er Gottes strafende Hand nicht ausschließen. Doch noch mehr vertraute er auf Gottes Barmherzigkeit. Dieser Glaube half ihm vielleicht, Mensch zu bleiben – gegen die Versuchungen eines Zeitalters, das den absoluten Herrscher allen irdischen Maßstäben entzog. Er erlaubte es ihm, bisher ungewohnte Toleranz zu üben, die weltlichen von den himmlischen Geschäften zu trennen. Daß Friedrich Wilhelm zugleich von seinen Untertanen unerbittlich forderte, sich zu einer Glaubensrichtung zu bekennen – zu welcher auch immer –, war für ihn kein Widerspruch. Ein Leben ohne Gott und Religion? Unvorstellbar. Für ihn wie für alle Zeit-genossen.

Sicher war es gut für den Heranwachsenden, den konfessionel-len Querelen der Hauptstadt entzogen zu sein. In Küstrin war er fern jenem Fanatismus, der nicht nur die Bürger ständig gegen die reformierte Minderheit lästern ließ. Auch die streng lutherische Kurfürstinwitwe, die Großmutter, schreckte nicht davor zurück, die Wunde innerhalb der Familie offenzuhalten.

Einer der Theologen, die Friedrich Wilhelm beeindruckten, war Johann Bergius, später Hofprediger in Berlin. Der leise Gelehrte versuchte gegen alle Eiferer, Brücken zwischen den protestanti-schen Fraktionen zu schlagen, mahnte zum Ausgleich. Als er 1658 starb, fanden selbst seine lutherischen Gegner ein anerkennendes Wort: «Den Ruhm müssen wir gleichwohl D. Johann Bergio in der Gruben nachsagen, als er Ober-Hoff-Prediger gewesden, daß er unserer Religion und derselben Verwandten nicht so ungnädig gewesen, der unsere Beforderung nicht geschmälert, sondern mit unseren Theologen friedfreundliche umbgangen, und im Consi-storio verträglich bey einander gelebet.»

Während der Küstriner Zeit wählte sich Friedrich Wilhelm ein Bibelwort, das er als Kurfürst als seinen Wahlspruch unter das kurfürstliche Wappen setzen ließ: «Tue mir kund den Weg, darauf ich gehen soll» (Psalm 143, 8).

Es müssen ruhige Tage gewesen sein in der Festung an der Oder. Der Krieg zeigte hier noch keine harten Züge. In Küstrin brachte das Kriegstheater sogar gesellige Abwechslung. Die kai-serliche Armee war inzwischen bis an die Oder vorgerückt und hielt die Umgebung besetzt. Als Verbündete des kaisertreuen brandenburgischen Kurfürsten erschienen sie innerhalb der Fe-stungsmauern und wurden vom jungen Prinzen an die Tafel gela-den. Sie revanchierten sich nicht nur mit Handküssen. Der Obrist Graf Schaffgotsch – später wegen Beteiligung an dem Verschwö-rerkreis um Wallenstein enthauptet – schenkte ihm ein kleines Pferd. Bescheidene Vergnügungen, während die Bauern in den Dörfern immer härter unter den fremden Soldaten zu leiden hat-ten. Willkommenste Abwechslung für Friedrich Wilhelm war der adlige Sport, die Jagd. Niemand wäre auf die Idee gekommen, dieses blutige Vergnügen einem kindlichen Gemüt vorzuenthalten. Nur das Schießen war noch dem Erzieher vorbehalten. Der Prinz durfte dafür beim Hasenhetzen helfen. Die Tiere wurden zum allgemeinen Vergnügen lebendig eingefangen. Der Krieg bedrückte mit jedem Monat die Zivilbevölkerung mehr. 1629 besetzten die kaiserlichen Soldaten das Städtchen Landsberg an der Warthe, von dessen Abgaben die kleine kurfürstliche Schar in Küstrin bisher gelebt hatte. Nun klagten die Bewohner, daß die Einquartierung und die schlechten Zeiten keinen Pfennig und kein Huhn für ihren eigenen Herrn mehr übrigließen. In einem aufgesetzten Schreiben wandte sich der neunjährige Kurprinz Friedrich Wilhelm an den General Wallenstein, der um diese Zeit im mecklenburgischen Güstrow das neuerworbene Herzogtum ordnete: «. . . Unseres Herrn Vaters ganzes Land ist durch Durchzüge so verderbt, daß kein Ort übrig, der uns armen jungen Fürsten hätte zu unserm Unterhalt assigniert werden können . . .» Der kaiserliche Generalissimus ließ seine Soldaten abrücken. Natürlich sollte der Sohn eines verbündeten Fürsten nicht Not leiden.

Das Jahr 1629 brachte aber auch freudige Abwechslung. Aus Königsberg schickte ihm der Vater ein paar Pistolen. Es überbrachte sie Conrad von Burgsdorff, ein märkischer Haudegen, der im ersten Regierungsjahrzehnt der engste Mitarbeiter Friedrich Wilhelms werden sollte. Im Mai besuchte ihn die Mutter, im Herbst machte er einen kurzen Ausflug nach Berlin. Im Februar 1630 gab es ein großes Familientreffen in der Festung Küstrin: Vater, Mutter, Großmutter und etliche Tanten kamen zu Besuch.

Die folgenden Monate herrschte die Politik ausschließlich. Darum zuvor noch ein Blick in den Küstriner Alltag von Lehrer und Schüler. Niemand brauchte es in den Unterrichtsplan zu setzen: Friedrich Wilhelm sah bei Nacht die Sterne und den Mond die Oderniederung bescheinen und am Morgen den Sonnenball aufgehen. Da konnten Fragen nicht ausbleiben. Die Erde steht in der Mitte, und die Gestirne ziehen am Himmel ihre Kreise? Wir wissen nicht, was Leuchtmar darauf geantwortet hat. Lassen wir die Zeitgenossen reden. 1630: Es starb Johannes Kepler, der die Thesen des Kopernikus vom Lauf der Erde um die Sonne mathematisch untermauert und die Ellipsenbahn der Planeten entdeckt hatte. Es hatte in Italien die Inquisition schon ihr begehrliches Auge auf Galilei gerichtet, der ebenfalls die Sonne am Himmel festnagelte. Drei Jahre später wird er in einem Prozeß diese These vor dem Inquisitionstribunal widerrufen. Aber drei von zehn Inquisitoren weigern sich 1633, das Urteil gegen Galilei zu unterschreiben. Das war neu. Denn begonnen hatte das Jahrhundert, in dem die Wissenschaften der modernen Zeit geboren wurden, mit einem Scheiterhaufen auf dem Campo dei Fiori in Rom. In den Flammen starb der ehemalige Dominikanermönch Giordano Bruno, der aus den Erkenntnissen des Kopernikus die Konsequenz zog, daß die neue kosmische Unendlichkeit keines Erlösers mehr bedürfe.

Das Klischee: Nur die alte Kirche auf seiten der Gestrigen. Es stimmt nicht. Giordano Bruno hatte es schmerzlich erfahren, als er nach Wittenberg gezogen war, hoffend, bei den protestantischen Ketzern Gleichgesinnte für seine neue Welt zu finden. Er mußte enttäuscht werden, denn niemand hatte ihm gesagt, wie Luther auf die Nachricht über den Kopernikus reagiert hatte. Einen Narren nannte er ihn vor vielen Ohren beim Tischgespräch. Die Reformation entschied sich gegen das Neue, trug ebenfalls dazu bei, daß Wissenschaft und Theologie in tiefen Konflikt gerieten. Erst in der zweiten Hälfte des 18. Jahrhunderts war die kopernikanische Sicht der Welt in Deutschland unangefochten.

1630: Wer kannte Galilei? Wer sprach von Kepler? Ein paar Dutzend Gelehrte vielleicht in Europa, die von diesen Neuerern wußten. Doch es gab einen Ort, wo das Neue zu Hause war: Leiden, die Universitätsstadt in den Niederlanden. Wir werden sie wiedersehen. Auch Leuchtmar hatte dort studiert, wahrscheinlich Kenntnis von den gewagten Lehren erhalten, wahrscheinlich sie weitergegeben an seinen Schüler. Wenn es denn so war, dann zählten sie zu den Auserwählten.

Was die wenigen wußten, spürten viele. In den Küstriner Jahren des jungen Brandenburgers fühlten sich etliche im Lande und auch nicht wenige aus der Elite verunsichert und bedroht. Die Zeichen der Krise waren unübersehbar. Sie provozierten Angst und Aggression. Die Scheiterhaufen gingen besonders in diesen Jahren in Deutschland nicht aus.

In Leipzig lehrte seit 1645 der Professor Benedikt Carpzow Recht an der hochberühmten Universität. Das Kirchenrecht war sein Spezialgebiet. Er hat es in Deutschland erst richtig begründet. Der eifrige Lutheraner lobte sich, die gesamte Bibel im Laufe seines Lebens 53mal durchgelesen zu haben. Die Zeitgenossen rühmten von ihm, daß er 20000 Urteile gegen Hexen unterzeichnet habe. Ein Bruchteil dieser Behauptung ist auch schon zuviel. Carpzows Lehrbuch über Verbrechen dozierte, daß der Richter bei Hexerei vom ordentlichen Verfahren abweichen dürfe und schon auf bloße Vermutung hin die Folter erlaubt sei. Mit wissenschaftlicher Akribie errechnete dieser Jurist, daß Hexerei ein fünffaches Verbrechen sei, das ebensooft die Todesstrafe und eine dreifach verschärfte Folter verdiene. Wieder waren sie Kumpane, der alte und der neue Glaube. Im Süden wurden zwischen 1625 und 1630 in den Landgerichten Bamberg und Zeil über neunhundert Hexenprozesse geführt. 600 Menschen sollen verbrannt worden sein. In Würzburg wütete der Wahn am grausamsten. Unter seinem Bischof Philipp Adolf von Ehrenburg starben bei der Hexenjagd zwischen 1623 und 1631 rund 900 Unschuldige.

Wir müssen wohl ein wenig umdenken: Es waren keineswegs nur Frauen, die auf schreckliche Weise gequält wurden und anschließend zu Tode kamen. Ein «Verzeichniss der Hexen-Leut, so zu Würzburg mit dem Schwert gerichtet und hernacher verbrannt worden», zählt zwischen 1627 und 1629 genau 29 Brände auf, in denen 83 Männer und 72 Frauen starben.

Von solchen Exzessen blieb Brandenburg verschont. Viele Jahre später wird sich Friedrich Wilhelm mit derartigem Wahnsinn in seinen westlichen Landen auseinandersetzen müssen.

1630: Im nördlichen Deutschland erschien ein großes Nordlicht am Himmel. Die Menschen ahnten nichts Gutes und versprachen Buße. Welche Wende würde der Himmel bringen?

Am 6. Juli 1630 landete Schwedens König Gustav II. Adolf mit 14000 Mann und 145 Schiffen auf der Insel Usedom, die die Odermündung beherrschte. Vierzehn Tage später kapitulierte das pommersche Stettin vor dem «Löwen aus Mitternacht», der für protestantische Religion und schwedische Macht den verglimmenden Brand eines zwölf Jahre währenden Kampfes zu loderndem Feuer anfachte. Aber die er erlösen wollte, waren gar nicht fröhlich. Zwei Monate lang berieten im folgenden Winter die protestantischen Fürsten des Reichs in Leipzig. Sollten sie weiter zum Kaiser halten oder mit den Schweden ziehen? Der Brandenburger war mit 178 Personen und 107 Pferden angereist. Sein Land lag dem Schweden offen, dem königlichen Schwager, mit dem er aber nichts zu tun haben wollte. Gustav Adolf dauerte das Palaver der Herren zu lang. Er zeigte die Faust und erstürmte im April 1631 Frankfurt an der Oder, das die Habsburger besetzt hielten. Die Bürger begrüßten ihn als Befreier. Zwei Wochen später war Landsberg an der Warthe in schwedischer Hand. Der Schwede zog gegen Berlin.

Auf den Mauern der Küstriner Festung stehend, sah man die kaiserlichen Soldaten in Richtung Süden flüchten. Ein Versuch, die nachrückenden Schweden bei ihrem Marsch auf Frankfurt aufzuhalten, wurde von dem Häuflein brandenburgischer Soldaten schnell aufgegeben. Nun war der Krieg für den jungen Prinzen nicht mehr zu übersehen. Bald sollte er selbst im diplomatischen Spiel eingesetzt werden.

Im Mai stand Gustav Adolf vor Berlin. Georg Wilhelm ging dem Schwager mit Frau und Mutter entgegen. Die Verhandlungen begannen. Der Kurfürst wollte immer noch keine Partei ergreifen. Gustav Adolf zierte sich nicht, den Schwager massiv unter Druck zu setzen, und ließ seine Kanonen auf das Schloß richten. Er brauchte nicht Neutralität, sondern Verbündete im Rücken, wenn er den Weg ins Reich antreten wollte. Der Brandenburger beugte sich schließlich der Gewalt und erhielt zugleich Aussicht auf eine verlockende Zukunft für sein Haus. Gustav Adolf sprach mit dem Schwager von einer Heirat zwischen seiner Tochter Christine und dem brandenburgischen Thronerben. War es nur Diplomatie? Das Projekt würde so schnell nicht sterben. Vorläufig waren Cousin und Cousine noch zu jung, um es zu realisieren. Dafür wurden die vorhandenen familiären Bande zwischen beiden Häusern erst einmal enger geknüpft: Friedrich Wilhelm machte im August 1631 seine erste Reise, noch dazu in fremdes Land, und besuchte seine Tante Marie Eleonore, Gustav Adolfs Frau. Sie war mit dem ganzen Troß aus Schweden übergesetzt und residierte im pommerschen Wolgast an der Küste.

Dem Prinzen gefiel es gut bei der Tante. Der Zwölfjährige erlebte ein Stück große Welt und den Klang der Waffen. Zu den schwedischen Truppen hatte sich gerade ein englisches Hilfscorps gesellt. Die Tante mochte ihn. Eine Rückfrage beim Vater, und der kleine Prinz durfte bis Ende Oktober bleiben. Dann brach Marie Eleonore nach Erfurt auf. Gustav Adolf hatte in einer Schlacht bei Leipzig die Kaiserlichen geschlagen. Nun konnte sie unbesorgt ihrem Mann folgen.

Für Friedrich Wilhelm ging der Urlaub weiter. Der alte kinderlose Herzog von Pommern, der den jungen Brandenburger schon zu seinem Nachfolger bestimmt hatte, lud ihn nach Stettin. Auch diese beiden, so wird glaubhaft berichtet, verstanden sich prächtig. Der Prinz, so scheint es, war aufgeschlossen und ohne Scheu gegenüber Fremden. Leuchtmar hatte ihn gut vorbereitet für die Welt.

1632 brachte nicht viel Abwechslung. Im Januar 1633 kam der Kurfürst auf einen kurzen Besuch nach Küstrin. Im Februar bat Friedrich Wilhelm den Vater, «E. G. wollen mir gnädig erlauben, daß ich itzo auf die Auhrhanen Pfalz [Balz], die ich noch niemaln gehöret hab, ziehen, auch einen Vogel, wann es E. G. nicht zuwider ist, schießen möge». Der Sohn unterzeichnete als «Markgraf zu Brandenburg». Schon ein halbes Jahr später hielt es den Knaben nicht mehr im Studierzimmer. Im August bat der inzwischen dreizehn Jahre alte Friedrich Wilhelm seinen Vater, wieder auf die Jagd gehen zu dürfen, und versprach, anschließend «alles mit fleißigem Studium» wieder nachzuholen. Der Vater gab seine Einwilligung zur Jagd, und der Prinz schoß seinen ersten Hirsch, einen Achtender. Einen Sechzehnender, den Leuchtmar zur Strecke gebracht hatte, ließ Fritz noch von unterwegs an die jüngere Schwester schicken, die in Küstrin zurückgeblieben war.

Der Prinz machte sich schon ein wenig von Konventionen frei. Im Oktober schrieb er seinem Vater – auf deutsch: «Durchlauchtiger, Hochgeborner Fürst, Gnediger hertzvielgeliebter Herr und Vatter . . . Da E[ure] G[naden] sich, meinem zu Gott Verhofften undt täglichen Bitten nach, bey guter Leibesgesundheit befinden, wirdt es mich zum allerhöchsten erfrewen. Meine hertzliebe Schwester undt ich haben auch beide dem gütigen Gott für gute

Gesundtheit höchlichen zu danken. Derselbe wolle E. G. undt uns lange Zeit dabei gnediglich erhalten, undt E. G. bitte ich underthanig, Sie wollen mir Ihre gnedige vätterliche Affection continuiren . . .» Gar kein schlechter Stil zu einer Zeit, in der offiziell sprachliche Qualität sich an der Zahl der Fremdwörter ausrichtete, die man unter die eigene Sprache mischte.

Bevor der Winter kam, wurden alle Edelknaben und die Dienerschaft des Prinzen neu eingekleidet. Eine selbstverständliche Pflicht der Herrschenden für ihren Hof.

Unterdessen war Gustav Adolf siegreich durch Deutschland marschiert, hielt in München Einzug. Doch es gab hier nichts zu ernten. Der Feind war ausgewichen. Der schwedische König kehrte nach Norden zurück. Am 16. November 1632 traf ihn auf dem Schlachtfeld bei Lützen in Sachsen ein Musketenschuß, der ihn als wehrloses Opfer kaiserlicher Reiter umkommen ließ. Friedrich Wilhelm reiste wieder von Küstrin nach Wolgast. Er erlebte die feierliche Trauerparade für seinen toten Onkel und sah den Schiffen nach, die mit donnernden Geschützen den Helden in die Heimat überführten.

Die protestantische Sache hatte ihren Kopf verloren. Die kaiserlichen Truppen rückten nach, machten diesmal als Feinde ihre Einfälle in die Brandenburger Mark. Bald standen sie vor Berlin und erpreßten 2000 Reichstaler. Wieder ein Winter für den Prinzen und sein Gefolge beim Pommernherzog in Stettin, wo es am sichersten war. Im Januar 1634 schrieb Georg Wilhelm, dankte dem Pommern für die Gastfreundschaft und bat Leuchtmar, mit dem Prinzen nach Cölln zu kommen.

Friedrich Wilhelm war jetzt vierzehn Jahre alt. Die Regeln der Zeit verlangten die Weihen höherer Bildung und für den Erben eines Landes politischen Anschauungsunterricht. Die Einfachheit von Küstrin mußte nun durch höfischen Umgang ersetzt werden. Für eine große Kavalierstour durch Europa reichte das Geld nicht, denn natürlich mußte ein Gefolge, und sei es noch so klein, mit ihm ziehen. Außerdem war die Sache zu unsicher. Die Kurfürstin hatte wieder eine Idee und setzte sich bei Georg Wilhelm und seinem wichtigsten Mitarbeiter, dem Grafen Adam von Schwarzenberg, durch: Die Niederlande sollten es sein.

Da gab es einmal viel Verwandtschaft. Der niederländische Statthalter Friedrich Heinrich von Oranien war der Onkel der Kurfürstin. Die Frau ihres Bruders, des inzwischen verstorbenen böhmischen «Winterkönigs», hatte dort Zuflucht gefunden. Aber es ging bei diesem Reiseziel um mehr als um familiäre Bande. Die Niederlande, das war ein Programm: das Bekenntnis zu einer aktiven, kämpferischen protestantischen Politik und vor allem einer freien Kultur, die mit Beginn des Jahrhunderts in Europa den ersten Rang eingenommen hatte.

Es ging alles sehr schnell. Die Reisegesellschaft umfaßte dreizehn Mann. Der Prinz hatte zwei Kammerjunker zu seiner Verfügung. Als sein Freund und Vertrauter zog Werner von der Schulenburg mit in die Fremde. Am 6. Juli 1634 brach der kleine Trupp auf, «incognito», um nicht zuviel Aufwand treiben zu müssen. Die Kurfürstin hatte aus eigenen Mitteln 3000 Taler zur Reisekasse beigesteuert.

Für Friedrich Wilhelm war die Kindheit vorbei. Und er würde in der Ferne nicht nur Schüler sein, sondern Angehöriger eines Standes, und als Erbe eines Landes auftreten. Der Magistrat in den Städten, durch die sie zogen, begrüßte ihn feierlich. Die adligen Genossen, deren Land er streifte, luden zum Übernachten und Feiern. Drei Tage erlebte der Prinz die große und freie Handelsstadt Hamburg. Bei dem Grafen Anton Günther von Oldenburg gefiel es Friedrich Wilhelm besonders gut. Man blieb fünf Tage. Dann war der Graf von Ostfriesland an der Reihe. Zwischendurch wurden Berichte an den Vater geschrieben. Groningen, Zwolle, Utrecht blieben zurück. Am 6. August war man am Ziel – in Leiden.

Die Niederlande:
Vier Jahre im Zentrum der Welt

Holland: Rechteckige Polder, der Natur abgetrotzt. Grüne Wiesen, weiße Windmühlen. Blinkende Wasserstraßen wie mit dem Lineal gezogen. Verkehrsadern, die Waren und Nachrichten schnell und pünktlich überallhin in diesem kleinen Land trugen. Bis der Winter kam und die Kanäle in Schlittschuhparadiese verwandelte, zogen Treidelpferde vom Leinpfad am Ufer aus geräumige Kähne, die jedermann zur Verfügung standen. Ungefähr fünfzig Personen mit Gepäck hatten darin Platz. Wer müde war, konnte die Zeit schlafend hinter sich bringen. Auch einen regelmäßigen Postkutschenverkehr mit Fahrplan gab es schon. Je nach Geldbeutel konnte man bei der Kutsche zwischen drei verschiedenen Abteilen mit unterschiedlichem Komfort wählen. Nicht angeborene Privilegien zählten, sondern Verdienst und Verdientes.

Die Mehrzahl der Einwohner dieser niedrig gelegenen Lande konnte lesen und schreiben – was für eine Ausnahme in Europa –, und alle hatten zum Frühstück Butter, Käse, Milch und Bier auf dem Tisch. Am Hof von Brandenburg begnügte man sich noch viele Jahre mit einer Biersuppe. In den Städten waren die Straßen schon seit Anfang des Jahrhunderts gepflastert. Eine städtische Polizei sorgte für Ruhe und Ordnung. Nachts machten Soldaten und Laternenanzünder die Runde. In Amsterdam wurden Häuser bis zu sieben Stockwerke hoch gebaut.

Ein schmuckes Land, dieses platte Land. Während Mitteleuropa dreißig lange Jahre vom Großen Krieg ausgezehrt wurde, erlebten die Niederlande ihr «goldenes Zeitalter» in Wirtschaft und Kultur, in Finanzen und Welthandel, in Militärwesen und Gartenkunst, in Schiffbau und Landwirtschaft, in Industrie und Medizin, in Geistes- und Naturwissenschaft, in Malerei und Dichtung. Eine Aufzählung, die unvollständig bleiben muß. Was Geist und Tatkraft, was Hirn und Hand schaffen können – die Menschen in diesem kleinen Wiesenwinkel Europas, den Sturmfluten und Gezeiten so zerfranst hatten, waren in allem vorneweg. Und das Merkwürdigste: Es war keine Blüte mitten im Frieden. Es scheint, als ob der Kampf die besten Kräfte freigesetzt hatte. Die Niederländer wurden die Lehrmeister Europas.

Ein Wunder: Sieben kleine nördliche Provinzen hatten seit 1568 den Aufstand gewagt gegen eine Weltmacht. Das Land war 1477 durch Erbschaft an die Habsburger gefallen, katholisch, düster, schicksalsüberzeugt. Die Aufständischen waren vor allem calvinistische Protestanten, Bürgerliche unter Führung des mutigen und mitreißenden Hauses Oranien-Nassau. 1581 erklärten sie ihre Unabhängigkeit vom spanischen «Tyrannen und Rechtsbrecher». Der Krieg ging weiter. Doch die Rebellen waren nicht zu besiegen. 1609 unterzeichnete das mächtige Spanien einen Waffenstillstand. Dann begannen zähe Verhandlungen.

Die Wirtschaft war, wie so oft, der Politik weit voraus. In Amsterdam war 1609 das erste Girokonto errichtet worden, um den Welthandel, der hier seinen Mittelpunkt hatte, reibungslos abzuwickeln. Die Niederländisch-Ostindische Compagnie zahlte ihren Mitgliedern 1616 eine Dividende von 67 Prozent. Die Mijnheers und Mevrouwen vergaßen ihre Christenpflicht nicht. Sie bauten Waisenhäuser, Altersheime und Obdachlosenasyle.

Schatten fehlten nicht. Die Moral der Calvinisten kannte in bezug auf Leistung kein Pardon. Wer in Amsterdams Arbeitshäusern nicht genug produzierte, auf den warteten unmenschliche Strafen: «Er muß von früh bis abends Steine von einer Stelle zur andern tragen oder Wasser aus dem Brunnen in einen Bottich schöpfen und es dann wieder in den Brunnen gießen . . . Manche tragen Fußeisen oder stecken in Halseisen.» Der Handel mit Kindern war zwar schon 1597 verboten worden. Trotzdem wurden sie weiterhin zu Hunderten als billige Arbeitskräfte vermittelt. 1646 beschränkte eine Verordnung den Arbeitstag für Kinder auf vierzehn Stunden. Die Kluft zwischen arm und reich war keineswegs aufgehoben. Der Amsterdamer Magistrat verbot den Zuckerbäckern, in ihren Auslagen allzu üppige Waren feilzubieten, «damit die armen Kinder nicht traurig werden, denn der Anblick könnte ihren Appetit wecken». Immer wieder brachen Arbeiteraufstände aus.

Kapitalismus: Ein Stichwort, das alles erklärt? Ist Holland das Paradebeispiel, um jene Theorie zu erhärten, die diese Wirtschaftsform als ein Kind der protestantischen Ethik, zumal in ihrem strengen calvinistischen Gewande, brandmarkt? Die Gleichung von Wirtschaft und Religion scheint aufzugehen: Puritanisch und nüchtern, praktisch und schwarz gekleidet, so hat die Überlieferung den Niederländer bis heute ins Gedächtnis geprägt. Die Wirklichkeit in der Republik bot ein differenzierteres Bild. Der Adel auf dem Land war zu einem nicht geringen Teil katholisch geblieben. Calvinistisch war die Masse der Unterschicht, das Oranierhaus und – dem Taufschein nach – auch die Mittelklasse, die gutbürgerlichen Kaufleute in den großen Städten. Der Calvinismus war Staatsreligion, und zwar seit 1618 in seiner schärfsten Form. Jeder, der ein Amt erstrebte, mußte beschwören, daß der Mensch vor allem Tun auf Erden schon längst vorherbestimmt (prädestiniert) sei für Himmel oder Hölle. Das war die Theorie.

In der Praxis waren die holländischen Kaufleute liberale Menschen, war jeder religiöse Fanatismus ihnen ein Greuel. Wie hätten sie auch aus Überzeugung eine Geistlichkeit unterstützen können, die gegen Konsum und Luxus unermüdlich wetterte und ganz handfest gegen das freie neumodische Wirtschaftssystem vorging? Aus solcher rigorosen Ethik konnten keine Reichtümer kommen, weder des Geldes noch des Geistes. Die humanistische Tradition der freien Rede und der freien Presse, der freien Religion und der freien Wirtschaft in dieser Ecke Europas war ein Erbe des Erasmus von Rotterdam, nicht des Johann Calvin von Genf. Es war die freiheitliche Tradition, die von der bürgerlichen Schicht der Pfeffersäcke gefördert wurde und die in der Praxis den Niederlanden ein Maß an persönlicher Freiheit brachte, das Europa bisher nicht gekannt hatte. Politische und religiöse Flüchtlinge aus allen Ländern fanden hier Ruhe. Schon 1593 schrieb der französische Gesandte im Haag: «In manchen Dingen findet man hier größere Politesse, in anderen wieder größere Simplizität. Doch die Süße der Freiheit ist hier so groß wie nirgendwo.» Es war eine Toleranz, der sich die Bürger noch mehr als der Staat verschrieben hatten. Fast scheint es, daß nicht so sehr die strenge Ethik der calvinistischen Religion den Kapitalismus beschleunigte, sondern daß vor allem die praktizierte Toleranz in den multikonfessionellen Niederlanden ungewöhnlich viele und gute Kräfte freisetzte.

Amsterdam war in jenen Tagen der wirtschaftliche Mittelpunkt Europas. Das Zentrum für Kultur und Geist war die Stadt Leiden mit ihrer Universität, 1575 mitten im Freiheitskampf gegen die Spanier gegründet. Auch darin zeigte sich das Programm der neuen Republik, die zum Angelpunkt der modernen Zivilisation wurde, welche erst Europa und dann die ganze Welt durchdrang.

Die Niederlande hatten 1634, als der brandenburgische Kurprinz angereist kam, drei noch sehr junge Universitäten: Leiden war die älteste, Groningen (1614) und neuerdings Amsterdam (1632); Utrecht kam 1636 dazu. Friedrich Wilhelms Erzieher wußte, warum er mit seinem Zögling ausgerechnet nach Leiden ging. Die neue Alma mater am Alten Rhein zog Gelehrte und Studenten von überallher an. Ehrwürdige mittelalterliche Universitäten wie Bologna oder Padua rutschten in wenigen Jahren ins zweite Glied und verloren viele fremde Studenten. Vor allem aus dem Deutschen Reich strömten die Lernenden herbei und wurden hervorragende Wissenschaftler berufen. Leiden mauserte sich zur Modeuniversität des gelehrten Europas, bei der Quantität und Qualität zusammenfielen.

Es war ein Europa, das noch keine Trennungen in Politik und Geist, in Theologie und Natur kannte. In den Köpfen bahnte sich zwar in diesen Jahren in Leiden schon die Revolution an, die Atomisierung der Welt. Aber die Männer, die das Neue dachten, hatten noch einen Sinn für das Ganze. Der junge Adel, der eines Tages die Staatsgeschäfte lenken würde und Heere aus dem Boden stampfen sollte, saß in den Vorlesungen. Hier studierten Mediziner, die – nach Hause zurückgekehrt – die politischen Berater ihrer fürstlichen Herren wurden. Theologen und Juristen, die in Leiden ihren Doktor machten, kehrten auf heimische Lehrstühle zurück und gaben den Geist von Leiden weiter. Es war ein Bazillus, der ganz Europa infizierte und veränderte. Auch die deutschen Dichter dieses Zeitalters, die Opitz, Gryphius und Fleming, haben Leidener Luft geatmet. Descartes immatrikulierte sich 1630 als Student der Mathematik. Sie alle bildeten eine Elite, die zum Sauerteig wurde, der neue Götter, neue Ideale und neue Antriebe brachte.

Kein Land im übrigen Europa hat sich in diesem Jahrhundert

des Aufbruchs vom niederländischen Geist so stark «anstecken» lassen wie Brandenburg-Preußen. Zwischen 1575 und 1750 gab es fast 11000 deutsche Studenten in Leiden. Sie bildeten immer die größte ausländische Kolonie. Im Dreißigjährigen Krieg, als der junge Brandenburger aus Berlin eintraf, betrug ihr Anteil 27 Prozent aller Studierenden. Eine Rekordzahl, und die Wissensdurstigen von jenseits der Elbe lagen dabei an der Spitze. Besonders im Herzogtum Preußen gehörte die Reisebildung in den Niederlanden zu einer erstklassigen Erziehung dazu.

Simon Dach, ab 1639 Professor der Poesie, dichtender Literaturwissenschaftler in Königsberg, von dem wir noch hören werden, schrieb die wehmütigen Verse:

Mein Vater Gut war schlecht, sonst wär auch ich gezogen
Dem weisen Leiden zu . . .

Das galt für die schlimmen zwanziger Jahre des 17. Jahrhunderts, als der Große Krieg sich ausbreitete und die Staatskasse leer war. Sonst hätte der junge Simon nämlich gute Aussichten gehabt, ein kurfürstliches Stipendium zu erhalten. Friedrich Wilhelm würde später daran nicht sparen. Die Posten an der Königsberger Universität wurden mit Vorliebe mit studierten Holland-Heimkehrern besetzt.

Es gab einen Mann, in dem sich die Bedeutung des niederländischen Einflusses konzentrierte: Justus Lipsius. Er war der Kopf, der den Ruhm der Leidener Universität gleich in den Anfangsjahren begründete. Wer kennt ihn heute noch? Schauen wir zurück in die Mitte des vorangegangenen, des 16. Jahrhunderts.

Justus Lipsius stammte nicht aus Leipzig, wie sein latinisierter Name vielleicht vermuten läßt, sondern wurde 1547 als Joest Lips im Herzogtum Brabant in einem Ort zwischen Brüssel und Löwen (also im heutigen Belgien) geboren und als guter habsburgischer Untertan katholisch getauft.

Der Lebensweg dieses begabten Jungen erscheint uns, die wir den zerstörenden Geist des Nationalismus im 20. Jahrhundert zur Genüge kennengelernt haben, als eine weltoffene, grenzenlos freie europäische Existenz. Aber auch dieser Schein trügt.

Im heiligen Köln ging der 16jährige Joest aufs Jesuitengymnasium, wo natürlich nur lateinisch gesprochen wurde und romanischer Schliff nicht nur das Denken, Reden und Benehmen, sondern mit dem ganzen Menschen auch seinen Namen aufpolierte. Justus Lipsius (von nun an) wurde mit 18 Student, belegte – auf väterlichen Wunsch – im heimatlichen Löwen juristische Vorlesungen und begann – aus Neigung – das Studium der antiken Literatur. Lipsius las die vorbildlichen griechischen und römischen Schriftsteller: Dichter, Dramatiker, Biographen, Historiker und Rhetoren. Die humanistische Bildung durch «die Alten» war der Kern dessen, was den Humanismus ausmachte, diese nördliche Variante der italienischen Renaissance.

Gönner des talentierten Studenten Justus war Kardinal Granvelle. Ihn begleitete Lipsius als sein Sekretär nach Rom – gerade eben zwanzig Jahre alt. Dort blieb er zwei Jahre, kehrte kurz ins heimische Löwen zurück, um bald nach Wien zu gehen, von wo er 1572 als Professor für Geschichte nach Jena berufen wurde.

Wir sehen: Wo man geboren war, spielte im 16. Jahrhundert keine Rolle, um Karriere zu machen. In welche Kirche man ging, dagegen sehr wohl. Ein Jesuitenzögling Lehrstuhlinhaber in Jena? Noch keine dreißig Jahre nach dem Tod Martin Luthers? Mitten im Ursprungsland des Protestantismus, in Sachsen, wo die Universität erst 1548 als Hort des neuen Glaubens gegründet worden war? Man weiß nicht, ob aus freien Stücken oder zwecks Umgehung eines konfessionellen Berufsverbots, jedenfalls nahm Lipsius in Jena den lutherischen Glauben an. Trotzdem blieb er den rechtgläubigen Kollegen an der Universität verdächtig. Es gab Streit, und Lipsius ging. Zunächst nach Köln, dann wieder einmal nach Löwen zurück, wo er seit 1576 Geschichtsvorlesungen hielt.

Löwen war für damalige Verhältnisse eine Massenuniversität mit 6000 Studenten. Trotz aller Antipathien gegen die Jesuiten herrschte hier ein katholischer Geist, nicht nur in der Theologie. Durfte da ein frisch konvertierter Lutheraner Vorlesungen über Geschichte halten? Konnte das gutgehen? Lipsius zog es vor, mit seiner Frau ins protestantische Antwerpen zu fliehen. 1579, mit 32 Jahren, erhielt er einen Ruf an den Lehrstuhl für Geschichte im holländischen Leiden.

Es wurden seine besten Jahre. Er war ein hinreißender Lehrer, ein Altertumsforscher von umfassender Gelehrsamkeit, Philologe, Herausgeber, Kommentator, Geschichtsschreiber, Politikwissenschaftler, Philosoph, ungemein erfolgreicher Buchautor, Abgott seiner Schüler. Ein Jahrzehnt lang war Justus Lipsius die allgemein bewunderte Koryphäe, Briefpartner aller Gebildeten Europas.

Dann schrieb er ein Buch über die Politik, für das er zwar einen Preis der Universität erhielt, aber zugleich das Mißtrauen der Calvinisten weckte. Anschließend ließ er sich auch noch auf eine Polemik ein und warb für den «einen Glauben» als Staatsreligion. Das reichte. In Leiden war seines Bleibens nicht länger. Lipsius ging oder mußte gehen. Im frommen Mainz kehrte Lipsius 1591 in den weiten Schoß der römischen Kirche zurück. Der Vielfachbekehrte war da erst 44.

Der durchaus rüstige Mann wurde ein Jahr später zum zweitenmal Professor an seiner alten Alma mater Löwen, lehrte, forschte, schrieb und publizierte in ungebrochener Schaffenskraft, sein Ruhm scholl durch die ganze gebildete Welt, so daß sein Herr, Philipp II. von Spanien, ihn zu seinem Historiographen ernannte. Gerade noch rechtzeitig – denn Lipsius starb im Frühling 1606, noch keine sechzig Jahre alt, drei Jesuiten an seinem Sterbelager.

Er hinterließ ein imposantes literarisches Werk (natürlich in lateinischer Sprache, und zwar von der allerfeinsten Sorte), allein seine Briefe füllen acht dicke Bände. Und – was noch wichtiger ist – er hinterließ unauslöschliche und weit in die Zukunft führende Spuren im Denken seiner Studenten und seiner unzähligen Leser in allen europäisch zivilisierten Gegenden der damaligen Welt. Die Geschichte wäre anders verlaufen, wenn dieser Geist nicht so viele andere Geister befruchtet und geformt hätte, gerade die Führungselite in aller Herren Ländern. Und nirgendwo sonst hat Lipsius und seine Sicht der Welt so prägend nachgewirkt wie im fernen Brandenburg-Preußen.

Was hat dieser Gelehrte, der so tief ins 16. Jahrhundert zurückreicht, getan, entdeckt, erfunden, daß er es so weit hinter sich ließ?

Die Zeit, die zu Ende ging: das Mittelalter. Das alte Abendland: der von Gottes Himmeln umhüllte Erdenball, beherrscht von Kaiser und Papst. Der Mensch: zu nichts anderem geschaffen als die Majestät Gottes anzubeten und keine Zweifel anzumelden. Es bestand eine Ordnung, aus der niemand fallen konnte. Doch zeigten sich die ersten Risse. Die Christenheit spaltete sich. Eine neue Theorie stellte die Sonne ins Zentrum der Planeten. Die Krise: Plötzlich war die Welt erfüllt von Kampf und Chaos. Das Ende der christlichen Einheit hetzte nicht nur die Völker, sondern auch die Menschen eines Landes gegeneinander. Krieg, Bürgerkrieg, Aufstand, Revolution. Als sie schon fast zur traurigen Gewohnheit geworden waren, fragte man sich: Wozu? Um Dogmen zu verteidigen, sollte Europa sich zerfleischen? Mußte der katholische Gelehrte den protestantischen Kollegen wirklich zur Hölle wünschen? Langsam dämmerte es, daß dieser Wahnsinn keine guten Früchte bringen konnte. Aber was an die Stelle des Verlorenen setzen? Woher sollte Europas neue Einheit kommen?

Lipsius hat auf die vielen Fragen Antworten gegeben, die von den Herrschenden überall begierig aufgenommen wurden. Er ging zurück in die Geschichte und sah in ihr mehr als bloß merkwürdige Erzählungen aus grauer Vorväterzeit; nahm sie als Beispiel, das Vorbild sein konnte in einer gespaltenen Welt. Justus Lipsius gewahrte in der Philosophie der römischen Kaiserzeit – im Stoizismus – den Halt, den das Christentum allein nicht mehr geben konnte, der über die Konfessionen hinweg Europa einte. Er machte aus der antiken Ethik der Stoa und dem Christentum eine neue Lebenslehre, zu der sich bald die gebildete Welt Europas bekehrte, die den Politikern und Fürsten zwischen Wien und Stockholm zur Richtschnur ihres Handelns wurde.

1584 erschien das Buch des Lipsius über die Beständigkeit in den Übeln der Welt: «De constantia in malis publicis». Die schmale Schrift brachte es auf fünfzig Auflagen, und die französische Übersetzung erschien gleichzeitig mit dem lateinischen Original.

Es war ein Aufruf, in den Wirren der Zeit standzuhalten, sich nicht von den Leidenschaften beuteln zu lassen und damit Unglück über sich und andere zu bringen. Der Wegweiser dieser neuen Beständigkeit wurde die Vernunft. Und Lipsius war nicht nur Theoretiker. Er gab den Mächtigen auch sehr detaillierte Ratschläge.

Fünf Jahre später brachte er in Leiden sein Lehrbuch über die Politik heraus: «Politicorum sive Civilis Doctrinae Libri sex» (wörtlich: «Die Politik oder Staatsbürgerkunde in sechs Büchern»). Es wurde das Hauptwerk des neuen Stoizismus. Das lateinische Original kam bis 1700 auf vierzig Auflagen. Die Übersetzungen, die sofort verbreitet wurden, erreichten keine geringere Verbreitung.

Lipsius war kein origineller Denker. Berühmte Humanisten vor ihm hatten erkannt, wieviel Maß und Ordnung die Antike einer chaotischen Zeit geben kann. Doch der Professor in Leiden hat wie keiner vor ihm aus dieser Einsicht zwei konkrete Dinge geschaffen: eine Moral, die gleichermaßen für den Alltag des Herrschers und des Bürgers galt, und einen Leitfaden für den politisch Verantwortlichen.

Hinter den Ratschlägen des Justus Lipsius stand das Bild eines Staates, der sich vom mittelalterlichen Weltbild gelöst hatte. Er ruhte nicht mehr auf den vielen persönlichen Beziehungen zwischen Lehnsherr und Lehnsmann, ihn hatte kein göttliches Gebot ins Leben gerufen. Es war ein Staat aus eigener Vollmacht, bei dessen Gesetzen nicht die Religion, sondern das wiederentdeckte römische Recht zur Richtschnur wurde. Ein Staat, in dem der Herrscher, ein Vorbild seiner Untertanen, den Gesetzen unterworfen war, kein absolutistischer Tyrann von Gottes Gnaden. Lipsius entwarf einen Staat, in dem eine wohlorganisierte Verwaltungsbürokratie für einen reibungslosen Ablauf sorgte, in dem ein diszipliniertes festes Heer nicht der Schrecken, sondern der Schutz der Bürger war. Während noch die Religionskriege tobten, stand die «Politik» des Lipsius in den Studierzimmern der katholischen Habsburger wie beim evangelischen König Gustav Adolf und seiner Tochter Christine. Lipsius war der Lieblingsautor des Kurfürsten Maximilian von Bayern. Sir Walter Raleigh, der Günstling der englischen Königin Elisabeth, las ihn im Gefängnis.

Und wie stand es um den Einfluß dieses Staatsdenkers auf die Staatslenker im fernen Brandenburg? Die Korrespondenz des Lipsius gibt uns einen Hinweis. Siebenhundert Persönlichkeiten sind uns bekannt, mit denen er im Laufe seines Lebens korrespondiert hat. Das ist außergewöhnlich, selbst in einer Zeit, da der briefliche Kontakt zwischen den Gelehrten ganz Europa mit einem engmaschigen Netz überzog. Dieser schriftliche Austausch von Informationen, Ideen und Idealen ersetzte nicht nur Zeitung und Telefon, sondern vor allem die wissenschaftlichen Zeitschriften, die erst seit der Mitte des 17. Jahrhunderts langsam auf den Markt kamen.

Schon zu Lipsius' Lebzeiten wurde damit begonnen, seine Briefe zu publizieren. In der Erstausgabe vom zweiten Hundert aus dem Jahre 1591 steht ein Antwortschreiben an Franz Hildesheimer in Frankfurt an der Oder. Lipsius freute sich, daß er den Humanisten in Brandenburg unter die Gleichgesinnten zählen durfte, und klagte, daß der Weg nach Osten schwierig sei, weil Niederländer so selten nach Frankfurt kämen. Dieser Hildesheimer wurde wenig später Leibarzt und Vertrauter des brandenburgischen Kurfürsten Joachim Friedrich, der 1605 ein Bündnis mit den aufständischen Niederlanden schloß. Bei den meisten Gebildeten an Elbe, Spree und Oder standen die Werke des Lipsius im Bücherschrank. An der hundert Jahre alten brandenburgischen Landesuniversität von Frankfurt/Oder wurde die «Politik» des Justus Lipsius Grundlage der Vorlesungen über die Staatslehre. In Berlin setzten sich kurfürstliche Räte, Notare und die Lehrer des Gymnasiums für die neue Philosophie aus Holland ein. Und das war keine flüchtige Modeerscheinung.

Wichtigster Berater des Kurfürsten Johann Sigismund, des Großvaters von Friedrich Wilhelm, war der Burggraf Abraham von Dohna aus Preußen. Der erhielt seine militärische Ausbildung zusammen mit seinen Brüdern und Vettern bei Moritz von Oranien in den Niederlanden. Und zugleich nahm er anderes in sich auf. Zur Bibliothek in seinem preußischen Schloß gehörten fast alle Werke des Lipsius und viele römische Historiker. Graf Dohna hatte wesentlichen Einfluß auf den Konfessionswechsel des Kurfürsten zum reformierten Glauben 1613.

Ein Blick in die Stammbücher der märkischen Hohenzollern jener Tage gibt Musterbeispiele für die neue Lebensphilosophie. Mehrfach steht dort: *Constantia patientia* – Standhaftigkeit und Geduld, die Tugenden des neuen stoischen Menschen. Georg Wilhelm, der Vater unseres Helden, wählte sich als junger Mann zur Devise den Satz des Seneca: «Gott gehorchen ist Freiheit.» Als Kurfürst hieß sein Wahlspruch: «Dem tapferen Herzen ist nichts unmöglich.» Womit sehr deutlich wird, daß der neue Mensch nicht geduldig resignierte, sondern voller Beharrlichkeit aktiv auf ein Ziel zuging. Für Georg Wilhelm, den Zauderer in den Wirren des Großen Krieges, scheint es ein unpassendes Bild. Doch vielleicht muß man ihm ein wenig mehr Gerechtigkeit widerfahren lassen. Stand doch offenbar hinter allem Taktieren, das nichts als Mißerfolge brachte, das an sich vernünftige Ziel, sein Land um jeden Preis aus dem Krieg herauszuhalten.

Wir dürfen sagen: Brandenburg war kein Entwicklungsland am Rande der Barbarei, sondern sehr wohl vertraut mit dem, was in der ersten Hälfte des 17. Jahrhunderts Europa umtrieb. Die kurfürstliche Familie und fast alle, die zu ihren Beratern zählten, waren keine Banausen, sondern Gebildete auf der Höhe ihrer Zeit. So sollte es auch bleiben. Leuchtmar, der Erzieher des jungen Friedrich Wilhelm, hatte ja unter anderem in Leiden studiert und beaufsichtigte den Prinzen nun im fremden Land.

Wer, wie der brandenburgische Erbe, in Leiden lebte, atmete die neue Lebensphilosophie in den Jahren ein, die im Menschenleben zu den wichtigsten zählen. Auch wenn er vielleicht nicht einmal die Vorlesungen besucht haben sollte. Wie er studiert hat, wissen wir nicht. Sein Name steht nicht in der Immatrikulationsliste von Leiden, und in den Quellen ist nur von Privatunterricht die Rede. Doch wir wissen aus der Rückschau, daß das geistige Klima, das ihn hier umgab, später in Brandenburg viele Früchte getragen hat. Die Niederlande sind immer Friedrich Wilhelms Vorbild geblieben. Diese vier Jugendjahre im kulturellen Zentrum Europas haben entscheidend dazu beigetragen, den «preußischen Charakter» des späteren Preußens zu prägen – mit dem Januskopf, den auch die Vernunft trägt: Eingesetzt, um Herrschaft zu rationalisieren und aus Heer und Verwaltung effiziente Institutionen zu schaffen, entwickelt sich ein Eigenleben so perfekt und mächtig, daß es den einzelnen als Leviathan Staat zu verschlingen droht. Vernunft als Angebot bürgerlicher Freiheiten, als Toleranz gegenüber den Andersdenkenden, als Zaun, der die Gewalt der

Herrschenden in Schranken hält, führt zu der Frage, wieviel Freiheit der einzelne für die Ordnung des Ganzen opfern muß.

Ein Unterschied zwischen Brandenburg und den Niederlanden machte sich für den Kurprinzen und sein kleines Gefolge schnell bemerkbar. Leiden war ein teures Pflaster, zu teuer für die 6000 Taler, mit denen die Gäste aus der Mark jährlich auskommen sollten. Der weit überlegene Lebensstandard hatte automatisch die Kosten hochgetrieben. Der Preis, den man zu Hause schon vorsorglich für eine aus Repräsentationsgründen unerläßliche Kutsche eingesetzt hatte, war höher als gedacht. Da half es wenig, daß die clevischen Lande ihrem jungen Herrn Wildbret und Wein schickten, die – weil es sich um einen Fürsten handelte – unverzollt ins Land kommen durften. Der chronische Geldmangel wurde dadurch nicht beseitigt, wenngleich man ihn in den Briefen an die Spree nur andeutete. Darüber redete man in aristokratischen Kreisen nicht gern. Der Kavalier hatte die Mittel oder nicht – schweigen tat er darüber auf jeden Fall.

Friedrich Wilhelm schickte trotzdem von Zeit zu Zeit aufmerksame Souvenirs nach Hause. Für den Vater Kapaunenfett, das angeblich gut für die Beinwunde sein sollte (Kapaunen sind kastrierte Masthähnchen, diese Wundsalbe bestand also aus Hühnerschmalz); dann Reitgerten aus Bambus und – auf Anfrage – einen dressierten Affen. Die Mutter bekam Schreibzeug, mit rotem Samt überzogen. Offenbar waren weibliche Wesen in seinen Augen nicht nur auf Stickrahmen oder ähnliches programmiert.

Natürlich wurde gleich nach der Ankunft die in Holland lebende Verwandtschaft aufgesucht. Besondere Beziehungen entwickelten sich zu einer Tante mütterlicherseits, Elisabeth, Schwester des englischen Königs und Gemahlin jenes Friedrich von der Pfalz, der nur einen Winter lang König von Böhmen gewesen war, bevor er mit seiner Familie flüchten mußte und der Dreißigjährige Krieg ausbrach. Nun ruhte er schon in der Gruft, was Elisabeth von der Pfalz, seine Witwe, nicht hinderte, in den Niederlanden einen stattlichen und weltoffenen Hof zu halten.

Als die Tante und Exkönigin ihre Söhne, die wie Friedrich Wilhelm in Leiden studierten, besuchte, lud sie ihren Neffen zum Essen ein und machte den Vorschlag, daß er sie im September auf ihrem Schloß Rhenen bei Arnheim besuchen sollte. Das geschah. Im Oktober 1634 reiste Friedrich in den Haag, um den niederländischen Statthalter, Prinz Friedrich Heinrich von Oranien, einen Onkel seiner Mutter, und dessen Gemahlin zu besuchen. Der oranische Hof war nicht von der düsteren Seite des Calvinismus geprägt, sondern in ganz Europa als besonders glänzend berühmt. Die Oranier waren große Kunstliebhaber und Kunstkenner. Den Kurprinzen beeindruckte dieser Aufenthalt besonders. In diesen Tagen vor allem wurde seine Liebe zur Malerei geweckt. Doch als in Leiden Fälle von Pest auftraten und aus Berlin der Vorschlag kam, man solle ganz in den Haag umziehen, widersprach Leuchtmar energisch. Er wollte seinen Zögling nicht ständig der lockeren Atmosphäre des Hoflebens aussetzen, wo sich der Adel Europas ein Stelldichein gab. Wieder half die Königinwitwe, Tante Elisabeth, vorübergehend mit Schloß Rhenen aus, das der Neffe Friedrich Wilhelm im Februar 1635 bezog.

Schon der ständige Ortswechsel hätte ein ordentliches Studium nicht möglich gemacht. Wahrscheinlich hatte Leuchtmar als guter Pädagoge sich auch längst davon überzeugt, daß sein Zögling nicht der geborene Akademiker war. Aber das verlangte auch niemand von einem Herrscher. Der Einblick in die politische und diplomatische Praxis, den der Kurprinz in den Niederlanden nehmen konnte, war wichtiger. Das tägliche Pensum an Fechten, Reiten und Tanzen absolvierte Friedrich Wilhelm im übrigen gern.

Langsam gewann der Kurerbe in der Fremde an Selbständigkeit. Aus seinen eher familiären Briefen an den Vater wurden regelmäßige Berichte mit vielen sehr genauen politischen und militärischen Beobachtungen. Sie beschränkten sich nicht nur auf die Niederlande, sondern enthielten auch Informationen aus dem Reich, aus Frankreich, ja sogar aus dem Mittelmeerraum. Holland war die Nachrichtenbörse des Kontinents. Hier blühte ein regelrechtes Zeitungswesen auf. Friedrich Wilhelm hat diese neuen Gazetten offenbar sorgsam gelesen. Der Vater lobte den Sohn im Juli 1635 ausdrücklich für diese Tätigkeit und bat ihn, fleißig darin fortzufahren.

Im gleichen Monat brach der Prinz zu einer Informationsreise ins nördliche Holland auf. Er hielt sich in der großen Handelsmetropole Amsterdam auf und besichtigte die Werften, wo die großen Schiffe für den Überseehandel gebaut wurden. Die niederländische Handelsflotte umfaßte 10000 Schiffe, mehr als alle anderen europäischen Länder zusammen. Hier lernte Friedrich Wilhelm anschaulich, was er 1667 in seinem Testament an seinen Sohn weitergab, daß «Seefahrt und Handlung die fürnehmsten Säulen eines Etats [Staates] sind, und der gewisseste Reichtum und das Aufnehmen eines Landes aus dem Commercium herkommen». Nicht, daß die Waffen zu kurz kamen. In den Niederlanden, die durch den Krieg gegen Spanien frei und groß geworden waren, hatte der Pazifismus keine Heimstatt. Friedrich Wilhelm gehörte zu einem ununterbrochenen Strom adliger Besucher, die das vorbildliche niederländische Heer und seine Kriegskunst studierten. Am Ende seines ersten Hollandjahres hatte er im August 1635 dazu Gelegenheit, denn der Krieg zwischen Holland und Spanien war noch nicht beendet.

Er reiste ins Lager der niederländischen Truppen in der Nähe von Arnheim. Der Prinz von Oranien bereitete einen Angriff auf die Schenkenschanze vor. Diese Befestigung in Rheinnähe, wo heute die deutsch-niederländische Grenze verläuft, war von den Spaniern im Juli eingenommen worden. Man vergißt so leicht bei allem höfischen Leben, wie nahe vor der Tür der Krieg tobte. Im Feldlager lernte der Kurprinz den Grafen Johann Moritz von Nassau-Siegen kennen. Der Graf ging im folgenden Jahr als Gouverneur der Niederländisch-Westindischen Compagnie nach Brasilien. Nach der Rückkehr von dort würde ihn Friedrich Wilhelm als Statthalter für die clevischen Landesteile in seinen Dienst holen. Der Kampf um die Schenkenschanze ging zu Lasten der Bevölkerung auch in den clevischen Gebieten der Brandenburger. Als zwei Abgesandte der Generalstaaten (so heißt die oberste Regierungsbehörde der sieben vereinigten Provinzialstaaten der Niederlande) den Kurprinzen besuchten, um ihn in ihrem Land willkommen zu heißen, setzte sich Friedrich Wilhelm nachdrücklich für seine vom Krieg geplagten Untertanen ein.

Friedrich Wilhelm war jetzt zwei Jahre in Holland. 1634 hatte er als Vierzehnjähriger die Küstriner Festung verlassen, im Umgang mit der Welt und den Menschen noch wenig erfahren. Jetzt sprach er mit Gesandten und Politikern, war zu Gast bei Männern, von deren Ruhm ganz Europa sprach. Der Prinz fühlte sich erwachsen. Und so handelte er denn auch in dem seltsamen Zwischenspiel, das die nächsten zwei Jahre füllte.

Am 20. Juni 1636 kam vom Kurfürsten-Vater Georg Wilhelm ein Schreiben, das den Kurprinzen zur Rückkehr aufforderte. Der selbständig gewordene Friedrich Wilhelm aber verspürte keine Lust, das abwechslungsreiche Leben in den Niederlanden aufzugeben und als unbeschäftigter Erbe an den väterlichen Hof zurückzukehren. Warum sollte er nicht in den clevischen Landesteilen Statthalter werden und versuchen, diese Gebiete in Zukunft aus dem Krieg herauszuhalten? Die Stände in Cleve konnten sich nichts Besseres als diesen jungen aufgeschlossenen Herrn wünschen und bestärkten ihn in dieser Haltung. Doch zuerst einmal gingen Ausflüchte nach Berlin: Eine Seereise vertrage Friedrich Wilhelm nicht. Der Landweg aber sei jetzt zu unsicher. Außerdem habe man kein Reisegeld.

Diese Argumente wurden vorläufig akzeptiert. Von Aufbruch war keine Rede mehr, bis im Frühjahr 1637 Georg Wilhelm seine Aufforderung an den Sohn wiederholte. Inzwischen hatten die clevischen Stände offiziell darum gebeten, den Kurprinzen zum Statthalter zu machen. Friedrich Wilhelm schloß sich dieser Bitte an. Doch der Kurfürst wies die Bitte höchst ungnädig ab. Leuchtmar wurde mitgeteilt, der Prinz müsse wegen «sonderbar hohe motiven» dringend nach Hause kommen.

Warum so harte Töne? Hatten Vater und Sohn in Küstriner Tagen nicht freundschaftlich miteinander verkehrt? Hatte der Sohn nicht mit aufmerksamen Geschenken aus der Fremde seine kindliche Anhänglichkeit bezeugt? Es kam wohl einiges zusammen: jugendlicher Unabhängigkeitsdrang, hohe Politik und Gerüchte, die Politisches und Privates auf gezielte Weise vermischten.

Zuerst die Politik: Der Kurprinz hatte im Jahr vor seiner Abreise in die Niederlande an der Bahre Gustav Adolfs gestanden. Mit dem Schwedenkönig verlor die protestantische Seite im Dreißigjährigen Krieg ihren Helden. Doch die Schweden entschlossen sich, weiter im Deutschen Reich zu kämpfen. Eines Tages mußte es Frieden geben, und da wollten auch sie einen Anteil erhalten. Aber es ging schlecht weiter. Im Herbst 1634 wurden die Schweden bei Nördlingen von den Kaiserlichen entscheidend geschlagen. Im Mai des nächsten Frühjahrs unterschrieben die Reichsfürsten zu Prag einen Frieden, den der Kaiser zu seinen Bedingungen diktierte. Auch der Brandenburger schloß sich an, obwohl der Calvinismus in diesem Papier vom allgemeinen Religionsfrieden ausdrücklich ausgeschlossen wurde. Nun wollten die Deutschen gegen die fremden Eindringlinge – gleich welchen Glaubens – zusammenstehen.

Treibende Kraft hinter Kurfürst Georg Wilhelm und seiner Politik war sein Erster Minister Graf Adam von Schwarzenberg, Katholik und Habsburgfreund. Nach allen bisherigen Höhen und Tiefen des Krieges hatte er sich schließlich bei seinem protestantischen Herrn durchgesetzt. Schon den Zeitgenossen war dieser stets fürstlich auftretende Herr nicht geheuer. Er wolle sich selbst zum Nachfolger machen, flüsterten die einen und trauten ihm sogar magische Kräfte über den Kurfürsten zu. Schwarzenberg war bereit, Macht zu suchen und zu nutzen. Sein eigenes Interesse und das Wohl Brandenburgs gingen da eine willkommene Allianz ein. Ob das Heil des Landes wirklich in einer Anlehnung an Habsburg bestand, läßt sich diskutieren, aber nicht beweisen. Das Gegenteil auch nicht.

Das Dokument von Prag brachte keinen Frieden. Ein so eindeutiges Übergewicht zugunsten der Habsburger rief sofort die französische Politik unter Leitung des Kardinals Richelieu auf den Plan. Schweden erhielt ansehnliche Gelder zum Weiterkämpfen. Seine Truppen drangen im Oktober 1635 wieder in die Mark ein, das Durchgangsland zum Süden. Berlin wurde so unsicher, daß der gesamte Hof nach Küstrin floh. 1637 endlich kamen die kaiserlichen Soldaten. Georg Wilhelm wurde Generalissimus und ließ eigene Truppen werben. Daß sein Sohn immer noch bei den protestantischen Niederländern weilte, die gegen die spanischen Habsburger Krieg führten, war ihm nun unerträglich.

An diesem Punkt der Geschichte kommt nun auch das Private ins Spiel. Über den Kaiserhof kam aus Wien das Gerücht nach

Berlin, der Kurprinz wolle sich mit einer Tochter seiner Tante Elisabeth, der entschiedenen Parteigängerin der Protestanten, verheiraten. Louise Hollandine hieß die angeblich Auserkorene. Es gibt nur diese Vermutung, keinen Kommentar oder Hinweis des Prinzen. Kein Wort aus seiner Umgebung. Das macht mißtrauisch. Doch die Echtheit dieser Jugendliebe ist so wichtig nicht. Das Gerücht über eine so parteinehmende protestantische Verbindung des brandenburgischen Erben genügte, um die väterliche Autorität vollends aus der Reserve zu locken. Georg Wilhelm ließ sich von seinem sechzehnjährigen Sohn bestimmt nicht zu einem generellen Kurswechsel seiner Politik zwingen. Er gehörte zu den weichen, vieles hinnehmenden Naturen, die ab und zu jähzornig ausschlagen. Der Jähzorn war ein Teil des brandenburgischen Erbes, das auch auf Friedrich Wilhelm überging.

Der Sohn versuchte, mit konzilianten Worten und Ergebenheitsbeteuerungen seine Hartnäckigkeit zu verschleiern. Er blieb. Der Konflikt eskalierte.

Der erneute Befehl aus Berlin vom 18. August 1637 verurteilte Einwände gegen die Rückreise als Zeichen des Ungehorsams. Fraglos eine Todsünde der Kinder gegen ihre Eltern, auch wenn sie noch so hochgeboren waren. Doch der Adressat fühlte sich nicht mehr als Kind. Leuchtmar schrieb zurück, der Prinz lasse sich keine Vorschriften machen und auch von ihm nicht zur Abreise bewegen. Friedrich Wilhelm argumentierte seinem Erzieher gegenüber, daß er ja auch von seinen Besuchern in Holland wie ein Erwachsener behandelt werde.

Der Kurfürst schickte den Kammerjunker Friedrich von Schlieben mit dem mündlichen Befehl, der Prinz solle sofort die Niederlande verlassen. Der kleine Hofstaat erhielt die Anweisung, wenn nötig auch ohne den Prinzen aufzubrechen. Cleve wurde befohlen, jede Zahlung an Friedrich Wilhelm einzustellen. Man schrieb inzwischen den Oktober 1637.

Doch Friedrich Wilhelm, überzeugt, richtig und recht zu handeln, und immer noch darauf vertrauend, daß alles nur ein Irrtum sei, war nicht bereit nachzugeben. Er schickte seinen Kammerjunker und Freund Werner von der Schulenburg mit einem ausführlichen Schreiben in Richtung Osten.

Dieses Dokument ist ein diplomatisches Meisterstück und sicherlich Friedrich Wilhelms ureigenes Werk. Er versicherte darin, daß er selbstverständlich seinem Vater gegenüber gehorsam und ergeben sei und zutiefst getroffen über dessen Vorwürfe und ihr Zerwürfnis. Er bat dann, Genaues über die Gründe für eine Heimreise zu erfahren, und hoffte im übrigen auf die Gnade des Vaters.

Mit dem Brief war auf jeden Fall wieder ein halbes Jahr gewonnen und damit sein Hauptzweck schon erreicht. Die Antwort aus Berlin kam in Gestalt eines zweiten Boten. Otto von der Marwitz berichtete dem Kurprinzen, daß dessen – unausgesprochene – Befürchtung, mit einer Katholikin vermählt zu werden, unbegründet sei. Der väterliche Ton hatte sich merklich geändert, war wieder freundlicher, wenngleich der Befehl zur Abreise nicht aufgehoben wurde. Friedrich Wilhelm war realistisch genug, den Bogen nicht zu überspannen und die goldene Brücke zu betreten. Natürlich wollte er mit dem Vater keinen Streit. Er hatte den Aufstand geprobt und sich dabei als geschickt und zäh zugleich erwiesen. Jetzt nutzte er die Gelegenheit zu einem friedlichen Ausgang. Ob Friedrich Wilhelm das Spiel aus Überzeugung oder Berechnung inszeniert hatte – wir dürfen es ein Schlüsselerlebnis nennen.

Am Ende seines Aufenthaltes in der Fremde zeigte der Achtzehnjährige schon deutlich jene Züge, die später den Kurfürsten auszeichneten.

Es gab viele Freunde, von denen die kleine Gesellschaft Abschied nehmen mußte. Am 12. Mai 1638 bestieg der Prinz mit seinem Gefolge in Amsterdam das Schiff nach Hamburg. Und Anfang Juni traf Friedrich Wilhelm nach vier holländischen Jahren wieder in der Mark Brandenburg ein.

Wieder zu Hause:
Ein quälendes Ende

Die Rückkehr muß ein Schock gewesen sein. Berlin hatte auch vier Jahre zuvor keine Schönheiten zu bieten gehabt. Doch nun war es dabei zu verkommen, machte auf dem Hintergrund niederländischer Urbanität einen doppelt erbärmlichen Eindruck. Der Krieg schluckte jeden Taler im Land. Noch mehr als die Bürger war der Fürst verschuldet. Auf das Jagdvergnügen, dressierte Affen und ausgiebige Mahlzeiten mochte er trotzdem nicht verzichten. Also mußte an den Bauten gespart werden. Am schlimmsten sah das Schloß aus. Die Dächer hatten Löcher, so daß der Regen in die Räume rann. Die Mauern waren teilweise so baufällig, daß sie mit Balken vor dem Einsturz gesichert werden mußten. Der Lustgarten war verwildert und im hinteren Teil ein stinkender Sumpf geworden.

In den Straßen der Stadt sah es nicht viel erfreulicher aus. Alle Brücken über die Spree waren so verfallen, daß sie dem Warentransport kaum noch standhielten und oft lebensgefährlich bröckelten. Schmutz und Unrat in den Straßen häuften sich mehr als je zuvor. Die Brunnen steckten voller Abfälle. Das Leben in den Häusern war vor allem durch die Pest vernichtet worden. Immer wieder trat sie mit verheerenden Folgen auf. Die Gebäude standen leer und verfielen. Die Schulen mußten geschlossen werden. Die Menschen waren mutlos und resignierten: «Wir sind bei dem Grade des Unglücks angekommen, daß wir kein anderes Linderungsmittel mehr haben als die Gewohnheit und keinen anderen Trost als das Bewußtsein, schon das äußerste Übel zu erdulden.»

Doch das Feiern gehörte weiterhin zum Alltag der Mächtigen. Zehn Tage nach der Rückkehr des Prinzen gab Graf Schwarzenberg am 18. Juni in seinem Haus für den Kurfürsten und seinen Sohn ein Fest. Wie immer bei solchen Anlässen war ein gehöriges Trinkgelage Teil des Vergnügens. Als Friedrich Wilhelm am nächsten Tag vom Gottesdienst im Dom zum Schloß zurückkehrte, begann er plötzlich zu fiebern und mußte sich ins Bett legen. Wenige Tage später trat ein roter Ausschlag auf – Masern. Der

Leibarzt diagnostizierte richtig. Doch das Gerücht hatte sich schon selbständig gemacht: Der allmächtige Minister Schwarzenberg wollte den Prinzen vergiften. War sein Fest nicht eine einmalige Gelegenheit für den verhaßten Berater des Kurfürsten, den jungen Erben durch Gift aus dem Weg zu schaffen? Den Beweis erbrachte niemand. Der mißtrauische Friedrich Wilhelm ließ diese Möglichkeit durchaus gelten. Allerdings wurde er bald wieder gesund.

Aus allen diesen Gründen kann es ihm nicht schwergefallen sein, im September 1638 mit dem Kurfürsten und dem gesamten Hofstaat nach Königsberg zu ziehen. Ohne Beschönigungen: Es war eine Flucht. Die Schweden rührten sich immer kräftiger und waren drauf und dran, die Herren der Mark zu werden. Schwarzenberg blieb als Statthalter, de facto als Alleinherrscher zurück.

Es wäre nun an der Zeit, von Königsberg zu reden, der reichen und kultivierten Handelsstadt in Preußen.

Noch ein wenig Geduld. Das Alte neigt sich dem Ende zu. Halten wir es nicht auf. Wir werden die Stadt am Pregelfluß in einer neuen Epoche noch ausgiebig besuchen.

Das Zerwürfnis zwischen Vater und Sohn über die befohlene Rückkehr aus den Niederlanden war nur äußerlich beendet. Das Mißtrauen, das sich in beiden festgesetzt hatte, entfremdete sie einander immer mehr. Weder in Berlin noch in Königsberg wurde der immerhin achtzehnjährige Kurprinz über die politischen Angelegenheiten des Landes informiert, geschweige denn an den Beratungen beteiligt. Friedrich Wilhelm empfand diese Isolation so schmerzlich, daß er sogar den verhaßten Schwarzenberg bat, für ihn bei seinem Vater zu vermitteln. Der mächtige Statthalter in Berlin tat dies auch, schon aus eigenem Interesse. Jedermann wußte, daß Georg Wilhelm, obwohl erst 43 Jahre alt, immer hinfälliger wurde und an seinem Nachfolger kein Weg vorbei führte.

Doch der Herr Vater blieb unzugänglich. Seine Beinwunde plagte ihn zunehmend. Er mußte fast ständig in einer Sänfte getragen werden. Die Krankheit schlug ihm aufs Gemüt. Er konnte nur zusehen, wie sein Land in eine immer aussichtslosere politische Lage geriet und finanziell vor dem Bankrott stand. Seinen Hofstaat konnte er nur noch aufrechterhalten, indem er bei seinem Ersten Minister Darlehen auf Darlehen erbat.

Die Schweden waren wieder in die Mark eingefallen. Niemand zählte mehr die Taler und Lebensmittel, die an die fremden Soldaten gingen. Sie besetzten Landsberg an der Warthe und Frankfurt an der Oder, Stendal und Tangermünde im Westen. Berlin wurde ein kleiner freier Fleck in dem verheerten Land. Bald konnten sich auch seine Bewohner die Einquartierung der Schweden nur durch Zahlungen vom Halse halten. Es gab keine kräftige brandenburgische Truppe, die den Feind hätte vertreiben können. In den Kirchen predigten die lutherischen Pfarrer offen gegen den verhaßten Katholiken Schwarzenberg, der das Land in diese Lage gebracht hatte. Was immer der Graf mit seiner kaisertreuen Politik erreichen wollte, sie war gescheitert. Es gab nur einen Ausweg vor dem endgültigen Ruin: einen Ausgleich mit den Schweden. Zu dieser Kehrtwendung war Schwarzenberg aber weder fähig, noch hätte man sie ihm abgenommen. So mußte er versuchen, jeden Widerstand gegen seine Politik mit brutaler Gewalt zum Schweigen zu bringen und Durchhalteparolen auszugeben. Der Kurfürst in Preußen wurde mit jeder Woche kränker. Hätte die Vernunft ihn vielleicht zu einer anderen Politik zwingen müssen, mit dem Herzen stand er auf der Seite seines Ministers. Eine Politik gegen das Kaiserhaus in Wien und für das protestantische Schweden hätte Rebellion bedeutet, Aufstand gegen die reichstreue Tradition. Georg Wilhelm war kein Rebell. Er hatte als Kurfürst seinem Kaiser die Treue geschworen. Er war ein konservativer Mensch und Politiker, der in seinem Staat und in seiner Familie vor allem Ruhe haben wollte. Und in seiner gottergebenen Haltung glich er viel eher seinen lutherischen Vorfahren als den kämpferischen Calvinisten. Wer konnte oder wollte schon gegen Gottes höchsten Ratschluß angehen? Und so schrieb er mitten in diesem Großen Krieg: «So müssen wir's doch auch dem lieben Gott billig anheimstellen, daß es sich itzund so gar übel anlassen tut.»

Der Sohn wurde ob der Passivität und Zurückgezogenheit seines Vaters immer melancholischer, fast menschenscheu. Sein Gottvertrauen war nicht geringer. Doch er wollte nicht dulden, sondern handeln. Nun saß er in Königsberg und mußte zusehen, wie sein Land in Not und Tod versank und alle Hoffnung auf eine bessere Zukunft dahinschwand.

Da starb, wenige Tage nach seinem 45. Geburtstag, am 1. Dezember 1640 Georg Wilhelm. Das Herrscheramt über Brandenburg-Preußen mit der Kurfürstenwürde ging auf den zwanzigjährigen Sohn Friedrich Wilhelm über.

2

Der Anfang

oder: Kann man sich an den eigenen Haaren
aus dem Sumpf ziehen?

Der neue Herrscher trat ein Erbe an, das Zeitgenossen und Historiker gleichermaßen als trostlos schildern. Seine Berater meinten, «Seiner Churfürstlichen Durchlaucht Estat [Staat] stehe gleichsam in der Balance zu hohem Aufnehmen oder völligem Ruin». Friedrich Wilhelm konnte – aus dem Nichts – hoch steigen oder sein Land endgültig ruinieren. Mit solch skeptischer Distanz, dem Galgenhumor nicht fern, sahen der Kurfürst und seine Berater in diesen ersten Jahren den Zustand des Hauses und des Landes Brandenburg. Wer zu so schonungsloser Analyse fähig ist, hat schon gewählt. Er will sich nicht mehr fatalistisch treiben lassen. Zupacken hieß die neue Devise. Der melancholische Jüngling, der dieses Erbe antrat, hatte in seinen vier niederländischen Jahren gesehen, wieviel eine aktive Politik bewirken konnte. Die vergangenen quälenden zwei Königsberger Jahre hatten das verdrängt, aber nicht vergessen gemacht. Friedrich Wilhelm war 1640 nicht der unerfahrene Jüngling, als den ihn die Historiker gerne hinstellen. Er war zwanzig Jahre alt und damit für seine Zeit selbstverständlich erwachsen. Er hatte bereits mit hochkarätigen Politikern und Militärs konferiert und mehr von der Welt gesehen als alle seine Vorgänger.

Zuerst mußte dieser mörderische und endlose Krieg beendet werden. Friedrich Wilhelm war fast ein Herrscher ohne Land. Die Schweden saßen in der Mark und ließen sich vom Land ernähren, die Kaiserlichen und die spanischen Truppen bedrückten seine westlichen Gebiete am Niederrhein. Der Erbanspruch auf die clevischen Lande war immer noch nicht rechtsverbindlich geklärt. Und in Berlin-Cölln, im Zentrum der Politik, saß Graf Adam Schwarzenberg, der zuletzt als Statthalter der Mark unumschränkt geherrscht hatte.

Aber selbst wenn dem jungen Monarchen alle Gebiete morgen zufielen: Es war ein Flickenteppich zwischen Rhein und Memel, ein Zugehörigkeitsgefühl gab es nicht. Die Menschen in Königsberg und Cleve waren weit davon entfernt, sich als Bewohner desselben Staates zu sehen. Ausländer nannten sie sich und fühlten auch so. Das einzige, was sie verband, war die Person des gemeinsamen Herrschers. Brandenburg-Preußen hatte noch nicht angefangen zu existieren.

Für solche staatsphilosophischen Überlegungen allerdings hatte der neue Kurfürst keine Zeit. Es galt, mit dem Problem Schwarzenberg fertig zu werden. Auf elegante diplomatische Weise oder mit einer abrupten Entlassung? Wie Friedrich Wilhelm den Grafen, der alle Fäden der brandenburgischen Politik noch fest in der Hand hielt und sich auf die Soldaten in der Mark verlassen konnte, ausmanövrierte und ob er dazu überhaupt fähig war, würde viel über die Fähigkeiten und das Geschick des neuen Herrschers aussagen. Nur eine Entmachtung des Grafen konnte den Weg zu einer anderen Politik öffnen.

Als erstes schickte Friedrich Wilhelm seinen Vertrauten, Werner von der Schulenburg, über Küstrin nach Berlin, um den Tod Georg Wilhelms anzuzeigen. Der Bote brachte dem Grafen eine Instruktion, in der ihn der neue Herr bat, weiterhin als Statthalter der Kurmark im Amt zu bleiben, um «die schwere und fast unerträgliche Regierungslast nicht wenig erleichtern helfen zu wollen». Gedrechselte Kanzleiworte, die nicht ahnen lassen, welche Befürchtungen man in Königsberg wirklich hatte. Denn der Kammerjunker Schulenburg trug für den Kommandanten von Küstrin, Oberst Conrad von Burgsdorff, ein sehr geheimes und vieldeutiges Schreiben bei sich. Es befahl dem Offizier, «auf den unerhofften Fall, daß ihm kaiserliche Garnisonen einzunehmen von jemandem, wer der auch sein möge, angemutet werden sollte, solches abzuschlagen und an den Kurfürsten zu verweisen». Im Klartext: Der Kurfürst und seine Berater schlossen nicht aus, daß Schwarzenberg ohne jede Rückfrage kaiserliche Truppen in die wenigen noch unbesetzten Festungen in der Mark einließ, um so eine neue Politik zu torpedieren, die sich nicht auf Gedeih und Verderb an die Habsburger binden wollte und einen Ausgleich mit den Schweden suchte.

Daß gerade Burgsdorff diesen Befehl erhielt, den er wahrscheinlich nicht zu deuten wußte, war pikant. Burgsdorff, 1595 geboren und aus altem märkischem Adelsgeschlecht, hatte dem alten Kurfürsten treu gedient, seit er 1609 als dessen Spielgefährte an den kurfürstlichen Hof gekommen war. Zu kriegerischem Ruhm hatte er es nicht gebracht, auch wenn er unter Georg Wilhelm die kurfürstliche Leibgarde befehligte. Aber er führte wichtige Verhandlungen mit Wallenstein und Gustav Adolf und hatte stets eine schwedenfreundliche Politik befürwortet. Schwarzenberg war er ein Dorn im Auge. Der Minister versuchte alles, um den Oberst zu entmachten.

Doch damit kam er bei Friedrich Wilhelm an die falsche Adresse.

Am 9. Januar 1640 befahl der Kurfürst, daß Burgsdorff ab sofort auch das Kommando über die in Küstrin liegende Reiterei habe. Schwarzenberg protestierte und erinnerte daran, daß unter Georg Wilhelm das Kommando für die Berittenen stets getrennt gewesen sei. Doch mit dem Hinweis auf väterliche Traditionen war der neue Mann nicht zu erpressen. Es tauchte schon in diesen ersten Wochen das Vorbild auf, an dem Brandenburg sich ausrichten würde. Friedrich Wilhelm schrieb dem Statthalter, daß ein vereintes Kommando «im Niederland und sonsten überall gebräuchlich . . .» sei. Ebenfalls im Januar kam aus Königsberg der Befehl, der der bisherigen Alleinherrschaft des Statthalters ein eindeutiges Ende setzte. Der Graf wurde verpflichtet, den Geheimen Rat wieder zu regelmäßigen Sitzungen einzuberufen und sich in Zukunft an die Mehrheitsentscheidungen dieses Gremiums zu halten. Den Geheimen Rat werden wir später kennenlernen. Nur soviel jetzt: Dieses Gremium war 1604 vom Kurfürsten Johann Sigismund ins Leben gerufen worden, um dem Land in Vorausschau auf die wichtigen Erbschaften in Preußen und am Rhein eine zentrale Verwaltungsbehörde zu geben, die dem Herrscher mit Rat zur Seite stand, ohne dessen Befugnisse einzuschränken. Der institutionelle Keim zukünftiger Ministerien war damit gelegt. Im Laufe des langen Krieges degradierte Schwarzenberg den Rat zu einer rein märkischen Kammer und schaltete ihn schließlich ganz aus. Wichtige Gegenspieler im Rat hatte der Graf durch Prozesse mundtot gemacht. Als Georg Wilhelm 1640 starb, gab es in Königsberg und Berlin nur noch je einen Rat, der die Geschäfte abwickelte. Der neue Kurfürst ernannte sofort Männer in den Rat, die in der Vergangenheit gegen die Politik Schwarzenbergs aufgetreten waren. Ein eindeutiges Programm.

Der Graf, 55 Jahre alt und seit 1610 in brandenburgischen Diensten, war viel zu klug und zu erfahren, um einen offenen Aufstand zu wagen. Er zog es vor, ein wenig mit dem Feuer zu spielen, und das im wahrsten Sinne des Wortes.

Noch zu Lebzeiten Georg Wilhelms, im Sommer 1640, hatten kaiserliche Gesandte in Königsberg angedeutet, daß man nicht auf ewige Zeiten mit Schweden im Krieg liegen könne. Friedrich Wilhelm war entschlossen, in diese politische Richtung die ersten Schritte zu tun. Schwarzenberg erhielt schon im Januar 1641 die Anweisung, daß die brandenburgischen Reiter in der Mark sich auf rein defensive Maßnahmen beschränken sollten. Raubzüge in besetztes Gebiet würden die Schweden nur herausfordern und auf Kosten des völlig ausgebluteten Landes gehen. Würden die Schweden den Wink verstehen oder die Lage ausnutzen?

Die Frage beantwortete sich schnell. Im gleichen Monat erstürmten die Schweden Zossen und schienen auf Berlin-Cölln zu marschieren, das ohne eigene Verteidigung bloß lag. Da erreichte den Kurfürsten die Nachricht, seine eigenen Soldaten hätten die Vorstädte der märkischen Residenz in Brand gesteckt. Schwarzenberg gab zu seiner Verteidigung an, es sei allgemeine Meinung gewesen, «dass die Vorstädte aus dem Wege geräumet werden müssten, denen ich auch, weil von dem Commandanten und anderen hohen Offizieren so unaufhörlich darauf gedrungen und sonsten die Städte vor verloren und unhaltbar gehalten worden, endlich nicht habe widersprechen können». Zu den zerstörten Häusern gehörten auch kurfürstliche Gebäude, in die unter Anführung des Berliner Kommandanten, Oberst Dietrich von Kracht, brennende Fackeln geworfen worden waren, um die Schweden abzuschrecken.

Schwarzenberg berief sich auf eine Anordnung des verstorbenen Kurfürsten und argumentierte, daß «die äusserste und aller Vernunft befehlende Nothdurft es also erfordert gehabt, so zweifle ich unterthänigst nicht, E. Ch. D. werden Ihro dieses Uebel in gnädigster Vergleichung mit einem besorglich erfolgenden viel und weit grösseren nicht missfalen lassen». Friedrich Wilhelm verglich, und es mißfiel ihm sehr. Die Magistrate von

Cölln und Berlin legten Klage gegen Oberst Kracht beim Kammergericht ein. Ein solches radikales Vorgehen ist tatsächlich zur besseren Verteidigung erlaubt, wenn alle anderen Maßnahmen nicht mehr greifen. Der Verdacht, das Feuer sei ein wenig voreilig gelegt worden, um den Bewohnern und auch dem Kurfürsten zu zeigen, wer Herr der Mark war, lag schon den Zeitgenossen nicht so fern. Aus Königsberg kam ein wütendes kurfürstliches Schreiben: «Dass aber mit Abbrennung der Vorstädte vor Cöln und Unserer Gebäude auf dem Werder dermassen eilfertig verfahren und auch nicht einst, bis der Feind davor kommen, gewartet worden, solches gereichet Uns zu besonderem Missfallen und werden hierüber weitere Erkundigung noch einziehen müssen und Uns alsdann des zugefügten Schadens halber zu erklären wissen». Und für einen solchen Gebrauch der eigenen Soldaten – «des kostbaren Volkes» – hat der Kurfürst nur Spott übrig: «Denn wann allein dieses die Mittel, dem Feinde Abbruch zu thun, wann man Land und Städte verödet und einäschert, so bedörften Wir doch wol keines so kostbaren Volkes, sondern es könnte dieses der Feind selbst verrichten.» Ein vernichtendes Urteil über die perverse Soldatenlogik aller Zeiten: Verbrannte Erde im eigenen Land als letztes Mittel, den Gegner aufzuhalten.

In Wahrheit ging es um mehr als nur ein paar abgebrannte Häuser, und der Kurfürst machte seinem Minister in Berlin sehr deutlich, daß er nicht als naiver Tropf fern von allen Informationen in Preußen saß und daß er keine Desavouierung seiner neuen Politik dulden würde. Die Schweden seien nämlich nur deshalb wieder kriegswütig geworden, «dieweil zuvor Unser Ob. Lieut. Hartmann v. Goldacker mit unserer Cavallerie in Pommern eingefallen, etliche Orte geplündert, das Vieh weggetrieben und dann noch unfern von Stettin etliche Mühlen abgebrannt worden».

Pommern: Der letzte einheimische Herzog, bei dem Friedrich Wilhelm als Kind zu zwei herzlichen Besuchen weilte, war 1637 gestorben und hatte die märkischen Hohenzollern als Nachfolger eingesetzt. Pommern: Dort saßen seit ihrer Landung 1631 die Schweden und waren fest entschlossen, am Ende des Krieges sich diesen Brückenkopf im Deutschen Reich nicht nehmen zu lassen. Friedrich Wilhelm war realistisch. Sosehr er sich einen Hafen für die Mark wünschte, er war bereit, diesen Traum vorläufig zu vergessen. Er brauchte Frieden. Deshalb durften die Schweden nicht mehr gereizt werden. Der scharfe Verweis traf einen kranken Statthalter. Seine Zeit war abgelaufen. In der Nacht vom 13. auf den 14. März 1640 erlag Graf Adam von Schwarzenberg einem Schlaganfall. So löste der Tod das Problem. Zwei Tage darauf schrieb Burgsdorff an die Geheimen Räte in Cölln über den Abgang seines Intimfeindes: «Alldieweil man aber dem unwandelbaren Willen des Allerhöchsten nicht widerstreben, weniger dem abgelebten Körper die sanfte Ruhe und der Seele die ewige Freude und Seligkeit mißgönnen soll, so müssen wir uns allerseits mit Geduld fassen und es dem Allmächtigen Gott anheimgestellt sein lassen.»

Der Tod des Statthalters verhinderte eine schon geplante Reise Burgsdorffs nach Preußen, zu der die kurfürstliche Erlaubnis vorlag. Jetzt war er der wichtigste Mann in der Mark – zupakkend und durchgreifend, wo die immer mehr verfallende militärische Disziplin es erforderte, und Friedrich Wilhelm treu ergeben.

Der Kurfürst verlangte von ihm nicht wenig: Die brandenburgischen Truppen, die die eigene Bevölkerung mehr malträtierten als der Feind, sollten schnellstens auf ein Minimum reduziert werden. Den Rest hatte Burgsdorff auf den Kurfürsten zu vereidigen und nicht mehr – wie bisher – auf den Kaiser. Die Verringerung der Soldateska war eine Radikalkur mit offenem Ausgang. Die mutige Analyse, die dahinter stand: Schlimmer konnte es nicht kommen. Der Schrecken ohne Ende war keine Lösung. Der Kurfürst suchte eine unbewaffnete Neutralität zwischen den Parteien.

Burgsdorff stand mit seiner undankbaren Aufgabe nicht allein. Sofort nach dem Tod Schwarzenbergs hatte Friedrich Wilhelm seinen Vetter, den Markgrafen Ernst von Brandenburg, zum neuen Statthalter der Mark ernannt. Der mußte sich nun mit meuternden Offizieren herumschlagen, die offen den Gehorsam verweigerten, allen voran der Kommandant von Spandau, Oberst Moritz August Freiherr von Rochow, ein Menschenschinder. Über ihn beschwerten sich die Geheimen Räte in Berlin im April 1641 beim Kurfürsten: «Geringer Ursachen halber werden die Knechte gehauen und gestochen, durch die Spießgerten gejagt, gebrandmalt, Nasen und Ohren abgeschnitten, geprügelt . . .» Als der Pfarrer Joachim Mauritius bei einem Sonntagsgottesdienst in der Spandauer Kirche auf die «löchrigen Beutel» der Soldaten angespielt hatte, die selten zu Spenden bereit waren, schickte ihm Rochow am Nachmittag das ganze Regiment vors Pfarrhaus. Drei Offiziere gingen hinein und forderten für alle Mann «Fressen und Saufen». Aus Königsberg kam daraufhin ein strenger Verweis für den Oberst und für alle Offiziere die Ordre, sich an keinem Untertanen, mochte er Pfarrer oder sonstwer sein, zu vergreifen. Gab es Streit, so sollte ein ordentliches – und kein Kriegsgericht – den Fall klären.

Die Einzelheiten sind unwichtig. Es ging ohne Blutvergießen ab: Die widerspenstigen Offiziere wurden abgesetzt, Reiterei und Fußvolk bis auf zwei Kompanien und drei Regimenter ausbezahlt und entlassen.

Im Oktober endlich konnte Burgsdorff zu seinem neuen Herrn an den Hof nach Königsberg reisen – als Brautwerber. Der Markgraf hielt um die Hand von Louise Charlotte an, der älteren und Lieblingsschwester des Kurfürsten, der gerne zustimmte.

Die neue Politik zahlte sich langsam aus. Eine brandenburgische Delegation hatte im Juni in Stockholm einen Waffenstillstand geschlossen. Zwar wurde der Vertrag nie ratifiziert, und die Schweden blieben weiterhin in den wichtigsten Städten der Mark. Doch ein Signal war gesetzt, und der Waffenstillstand wurde eingehalten. Mochte der Kaiser auch zürnen (dem der Kurfürst ständig seine Loyalität versicherte), denn schließlich befand er sich mit den Schweden noch im Kriege, so hatte Friedrich Wilhelm doch fürs erste aus eigener Initiative ein wenig Luft geschaffen.

Wir müßten nun tadelnd berichten von dem Elend nicht nur der Bevölkerung in der Mark, sondern auch der gemeinen Soldaten, für die kaum Taler in der Kasse waren. Ein Elend, das im Gegensatz stand zum Aufwand des Hofes. Doch wir fügen hinzu, um die Zeiten nicht zu verschieben, daß für den Obersten

Burgsdorff ein solcher Unterschied kein Grund zum Nachdenken war. Die da oben, ganz oben, waren nach dem Verhaltenskodex der Zeit verpflichtet, ihre hohe Stellung mit allem Prunk sichtbar zu machen.

Am Hof zu Königsberg wurden rund vierhundert Personen ernährt und gekleidet. Es gehörten zu ihnen hundert Pferde, ein halbes Dutzend Kraniche, etliche Rehe und rund zwanzig Hof-Affen. In der Hofküche arbeiteten fünfzig Personen, im Weinkeller gut zehn. Es gab Personal für die Silberkammer und einen eigenen Apotheker. Für die Nachtruhe war ein Bettmeister mit zwei Dienern zuständig. Es wirkten ein Leibschneider und ein Zeltschneider, die ihrerseits wieder Diener und Gesellen hielten. Die Süßigkeiten verfertigte ein Konditor, und einen Hofmaler gab es auch. Er hieß Mathias Czwiczek, und seine Begabung ist nicht weiter aufgefallen in der europäischen Kunstwelt. Zu Diensten standen außerdem Ärzte, Drechsler und Trompeter.

Jeder hatte einen festen Verpflegungssatz. Dem Schloßhauptmann zum Beispiel stand nebst Gesellen und Jungen wöchentlich zu: ein halber Hammel, zweimal Fisch «wenn sie vorhanden, sonst getrocknete, etwas Salz, Butter, ein wenig Gemüse, 42 Brote und Bier». Hinzu kamen Gewürze – Ingwer, Pfeffer, Zucker, Safran, Nelken, Zimt, Muskat –, dazu Landwein und Rheinwein.

Dieser Speisezettel zeigt, wie wenig der Hof auf eigenen Füßen stand. Zwar beschäftigte er viele Handwerker. Doch die Luxuswaren breiteten sich langsam aus, und die mußten in die Mark eingeführt werden. Friedrich Wilhelm sparte nicht an seinem Haushalt, mochten die Kassen noch so leer sein. 1641 stieg die Rechnung für Juwelen auf 32 355 Taler, viel Geld in jenen Tagen. 1643 gar verzeichneten die Bücher 27 000 Taler allein für einen Brillantring.

Das Geld wurde manchmal auf seltsamen, ungewöhnlichen Wegen beschafft. 1638 hatte der Kurfürst Georg Wilhelm den Hofgarten in Königsberg an den Hofgärtner Joseph Hemmlein gegen 600 Taler nebst Gewürzgärten in Pacht gegeben. Die kurfürstliche Familie behielt nur das Recht, dort spazierenzugehen. Lange kann dieser Zustand nicht gedauert haben. Schon zwei Jahre später wurden in diesem Garten zum Vergnügen der Herrschaften ein Reithaus, eine Rennbahn, ein Badehaus und ein Ballhaus gebaut. 1640 kam ein Franzose als Ballmeister nach Königsberg. Im Garten stand eine Stange zum Vogelschießen, und aus einem Bärenzwinger wurde ein Hetzgarten mit Galerien für Schützen und Zuschauer. Die Königsberger konnte das alles nicht beeindrukken. Mancher von ihnen hatte mehr in der Kasse als der hohe Herr.

Königsberg:
Die Pracht der Krämerseelen

«Außen Säulen, Werkstein-, Marmor- oder Ziegelsteinfassaden, Inschriften, Figuren und glänzende Bildsäulen, innen aber Malereien, Öfen, ausgelegte Fußböden, getäfelte Decken, kunstvolle, aus Täfelchen verschiedenfarbiger Hölzer zusammengesetzte Mosaikarbeiten, Sessel, Tische, Teppiche, Vasen, Gläser, und andere höchst geschmackvolle Gebrauchsgegenstände» – so beschreibt ein Reiseführer 1644 die neuen Häuser in der Langgasse des Kneiphofs und hat damit den Wohlstand getroffen, der damals in Königsberg zu Hause war. Die Stadt am Pregel, Zentrum des Herzogtums Preußen, legte Wert darauf, sich aus drei selbständigen städtischen Bezirken zusammenzusetzen, wo der Fluß sich in zwei Arme gabelte, die dem Frischen Haff und damit der Ostsee zuströmten: Die Altstadt, eine Insel im Fluß, und rechts und links an den Ufern der Kneiphof und der Löbenicht. «Der dreyen Städte Pracht» zusammen war Königsberg. Es hatte in den ersten drei Jahrzehnten des 17. Jahrhunderts seine größte Zeit. Es war wichtigster Hafen und Stapelplatz im Ostseeraum geworden. Die Güter kamen aus Rußland, Polen, Ostpreußen und Litauen – vor allem das lebenswichtige Getreide –, und sie wurden über die Ostsee aus westlichen Ländern herbeigeschifft und von hier in den gesamten osteuropäischen Raum umgeschlagen. Eine bürgerliche Kaufmanns- und Gelehrtenkultur war hier groß geworden. Sie spiegelte sich in den stattlichen Gärten und Steinhäusern, die begannen, über den alten Stadtkern hinauszuwachsen. Das Herzogtum Preußen war nicht nur eine friedliche Insel im Großen Krieg, es erlebte in diesen Jahren einen wirtschaftlichen Aufschwung wie nie zuvor oder danach. Die Kaufleute zeigten gerne, was sie hatten. Überall wuchsen neue Häuser aus dem Boden, an den Fassaden wurde mit Farbe und Inschriften nicht gespart. Hier blickte ein massiger Hirschkopf auf das bunte Markttreiben, dort erregten ein Schiff und sechs gekrönte Heringe die Aufmerksamkeit der Vorübergehenden – ein Vorfahr des Hausbesitzers hatte sein Geld im Heringshandel gemacht.

Es waren die Bürger, die den Ton angaben. Als 1633 der Königsberger Landtag eine Gesinde- und Kleiderordnung erließ, «weil auch in wenigen und kurzten Jahren die grosse Gekröse an den weißen Kragen sehr eingerissen», da gab es ein «Bedenken der drei Städte Königsberg»: Nicht beim Gesinde müsse man mit den Verboten anfangen, es solle erst einmal der Adel sich an die Ordnung halten.

Noch hielten die Königsberger Kaufleute ihren Kopf sehr hoch gegenüber ihrem kurfürstlichen Landesherrn und ließen sich wenig in die Verwaltung reden, versuchten mit viel Erfolg die alten ständischen Rechte zu erhalten. Allem Neuen begegneten sie mit Mißtrauen. Sie waren keine risikofreudigen Unternehmer, eher Krämerseelen. Ihr Geld machten sie mit dem Umschlag der Waren und ließen keine eigenen Schiffe fahren. Als Friedrich Wilhelm ihnen 1643 vorschlug, eine Ostindien-Compagnie zu gründen, um den holländischen Zwischenhandel auszuschalten, winkten sie ab. Nur kein Risiko. Als die Bewohner auf den «kurfürstlichen Freiheiten», das waren Grundstücke, die der städtischen Verwaltung und Gerichtsbarkeit nicht unterstanden, immer zahlreicher wurden, als dort Handwerker ihre Waren anboten, Bier ausgeschenkt wurde und Bäcker ihr Brot verkauften, pochten die Königsberger gegenüber dem jungen Kurfürsten auf ihre alten Privilegien. Gewerbe zu betreiben war nur den Angehörigen der städtischen Zünfte vorbehalten. Die vielen Holländer und Schotten, die in die Stadt gekommen waren, sollten keinen eigenen Handel treiben dürfen.

Der Kurfürst mußte diesmal nachgeben.

Der preußische Adel hatte Stadthäuser in Königsberg. Doch es waren geschlossene Gesellschaften, die dort zusammenkamen – die von Lehndorff und von Dohna, die von Eulenburg und von Wallenrodt. Die Abschottung zur bürgerlichen Gesellschaft war perfekt.

Königsberg hatte seit hundert Jahren eine Universität. Der Zustrom auswärtiger Studenten wurde stärker, je länger der Krieg dauerte. Zum Vergleich das Jahr 1641: Königsberg hatte 391 Einschreibungen, gefolgt von Leipzig 290, Köln 254, Jena 143, Tübingen nur 54. Es bildeten sich nationale Kollegs, das studentische Treiben wurde den Bürgern ein Alptraum. Es galt, was der Professor Johann Matthäus Meyfart aus Erfurt 1636 über die «bey dißen Elenden Zeiten eingeschlichenen Barbareyen» schrieb, sehr wohl auch für Königsberg: «Das ruchlose Volck der Academischen Jugend wil nicht gehorchen noch sich züchtigen lassen/es wil auff den HErrn nicht trawen noch sich zu seinem Gott halten.» Die Klagen hörten nicht auf über das unaufhörliche «schmausen, fressen, saufen, schändliche exagitirung und exspolirung junger Studenten, raufen, schlagen». Als es gar zu wild wurde, ließ der Kurfürst 1664 die nationalen Kollegien verbieten.

Wie die Studenten, so gehörten die Internatsschüler der Armenhäuser zum Stadtbild. Jede der drei Lateinschulen hatte ein solches Pauperhaus, in dem zwanzig bis vierzig mittellose Schüler untergebracht waren, keineswegs für Gotteslohn. Sie mußten sich die Bildung hart verdienen: Für Lehrer und Geistliche waren sie billige Dienstboten, verpflichtet, im Schulchor zu singen und zweimal täglich vor den Türen der Wohlhabenden, um Geld und Lebensmittel einzusammeln. Ganz unentbehrlich waren sie bei den Beerdigungen, von denen es manchmal mehr gab als Unterricht. Keine Stadt in Europa war in diesem Jahrhundert so pestverseucht wie Königsberg. Und das will für diese Zeiten etwas heißen. 1601/2 gab es dort 10000 Tote, 1620 die gleiche Zahl, 1639 «nur» 1262.

Wer da zu Grab getragen wurde, zeigte allen sichtbar der Aufwand der Prozessionen, und diese regelte ins Detail die Begräbnisordnung. Die «Spezial- oder Viertelschulleichen» hatten nur Anspruch auf einen Lehrer und ein Viertel Armenschüler. Die «Partikular- oder halben Schulleichen» wurden immerhin von zwei Lehrern und der halben Schülerzahl begleitet. Und trug man gar eine «Generalleiche» zu Grabe, dann waren alle Lehrer und die gesamte Schule anwesend. Die Rektoren der Lateinschulen lehrten meist zugleich an der Universität. Fast alle Königsberger Professoren hatten sich im Ausland gebildet, Holland war ein bevorzugter Studienplatz. Wie sein Vater bemühte sich Friedrich Wilhelm, durch Stipendien den Horizont der preußischen Landeskinder zu erweitern und die gelehrten Köpfe später wieder nach Königsberg zu ziehen. Gelehrsamkeit und Bücher gehen zusammen. Die Schiffe brachten nicht nur Salz und Gewürze, sondern in Fässern gelagert viele Bogen Papier. 1640 erhielt der Drucker Johann Reußner ein kurfürstliches Privileg für sich und seine Erben, alle Schulbücher und Regierungsverordnungen drucken zu dürfen. Die Konkurrenz – Witwe des seligen Lorenz Segebade – durfte nur Disputationen und Reden drucken. Lorenz Segebade, Buchhändler aus Hamburg, hat allerdings den Ruhm, die erste numerierte Zeitung in Königsberg 1623 auf den Markt gebracht zu haben: «Avisen oder wöchentliche Zeitung, was sich in Deutschland und andern Orten verlauffen und zugetragen.» Wir wissen, wie viele Bücher von 1566 bis 1699 in der Stadt gedruckt wurden – 359, davon 187 in lateinischer und 171 in deutscher Sprache. Auch seinen Dichter hatte Königsberg:

Der Mensch hat nichts so eigen
So wohl steht ihm nichts an,
Als daß er Treu erzeigen
Und Freundschaft halten kann;
Wann er mit seinesgleichen
Soll treten in ein Band,
Verspricht sich nicht zu weichen
Mit Herzen, Mund und Hand. –
Die Red' ist uns gegeben,
Damit wir nicht allein
Für uns nur sollen leben
Und fern von Leuten sein;

1 Der Große Kurfürst (1653)

2 Friedrich Wilhelm
siebenjährig

3 Der Große Kurfürst
mit seiner ersten Frau
Louise Henriette

4 Die Handschrift
des Großen Kurfürsten

5 Friedrich Wilhelm
und Louise Henriette
reiten zur Jagd aus

6 Der Große Kurfürst und seine zweite Frau Dorothea lassen sich von dem Réfugié Fromery Juwelen vorlegen

Wir sollen uns befragen
Und sehn auf guten Rat,
Das Leid einander klagen,
So uns betreten hat.

An warmen Abenden saßen Simon Dach, Professor für Poesie
an der Universität und Poet dazu, und seine Freunde im Schatten
einer Kürbishütte draußen vor der Stadt.
Die Hütte gehörte dem Musiker und Komponisten Heinrich
Alberts, einem Neffen des berühmteren Heinrich Schütz. Getrunken
wurde das einheimische Braunbier.
Es war kein fester Kreis. Kurfürstliche Beamte und Juristen
gehörten dazu, keiner vom Adel. Simon Dach, geboren 1605, hat
vor allem überlebt, mag er nun das «Ännchen von Tharau» besungen
haben oder nicht. Das ist Expertenstreit.
Er war Lehrer an der Domschule, als Kurfürst Georg Wilhelm
im September 1638 mit seinem Sohn nach Königsberg kam, die
kriegsverseuchte Mark hinter sich lassend. Simon Dach, in einem
reimwütigen Jahrhundert von Berufs wegen bei Hochzeiten und
Begräbnissen zum Dichten herausgefordert, spitzte die Feder und
schrieb ein Poem «Da Churfürstliche Durchlaucht Herr Georg
Wilhelm in hoher Begleitung Chur-Printzlich Durchlauchter
Herrn, Herrn Friederich Wilhelm, beyder Markgrafen zu Brandenburg,
in Preußen etc. etc. Hertzogen etc. etc. hieselbst in Königsberg
den 23. Herbstmond 1638 erfreulichst einkahm.» Es war
ein Loblied, dessen Zeilen kein Ende finden konnten und wohl
auch nicht immer den richtigen Reim:

«Schallt, ihr helle Feldt-Trompeten!
Blitzt und klinget, ihr Mußqueten,
Lasst den wilden Drommel-Schlag
Uns Gehör und Sinn betäuben!
Dieses Wesen sol man treiben
Fort und fort den gantzen Tag!»

Der Lehrer Dach, der schon lange unter der Last seines
schlecht-bezahlten Berufes stöhnte, dichtete weiter, was die Feder

hergab, und ließ alles dem Landesherrn überreichen. Georg Wilhelm vergaß es nicht. Am 29. April 1639, gerade war der Professor für Poesie an der Universität zu Grabe getragen, erhielten die Königsberger Oberräte einen Brief aus dem Schloß: «Edle Rathe, undt Liebe getreuwe, Wir mögen Euch gnädigster meinung nicht bergen, Nachdem bey unserer ankunfft in Preußen, unß Simon Dache etliche Carmina gratulatoria, unterthänigst, überreichen laßen, Undt Wier darauß seine erudition, unndt geschicklichkeit gnugsamb ersehen, unndt gespüret . . .» Sollte sich dieser Simon Dach um die frei gewordene Stelle an der Universität bewerben, so werde er ihn «nicht unerhöret laßen». Der Universität gefiel dieser kurfürstliche Wink gar nicht, aber Dach wurde noch im gleichen Jahr Professor für Poesie, mit einem Jahresgehalt von 100 Talern, Getreide und Brennholz. Vier Jahre später bekam er von Friedrich Wilhelm ein zusätzliches «Gnadengeld», rund 133 Taler jährlich dazu.

Der junge Kurfürst mochte seinen Dichter und lud ihn mit dessen Frau, der Hofgerichtsratstochter Regina Pohl, an seine Tafel, sooft er in Königsberg war. Noch mehr: Der Chronist erzählt von Friedrich Wilhelm, er «liebete den Dachen dermassen, daß er viele seiner Verse auswendig kunte . . . daß er ganz genau zu urtheilen wuste, ohne Anschauung des Nahmens, ob ein Vers vom Dachen oder einem anderen Poeten verfertiget wäre».

Der Brandenburger in Preußen

In der Nachfolge seines Vaters war Kurfürst Friedrich Wilhelm Herzog von Preußen. Doch das Herzogtum war ein Lehen des polnischen Königs, der Kurfürst also sein Lehensmann. Und gemäß der mittelalterlichen Feudalordnung erlosch mit dem Tode eines der beiden Partner das Treueverhältnis und mußte durch persönliche Begegnung wiederhergestellt werden. Langsam zwar löste sich diese traditionelle Ordnung auf, mußte abstrakten Beziehungen weichen. Doch als Friedrich Wilhelm versuchte, sein persönliches Erscheinen vor dem Polenkönig zu umgehen und den neuen Lehnseid durch Gesandte ablegen zu lassen, lehnte König Władysław IV. ab. Er sah sehr wohl, daß es dem Kurfürsten nicht um modische Neuerungen ging, sondern um das Ziel, mit Abschaffung des alten Zeremoniells die alten Abhängigkeiten zu lockern. Der Termin der Belehnung wurde auf den 7. Oktober 1641 festgesetzt.

In einem anderen Punkt hatte Friedrich Wilhelm Erfolg. Als Gesandter des polnischen Königs traf im April der westpreußische Graf Magnus Ernst von Dönhoff in Königsberg ein. Er übertrug immerhin vor der Eidesleistung die Regierungsgeschäfte im Herzogtum auf den Kurfürsten, wobei erhebliche «Verehrungen» – womit die Schmiergelder der Zeit gemäß umschrieben wurden – höchstwahrscheinlich nachgeholfen haben.

Anfang Oktober machte sich Friedrich Wilhelm auf den Weg nach Warschau. Am Achten schickte er eine kurze Depesche an seinen Statthalter in der Mark, daß er am Fünften in Warschau angekommen sei und «gestrigen Tages die Belehnung wegen Unsers Herzogthums Preussen empfangen». Es war das letzte Mal, daß ein brandenburgischer Kurfürst zu diesem Zweck nach Polen reiste.

In Warschau wurde Politik in prächtige Formen gegossen. Die Königin von Polen gab für den frisch gebackenen Lehensmann ein großes Fest. Höhepunkt der Festlichkeiten war ein Ballett, als dessen Star die Königstochter Anna Katharina mittanzte. Beide Frauen bemühten sich so auffallend um den jungen Mann, daß sofort Gerüchte über Heiratsabsichten entstanden. Was auch immer bezweckt werden sollte, daraus wurde nichts. Bei aller politischen Flexibilität lag eine katholische Verbindung für den calvinistischen Kurfürsten außerhalb jeder Erwägung.

Zwischen den Feiern und politischen Gesprächen diktierte Friedrich Wilhelm einen Brief an die Oberräte, einheimische Beamte, die gleich unterhalb des jeweiligen Herzogs die Regierung in Preußen stellten. Friedrich Wilhelm war in Gedanken schon längst wieder zurück. Sie sollten in Königsberg «Anstalt machen, damit die zu Unserm, Gott gebe, glücklichen Einzug gehörige praeparatoria ehist verfertiget werden mögen; hienächst wollet Ihr Uns in Untherthänigkeit durch einen Expressen notificieren, auf welchen Tag alles parat und fertig sein könne, damit Wir ohne weitern Aufschub Unsern Einzug je eher je lieber halten mögen». Die Eilpost brauchte einen Tag bis Königsberg. Die Antwort kam postwendend: «Die Städte, jedwedere vor sich, mit Aufrichtung sonderlich der Triumph-Thor und Ausstafirung der Bürgerschaft zu Ross und Fuss sich also zu erweisen ganz willig und schuldig erkennen.» Vierzehn Tage würden sie allerdings für die Vorbereitungen brauchen. Dem Schreiben lag eine Eingabe der Kürschnergesellen bei. Sie wünschten «nebst der ehrbaren Bürgerschaft in darzu praeparirten Kleidern und Ornat mit einzuziehen und hernacher am Tage den Schwertertanz und auf den Abend den Laternentanz zu halten» und baten um kurfürstliche Erlaubnis. Diese Bitte schlug Friedrich Wilhelm ab, «diweil Unsers Herrn Vaters Churfürstliche Leiche noch über der Erde stehet und Unserer Frau Mutter darunter noch in höchster Betrübnis.» Georg Wilhelm wartete immer noch auf seine endgültige Beisetzung. Wir werden davon mit viel Geräusch hören.

So fieberhaft man auch in Königsberg arbeitete, nach einer Woche bat man den Kurfürsten, sein Kommen noch etwas hinauszuzögern. Vor dem 31. würde man nicht mit allen Vorbereitungen fertig werden. Friedrich Wilhelm hatte ein Einsehen. Am 1. November hielt er feierlichen Einzug in seiner östlichen Residenz.

Die Königsberger Bürger hatten es noch wenige Wochen zuvor selbstbewußt abgelehnt, die Reise ihres Landesherrn nach Warschau durch eine Extrasteuer mit zu finanzieren. Jetzt, wo es um Repräsentation ging, zeigten sie sich nicht knauserig. Die Straßen waren mit Bändern und grünen Zweigen geschmückt. Jede der drei Städte hatte einen eigenen Triumphbogen errichtet, der üppigste stand in der Altstadt. Über der großen grünen Pforte hing ein Schiff mit 24 Kanonen, die losdonnerten, als Friedrich Wilhelm die Stadt betrat. Eine zweite Ehrenpforte stand am Marktplatz. Den Bogen schmückte eine Statue des Herkules, der eine große Kugel trug, aus der unzählige Wasserfontänen spritzten. Das Triumphtor am Schloß war – auf ausdrücklichen Befehl des Kurfürsten – mit seinem Wahlspruch aus den Küstriner Tagen geschmückt worden: «Tue mir kund den Weg, darauf ich gehen soll.» Und die Lehensfahne, die darüber wehte, trug den weißen polnischen und den schwarzen preußischen Adler. Auf der Triumphpforte in der Altstadt war der brandenburgische Adler vom polnischen und preußischen Wappentier in die Mitte genommen. Eine Warnung für die Zukunft: daß er nur nicht wagen sollte, sich zu sehr zu spreizen, der Brandenburger. Ein Kirchenchor wartete auch auf den Herrscher, die Sänger als Nymphen und Faune verkleidet. Am Abend gab es ein großes Feuerwerk. In den Straßen drängten sich die Menschen.

Während Friedrich Wilhelm nach Warschau gezogen war, hatte sich in Berlin endlich Conrad von Burgsdorff auf die so oft verschobene Reise nach Königsberg gemacht. Die erste persönliche Begegnung zwischen den Männern nach dem Regierungsantritt Friedrich Wilhelms war für beide entscheidend. Natürlich kannten sich die beiden. Es war Burgsdorff gewesen, der dem jungen Friedrich Wilhelm zehn Jahre zuvor zwei Pistolen als Geschenk seines Vaters in die Festung nach Küstrin gebracht hatte.

Offenbar faßte Friedrich Wilhelm in Königsberg spontan und herzlich Vertrauen zu Burgsdorff. Aus dem Vertrauten des Vaters wurde ein väterlicher Freund für den neuen Kurfürsten. Burgsdorff hatte das Temperament, das in dieser schwierigen Lage gefragt war. Der Graf aus der Mark zauderte nicht, wenn es galt, Entscheidungen zu treffen. Je verwickelter eine Sache, mit desto mehr Eifer machte er sich an die Lösung – mit wenig Skrupel und viel Talent zur Improvisation. Burgsdorff war der Optimist, den Friedrich Wilhelm jetzt brauchte. Daß der Graf grob werden konnte, ist kein Wunder für jemanden, der viel mit soldatischen Haufen zu tun hatte. Doch der exzessive Grobian, als den ihn böse Zungen schon zu Lebzeiten darstellten, war er denn doch nicht. Friedrich Wilhelm hätte ihn sonst nicht in wichtigen diplomatischen Missionen an ferne Höfe geschickt. Burgsdorff liebte die Aktion und erledigte doch zugleich gewissenhaft und fleißig seine Aufgaben als Mitglied des Geheimen Rates. Er führte eine eifrige Korrespondenz mit den wichtigsten Männern im Kurfürstentum.

Das ganze Jahrzehnt zwischen 1641 und 1651 blieb Conrad von

Burgsdorff der engste Vertraute Friedrich Wilhelms. Es gab keine Reibereien. Die Bedeutung dieses märkischen Adligen für die neue Ära wurde sehr schnell nach außen dokumentiert. Im Januar 1642 übertrug der Kurfürst Burgsdorff das Oberkommando über alle Festungen in der Mark Brandenburg. Zwei Monate später ernannte er ihn zum Oberkammerherrn, das war das vornehmste Hofamt, das Burgsdorff automatisch zum ranghöchsten Mitglied des Geheimen Rates machte.

Wie sehr sich die beiden menschlich nahe waren, zeigt ein Ereignis aus dem Oktober 1643: Kurfürst und Vertrauter schlossen einen «Waffenbruderschafts-Vertrag». Sie vermachten sich gegenseitig ihre Waffen für den Todesfall. Zwischen beiden herrschte eine freundschaftliche Kumpanei, in der sich die Aufgaben von Herrschen und Gehorchen eindeutig verteilten. So groß der Einfluß von Burgsdorff auf den Kurfürsten war – allein schon durch ihr häufiges Zusammensein –, Friedrich Wilhelm blieb stets Herr seiner Entschlüsse, Burgsdorff sein loyaler Diener. Burgsdorff war das erste Beispiel dafür, daß Friedrich Wilhelm in der Wahl seiner Mitarbeiter eine gute Hand hatte.

Wie es der Zeit entsprach, sind persönliche Briefe rar. Nur manchmal und ganz nebenbei verrät die offizielle Korrespondenz zwischen dem Kurfürsten und seinem Diener, daß beide mehr als die Pflicht verband. Friedrich Wilhelm schrieb in einem der ganz seltenen eigenhändigen Briefe an den «Lieben Ober Cammerer», daß er ihn mit Sehnsucht zurückerwarte von einer Reise, weil ohne ihn am Hofe «alles den Krebsgang geht». Und bei Burgsdorff, der sich in seinen Schriftstücken streng an die Form hielt, kam einmal doch der väterliche Freund zum Vorschein. Im Februar 1642 meldete er Friedrich Wilhelm von Berlin nach Königsberg über den Markgrafen Ernst: «Seine fürstl[ichen] Gnaden sind wohl von Herzen verliebet, ich wünsche nicht mehr, als daß E[ure] Ch[urfürstliche] D[urchlaucht] auch also in rechter ehlicher Liebe möchten Brunst leiden . . .»

In Königsberg war in diesen Wochen tatsächlich viel von Liebe die Rede, allerdings nicht von der zwischen Eheleuten, sondern von jener, die als höchstes christliches Gebot allen auferlegt ist, die sich zu diesem Glauben bekennen. Der Kurfürst fragte die preußischen Oberräte in einem Schreiben vom 26. April 1642, ob es denn nötig sei, «mit so verbittertem Gemüthe wider einander zu verfahren, oder ob man nicht zu etwas näherer Einigkeit gelangen und das Band der christlichen Liebe erhalten könne». Es war die Frage eines reformierten Protestanten an seine streng orthodoxen lutherischen Untertanen am vorläufigen Ende einer erbitterten Auseinandersetzung, der ersten in puncto religionis, der noch viele folgen sollten.

Ein frühes Geplänkel hatte es schon bei den Verhandlungen des preußischen Landtags, der ab Dezember 1640 zusammengetreten war, gegeben. Die Stände machten dem neuen Kurfürsten klar, daß sie nicht über eine Erweiterung der bisherigen Abmachungen reden würden: Reformierte Prediger durften sich nur im Gefolge des Landesherrn in Preußen aufhalten. Alles, was in diesem Bereich nur entfernt nach Permanenz aussah, mußte ausgerottet werden. Wie konnte es ein reformierter Hofprediger wagen, in Königsberg einen Garten zu kaufen! Wie kam der Kurfürst dazu, einen reformierten Geistlichen nach Memel zu schicken! Der Mann mußte sofort die Stadt verlassen. Und in Zukunft – forderten die Stände – würden alle Beamten in Preußen nur noch Lutheraner sein. Friedrich Wilhelm gab nach. Noch hatte er seine Reise nach Warschau und die Belehnung durch den Polenkönig vor sich. Er schwieg auch dazu, daß die lutherische Geistlichkeit jeden Sonntag in der Schloßkirche im öffentlichen Kirchengebet laut und vernehmlich die Bitte aussprach: «Und behüt' uns, Gott, vor dem calvinistischen Gift.»

Aber er merkte sich diese ersten Schläge gut und baute dem nächsten Streit klug vor. Im Mai 1641 erließ Friedrich Wilhelm ein Edikt, das jede Störung des katholischen Gottesdienstes in Preußen untersagte. Der katholische Lehensherr in Polen sollte keinen Grund zur Klage haben und ihm in Religionsdingen verpflichtet sein.

Das Jahr 41 war gerade vergangen, da wurde es ernst. Friedrich Wilhelm setzte das festliche Leichenbegängnis für seinen Vater auf den 21. März 1642. Die Leichenpredigt sollte der reformierte Hofprediger D. Johann Bergius bei der Leichenfeier in der lutherischen Schloßkirche halten. Nur die Schloßkapelle hatte bis dahin den Reformierten zugestanden. Der Kurfürst wünschte Bergius, weil er «unsers Herrn Vaters bestalter Hofprediger und Seelsorger gewesen, auch bei derselbigen bis an Ihr hochseliges Ende aufgewartet, als dass die vorseiende Leichtpredigt auch durch ihn gehalten und verrichtet werden möge.»

Ein Sturm der Entrüstung brach los. Die Königsberger Geistlichkeit protestierte bei den preußischen Landständen und beim Kurfürsten. Es sei eine «christliche billige Bitte, dass D. Bergius in Verrichtung der Leichpredigt sich seines Orts halte und der unser Lehr und Gottesdienst übergebenen Canzel sich dazu nicht anmasse, sondern dieselbe von ihm unberührt bleibe . . .» Entweder solle ein lutherischer Geistlicher die Predigt in der Schloßkirche halten, oder die Feier müsse in der Kapelle stattfinden.

Die Oberräte begleiteten diese Eingabe mit der eindeutigen Warnung, den Protest der Lutheraner «in Gnaden zu beherzigen . . . damit nicht ein besorglicher Aufruhr entstehen, Querelen und difficultates am Polnischen Hofe erwachsen . . .» Der calvinistische Kurfürst sollte mit dem katholischen Polenkönig erpreßt werden. Friedrich Wilhelm behielt gegenüber dem geschlossenen Widerstand von geistlicher und weltlicher Obrigkeit die Nerven. Nun zahlte sich sein katholikenfreundliches Edikt vom Mai 41 aus. Er erbat und erhielt Rückhalt bei Władysław, der den Oberräten Toleranz verordnete und befahl, die geplante Feier in der Schloßkirche mitsamt dem reformierten Prediger zuzulassen.

Der Kurfürst wußte, daß er mit seinen widerspenstigen Lutheranern noch lange würde leben müssen. Er wollte keinen Religionsstreit, sondern ein friedliches Miteinander. Es trafen sich in diesem Punkt seine persönliche Überzeugung, der religiöser Fanatismus fremd war, und das Interesse seines Hauses, das als religiöse Minderheit nur in einem toleranten Land gleichberechtigt neben den Lutheranern existieren konnte.

Nach dem Streit um die kurfürstliche Leiche schrieb Friedrich Wilhelm einen versöhnlichen Brief an die Oberräte. Darin steht ein Satz, der revolutionär ist für dieses Jahrhundert und zur Grundlage der Kirchenpolitik des Kurfürsten wurde: «. . . dann Wir wissen aus Gottes Wort so viel, daß allein Gott die Herrschaft über die Gewissen der Menschen zustehe und gebühre.» Die Konsequenz: Keine privilegierte Staatsreligion – heiße sie katholisch, lutherisch oder calvinistisch –, sondern Anerkennung der christlichen Konfessionen, solange sie die Gesetze achteten. Das hatte es noch nie gegeben: Selbst in den weltoffenen Niederlanden wurden die unterschiedlichen Glaubensgenossen nur geduldet. Staatsreligion war der Calvinismus in seiner striktesten Form. Nur wer sich mit einem Eid zu ihm bekannte, konnte ein öffentliches Amt erwerben.

Um die Streitigkeiten zwischen Lutheranern und Reformierten aus dem Weg zu schaffen, schlug Friedrich Wilhelm im gleichen Brief vor, «dass eine freund- und friedliche Unterredung der Theologen in Unserer und anderer Unserer Räthe, Stände und vornehmen Diener Gegenwart gehalten werde». Ein Religionsgespräch, das Einigung bringen sollte, doch da war er an die Falschen geraten.

Die lutherische Geistlichkeit erklärte in ihrem Antwortschreiben, daß ein solches Gespräch erst möglich sei nach vorhergehender «Verwerfung des Irrthums und der unrichtigen Lehre». Und weiter: «Es ist demnach der geistliche Krieg und Streit viel besser in solchem Fall, als die Vereinigung der Rechtgläubigen mit den Ungläubigen und Unrichtigen.» Und niemand konnte zweifeln, wer mit den «Ungläubigen» gemeint war. Der Kurfürst sah ein, daß er bei soviel christlichem Starrsinn nicht weiterkam. Das Gespräch fand nicht statt.

Versuchen wir, die andere Seite zu verstehen: Noch begann der Tag für jeden – ob Protestant oder Katholik – mit dem Gang zur Kirche. Es ging der lutherischen Geistlichkeit um ihre Herrschaft über die Seelen. Es ging um das Privileg, allein herrschen zu dürfen. Denn wenn man zugibt, daß beide evangelischen Konfessionen in den Himmel führten, warum dann sich nicht zu jenem Glauben bekennen, dem der Landesherr anhing? Das Gerücht, der junge Kurfürst werde keinen Lutheraner mehr in seine Dienste nehmen und «denen Lutherischen wohl gar ihre Kirchen nehmen», entbehrte jeder Grundlage. Wahr aber ist auch, daß Friedrich Wilhelm natürlich Reformierte bevorzugte und sich bemühte, daß seine Kirche in seinen Landen Fuß fassen konnte. Die nächsten Auseinandersetzungen waren schon programmiert. Und zur

Erinnerung: Noch immer hatte jener Große Krieg nicht geendet, der unter dem Deckmantel der Konfessionen größtes Elend unter die Menschen brachte – wenngleich die Vorherrschaft der Religion in politischen Dingen mit diesem Streiten endgültig zu Ende ging. Die Politiker hatten früher begriffen als die Theologen, daß konfessioneller Friede die Grundlage ihrer Staaten war. Und sie waren nun entschlossen, sich in ihre weltlichen Geschäfte nicht mehr hineinreden zu lassen. Wiederum mit Hilfe des polnischen Königs gelang es Friedrich Wilhelm 1645, das Verbot für die Reformierten in Preußen aufzuheben. Jetzt durften auch bei Abwesenheit des Kurfürsten in der Schloßkirche reformierte Gottesdienste gehalten werden. Es bildete sich eine eigenständige Gemeinde, die zwei kurfürstliche Beamte, zwei Holländer, drei Engländer und drei Schotten in den Kirchenvorstand wählte.

Der Haß lebte weiter. Ihr unermüdlichster Prediger war der Theologe und Universitätsprofessor Cölestin Mislenta, ein hochgebildeter Mann, der die Königsberger Geistlichkeit beherrschte. Er setzte durch, daß die Universität weiterhin für Reformierte verschlossen blieb. Als 1650 der Theologieprofessor Michael Behm starb, den Mislenta verdächtigte, eine Vereinigung der beiden evangelischen Bekenntnisse betrieben zu haben, verweigerte er ihm ein Begräbnis im Dom. Mislenta verschloß eigenhändig die Domtüren, als sich der Trauerzug näherte. Der Kurfürst ließ ihm daraufhin das Gehalt sperren. Es half nichts. Zwei Jahre stand der Sarg Behms in einem Hausgewölbe. Erst 1652 wurde er in der Professorengruft im Dom beigesetzt – nachdem die Leichenfeier in einer anderen Kirche abgehalten worden war.

Krankheit

Im September 1642 kamen beunruhigende Nachrichten aus der Mark Brandenburg. Die Geheimen Räte schrieben an den Kurfürsten: «Wir können nicht vorüber, E[euer] Ch[urfürstlichen]

D[urchlaucht] unterth[änigst] und wol von Herzen ungern zu berichten, dass sich's mit S[einer] f[ürstlichen] Gn[aden] dem Herrn Statthalter von etlichen Tagen her etwas wunder- und sorglich angeschicket.» Markgraf Ernst, Statthalter und mit des Kurfürsten älterer Schwester Louise Charlotte verlobt, hatte ohne ersichtlichen Grund Cölln verlassen und sich in die Festung Spandau begeben. Die Räte weiter: «Da Sie [Seine fürstlichen Gnaden] dann sich etzliche Eier zurichten und darauf zwar ein Bette an der Eile machen lassen, aber nicht geschlafen, sondern es hat der Oberste Wachmeister stets bei Ihr bleiben und sitzen müssen. Sie haben sich auch zu besserer Ihrer Versicherung alle Thorschlüssel bringen und des folgenden Morgens die Thore bis um 8 Uhr verschlossen halten lassen.»

Kein Zweifel, der Statthalter war krank: «Zwischen 11 und 12 Uhr zu Mittage haben S. f. Gn. sehr laut auf dem Saal zu schreien angefangen und seind darauf in Ohmacht gefallen, dass man Essig geholet und Sie dadurch wieder erquicket und aufgebracht.» Die Diagnose: «. . . und ist's, wie die Medici sagen, es auch der Augenschein gibt, eine profundissima melancholia.» Melancholie – Krankheit der Verantwortlichen, die ins Grübeln kamen.

In einem dritten Schreiben vom 20. September mußten die Räte berichten, daß die Krankheit sich verschlimmert hatte. Nachdem der Markgraf in den Tagen zuvor noch nach «Fräulein Loyischen» gefragt hatte, «halten sich nun S. f. Gn. stille im Bette und reden nichts, wo Sie nicht gefragt werden.» Trotzdem haben die Männer in Berlin noch Hoffnung, der Markgraf werde «länger beim Leben erhalten», und die kam nicht nur vom lieben Gott: «. . . worzu uns dann auch dieses Anlass gibt, dass man von der bewussten weissen Frau, die sich sonst jederzeit, wann einer von diesem Churf[ürstlichen] Hause sterben sollen, sehen lassen, nichts vernommen.»

Wir wissen nicht, ob die Weiße Frau, an die auch Friedrich Wilhelm fest glaubte, sich doch noch sehen ließ. Am 4. Oktober 1642, morgens um sechs Uhr, starb Markgraf Ernst von Brandenburg. Sein «Luisgen» wünschte sehr, daß der Kranz, den sie dem Verlobten aus Königsberg schickte, mit in den Sarg gelegt wurde. Er kam zu spät.

Die Gerüchte setzten sich sofort in Umlauf, drangen schnell bis zum Hof nach Königsberg. Wie konnte ein so junger und starker Mann so schnell sterben? Ein Verdacht tauchte auf, den die Herrschenden der Zeit besonders fürchteten: Gift.

Dr. Johannes Magirus, der den Markgrafen behandelt hatte und nach seinem Tod sezierte, wurde vom Kurfürsten aufgefordert, ein Gutachten zu stellen. Magirus: «Was die Krankheit Ihrer f. Gn. angehet, ist dieselbe die Melancholie gewesen, so durch Consensus und Zustimmung des Herzen und ganzen Leibes und alles Geblüts entsprungen, welche sich dann bisweilen in einem Wahnwitz und Tollheit veränderte . . .» Schuld daran waren nach Meinung des Arztes unter anderem «übermässiges Essen des Wildprets von wilden Schweinen, Hirschen, Hasen, und sonderlich das Trinken der kalk-schweflicht und dicken italie- und spani-, auch französischen Weine . . .»

Der Mediziner war ein guter Psychologe: «Zu diesen allen seind nun kommen die Bewegungen des Gemüths, Traurigkeit, Sorgen, Schrecken, Furcht und sonderlich die Liebe, welche dann, ob sie gleich aus einem züchtigen Herzen kömmt, wann sie überhand nimmt, den Menschen nicht allein um die Gesundheit, sondern auch um das Leben bringen kann . . .»

Dr. Magirus war ein Kind seiner Zeit, wie die Herren Räte: «Genug nun von dieser Krankheit aus der Medicin. Im übrigen so hat man auch aus Ihrer f[ürstlichen] Gn[aden] Nativität, so ihm in Eil gestellet worden, Nachricht, dass Ihre f. Gn. nicht lange leben, zu keiner Heirath gelangen, an einer melancholischen Krankheit kränken und sterben werde . . .»

Trotz dieses Horoskops traute der Kurfürst den Berichten aus Berlin, die von allen dortigen Ärzten bestätigt wurden, nicht. Er ließ sie der medizinischen Fakultät in Königsberg zur weiteren Begutachtung vorlegen. Auch sie bestätigte: Der Markgraf war eines natürlichen Todes gestorben.

Zurück in die Mark

Nach dem Tod des Statthalters war die Frage, wann endlich der neue Kurfürst in sein Stammland kommen werde, nicht mehr zu umgehen. Zwar wußte niemand, wie man den Hof in der ausgepowerten Mark, die ja zu großen Teilen noch immer von den Schweden besetzt war, satt bekommen würde. Trotzdem brach Friedrich Wilhelm im Februar 1643 nach Westen auf. Großmutter, Mutter und Schwestern blieben in Königsberg. Am 4. März hielt er Einzug in seine märkischen Residenzstädte. Auf dem Schloßhof huldigten ihm die Bürger von Berlin und Cölln und riefen ihr dreifaches «Brandenburg».

Die Stadt war gewiß nicht schöner geworden, seit sie Friedrich Wilhelm 1638 als Kurprinz fluchtartig verlassen hatte. Die Häuser blickten noch verfallener. Man zählte nach Feuerstellen, von 1200 blieben gut 300 kalt. Die Einwohnerzahl war von 12000 auf unter 10000 gesunken. Pest und Seuchen hatten jedes Jahr neue Opfer gefordert, der Feind ständig neue Kontributionen. Die Mark gehörte zu den Gebieten des Deutschen Reiches, die der Große Krieg am härtesten getroffen hatte. Ihre Bevölkerung schrumpfte im Durchschnitt auf die Hälfte. Die eigenen Soldaten hausten oft schlimmer als der Feind. Der Berliner Magistrat hatte 1640 in einer Eingabe an den Kurprinzen geschrieben: «Aber die churfürstlichen hochlöblichen Reiter sind noch schlimmer, denn sie sind in so gäntzlicher Zügellosigkeit, daß kein Mensch, kein Pferd, keine Kuh, kein Ochse und desselbigengleichen vor ihnen des Lebens und seines Eigenthumbs sicher ist . . . Solchergestalt ist das Leben hiero und in denen abgebrannten Rathsdörffern vielen Menschen fast unerträglich geworden, haben sich durch Wasser, Strang oder Messer ihren elenden Leben ein Ende gemacht und sind mit Weib und Kind in's Weite gegangen, verhoffende, daß sie dort wohl besser haushalten möchten.» Sie alle konnten mit dem Chronisten sagen: «Das Unrecht haben wir wie Wasser eingesoffen.» Und immer noch war kein Ende des Elends abzusehen.

Wenn die Vorräte im Schloß für den Kurfürsten und seine Begleiter gar nicht mehr aufzufüllen waren, lieh sich der Hof einige

Taler beim Magistrat oder zog auf ein paar Wochen in die Festung Küstrin. Es war ein kümmerliches Leben für den neuen Herrn, nicht zu vergleichen mit dem prächtigen Königsberg. Aber für höfischen Zeitvertreib war keine Zeit, und Friedrich Wilhelm klagte nicht. Er war vor allem daran interessiert, die Verwaltung seines Staates in den Sitzungen des Geheimen Rates, der nun vollständig versammelt war, kennenzulernen. Dafür brauchte er eine Menge Zeit, zumal er alles gründlich anging.

Kurfürst Joachim Friedrich hatte 1604 den Geheimen Rat «nach dem Beispiel anderer wohlbestellter Politien und Regimenter» gegründet. Einzelne Beamte gab es schon vorher. Nun erhielt das Beamtentum zum erstenmal eine Institution, mit der es das Land verwalten und den Herrscher beraten konnte – nicht willkürlich, sondern nach Geschäftsordnung. Brandenburg holte 1604 nur nach, was in Sachsen, am Kaiserhof in Wien und andern europäischen Ländern schon ein festes Instrument der Regierung geworden war. Unter der Alleinregierung des Grafen Schwarzenberg war der Geheime Rat verkümmert und bedeutungslos geworden. Der neue Kurfürst wollte sich in allen Dingen, die seine Länder zwischen Maas und Memel betrafen, beraten lassen. Er versuchte, aus dem Geheimen Rat eine Behörde zu machen, die alle Territorien umfaßte. Dem stand die alte Ordnung entgegen, die in den jeweiligen Landesteilen nach dem Herrscher den Ständen die wichtigste Rolle zuwies. Die kommenden Auseinandersetzungen lagen im Kern schon in der Aufwertung des Rates durch Friedrich Wilhelm versteckt.

Im Geheimen Rat

Der Geheime Rat traf sich im Durchschnitt zwei- bis dreimal pro Woche in der Ratsstube im oberen Stockwerk des Schlosses. Erkrankte ein Ratsherr, so verlegten die Kollegen die Sitzung in die Krankenstube. Friedrich Wilhelm berief im ersten Jahrzehnt seiner Regierung insgesamt 24 Räte, vier davon waren Bürgerliche, die keinerlei Benachteiligung wegen ihres niederen Standes erfuhren. Insgesamt vierzehn von ihnen hatten vorher als Juristen am Kammergericht gedient. Das Durchschnittsalter beim Eintritt war ungefähr vierzig Jahre. Die Altersunterschiede der Räte waren erstaunlich, bis zu vierzig Jahre. Ein Drittel war Lutheraner, die andern Reformierte. Die Ernennung der Räte war Sache des Kurfürsten allein. Mit seiner Bestallungsurkunde verpflichtete sich jeder Geheime Rat, den «allgmeinen Nutzen zu fördern und Schaden abzuwenden», und alles, was er erfuhr, «bis in seine sterbliche Grube» geheimzuhalten.

Es gehörte zu den Selbstverständlichkeiten der Zeit, daß der Adlige mehr Gehalt bekam als der Bürgersmann – 500 Taler gegen 300 bis 400. Dazu gab es Deputate: Kostgeld für sich und die Dienerschaft, Kleidung, Pferdefutter und Brennholz. Jeder durfte täglich bei Hofe essen. Nach dem Tod des Markgrafen Ernst hatte der Kurfürst versucht, «die Speisung bei Hofe» abzuschaffen und durch 300 Taler Bargeld zu ersetzen. Eine Rationalisierungsmaßnahme, die am fehlenden Geld scheiterte.

Früh aufzustehen galt gleichermaßen für hoch und niedrig. Sommers traf sich der Rat um sieben Uhr morgens und im Winter um acht. Meist tagte man am Nachmittag weiter, da die Tagesordnung nicht selten bis zu vierzig Punkte umfaßte. Sogar an Sonntagen gab es manchmal Sitzungen. Ein Ratsmitglied referierte, machte einen Vorschlag, dann wurde mit Mehrheit ein Beschluß gefaßt – es sei denn, der Kurfürst war anderer Meinung. Das kam vor, war aber keineswegs die Regel. Friedrich Wilhelm regierte in seinen ersten fünf Jahren fast ausschließlich «im Rat». Es gab kaum einsame Entschlüsse. Der Kurfürst lernte hier die Regierungskunst von Grund auf, ein mühsames Geschäft, bei dem hohe Politik und Provinzgezänk dicht nebeneinander lagen.

Und so lief der Instanzenweg: Alle Nachrichten, Beschwerden, Eingaben, Gesandtenberichte und Bürgermeisterklagen, die «zu eigenhanden» ausgestellt waren, brachte ein Botenmeister zuerst in das private Zimmer – «Kabinett» – des Kurfürsten. In diesen frühen Jahren brach Friedrich Wilhelm selbst die Siegel auf, las die Berichte und gab sie an den Kanzler weiter. Der verteilte sie –

schon ein wenig nach «Ressorts» sortiert – an die einzelnen jeweils sachkundigen Räte zur Bearbeitung. Diese wiederum trugen die Angelegenheit – bearbeitet und beschlußreif – im gesamten Rat vor.

Tagesordnung vom 27. Januar 1644: Unter dem Vorsitz des Kurfürsten tagte der Geheime Rat in zwei Sitzungen, vormittags und nachmittags. Die Liste war endlos. Alles kam auf den Tisch des Rates und damit Friedrich Wilhelm zu Ohren. Es ging um den Erwerb des von den Schweden besetzten und beanspruchten Pommern, um Erleichterung der Kriegskontributionen, die Leichenfeier für den verstorbenen Geheimen Rat von Brunn, das Anstellungsgesuch eines Kornschreibers, der in den Vorratsmagazinen die Aufsicht führte, die Klage des Hoftischlers zu Küstrin, Übergriffe des schwedischen Kommandanten zu Frankfurt an der Oder und die Klage eines Bürstenbinders, «daß die Schweineborsten von anderen aufgekauft werden». Und vieles andere mehr.

Im Laufe von fünfzehn Sitzungen wurden in diesen Wochen 259 Punkte abgehakt. Der Kurfürst machte sich während der Sitzungen eifrig Notizen. Eine fleißige Versammlung, aber auf lange Sicht eine zu provinzielle Veranstaltung, um einen Staat zu verwalten. Es war eine Verschwendung von Geist, Geld und Zeit, daß Geheime Räte sich über den Verkauf von Schweineborsten den Kopf zerbrachen. Friedrich Wilhelm wünschte sich mehr als Verwaltungsbeamte. Der Geheime Rat sollte ein Regierungsinstrument werden, das politische Fragen erörterte und entschied, die den Staat und seine politische Zukunft betrafen. Die alten, von Graf Schwarzenberg entlassenen Beamten, Männer aus der Zeit seines Vaters, die Friedrich Wilhelm in den ersten Monaten seiner Regierungszeit wieder berufen hatte, waren für diese neue aktive Politik nicht zu gewinnen. Vor allem der über sechzigjährige Kanzler Sigismund von Götze wollte nicht wahrhaben, daß es an der Neutralitätspolitik gelegen hatte, daß Brandenburg während des Großen Krieges zwischen alle Stühle gefallen war und fremde Heere aus allen Lagern das Land verwüsteten.

Noch war der Krieg nicht zu Ende, aber Friedrich Wilhelm war bereit, Stellung zu beziehen. Alles auf einmal konnte niemand erreichen. Vorrang mußte in der ausgeplünderten Mark ein Arrangement mit den Schweden haben. Der Waffenstillstand von 1641 war ein erster Schritt. Als im Mai 1643 die Dänen gegen die Schweden zu Felde zogen, nützte Friedrich Wilhelm die Situation. Die Schweden gaben gegen 10 000 Taler und 1000 Scheffel Getreide pro Monat in den von ihnen besetzten Plätzen in der Mark die Verwaltung an einheimische Beamte zurück.

Der Kurfürst wurde kühner. Als er im Herbst mit dem Geheimen Rat in Küstrin tagte, schlug er vor, mit Werbungen für eine neue Truppe zu beginnen. Nur ein eigenes Heer könne Brandenburg mächtig machen. Doch die alten Räte hielten nichts von Machtpolitik. Sie dachten an mögliche Komplikationen, an die leeren Kassen des Staates, an die Unsummen, die Soldaten kosteten, und an die Konsequenz, daß man sie eines Tages gegen einen Feind auch werde einsetzen wollen. Warum das alles, wo man doch fein beiseite stehen konnte?

Der Kanzler von Götze nahm im Rat erregt das Wort gegen solche Pläne, in denen er den Ruin des Landes sah. Wer ein Heer hat, muß sich irgendwann auf eine Seite schlagen, Bündnisse eingehen, die in den Krieg führen. In einer Denkschrift drückte von Götze es wenige Jahre später sehr drastisch aus: «Ich muß bekennen, daß mir recht grauet, wann ich von Alliancen reden höre . . . Alle Alliancen haben dem Churhause Brandenburg nichts genutzet sondern vielmehr geschadet . . . Die sicherste Alliance ist der Bund, den wir mit unserem Gott in unserer Taufe empfangen haben.» Sein Rat: «Wann sich nun E. Ch. D. stille halten werden, nach dem Rat Gottes . . . und auf Gott vertrauen, so wird derselbige E. Ch. D. nicht verlassen . . .»

Friedrich Wilhelm war ein gottesfürchtiger Mann, von Grund auf, darin ließ er sich so schnell nicht übertreffen. Doch stillzuhalten, das lag seinem Temperament nicht, noch entsprach es seiner Auffassung vom Herrscheramt. Er war ja geprägt von jener Lebensphilosophie, die er in seinen niederländischen Jahren erlebt und in den Schriften des Lipsius kennengelernt hatte: Schicksalsschläge stoisch zu ertragen, ohne zu resignieren, sondern dadurch geradezu motiviert zu werden, Wendungen herbeizuführen. Dieser Calvinist war nie von den radikalen Auswüchsen seiner Konfession überzeugt, daß für den Menschen alles schon gelaufen sei, wenn er diese Welt betritt. «Sei dennoch unverzagt», das war von dem Barockdichter Paul Fleming in einem Gedicht nicht bloß so hingeschrieben. Es war die Devise der neuen Zeit. Und so vertraute Friedrich Wilhelm immer weniger den ängstlichen Zauderern.

Er hielt es mit Conrad von Burgsdorff, der ihm nicht verhehlte, daß noch «viel Ungewitter in der Luft» lagen, aber im gleichen Atemzug nebst einem «guten, fürstlichen Gewissen» einen «tapferen Heldenmut» wünschte. Der Kurfürst beschloß, sich Soldaten anzuschaffen.

Mut brauchte er nun auch selbst, der Graf Burgsdorff. Seine Aufgabe wurde es, außerhalb der Legalität das notwendige Geld für die neuen Soldaten zu beschaffen. Im Januar 1644 wurde der Oberkammerherr in doppelter Mission nach Preußen geschickt. Offiziell sollte er dafür sorgen, daß die preußischen Oberräte auf schnellstem Weg Naturalien und Haushaltswaren für den kurfürstlichen Hof nach Westen schickten. Die Mark Brandenburg allein konnte ihren Herrscher beim besten Willen nicht mehr ernähren.

Noch bevor Burgsdorff aufbrach, hatte Friedrich Wilhelm den Oberräten geschrieben, was er von ihnen erwartete: Hafer, Wachs, Talg, Butter, gepökeltes Rind- und Schweinefleisch, Roggen und Gerste. Das Organisations- und Verkehrsproblem auf möglichst billige Weise zu lösen, blieb Burgsdorff überlassen, der – angekommen – erst einmal prüfen ließ, ob die Waren «auch alle gut und wohl zu genießen seien». An Butter scheint es in der Hofküche vor allem gefehlt zu haben. Immer wieder wurde gemahnt, ja nicht «die Putter» zu vergessen.

Im Januar 1644 kam Burgsdorff in Königsberg an, wo im Schloß stets das gleiche Zimmer für ihn bereit stand. Anfang März schickte er fünf große Wagen mit Nahrungsmitteln auf den Weg. Vielleicht lagen auch schon die seidenen Strümpfe dabei, die mit auf seiner Auftragsliste standen.

Die Verpflegung zu beschaffen war ein leichtes gegenüber der politischen Aufgabe der Reise. Die leere kurfürstliche Kasse sollte durch eine freiwillige Steuer der preußischen Untertanen, die 1643 immerhin 30000 Taler aufgebracht hatten, aufgefrischt werden. Freilich ohne ihnen zu verraten, daß mit diesem Geld ein neues

Heer finanziert würde. Eine heikle Aufgabe, denn Steuern zu erheben war von alters her das Privileg der Stande, mit dem sie schon so manchen Herrscher zur Verzweiflung gebracht hatten. Burgsdorff war für dieses heikle Manöver gerade der Richtige. Er nahm sich die Landräte und Hauptleute, die Vertreter der verschiedenen Städte einzeln vor, erklärte den einen, die andern hätten schon zugestimmt, und schwor alle heiligen Eide, daß es sich nur um eine außergewöhnliche Maßnahme handle. Als die Stände sich zu einer gemeinsamen Beratung treffen wollten, redete er ihnen auch das aus. Denn, so schrieb er seinem Kurfürsten, «wenn ein solcher Haufe zusammenkommen sollte, könnte leicht ein räudig Schaf darunter sein und die anderen alle irre machen».

Es gelang Burgsdorff außerdem, in Preußen Soldaten für den Kurfürsten zu werben, wogegen sich die Stände immer heftig gewehrt hatten. Die Mission war ein Erfolg, auch wenn die versprochenen Taler nur langsam eintrafen.

Die Mirabelle

Vier Jahre regierte Friedrich Wilhelm nun als Kurfürst, vierundzwanzig Jahre war er alt. Gab es nichts als Politik und die Sorge um das tägliche Brot? Hatte dieser junge Mann noch Zeit und Interessen außerhalb der Ratsstube? Die historischen Quellen über seine Freizeitbeschäftigung fließen kaum für jene Jahre, und die wenigen, die es gibt, lassen uns nicht in sein Herz sehen. Doch es gibt ein Zeugnis, das ein bezeichnendes Licht auf seine Persönlichkeit wirft.

Wie sein Vater und andere Mitglieder des Hauses Hohenzollern wurde Friedrich Wilhelm 1643 Mitglied der «Fruchtbringenden Gesellschaft». Sie war ein Jahr vor Ausbruch des Großen Krieges nach italienischem Vorbild vom Fürsten Ludwig von Anhalt-Köthen gegründet worden, die erste in einer Reihe von Sprachgesellschaften, die während der folgenden Jahrzehnte im Deutschen

Reich aus dem Boden sprossen. Ausgerechnet als fremde Heere durch die Lande zogen, erwachte bei den Gebildeten ein bisher unbekannter Sinn für die deutsche Sprache. Die Männer, die sich in den Sprachgesellschaften zusammenfanden, protestierten gegen die Zurücksetzung der Muttersprache, forderten und förderten eine Emanzipation der deutschen Literatur und schlugen neue nationale Töne an:

«Pfuy Teutscher! schäm dich doch! Und wilst du . . . dich nicht schämen:
So wird Gott dir die Ehr und deine Fryheit nehmen:/ Machst du die Sprach zur Magd: So wirst du werden Knecht./ der Fremden, weil dir dein Vaterland zu schlecht/.
Nicht also, Patriot, ach, nein; bedenk dich besser./
Wird deine Nation, so wirst du selber grösser
An Ehren und an Ruhm. Hilf alte Teutsche Treu / Hilf Teutscher Sprache Zier, mein Teutscher! mache neu.».

Was die Sprachgesellschaften forderten, fand zur gleichen Zeit unter den Pädagogen Befürworter. Johann Balthasar Schupp, Pädagoge und Theologe, las seinen Kollegen 1638 die Leviten: «Warumb solt man nicht eben so wol in der teutschen, als in der lateinischen Sprach lernen können, wie man Gott recht erkennen und ehren solle? Warum solt ich nicht eben so wol in meiner Mutter Sprach sehen was recht oder unrecht sey? Ich halt, man könne einen Krancken eben so wol auff Teutsch, als auff Griechisch oder Arabisch curiren.»

Johann Schupp verlor vor lauter Begeisterung über die deutsche Sprache nicht die Fähigkeit, die Sprachgesellschaften kritisch unter die Lupe zu nehmen. Er lobte die «Intentionen der hochlöblichen Stiffter» und spottete zugleich über ihren Rigorismus, vor dem jedes fremde Wort weichen mußte, über ihre Gespreiztheit im Umgang selbst mit alltäglichen Ausdrücken. Schupp parodierte das Gespräch zwischen Mann und Frau vor dem Schlafengehen – wie es die Sprachgesellschaften gerne hätten: «Du Helffte meiner Seelen, du mein ander Ich, meine Gehülffin, meine Augenlust. Das gegossene Ertz hat den neundten Ton von sich gegeben, erhebe dich auff die Säulen deines Cörpers und verfüge dich in das mit Federn gefüllte Eingeweide.»

Aufnahme in die Sprachgesellschaften fand der Bürger wie der Adlige. Dichter wie Opitz, Gryphius oder Moscherosch machten sie erst über den engsten Kreis hinaus berühmt. Jeder erhielt bei seinem Eintritt ein Symbol und einen internen Namen, der alle sozialen Unterschiede zwischen den Mitgliedern aufheben sollte. Friedrich Wilhelms Symbol wurde die Mirabelle, sein Name «der Untadeliche». Den Spruch, den er ins Stammbuch der Gesellschaft schrieb, hatte er selbst gedichtet:

«Große Herren tun wohl, sich zu befleißen,
Den Armen wie den Reichen Recht zu leisten.»

Der Eintritt des jungen Kurfürsten in die Gesellschaft darf nicht überinterpretiert werden. Das gehörte zum guten Ton, wenn man sich zu den Gebildeten unter den Herrschenden zählte. Trotzdem: Es ist ein kleines Steinchen im Mosaik, ein weiterer Hinweis auf das geistige Umfeld. Die führenden Mitglieder dieses Kreises hatten alle in den Niederlanden studiert, auch sie waren beeinflußt von den Gedanken des niederländischen Stoizismus.

Daß der Spruch, den der Kurfürst sich gewählt hatte, keiner Laune entsprang, erwies sich gleich nach seiner Rückkehr in die Mark im April 1643. Der Schloßhauptmann zu Cölln selbst mußte auf seinen Befehl in der Beratungsstube des Kammergerichts, das wie der Geheime Rat im Schloß tagte, ein Bild von Lukas Cranach aufhängen. Es zeigte den persischen König Kambyses, wie er einem ungerechten Richter die Haut bei lebendigem Leibe abziehen ließ. Die Herren Kammergerichtsräte waren über diesen Anschauungsunterricht entrüstet. Sie verdächtigten den Grafen Burgsdorff solcher grober Manieren und stellten ihre Sitzungen ein. Burgsdorff ließ dieses Gerücht sofort dementieren. Als die Juristen sich weiterhin weigerten, ihre Amtsstube zu betreten, ließ der Kurfürst ihnen mitteilen, «daß es S. Churf. Durchlaucht nicht vom Besten empfünde, warumb sich die H[erren] Kammergerichtsräte desfalls der Ratsstuben enthielten, da doch solches Bild an keinem Ort füglicher könnte hingetan werden, als eben da man Gericht hielte.» Die Sitzungen wurden wiederaufgenommen. Das Bild blieb hängen.

Doch kein falscher Heiligenschein: Friedrich Wilhelm war kein Tyrann und wollte seinen Landeskindern ein gerechter Vater sein. Wenn aber das Recht des armen Bauern dem des reichen Adligen in die Quere kam, plädierte der Kurfürst stets für seine Standesgenossen.

Mit dem Interesse für die eigene Sprache erwachte in diesem Jahrhundert ein Interesse an der eigenen Geschichte, die über die Aufzählung merkwürdiger Begebenheiten hinausging. Als das Herzogtum Preußen 1625 hundert Jahre alt wurde, hatte niemand darüber ein Wort verloren. 1644 befahl Friedrich Wilhelm ausdrücklich, den hundertjährigen Geburtstag der Königsberger Universität festlich zu begehen. Vom 27. August bis zum 14. Oktober wurde gefeiert. Simon Dach schrieb ein Festspiel «Prussiarcus» über die ersten Preußenherzöge und pries das Engagement des Herrscherhauses für Kunst und Gelehrsamkeit. Der Dichter erinnerte daran, daß außerhalb der preußischen Grenzen immer noch kriegerische Zeiten waren:

«Die Jugend seh’ ich als ein Heer
Getrieben durch der Zeit Beschwer
Nach Königsberg in Preussen ziehen,
Indem das Deutschland untergeht
Im Brand und seinem Blute steht,
Wird Fried’ und Kunst in Preussen blühen.»

Auch der junge Kurfürst dachte in solchen Augenblicken wohl an friedlichere Zeiten und wie er sie nutzen wollte.

Der neue Wissensdurst, die Dinge zu verstehen und rational zu erklären, hatte den Glauben an Geschicke jenseits aller Vernünftigkeit aber nicht verdrängt. Beides ging auch damals zusammen.

Im Frühjahr 1645 erhielt Georg, der Bruder des Conrad von Burgsdorff und Stallmeister des Kurfürsten, den Auftrag, von den in Preußen geworbenen Soldaten fünf Kompanien zu bilden und über Berlin in die clevischen Lande zu führen. Während der Reise in den Westen schickte Georg dem Bruder am 9. Februar von unterwegs einen Brief: «Ich verhoffe, mein Herr Bruder werde mein zu Berlin abgelassenes leztes Schreiben empfangen und daraus wegen des Sterns, so bei Brandenburg erschienen, eins und das andere ersehen haben. Gleich als wir vorgestern hier zu Ravensberg angelangt seind, ist eben ein solcher Stern Morgens um 8 Uhr bei Hellem Tage am Himmel gestanden, über dem Regiment geschwebet und hernach herunter aufs Erdreich gefallen, woselbst er verloschen. Der Allerhöchste helfe, dass dieses zu zweien Malen, beides beim Auszug aus S[einer] Ch[urfürstlichen] D[urchlaucht] Lande da und dann wiederum beim Einzuge in dieselben erschienene Wunderzeichen Sr. Ch. D. und dero Landen was gutes bedeuten möge.»

3

Die Frauen

Das Feiern war auch in diesen mageren Zeiten für die Herrschenden keine Seltenheit. Mochten die Kassen noch so leer sein, Repräsentieren gehörte zu den Aufgaben eines Hochgeborenen. Im Prunk der Feste manifestierte sich dem staunenden Volk die hohe Verantwortung der Veranstalter. Im strengen Zeremoniell der höfischen Welt spiegelte sich eine selbstverständliche und unangefochtene Ordnung, in der buchstäblich jeder seinen festen Platz hatte. Das barocke Zeitalter war nicht überbordende Lust und grenzenloses Überquellen der Formen. Nicht ohne Sinn hat dieses Jahrhundert das Theater verehrt, ihm leidenschaftlich gehuldigt: Es entsprach exakt der Lebensphilosophie, die jedem Menschen auf der Bühne des Lebens einen Punkt zuwies, an dem er nach bestimmten Regeln agieren konnte, und zwar in harmonischer Übereinstimmung mit allen anderen Mitspielern.

Je älter das Jahrhundert wurde, desto farbiger die Requisiten: Allongeperücken und silberne Schnallen, Schärpen und Spitzentücher – auch der Kurfürst wird sich der Mode beugen. Die Gefahr eines Mißverständnisses ist groß: Das prunkvolle Zeremoniell bedeutet nicht zwangloses Spiel, sondern penibelste Ordnung. Der barocke Mensch war fasziniert und überzeugt von der Vorstellung, daß die Welt eine ausgeklügelte Maschine sei, ein Uhrwerk, in dem jedes Rädchen in das andere greift und ein wohldurchdachter Teil vom Ganzen ist. Das Leben war ein Plan und die Herrschenden verpflichtet, nichts dem Zufall zu überlassen.

Dem Hause Brandenburg stand 1645 eine große Feierlichkeit bevor. Friedrich Wilhelm und sein Geheimer Rat mußten sich nur endlich entschließen, wem sie die ältere Schwester des Kurfürsten zur Frau geben wollten. Für Louise Charlotte war der Tod ihres Verlobten, des Markgrafen Ernst, ein schwerer Schlag gewesen. Doch auf Gefühle konnte man nicht lange Rücksicht nehmen. Als unverheiratete Frau von 27 Jahren zählte sie schon fast zu den alten Jungfern und mußte schnellstens versorgt werden. Außerdem gehörte es zum politischen Geschäft, dem Fürstenhaus durch Heiraten neue vorteilhafte Verbindungen zu bringen.

Fast ein Jahr lang wurden am Hofe die politischen, religiösen und materiellen Vorzüge der in Frage kommenden Bewerber diskutiert. Zwischendurch erklärte der Kanzler verschämt, daß man Töchter nicht einfach feilbieten dürfe, und auch der «Consens des Fräuleins und der Frau Mutter» blieb nicht unerwähnt. Was letztlich zählte, war etwas anderes. Und so entschieden sich Friedrich Wilhelm und die Räte für den 34jährigen Herzog Jakob von Kurland.

Mit seinem Stammbaum konnte er zwar keine große Ehre einlegen. Dafür war der Herr aus dem Norden ein Unternehmer mit Risikofreude und glücklicher Hand, ließ eigene Schiffe nach Übersee fahren und hatte soviel «Geld zu Amsterdam in banco stehen, als wohl kein Fürst itzo hätte», vom Brandenburger gar nicht zu reden. «Ein fetter Bissen» in den Worten Friedrich Wilhelms, und ein freundlicher Mensch dazu. Louise Charlotte, die diese Beziehung mit Vernunft und ohne jede Neigung einging, äußerte sich bald nach der Eheschließung sehr positiv über ihren Mann.

Im Juli 1645 wurde die Verlobung gefeiert, im Oktober sollte Hochzeit sein. Da Mutter und Tante der Braut die lange Reise nach Kurland zu beschwerlich war und der Kurfürst der politischen Geschäfte halber im Augenblick nicht gerne lange außer Landes ging, willigte der Bräutigam ein, die Hochzeit in Königsberg abzuhalten. Der Oberkammerherr Burgsdorff nahm als Chef des Hofstaats Planung und Organisation in die Hand. Es sollte ein großes Fest werden.

Im September schrieb der Herzog dem Grafen, daß es noch völlig ungewiß sei, mit wieviel Mann Begleitung er kommen werde. Er könne deshalb noch keine Personenliste schicken. Am 1. Oktober erwiderte ihm Burgsdorff ohne viele höfliche Floskeln, daß er bei soviel Unordnung nicht für ordentliche Unterbringung der Herrschaften sorgen könne, und hielt mit seinem Tadel nicht hinter dem Berg: «Zwar ist es andem, es stehet bei E[uer] F[ürstlichen] Gn[aden] und S[eine] Ch[urfürstliche] D[urchlaucht] sagen nichts dagegen, wie stark Sie zu erscheinen belieben, es sind auch Gottlob genugsam Mittel vorhanden, daß man alle und jede verhoffentlich wird satt machen können. Allein S. Ch. D. hassen alle

Konfusion und lieben die polnische Manier nicht, sondern wollen's auf gut teutsch haben.»

Bei diesen Mißtönen blieb es. Es wurde gut gegessen und getrunken, Feuerwerke abgebrannt, und die adligen Herren trugen untereinander ritterliche Spiele mit Lanze, Speer und Degen aus. Die Wettkampfbedingungen standen in einem gedruckten Programmheft, dessen Vorwort eine Philosophie der Freizeit und Muße für die Herrschenden entwarf: «Gleichwie unmäßige Kurzweil und Lust der Regenten Gemüter weich und zu wichtigen Amtsgeschäften träge und verdrossen machet, also werden dieselben durch unnachläßliche, schwere Last der Regierung so vieler Land und Leute ihres Vermögens und Kräfte gänzlich erschöpfet und beraubet. Deswegen dann nicht unbillig anmutige Erquikkung erdacht sind, durch welche solche hohe Häupter ihre Sorgen in etwas entladen und zu fernerer Arbeit gestärkt und angefrischet werden.»

Als das Fest vorüber war, begleitete Burgsdorff das Paar in die herzogliche Residenz nach Kurland. Dort gingen die Feiern weiter. Über das Verhältnis der beiden Eheleute schrieb Burgsdorff Ende Oktober an den Kurfürsten: «Beiderseits fürstliche Eheleute sind Gottlob noch wohlauf, und caressieren Ihre Fürstl. Gnaden Dero Gemahlin gewiß gar sehre, daß ich's nicht genugsam rühmen kann, allermaßen ihre Fürstl. Durchlaucht die Herzogin gar wohl content und friedlich sein . . . in summa ich finde nichts zu tadeln.» Der Oberkammerherr entdeckte zwischen den beiden Neuvermählten «nichts denn lauter Herzensliebe», eine Kategorie, die trotz Politik und Vernunft nicht unbekannt war und der zuweilen durch beide sogar nachgeholfen wurde. Aus der Pflicht konnte Vergnügen werden.

Kurz vor der Hochzeit schrieb der französische Gesandte am Hof zu Königsberg an die Königinmutter in Paris, die offiziell für den damals zweijährigen Ludwig – den späteren «Sonnenkönig» – regierte: «Bei den guten Sitten, die an diesem Hof herrschen, habe ich das Gefühl, in Frankreich zu sein. Der Prinz hat sehr herausragende Tugenden. Die Prinzessinnen und der Adel sind aufs äußerste zivilisiert und französisch gekleidet. Es geht soweit, daß die deutsche Sprache verboten ist, als wäre es eine Todsünde . . .»

Wahrscheinlich hat er ein wenig übertrieben, der Herr aus Frankreich. Vielleicht, weil er Schreckliches erwartet hatte und angenehm enttäuscht wurde, nicht in der Barbarei gelandet zu sein. Auf jeden Fall ein Zeugnis dafür, daß der Herrscher von Brandenburg-Preußen mit seinen bescheidenen Mitteln an seinem Hof bemüht war, ein kultiviertes Leben zu führen. Was diesen Aspekt sicherlich förderte: Es war ein Hof, an dem die fürstlichen Frauen die Mehrheit stellten und den Ton angaben – nicht nur in der Konversation. Friedrich Wilhelm hatte jetzt und später gegen dieses «Frauenregiment» gar nichts einzuwenden.

Louise Henriette

Dieses Kapitel im Leben des Kurfürsten kann nur der Versuch einer Annäherung sein. Das Politische stand für ihn so selbstverständlich am Anfang aller Überlegungen und ging zugleich so nahtlos und ohne Komplikationen in die private Sphäre über, daß es uns schwerfallen muß, diese Einheitlichkeit nachvollziehend zu begreifen. In den Quellen ist der persönliche Bereich nur zufällig erwähnt und sehr spärlich. Und doch formen die Bruchstücke ein Bild.

All die frühen Regierungsjahre hindurch, während Friedrich Wilhelm versuchte, den erbärmlichen Zustand seiner Lande aus dem Gröbsten wieder herauszubringen, war mit dieser Politik ein Projekt engstens verknüpft: Die Heirat des Kurfürsten mit Christine, der Tochter des großen Gustav Adolf von Schweden, sollte für Brandenburg die Lösung eines schwierigen Problems bringen, das der Große Krieg mit sich gebracht hatte. Pommern, auf dem Papier den Brandenburgern vererbt, von Friedrich Wilhelm sehnlich erwünscht, aber fest in der Hand der Schweden, könnte so ohne viel Aufhebens und sehr friedlich zurückgewonnen werden.

Der Heiratsplan war nicht neu. Schon 1631, mitten im Krieg,

hatte Gustav Adolf seinen Schwager Georg Wilhelm, den Vater des Kurfürsten, mit dieser Heirat geködert, um ihn als festen Bundesgenossen zu gewinnen. Als der neue Herr in Brandenburg regierte, war die Cousine in Schweden zwar immer noch nicht volljährig, aber ihre Berater schienen dieser Allianz nicht abgeneigt.

1642, als sich der Kanzler von Götze wegen politischer Verhandlungen in Stockholm aufhielt, brachte er auch das Heiratsprojekt zur Sprache. Würde er eine positive Antwort bekommen, so war ausgemacht, wäre Friedrich Wilhelm sofort incognito nach Schweden zur künftigen Braut aufgebrochen. Doch dort sagte man weder ja noch nein. Alles müsse sorgsam überdacht werden und vor allem ganz geheim bleiben. Friedrich Wilhelm war der erste, der dieses Zögern als Hinhaltetaktik entlarvte. Noch während Götze in Schweden verhandelte, schrieb er dem Kanzler: «Wir müssen besorgen, man werde Uns gute Worte geben und conditionaliter Hoffnungen, aber darnach Uns die conditiones so schwer machen, daß sie nimmermehr von Uns werden acceptiret werden können.» Länger als ein Jahr wollte er dieses Spiel nicht mitmachen.

Um so erstaunlicher ist, daß er es dann fast sechs Jahre lang tat, sich, wie Burgsdorff es ausdrückte, «an der Nase herumführen» ließ. 1642 hatte er die Absichten der Schweden kühl durchschaut. Aber in den folgenden Jahren sprach er immer wieder davon, daß «nächst Gott Unser und Unsers ganzen kurfürstlichen Hauses Wohlfahrt und Aufnehmen zum größten Teil auf der schwedischen Heirat beruht». Niemals kam aus Stockholm ein definitives Nein.

Anfang 1645 ließ sich der Kurfürst von Burgsdorff zwei Briefe aufsetzen. Der eine ging an Christines Mutter, seine Tante Marie Eleonore, die gebeten wurde, «der Alliance den gewünschten Fortgang zu geben». An Christine schrieb Friedrich Wilhelm, daß der Kurfürst im Interesse seines Hauses so schnell wie möglich heiraten müsse und daß sie eine Entscheidung treffen solle, «um der Sache einmal ein Ende zu machen».

Ein naiver Versuch, Politik zu treiben. Aber Friedrich Wilhelm glaubte daran. Er ritt kurzfristig nach Preußen, um bei positiver

Antwort so schnell wie möglich selbst nach Schweden zu reisen. Doch zu einem vollkommenen Alleingang ließ er sich nicht hinreißen. An seine Geheimen Räte in Berlin ging die Bitte, ein Gutachten über die geplante Reise auszustellen. Selbst der alte Kanzler, ein unermüdlicher Förderer des Projekts, warnte nun dringend vor einer übereilten Brautfahrt: «Man müßte so nicht hineinplumpen.» Friedrich Wilhelm ließ sich beraten. Er fuhr nicht und ersparte sich einen Korb. Der kam nämlich – wenn auch sehr verklausuliert – im Dezember. Der schwedische Kanzler ließ ausrichten, die Verwandtschaft der beiden sei zu eng, der Glaubensunterschied – Christine war Lutheranerin – zu groß und überhaupt die Zuneigung der Königin zum kurfürstlichen Bewerber nicht ausreichend.

Im Juni 1646 wurde auf einer Sitzung der Geheimen Räte mit dem Kurfürsten in Küstrin die Sache endgültig begraben. Nun kam es darauf an, wie Burgsdorff schon im März geschrieben hatte, «Seine Ch[urfürstliche] D[urchlaucht] täglich und stündlich anzuflehen, sich um eine freund-, holdselige und tugendreiche Gemahlin umzutuen».

Das konnte sofort geschehen. So heftig sich Friedrich Wilhelm in eine Idee oder eine Politik verbiß, so schnell trennte er sich davon, war er endlich überzeugt, daß sie nicht zum Erfolg führen würde.

Im August 1646 reiste der Kurfürst mit großem Gefolge zu den neuentdeckten Heilquellen von Hornhausen, südlich von Helmstedt. Was nach einem belanglosen Familientreffen aussah, war eine hochpolitische Zusammenkunft. In Hornhausen traf sich Friedrich Wilhelm nicht ganz so zufällig mit zwei seiner Tanten, und wahrscheinlich war Amalie von Solms, die Frau des Prinzen Friedrich Heinrich von Oranien, des Statthalters der Niederlande, auch anwesend. Wichtigstes Gesprächsthema der Damen: Eine mögliche Heirat des Neffen mit Louise Henriette von Oranien, der Tochter des Statthalters.

Burgsdorff begleitete seinen Herrn nach Hornhausen, und er brachte auch nach der Rückkehr in der Ratsstube zur Sprache, was den politischen Kern des neuen Heiratsprojekts ausmachte: Nachdem die Schweden über Pommern nicht mit sich reden ließen, plante der Kurfürst ein Bündnis mit der anderen protestantischen Macht in Europa, die seine Interessen vertreten könnte. Die Geheimen Räte blieben stumm. Nur der Kanzler Götze warnte wieder einmal vor übereilten Allianzen. Aber jetzt ging doch alles sehr schnell. Am 5. Oktober eröffnete Friedrich Wilhelm persönlich den Räten seine Absicht, die oranische Prinzessin zu heiraten. Wieder bat der Kurfürst um Diskussionsbeiträge. Doch außer Glückwünschen hatten seine Berater nichts zu sagen. Fünf Tage später stand im Ratsprotokoll, das sich immer noch nach dem «alten Kalender» richtete: «Am 30. Septembris seind S. Ch. D. von hier nacher Cleve, Gott gebe zu Glück! ufgezogen.» Burgsdorff war als Brautwerber schon vorausgeeilt.

Friedrich Wilhelm hat die Hartnäckigkeit, mit der er um die Hand der Christine von Schweden anhielt, mit politischen Gründen untermauert, und sie waren zweifellos die entscheidenden. Doch vielleicht gab es unbewußt noch andere, die tiefer lagen, zumal er bei Regierungsantritt gar nicht aufs Heiraten versessen war. Glaubwürdig überliefert ist, daß er damals sagte, er wolle nichts von einer Frau wissen, er hätte «in der bösen Zeit» mit sich allein genug zu tun.

Er geduldete sich, so wichtig ein Erbe war, und ließ sich von seinen Beratern, zumal Burgsdorff, trotz aller mahnenden Worte nicht drängen. Bohren wir etwas tiefer: In den Jahren der vergeblichen Werbung entwickelte sich Christine zu einer höchst selbständigen, intelligenten Frau, der Konventionen in bezug auf ihr Geschlecht gleichgültig waren. An Europas Höfen blieb so Herausragendes nicht unbekannt. Christine war noch nicht sechzehn, da sagte ihr Kanzler, seine Herrin verspreche «eine Heroine» zu werden. Ein Wort, das für die Zeitgenossen keine Schrecken hatte.

Was dieses Jahrhundert den Frauen zutraute, hat kaum einer der Zeitgenossen so eindringlich ausgesprochen wie der schlesische Dichter Daniel Caspar von Lohenstein, fünfzehn Jahre jünger als der Kurfürst. Die Hauptperson in den meisten seiner Dramen ist die Frau als Politikerin – klug, überlegen, radikal im Denken und im Handeln. Heroisch ist bei ihm kein übermenschliches, männliches Attribut, sondern ein Kennzeichen des Menschlichen schlechthin. Die Vorbilder nahm der Dichter aus der Antike – Cleopatra, Agrippina, Thusnelda und vor allem Epicharis, die eine Verschwörung gegen Nero ins Leben rief. Dem klugen Leser bereitete es keine Mühe, den Stoff auf die Gegenwart zu übertragen. Am Anfang des Jahrhunderts erst war die große Elisabeth gestorben. In Polen begann die Königin Louise Maria selbstbewußt für ihren unentschlossenen Gemahl König Johann Kasimir die Geschäfte zu führen. Der Kurfürst würde sie kennenlernen und bestens mit ihr auskommen. Wir brauchen gar nicht in die Ferne zu blicken. Friedrich Wilhelm kannte aus nächster Umgebung Frauen, die in Politik und Wissenschaft zu Hause waren und sich keinesfalls mit hausfraulichen Pflichten begnügten. Nicht nur seine Mutter war eine energische Frau, auch alle ihre Schwestern. Bei einer von ihnen, Elisabeth von der Pfalz, der Witwe des Winterkönigs, war Friedrich Wilhelm in seinen holländischen Jahren häufiger Gast gewesen. Elisabeth war die gebildetste der pfälzischen Schwestern und wurde nur von ihren eigenen Töchtern übertroffen. Louise Hollandine war eine bekannte Malerin. Die Legende will es, daß Friedrich Wilhelm sich in Holland in sie verliebte. Wir haben keine Beweise. Es wäre keine schlechte Wahl gewesen. Louise blieb ebenso unverheiratet wie ihre Schwester Elisabeth, die 1642 einen Briefwechsel mit Descartes begann, der sehr bald über Höflichkeiten hinausging und sechs Jahre dauerte. Der Philosoph der neuen Zeit widmete ihr eins seiner Werke. Die jüngere Elisabeth von der Pfalz war 1644 zu einem längeren Aufenthalt in Berlin, noch ein Frauenzimmer mehr. Den Kurfürsten scheint es nicht gestört zu haben. Es ist unwahrscheinlich, daß sich seine Gespräche mit der geistreichen Cousine nur um Jagen und Essen gedreht haben. Von seinem Wohlwollen gegenüber Descartes werden wir noch erfahren. Friedrich Wilhelm scheint diese Frauenzimmerwirtschaft nicht gestört zu haben. Im Gegenteil: Sein hartnäckiges Werben um die ungewöhnliche Christine kann auch auf dem Hintergrund positiv aufgenommener Erfahrungen mit selbstbewußten Frauen verstanden und gedeutet werden. Offenbar kam sie – jenseits aller Politik – seinen Wunschvorstellungen entgegen. Von Abneigung oder von politischen Zwängen, denen er sich bei diesem Plan beugte, ist über all die Jahre nirgendwo die Rede.

Die Frau, die Friedrich Wilhelm 1646 zu heiraten im Begriffe war, scheint solche Gedankenspiele zu widerlegen. Die Historienschreiber des 19. Jahrhunderts haben Louise Henriette von Oranien als stilles, frömmelndes Hausmütterchen geschildert, die nur aus Sanftmut und Demut bestand und nichts kannte außer ihren Pflichten als Frau und Mutter. Die schlanke zierliche Gestalt mit den großen dunklen Augen provozierte solche Legenden. Tatsächlich steckte hinter der zarten Schale ein fester Kern, eine scharf kalkulierende Gutsherrin, eine Ehefrau, die auf ruhige, aber hartnäckige Weise politische und personelle Entscheidungen ihres Mannes beeinflußte. Friedrich Wilhelm soll ihr einmal sogar den kurfürstlichen Hut vor die Füße geworden haben mit der Aufforderung, die Regierung selbst zu übernehmen, wenn sie alles besser wisse.

Eine Geschichte über den Sohn des kurfürstlichen Paares bestätigt dieses Bild einer energischen Frau. Als man dem gerade zwölfjährigen Friedrich vorschlug, später auch einmal eine Prinzessin aus dem Hause Oranien zu heiraten, bekam er einen Zornausbruch und schrie: Niemals. Er wolle eine deutsche Frau, die ihrem Mann gehorche.

Der Jähzorn gehörte zur Erbmasse der Hohenzollern. Es gibt keinen Zweifel, daß die Beziehung zwischen Friedrich Wilhelm und Louise Henriette, aus politischer Zweckmäßigkeit eingegangen, ein festes und liebevolles Band wurde, eine Gemeinschaft, die auf Achtung und Liebe gründete. Friedrich Wilhelm, ein geselliger Mensch, genoß die Zweisamkeit nach den langen Junggesellenjahren. In einem Brief an seinen Schwager, den Herzog von Kurland, gab er einen Gruß an dessen Gemahlin mit auf den Weg und bat ihn, «Sie meinetwegen zu Küssen, den ich Weiß nun, Wie es in ehstahnde Zugehet». Das war drei Jahre nach der Hochzeit und klingt keineswegs unglücklich.

Was wußten sie denn überhaupt voneinander, die gebildeten Männer und Frauen, die in den Ehestand traten? Was von der Lust, die mit dem neuen Leben einherging?

Ein einziges Jahrhundert – das 19. – hat das Wissen über die Sexualität vergangener Zeiten verschüttet. Die Dame, die bei Erwähnung des Wortes «Beinkleid» in eine Ohnmacht fiel, läßt uns vergessen, daß die Prüderie kaum hundert Jahre alt ist. Zwar hatte sich die Verfeinerung der Sitten im Jahrhundert unserer Akteure auch auf die Körperlichkeit erstreckt. Niemand schrieb in seinen Briefen über diesen Teil des Ehelebens, wie es zwei Jahrhunderte zuvor noch getan wurde. Wir haben deshalb keine Zeugnisse unserer Beteiligten. Doch wir haben Zeugen der Zeit, die aufschrieben, was an Wissen, Aberglaube und Erfahrungen gehandelt wurde.

«Zwey sonderbare Bücher Von der Weiber Natur Wie auch Deren Gebrechen und Kranckheiten» nannte der Nürnberger Doktor Johann Nikolaus Pfizer sein Buch, das 1673 erschien. Der Doktor wußte, daß es ein Wagnis war, über «die allerhöchsten Geheimnisse» in deutscher Sprache zu schreiben, «als daß es von jedermann möge gelesen werden». Seine Verteidigung verrät eine Offenheit, wie sie noch heute im ärztlichen Stande nicht die Regel ist. Johann Pfizer erklärte nämlich, daß er nicht nur für Mediziner schreibe, sondern auch für solche «Personen, welche zum öfftern mit treuer Handbietung bey dem weiblichen Geschlecht das Ihrige in höchsten beykommenden Nöthen und Gefahren nicht ohne ihren sauren Schweiß und emsigen Fleiß thun müssen . . .» Es sei nützlich, daß man diesen Hebammen «unter die Arm greiffe und zu Hülffe komme».

Auch für Pfizer gibt es allerdings solche, die besser nicht ihre Nase in dieses Buch stecken sollten, «absonderlich die zarte Jugend, und ledige beyder Geschlechts Personen». Für andere aber ist Unwissenheit keine Zierde: «Den verehlichten Weibspersonen aber, absonderlich den jenigen, welche in ihrem Amt und Beruff dem weiblichen Geschlecht beystehen und allerhand Handreichung thun müssen, ists so anständig als nothwendig, solche Bücher fleißig zu lesen, Klugheit und Verstand, ja Rath und Mittel daraus zu suchen und zu erlernen . . . und viel Gutes daraus klauben und mercken, auch den armen nothleidenden Weibern und Kindern, absonderlich, wo es an einem Medico ermangeln solte, bescheidentlich gebrauchen . . .» Der Rat eines Arztes für den Fall, daß kein Mediziner zur Hand! Vor der Heilung jedoch steht die Aufklärung, und da nahm Johann Pfizer kein Blatt vor den Mund. Und weil es auch damals falsche Moralisten gab, die dergleichen in den Giftschrank verbannen wollten oder wenigstens in die lateinische Sprache, sagte er gleich vorneweg: «Wer diese Zeilen mit unverschämten [schamlosem] Gemüth liest, mag nicht die Natur sondern seine eigne Schuld anklagen; er bemercke und habe acht auf seiner Thaten Schändlichkeit, nicht die Worte unsrer Nothwendigkeit.»

Das fünfte Kapitel handelt von der «Gebärmutter nebenst kurtzer Entwerffung der weiblichen Schaame und nechstgelegener Theile derselben». Da wird dann von etwas geschrieben, das unsere «progressive» Zeit erst entdeckt zu haben glaubt: «Die weibliche Ruthe anlangend, ist selbige bey todten Weibern fast nicht zu sehen, weilen sie sehr klein. Allein bey denen lebenden ist sie dick geschwollen und hart, nachdem die Weiber bey der Vermischung grosse Lust und Vergnügung empfinden . . . Was sonsten die Menge der Gefässe, die Schärffe der Empfindlichkeit und der angenehme Lust betrifft, ist sie in allem der Männlichen Ruthe ihrer Gelegenheit nach ähnlich.»

Als Sigmund Freud seine Theorien über den weiblichen Orgasmus aufstellte, da fehlte ihm offenbar ein ganzes Stück Kulturgeschichte. Und wir rühmen uns neuer Erkenntnisse, die andere lange vor uns gemacht haben. Erstaunlich, welche Fragen sich der Dr. Pfizer stellte: «Ob in der ehelichen Vermischung das Weib vor dem Manne oder der Mann vor dem Weibe mehrere und größere Belustigung empfange und genieße?» Zitiert wird dann zuerst die Meinung, «daß die Weiber mehrer und hefftiger in solchem Liebes-Zwey-Kampff belustiget werden». Erklärung: «Erstlich in der süssen Empfindlichkeit ob dem Kützel, der nicht allein durch Einlangung der männlichen Ruthe in die weibliche Schame sondern auch in Aufnehmung und an sich Ziehung deß männlichen Saamens bey ihr verursachet wird . . .»

Der Nürnberger Arzt allerdings ließ diese Meinung nicht gelten und kam zu dem Schluß: «Ist derowegen vielmehr darvor zu halten, daß das weibliche Geschlechte vor dem männlichen in der Vermischung zwar etwas länger, jedoch nicht so hefftig belustiget werde . . . Und dahero auch gemeiniglich die Weiber mehr an sich in solchem Wercke vor jenen, den Mannsbildern, halten können.» Und daraus folgt eine Konsequenz, die die Gesellschaft freudig ergriff und in der Justiz sich heftig niederschlug: «Welches dann die Ursache seyn soll, wie etliche wollen, daß auch die Weibsbilder, so sie in solchem Falle etwas straffwürdig, mit etwas mehrerer Straffe solten angesehen und beleget werden . . .»

Danach geht es zur Hauptsache, dem «ordentlichen Beyschlaff». Er ist ein wahres Allheilmittel: «Dann durch solchen wird der Leib hurtiger und zu allen Verrichtungen geschickter, erfrischet das Gemüthe, lindert den Zorn, machet Friede im unruhigen Haus-Wesen, vertreibet die traurigen Gedancken, steuret der Melancholey und Schwermuth . . .»

Es bleibt nicht bei allgemeinen Ratschlägen. Dr. Pfizer nimmt sich die Männer vor: «Fürs erste soll der Mann, so mit seinem Weibe der gebührenden Liebe pflegen will, dieselbe ehe und bevor er sich in ihren Schos begibt, mit allerhand freundlichen Worten und Geberden unterhalten, bevorab, wann er sie zu solchem Liebeshandel etwas langsam und kalter Natur zu seyn weiß, bald in seine Arme nehmen, und freundlich umfassen, erwärmen, begütigen; alldieweiln man doch bey so gestalten Sachen dem Ovidio de Arte Amandi allhier mehr Gehöre geben wird, als etwan dem vornehmsten Kirchenlehrer.»

Das alles, vergessen wir es nicht, gedruckt im Jahre 1673. Nicht jeder, der damals lesen konnte, hatte solche Lektüre in seinem Schrank stehen. Es soll nur eines angedeutet werden: daß Mann und Frau, daß sich Louise Henriette und Friedrich Wilhelm nicht als völlig Unbekannte gegenübertraten. Der Vorhang des 19. Jahrhunderts war noch nicht gefallen.

Zurück zum Oktober 1646 ins Schloß an der Spree: Wir haben die Hochzeit noch vor uns, und ein Hindernis muß noch beseitigt werden. Die holländische Prinzessin war eigentlich schon vergeben. Henri Charles de Trémouille hieß der Auserwählte, der auch noch den blumigen, aber unbedeutenden Titel eines Prinzen von Tarent trug. Der Sproß einer Hugenottenfamilie war Offizier im Heer der Niederlande und hatte offiziell schon um die Hand von Louise Henriette geworben. Als der so viel mächtigere Konkurrent auftrat, verzichtete der Prinz in aller Form. Was die beiden Betroffenen gefühlt haben, wissen wir nicht. Sollte Louise Hen riette dem ersten Bewerber nachgetrauert haben, so hat sie diese Gefühle tief in ihrem Herzen verschlossen.

Als der holländische Heiratsplan endgültig Gestalt annahm, ließ der Kurfürst umgehend 300 Reiter und 500 Musketiere anwerben. Der Oberst von Potthausen wurde nach Hamburg geschickt, um Schmuck für die Braut einzukaufen. Die Kurfürstinmutter lieh dem Sohn auf ein Jahr 3000 Taler. Die Schneider in Berlin stichelten Tag und Nacht, das ganze Reisegefolge erhielt neue Kleider. Der Troß, der sich schließlich in Bewegung setzte, bestand aus 30 Kutschen, 20 Gepäckwagen, 20 Pferden, 12 Trompetern, zwei Heerespaukern und der Berliner Hofkapelle, die selbst in den kultivierten Niederlanden angenehm auffiel. Zum erstenmal zog Friedrich Wilhelm als Kurfürst durch seine versprengten westlichen Lande. Nach Wolfenbüttel und Hannover ging es über Bielefeld, Soest, Lünen nach Duisburg, das zur immer noch ungesicherten clevischen Erbschaft gehörte. In Duisburg wartete Burgsdorff, der von Hamburg per Schiff in den Haag gefahren war und dort erfolgreich den Ehepakt ausgehandelt hatte, schon auf ihn. Am 22. November 1646 kam der Kurfürst im Haag an, ein Wiedersehen nach zehn Jahren.

Schon am nächsten Tag erschien Friedrich Wilhelm als Gast in einer Sitzung der Generalstaaten und verkündete in freier Rede, daß er beschlossen habe, «mit des Herrn Prinzen zu Uranien Hoheit . . . in noch nähere Freundschaft zu treten und mit dero ältester Princessin sich in eine Alliance der heiligen Ehe einzulassen». Nüchterner war es nicht auszudrücken: Eine Ehe wurde geschlossen, um ein politisches Bündnis zu festigen und nach außen zu dokumentieren. Ein Bündnis, das durch äußere Umstände in den Niederlanden – Absetzung des Hauses Oranien von der Statthalterbürde – sehr bald hinfällig wurde, während die Allianz der Eheleute auch ohne diese Voraussetzung eine glückliche wurde. Die Hochzeit fand schneller statt als geplant, da der oranische Schwiegervater im Sterben lag. Es war für höfische Verhältnisse eine bescheidene Hochzeit, «in der Enge und ohne Weitläufigkeit». Nur bei den Kleidern der Brautleute hatte man nicht gespart. Der Kurfürst war in weißen Atlas gekleidet, der reich mit Diamanten, Perlen und silbernen Stickereien bedeckt war. Auch

Louises Kleid glitzerte vor Perlen und Brillanten. Zehn Gräfinnen trugen die neun Ellen lange Schleppe. Die Schultern waren frei. Auf dem Kopf trug die Prinzessin eine Krone. Die Trauung fand um fünf Uhr nachmittags statt. Es folgten eine feierliche Gratulationscour und das Festessen, das von Musik und Ballett begleitet wurde. Die Flitterwochen dauerten nur bis zum Beginn des neuen Jahres. Dann mußte der Kurfürst nach Cleve aufbrechen, um Ordnung zu schaffen. Louise blieb im Haag und pflegte den todkranken Vater. Im März 1647 starb Friedrich Heinrich von Oranien. Im Mai kam Friedrich Wilhelm aus Cleve, um seinen Schwiegervater zu begraben. Wenige Tage später war das junge Paar auf dem Weg in seine westliche Residenzstadt. Ein Ehrengeleit zog bis zur Grenzstation Kronenburg mit.

Es war der Abend des zweiten Pfingsttages, als der brandenburgische Kurfürst und seine Frau unter Glockengeläut und Böllerschüssen im Schloß zu Cleve ihr Quartier nahmen und die Diener schon ans Auspacken gingen. Zur Aussteuer der neuen Herrscherin zählten: 6 Paar Bettücher, 12 Kissenüberzüge, 24 Nachthemden, 36 Servietten. Das war nicht bedeutend, dafür das Silberzeug um so wertvoller. Nicht nur Bestecke und Schüsseln gab es aus dem weißen Metall, sondern sogar zwei Nachtgeschirre. Am längsten war die Liste der Juwelen und Goldsachen: Knöpfe und Spiegel, mit Diamanten und Rubinen besetzt, diamantene Ringe und Ohrgehänge, Schnallen, Perlenketten und Armbänder, ein goldenes Kästchen für die Zahnstocher, eine goldene Kompottschüssel und noch viele Kleinigkeiten. Louise Henriette war keine arme Braut, und sie kam aus einem geschäftstüchtigen Land. Zur Aussteuer gehörte ein Zertifikat zweier angesehener Juweliere aus Amsterdam, die allein das Silber auf rund 60000 Gulden schätzten. Auch der arme Herr aus Brandenburg hatte sich nicht lumpen lassen und wieder einmal Schulden gemacht: Seine Hochzeitsgeschenke beliefen sich immerhin auf 80000 Gulden.

4

Der Alltag

Unterwegs zu sein, in seinen verstreuten Ländern selbst nach dem Rechten zu sehen gehörte zum Regierungsstil des Kurfürsten. Mit auf die Reise gingen nicht nur Schreiber, Boten und Postmeister, die Geheimen Kammersekretäre, die ihm täglich ihre Aufwartung machen mußten, sondern auch seine wichtigsten und vertrautesten Mitarbeiter, die stets dem Geheimen Rat angehörten. Der alte Kanzler von Götze blieb in Cölln und machte mit den restlichen Räten Routine- und Verwaltungsarbeit. Immer seltener wurden sie in entscheidenden politischen Fragen konsultiert.

Seit Friedrich Wilhelm Berlin im Oktober 1646 verlassen hatte, war ein Mann an seiner Seite, der wie niemand sonst in den folgenden dreißig Jahren bei allem Auf und Ab in politischen und familiären Dingen sein Vertrauen behielt: Freiherr Otto von Schwerin. Der pommersche Adlige, vier Jahre älter als der Kurfürst, war gelernter Jurist und hatte sich auf der üblichen Kavalierstour durch England, Frankreich und Holland gebildet. 1644 wurde er zum Geheimen Rat ernannt. Friedrich Wilhelm hatte sich einen Mann ausgesucht, der dem Temperament nach wenig mit seinem Herrn gemein hatte. Schwerin war ein stiller und verbindlicher Mensch, stets bedacht, es allen recht zu machen, ohne doch darüber seine eigenen Vorteile zu vergessen. Er war bescheiden, womit er gelegentlich ein wenig kokettierte, und weltgewandt zugleich. Und gläubig war er auch. In seiner freien Zeit dichtete er Kirchenlieder. Seine zurückhaltende Art beeindruckte weibliche Gemüter besonders. Die älteste Schwester des Kurfürsten schätzte ihn sehr, und zur Oranierprinzessin, die nun Herrin der brandenburgischen Lande war, entwickelte sich ein besonders freundschaftliches und vertrautes Verhältnis. Seine Loyalität zur kurfürstlichen Familie war unerschütterlich, ohne seinen eigenen Standpunkt zu verschweigen. Schwerin war ein zu selbständiger Geist, um nur als unterwürfiger Diener zu agieren. Seine Zurückhaltung hinderte ihn auch nicht, «Verehrungen» von andern einzustecken und ein ansehnliches Vermögen anzusammeln. Als dem besten Freund der Familie würde das Kurfürstenpaar ihm das Wichtigste anvertrauen, was es besaß: seine Kinder. Mit Schwerin hatte Friedrich Wilhelm eine gute Wahl getroffen.

Er ließ alle höflichen Floskeln fahren, wenn er Schwerin um einen Rat bat – dem er keineswegs immer folgte. «Mein lieber Schwerin» war dann seine Anrede, und der Seufzer «Ich wolte wunschen, da Ihr zwene leiber itzo hettet, damitt der eine bey mir und der andere in Preussen sein mochte», galt nicht nur dem politischen Berater, sondern mit Sicherheit auch dem Menschen, dessen ausgleichendes Temperament er brauchte. Es war ihm Ernst, als er Schwerin 1662 wissen ließ: «Undt Kan ich Euch oder den eurigen einige affection erweissen, wirt es mir alstets lieb sein.»

Während er in Holland um politische Freunde warb und eine Frau heimführte, hatte sich der Kurfürst in ein schlecht vorbereitetes Abenteuer eingelassen. Im November 1646 rückten die frisch geworbenen Truppen ins Bergische Land ein, um den Pfalzgrafen Wolfgang Wilhelm von Neuburg, der in Düsseldorf residierte, unter Druck zu setzen. Der Pfalzgraf sollte einen Teil der Länder wieder herausrücken, die er im Zusammenhang mit der so verwikkelten clevischen Erbschaft einkassiert hatte. Vergessen wir die Einzelheiten. Die kurfürstlichen Soldaten mußten schon vier Wochen später ruhmlos abziehen. Immerhin: Wolfgang Wilhelm forderte den Kurfürsten auf, mit «Cavalliers» in Düsseldorf die Verhandlungen zu beginnen, um den leidigen Erbstreit endlich aus der Welt zu schaffen. Der Kavalier, der sich für Brandenburg gleich auf den Weg machte, war Conrad von Burgsdorff. Ungefähr bei Kaiserswerth kam ihm eine Abordnung des Pfalzgrafen entgegen mit «zwo ledigen Carossen» und einer «Leibkutsche», die der fremde Unterhändler besteigen mußte. So fuhr man aufs Schloß nach Düsseldorf, wo ihn sogleich der Pfalzgraf in seiner Kammer empfing. Nach dem Gespräch «gab doch S[eine] f[ürstliche] D[urchlaucht], welche die rechte Hand nahm, sammt hochg[eborener] Ihres Herrn Sohnes Dchl.[Durchlaucht] mir das Geleit bis in mein Gemach . . . Als S. F. D. von mir schieden und ich dieselbe wiederum bis in Ihr Zimmer geleiten wollte, ward mirs von Sr. D. ganz nicht zugelassen, dahero ich meine Begleitung weiter nicht als ein Stück Wegs leisten konnte.»

Am nächsten Tag machte Burgsdorff der Pfalzgräfin seine Aufwartung und konnte unversehens einen Blick in das fürstliche Schlafzimmer werfen. Der Hausherr, Seine fürstliche Durchlaucht selbst, machte die Schloßführung, und «durch den Hauptschlüssel, den Sie bei sich hatte, eine Thür nach der andern aufschloß, mich in die Kammer, da Sie mit Ihrer Gemahlin schläfet, und ans Bett führete, bei welchem ein Altar mit vielen Bildern und Gemälden aus dem Alten und Neuen Testament stunde, und sagte S. D., daß Sie vermittelst derselben Gemälde die beide Testamenter allezeit vor Ihren Augen und in Ihrem Haupt hätte und sich deren Behülf zu Ihrer Andacht im Gebet gebrauchte. Ich konnte mich des Lachens nicht allerdings enthalten und sagte dabei, ich hätte meines Theils gnug zu thun, dass ich in meinem Gebet meine Sinn und Gedanken zu Gott richtete und würde gewisslich durch solche Gemälde nur mehr irre gemachet werden. Solchergestalt hielte sich S. D. darum etwas auf, weil Sie verstanden, dass Ihre Gemahlin noch nicht gekleidet war.»

Im gleichen Brief erwähnte Burgsdorff noch ein Übel, das zum höfischen Zeitvertreib gehörte: «Über der Tafel ward ziemlich stark getrunken, sintemal S. f. D. selbst viel Gesundheiten anfinge und austrank, da ich dann hinwiederum dergleichen anfangen musste, und obwol die Gläser nicht gross waren, so kamen sie doch mit solcher Menge, dass man sich gnug zu wehren hatte.»

Weil die Person des Herrschers der entscheidende politische Faktor war, gehörte es zur Aufgabe des Unterhändlers, den Gegner auf seine restliche Lebenserwartung zu taxieren. Burgsdorff: «Dieser Fürst . . . ist frisch und gesund; isset und trinket wol sehr, und ob S. f. D. gleich itzo in Ihre 69 Jahre Ihres Alters gehet, so kann Sie doch nach menschlichem Urtheil, noch lange leben.» Am Ende des Briefes muß sich der Schreiber korrigieren: «Heute habe ich auch erfahren, dass der alte Herr zukünftigen Mai in das 71. Jahr eintreten wird. Also dürfte es wol nicht lange mehr treiben, wie er dann heute sich nicht allerdings wohlauf befunden hat. Alsdann bekommen E. Ch. D. sofort die ganze Grafschaft und die Flandrische und Brabantische-Güter, ja, mit Gottes Hülfe, noch räthlicher die sämmtliche Landen.» Was sich mit Gottes Hilfe in der Politik alles machen ließ.

Die Grafschaft, die Burgsdorff meinte, war Ravensberg mit den städtischen Zentren Bielefeld und Herford. Der Kurfürst bekam sie tatsächlich endgültig und vollständig durch die Düsseldorfer Verhandlungen, und damit war das brandenburgische Gebiet im Westen für lange Zeit arrondiert.

Verbesserungen

Friedrich Wilhelm ließ sich von den politischen Geschäften nicht auffressen, so gerne er sie betrieb. Ihm blieben Lust und Energie für viele andere Aspekte des Lebens, vor allem jene, die es schöner und freundlicher machen. Er war kaum verheiratet, da gingen Briefe und Anordnungen nach Berlin und Cölln mit dem Befehl, den kurfürstlichen Besitz, der beim Niederbrennen der Vorstädte 1641 in Flammen aufgegangen war, wiederaufzubauen. Doch der Kurfürst wollte mehr tun als reparieren. Er wollte Neues schaffen. Ein ausländischer «Lustgärtner», der Holländer Michel Hanff, wurde bestallt und erhielt den Auftrag, «allerhand außlendische frömbde Bäume und raritäten und gewechße» einzukaufen. Zu den Raritäten zählte unter anderem die Kartoffel, die bis dahin niemand in der Mark Brandenburg kannte. Die holländischen Tulpen hatten es dem Kurfürsten besonders angetan. Für sie gab es immer Geld.

Während Burgsdorff sich noch mühte, das bergische Abenteuer ohne Gesichtsverlust zu beenden, schrieb Friedrich Wilhelm dem Gärtner Hanff, die Anlage «einer Gallerie von der Hundebrücke biß an den Thiergarten» zu entwerfen. Die Hundebrücke war schon 1573 gebaut worden, um das Schloß über den südlichen Spreearm mit dem festen Land zu verbinden, wo ein großer Tiergarten eingerichtet wurde, hinter dem im «grunen walde» ein reiches Jagdgebiet begann.

Vorschlag der Berliner Gärtner: Auf dem alten Jagdweg zwischen Hundebrücke und Tiergarten sollte eine sechsreihige Allee von tausend Nußbäumen und tausend Linden angelegt werden. Friedrich Wilhelm stimmte zu. Im Frühjahr 1647 begannen die Gärtnergesellen die geplante Allee mit einer Schnur abzumessen. Ein Problem wurden die Bäume. So viele gab es nicht auf einmal. Die Zeit drängte. Die jungen Bäume mußten im trockenen märkischen Sandboden eingepflanzt werden, bevor der Sommer begann. Im März schickten die Cöllner Räte ein Schreiben nach Cleve. Sie schlugen dem Kurfürsten vor, mit dem Einpflanzen bis zum Herbst zu warten. Am 16. April antwortete Friedrich Wilhelm und bestätigte ihnen, sie könnten es mit dem Bäumesetzen «bis auf den künfftigen Herbst anstehen laßen, Inmittelst aber wollet Ihr die Anstalt machen, daß alßdann genugsam Linden und Nußbäume zur Hand gebracht werden mögen, und füritzo könnet Ihr die Kuhlen oder Grüben, da die Bäume eingesezet werden sollen, außgraben und mit guter Erde wieder außfüllen laßen, welches dann bey der Einsezung den Bäumen wohl zu Statten kommen und die Bewürzel- und Wachsung umb so viel beßer befördern wirdt, Worbey auch in Acht zu nehmen, das so wohl die wenige Bäume, so albereits gesezet seyn, alsofort und künfftig die übrigen gleichfalls umbzeunet werden, damit das Vieh oder Wildt und Hasen denselben mit Abschellung nicht schaden können.» Ein Praktiker, der sich auch um die kleinen Dinge sorgte. Im Herbst 1647 nahm so die Straße «Unter den Linden» ihren Anfang.

Sein Sinn für das Praktische erkannte, daß seine Länder vor allem durch Verkehrswege und schnelle Kommunikation zusammenwachsen würden. Der Herrscher mußte in allen Ecken seines Landes in kürzester Frist für die Geheimen Räte in Cölln erreichbar sein. Der Handel, von dem er einen wirtschaftlichen Aufschwung für die bankrotte Wirtschaft erwartete, durfte durch keine Grenzen behindert sein. 1649 ernannte der Kurfürst den holländischen Landmesser Michael Matthias zum Postdirektor und befahl, eine effiziente brandenburgische Post zu organisieren.

Matthias richtete zuerst den Kurs Cleve, Berlin, Königsberg ein. Alle drei Meilen gab es eine Poststation. Von Cleve bis Berlin brauchten die Reiter sechs, bis Königsberg vier weitere Tage. Zweimal wöchentlich konnte man sich längs der Strecke auf den

Postreiter verlassen, der die kurfürstlichen Briefe und wichtige Akten in einer silbernen Büchse, die gewöhnlichen in einer aus Zinn beförderte. Innerhalb weniger Jahre überzogen die brandenburgischen Postreiter ganz Norddeutschland. Ihre Postmeister nahmen Quartier auf fremdem Gebiet und saßen in Bremen und Emden, in Leipzig und Hamburg, während in brandenburgischen Landen kein ausländischer Postbote erlaubt war. Was anfangs einen jährlichen Zuschuß von 6000 Talern erforderte, warf am Ende der Regierungszeit Friedrich Wilhelms fast 40 000 Taler Gewinn ab.

Friede

Wir haben es fast vergessen: Es war Krieg all die Jahre! Das dreißigjährige Rauben und Brennen war immer noch nicht beendet. Die ganze Politik des Kurfürsten, seine Heiratspläne mit der Königin von Schweden, seine Hochzeit mit der Oranierprinzessin gingen aus von der Überlegung, wie Brandenburg am besten vom bevorstehenden Frieden profitieren könne. 1641 schon hatten sich der Kaiser, Frankreich, Schweden und die Kurfürsten auf zwei Konferenzorte geeinigt. Es dauerte noch drei Jahre, bevor in der katholischen Bischofsstadt Münster und im protestantischen Stift Osnabrück 148 Gesandte eintrafen, davon 111 Deutsche. Die Mieten stiegen um das Zehnfache. In den Straßen stauten sich die Kutschen und die Pferde.

Während große Teile des Reiches in Elend und Armut versanken, die Bevölkerungszahl im Deutschen Reich von zwanzig auf sieben Millionen sank, lebte es sich in den beiden neutralisierten Städten wie im Schlaraffenland. Gaukler kamen, um die Herren Gesandten zu unterhalten, Maler, um sie für die Nachwelt zu konterfeien. Denn man war sich bewußt, daß es ein solches Konzil weltlicher Würdenträger in Europa noch nicht gegeben hatte. Die Exzellenzen ließen sich mit Geld bestechen. Die Juristen, im zweiten, doch wichtigsten Glied der Abordnungen, feilschten um jedes Komma, und der französische Gesandte höhnte: «Alle

Deutschen sind Herr Doktor.» Doch es gab für sie alle keinen Zweifel: Sie durften nicht auseinandergehen, ehe denn der Frieden geschlossen war, einer, der dauern würde.

Die Instruktion für die brandenburgische Gesandtschaft datiert vom Dezember 1644. Der Kurfürst hatte als Leiter den Grafen Johann zu Sayn und Wittgenstein gewonnen. Ein geschickter Zug, denn nur ein Angehöriger des hohen Reichsadels konnte den selbstbewußt auftretenden Männern der gegnerischen Delegationen auch einmal ein grobes Wort an den Kopf werfen. Punkt eins der Instruktion beschäftigte sich ausführlich mit den Fragen des Protokolls. Das waren keine Nebensächlichkeiten zu einer Zeit, in der sich politisches Prestige in Titeln und Sitzordnungen ausdrückte. Den Gesandten wurde eingeschärft, auf dieselben Empfangsfeierlichkeiten zu dringen, wie sie dem Gesandten der Republik Venedig zugestanden worden waren, dem neutralen Vermittler auf diesem Kongreß. Der Kurfürst war bereit, dem König von Frankreich den Titel «Majestät» zuzugestehen, wenn man ihn selbst mit «Serenissimus» anredete und seine Gesandten bei feierlichen Empfängen die Kopfbedeckung aufbehalten dürften, «sonsten wollen Wir nicht, daß Unsere Gesandten jemand anders als der gekrönten Könige und Unserer vorsitzenden Mit-Churfürsten L[iebden] Gesandten weichen sollen».

Bevor der «Serenissimus» durchgesetzt werden konnte, mußten erst einmal die Unkosten aufgebracht werden. Nicht einmal der im voraus geschickte Legationsrat Cuyla hatte genug zum Leben. Von Königsberg aus schickte Friedrich Wilhelm im November 1645 einen Bittbrief an die Stände in Cleve: «. . . indem auch Unsere Gesandten zu Münster an gehörigem Unterhalt grossen Mangel empfunden, und allbereits in die 6000 Thlr. Schulden . . . contrahiren mussten, darüber sie allen Credit so gar verloren, dass im Fall ihnen nicht bald mit einem Stück Geld succurriret werden sollte, sie endlich zu Unserer höchsten Beschimpfung gar würden dimittiret und wieder abgefordert werden müssen.»

Erst im April 1646 hielten die Brandenburger in Osnabrück und im Mai in Münster feierlich Einzug. Ihre maximalen Ziele hießen: Rückgewinnung des von den Schweden besetzten, aber durch rechtmäßige Erbschaft an Brandenburg gefallenen Pommern und

Anerkennung der Reformierten als gleichgestellte Konfession im Reich. Punkt eins wurde nicht erreicht. Wegen der Reformierten gab es einen pflaumenweichen Kompromiß. Doch beim Friedensschluß von 1648 – verglichen mit dem erbärmlichen Zustand des Landes am Beginn der Regierungszeit – konnte der Kurfürst mit dem zufrieden sein, was schließlich ausgehandelt wurde. Welche Alternativen hätte es denn gegeben?

Im Juni 1647 – vor dem Frieden also – setzte sich der Kurfürst selbst ans Schreibpult und nahm Papier und Feder zur Hand. Das kam selten vor. Er wollte niemandem Einblick geben in seine politischen Planspiele. Friedrich Wilhelm überlegte, was geschah, wenn es in Münster und Osnabrück keine Einigung geben würde. Auf wessen Seite sollte Brandenburg kämpfen? Für die Schweden oder für den Kaiser?

Als Kurfürst war Friedrich Wilhelm dem Kaiser verpflichtet, sein Land ein Teil des Reiches. Andererseits stand ihm der Schwede auf Grund des Glaubens näher. Doch wie wenig Konfession und Verwandtschaft für diese Nordländer zählten, hatte man am eigenen Leib erfahren. Der Kurfürst machte sich keine Illusionen, weder darüber noch über seine mißliche Lage: «Aber hier heißt es, wo finden wir Brot in der Wüsten, und da man mir das Meinige nimmt und den Brotkorb so hoch hängen tut, muß derowegen eine Resolution fassen, und halte dafür, daß es besser sei, mit denen in Verbündnis zu stehen, welche eines Glaubens.»

Da war es also heraus. Der brandenburgische Kurfürst schloß Krieg gegen den Kaiser nicht aus.

Die Probe aufs Exempel mußte diesmal nicht gemacht werden. Nicht zuletzt, weil Friedrich Wilhelm Realist genug war, sich von seinen Plänen nicht zu unvernünftigen Handlungen hinreißen zu lassen. Der Pragmatiker wußte, daß alles darauf ankam, Frieden zu machen, damit nicht «nach dem Exempel anderer Königreiche und Lande die Untertanen und der gemeine Pöbel aus Ungeduld und großer Armut die Waffen ergriffe». Ein einsichtiger Satz, nicht viele Herrschende haben sich in diesem und späteren Jahrhunderten so ausgedrückt, noch viel weniger haben sich an ihn gehalten. Der Kurfürst dachte übrigens an ein abschreckendes Beispiel, das 1649 mit der Hinrichtung eines Königs enden würde. In England herrschte Bürgerkrieg. Der Stuartkönig Karl I. kämpfte seit 1642 gegen das Parlament und seinen Führer Oliver Cromwell.

Dann endlich einigten sich die Herren in Osnabrück und Münster.

Pommern wurde geteilt. Die Schweden hielten eisern an Vorpommern, Stettin und der Odermündung fest. Wozu hatten sie schließlich Krieg geführt? Hinterpommern ging an Brandenburg, und der Kurfürst erhielt als Entschädigung zusätzlich zwei bis dahin geistliche Besitztümer, die Bistümer Halberstadt und Minden und den östlichen Teil des Bistums Cammin mit Kolberg an der Ostsee. Das Erzbistum Magdeburg sollte ihm nach dem Tod des jetzigen Verwalters zufallen.

Die ausdrückliche Anerkennung der Reformierten verhinderten die lutherischen Reichsstände. Man einigte sich schließlich auf eine doppeldeutige Formulierung, die jeder in seinem Sinn auslegte. Der Landesfürst sollte auch in Zukunft die Religion seiner Untertanen bestimmen. Doch wer anderes glaubte, dem drohte nicht mehr der Scheiterhaufen. Ein geregeltes Auswanderungsverfahren wurde festgesetzt, und darin waren auch die Calvinisten eingeschlossen.

Als in Münster und Osnabrück endlich ein «christlicher, allgemeiner, immerwährender Friede» verkündet wurde, nahmen Freudenfeuerwerke, Kanonenschüsse und Glockengeläute kein Ende. In Berlin schrieb der evangelische Theologe Paul Gerhardt ein Festgedicht:

«Gott Lob, nun ist erschollen
das edle Fried- und Freudenwort,
Daß nunmehr ruhen sollen
die Spieß und Schwerter und ihr Mord.»

Die brandenburgische Gesandtschaft in Münster schrieb im Oktober 1648 an den Kanzler und die Geheimen Räte in Berlin: «Wolgeborne, Hochedle, Gestrenge, Veste, Grossachtbare und Hochgelahrte, insonders freundlich Vielgeliebte, Hochgeehrte, auch gnäd. Herr! Demnach durch die unermessliche Barmherzigkeit und Allmacht Gottes die mit großer Arbeit, Mühe und Ko-

sten nun lange Zeit hero vorgewesene allgemeine Friedenstracta-
ten numehro gestrigen Tages endlich und völlig geschlossen
und . . . von den Herren Kaiserlichen, Königlichen, Französischen, Schwedischen und aller Chur-Fürsten und Stände Gesandtschaften mit Hand und Siegel befestiget . . .»

Endlich tat sich die so lange düster verhangene Zukunft auf. Die
Freude über das neue Leben der Völker mischte sich im Hause der
Brandenburger mit der Dankbarkeit über die Geburt eines Erben.
Am 11. Mai 1648 hatte die Kurfürstin im Clever Schloß einen
Sohn zur Welt gebracht. Am 2. August wurde er vom Oberhofprediger Stosch im großen Saal auf den Namen Wilhelm Heinrich
getauft. Es war ein großes Fest. Die niederländischen Generalstaaten hatte man als Paten gebeten, und ihre Abgesandten brachten
ein Geschenk, das dem kaufmännischen Geist ihres Volkes alle
Ehre machte: zwei goldene Tassen und eine goldene Dose, in der
ein Rentenbrief lag, der dem jungen Herrn viele Zinsen bringen
sollte.

Noch fünf Jahre dauerte es, bis die Schweden alle besetzten
Plätze in der Mark aufgaben, aus Hinterpommern zogen und in
St. Nikolai in Berlin der Propst Lilie die Dankespredigt über den
126. Psalm hielt: «Wenn der Herr die Gefangenen Zions erlösen
wird, so werden wir sein wie die Träumenden.»

Das Friedenswerk hat unzählige Deutungen erfahren und harte
Kritik. Ob es dem Deutschen Reich und Europa mehr geschadet
als genutzt hat, kann hier nicht entschieden werden. Unterm
Strich brachte es zweierlei: Der Kaiser konnte für das Reich keine
eigenmächtigen Entscheidungen mehr treffen. Die Kurfürsten waren in ihren Landesgrenzen souverän und weitgehend frei in ihren
Bündnissen. Die Politik richtete sich nach dem Interesse des jeweiligen Landes und nicht mehr nach Dogmen und Konfessionen.
Die Religion mußte ins zweite Glied treten. Das christliche Mittelalter war zu Ende; die Welt war zwar nicht ohne Gott, aber sie
wollte in Zukunft nach ihren eigenen Gesetzen regiert werden.
Beides – eine reichsunabhängige und eine säkularisierte Politik –
ist in der zweiten Hälfte dieses Jahrhunderts nirgendwo so zielstrebig verfolgt worden wie von Friedrich Wilhelm und seinen
Beratern in Brandenburg-Preußen.

Ökonomie und Religion

Die verwüstete Mark war in einem erbärmlichen Zustand. Ganze Dörfer lagen verlassen, und der offizielle Frieden änderte nichts daran. Wie man unfruchtbaren Boden nutzbar macht, wußte niemand besser als die Niederländer. Im Januar 1649 schloß Friedrich Wilhelm mit friesischen Bauern einen Vertrag. Sie sollten als Kolonisten in die Altmark auswandern und längs der Elbe Land entwässern und Dörfer errichten. Der neue Herr zeigte sich großzügig: Den Bauern wurde eine eigene dörfliche Selbstverwaltung zugesichert, eigene reformierte Kirchen und Prediger.

Doch die Fremden, die sich im Mai auf den Weg nach Osten machten, erhielten keinen freundlichen Empfang. Nicht nur die benachbarten Landbewohner murrten über diese «Ausländer» und ihre Sonderrechte. Die Geheimen Räte in Cölln wurden zu Fürsprechern der Einheimischen und setzten «in Unterthänigkeit» einen Brief an den Kurfürsten in Cleve auf. Die Räte bemängelten, daß die Verträge mit den Holländern «zu nicht geringem Nachtheil E. Ch. D. und Verderb Dero getreuen Lande und Leute besorglich hinausschlagen werden . . .». Was die Privilegien betraf, sei «das ganze Land darüber in höchster Confusion, Verderb und Untergang gerathen». Vor allem waren die Herren in Cölln darüber entsetzt, daß in den Kolonistendörfern nicht nur Reformierte, sondern «Häretiker und Schismatiker» toleriert werden sollten, «welche in Imperio Romano niemals zugelassen sondern vermöge des Religionsfriedens ausdrücklich ausgeschlossen sein».

Der Kurfürst antwortete sofort. Ausdrücklich gestand er seinen Beamten eine eigene Meinung zu und lobte, daß sie «über diesem Werk uns euere beiwohnende Gedanken eueren Pflichten gemäß in Unterthänigkeit» eröffnet hatten. In der Sache ließ er keinen Zweifel, daß «Wir dieses zu Unser Chur-Brandenburg und des ganzen Landes Besten angesehene Werk nicht gern schwinden oder fallen lassen, sintemal durch solche neue Colonos Unsere bishero wüst gelegene Heiden, morassige Oerter und Wildnussen in bäuliche Würden, Aecker, Wiesen und dergleichen gebracht und nutzbar gemacht werden können . . .»

Was den Religionsfrieden betraf, vertrat Friedrich Wilhelm in diesem Brief eine Meinung, die seine Geheimen Räte in Erstaunen versetzt haben muß, denn solche aktive Toleranz war diesem Jahrhundert unbekannt: «In Religionssachen haben Wir niemands, so von verbotener Religion Profession machen, das publicum exercitium [öffentlichen Gottesdienst] verwilliget, daß aber einer und ander in seinem Hause privatim seinen Gottesdienst abhalten dörfe, solches wird hoffentlich niemand zum Aergernis gereichen können . . .»

Ein Jahr zuvor hatten sich die Lutheraner beim großen Friedenskongreß nicht dazu durchringen können, die Reformierten als eigene Konfession anzuerkennen. Wieviel weniger Raum war für jene Sektierer, die noch weiter abseits von den großen Kirchen standen. Zwar war die Zeit der Scheiterhaufen für Häretiker vorbei. Einen Platz in der Gemeinschaft hatten sie deshalb noch lange nicht. Die Devise: Möge jeder nach seiner Façon selig werden, die dem berühmten Urenkel hoch angerechnet wird, hat im Kern Friedrich Wilhelm ausgesprochen. Daß er diese Seligkeit nur innerhalb einer Kirche sehen konnte und religiöse Indifferenz oder gar Verachtung des Glaubens für ihn undenkbar waren, ändert nichts daran, daß diese Gesinnung für die Zeitgenossen revolutionär war. Die Äußerung zur Toleranz vom Jahre 1649 blieb keine flüchtige Herrenlaune, sondern war die tiefe Überzeugung dieses Monarchen. Sie wird ein Jahrzehnt später in Berlin zu ganz ungewöhnlichen Kämpfen führen. Friedrich Wilhelm erlaubte keine Diskussion mehr darüber, «daß man den Gewissen nicht gebieten kann».

Ein anderer Gedanke drängt sich bei dieser Episode auf: Wie ungezwungen Friedrich Wilhelm und seine Regierungsbeamten den Dialog über große Entfernungen führten. Wie wenig die Meilen dazwischen bedeuteten, wenn man auch Tage brauchte, um sie zu überwinden. Wie wenig behindert sich der Kurfürst fühlte, fern von der Zentrale zu sein. Gar kein Grund, etwas nicht zu planen, nicht ausführen zu lassen. Es wäre verlockend, ihn deshalb zu einem modernen Menschen zu stempeln. Wir müssen andersherum denken: Kommunikation ist keine Erfindung unserer Zeit. Nur weil wir aus Tagen Sekunden machen, brauchen wir noch nicht überheblich zu werden.

Geteilte Macht

Der junge Kurfürst – er ist noch keine dreißig – war sehr aktiv in diesen Jahren, und es gab genug zu tun. Erst viele Jahre später kam bei dem stets Handelnden ein melancholischer, weltflüchtiger Zug zum Vorschein. Tagelang verschwand er dann in den Wäldern zur Jagd und mied den Hof. Das ist in dieser Zeit undenkbar. Doch der Kurfürst wollte kein unumschränkter Herrscher sein, in diesen frühen Jahren am wenigsten. Er entschied nicht allein, sondern beriet sich mit seinen Geheimen Räten. Und der Adel hatte ein Wort mitzureden, versuchte zumindest noch, sich Gehör zu verschaffen. Nach dem Weltbild des Mittelalters, das seine Anleihen bei der Antike gemacht hatte, durfte, wer Verantwortung trug, nicht arbeiten. Und wer nicht arbeitete, zahlte auch keine Steuern. Aber er hatte das Privileg, sie demjenigen, der an der Spitze des Landes stand, zu bewilligen, der wiederum alle, die unterhalb des Adels standen, schröpfen durfte.

Den ersten Stand bildeten bis zur Reformation die hohen geistlichen Würdenträger. Danach verloren sie in den protestantischen Ländern ihre Bedeutung. Der Adel rückte an ihre Stelle. Nach dem Adel kam der bürgerliche Stand, der in den Städten lebte. Beide – Adel und Städte – bildeten das Gegengewicht zum Herrscher. Ihre Abgesandten trafen sich auf den Landtagen, wo die Stände nach altem Recht Zustimmung oder Verweigerung zum nervus rerum, den Steuern, gaben. Gelder, von denen nicht nur der Staat, sondern auch der Herrscher lebte. Noch gab es keine getrennten Kassen. In allen Landen des Kurfürsten gab es diese Landtage, in Preußen, der Mark und in Cleve. Aber je nach Tradition und Struktur der Landesteile waren die Gewichte sehr unterschiedlich verteilt.

Blicken wir zuerst auf die Mark Brandenburg. Der Adel – und das heißt hier die Junker auf ihren Rittergütern –, das waren mächtige Herren, die den Landtag beherrschten. In den winzigen und verarmten Städten saßen eingeschüchterte Bürger. Die Bauern waren unfrei und ganz in der Hand des Adels. Zwischen Stadt und Land gab es eine scharfe Trennung.

Ganz anders im Westen: Die Macht des Adels wurde durch die mächtigen und reichen Städte am Niederrhein – Cleve, Kalkar, Emmerich, Wesel, Duisburg – kräftig ausgeglichen. Der Adel war nicht – wie in der Mark – von allen Abgaben befreit, und die Bauern leisteten keinen Frondienst. Sie pachteten das Land und zahlten ihren Zins. Ja sie waren sogar an der ländlichen Selbstverwaltung beteiligt, wo sie mit Adligen und Beamten zusammenarbeiteten. Eine rigorose Trennung zwischen Stadt und Land existierte nicht. Bürgerliche Städter durften Rittergüter erwerben, Industrie und Gewerbe sich auf dem Land ansiedeln. Beides gab es in Brandenburg nicht. Es war also ein selbstbewußtes Völkchen, mit dem es der Kurfürst in seinen clevischen Landen zu tun hatte. Untertanen, die keinen Nutzen in der Verbindung mit dem rückschrittlichen Brandenburg sahen, sondern nur Ärger, wenn der Fürst Krieg führte, und Abgaben für ein Ganzes, dem sie sich nicht zugehörig fühlten. Was ging sie Berlin oder Cölln an, von Königsberg nicht zu reden. Der Zusammenstoß mit einem selbstbewußten Herrn war vorprogrammiert.

Die Stände am Niederrhein forderten von Friedrich Wilhelm zweierlei: Weg mit den Truppen, weg mit den fremden Beamten, ein brandenburgischer hatte nach ihrer Meinung in clevischen Sachen nicht mitzureden.

Der Kurfürst war erbittert über solche Anmaßungen – denn das war es in seinen Augen, und zugleich steckte er in der Klemme. In den meisten Städten am Niederrhein saßen fremde Besatzer – Hessen, Niederländer, Spanier, Kaiserliche. Die Soldaten, die er gerade in Preußen hatte werben und sofort in den Westen verlegen lassen, die er brauchte, um bei den Friedensverhandlungen selbstbewußt aufzutreten, verschlangen täglich Unsummen. Nur die Stände konnten ihm das dringend benötigte Geld bewilligen.

Als der Kurfürst dann 1646 diese Truppen ins Bergische Land einrücken ließ und gleichzeitig ohne Rückfrage bei den Ständen Steuern eintreiben wollte, geschah Unerhörtes: Die Stände einigten sich, keine Abgaben zu leisten, und ließen an Bäumen und Gehöften Plakate anschlagen, die die kurfürstlichen Steuerforderungen als illegal brandmarkten und jeden lokalen clevischen Beamten aufforderten, keine Hand bei diesem Geschäft zu leihen. Öffentlicher Ungehorsam – und Friedrich Wilhelm konnte nicht eingreifen. Noch nicht. Intern ließ der Kurfürst seinem Zorn freien Lauf. Doch er wußte, daß er im Augenblick am kürzeren Hebel saß. Er war schon ein zu gewiefter Politiker, um sich von Emotionen zu Kraftakten hinreißen zu lassen oder als beleidigter Landesvater zu schmollen und die Verhandlungen mit den Widerspenstigen anderen zu überlassen.

Während Louise Henriette im Haag ihren todkranken Vater pflegte, versuchte Friedrich Wilhelm sich in Cleve mit den Ständen zu einigen. Am 5. Februar 1647 wurden die Landstände – Ritterschaft und Städte – so steht es im Protokoll, «zu I[hrer] Ch[urfürstlichen] D[urchlaucht] auf'm Schloss zu kommen gefordert». Und so können wir jetzt einen Blick in das Clever Schloß werfen: «Wie nun die Ritterschaft vor, und darauf die syndici mit den deputatis [Abgeordneten] der Städte über der Hofstube durch den Gang nach I. Ch. D. antichambre geführt, hat der Herr Schwerin, stehend vor des Oberkämmerers Burgsdorf's Logement, den syndicis angemeldet, dass [sie] in des Oberkämmerers Logement . . . sich begeben und daselbst warten sollten.»

Sie waren nicht allein, die Abgeordneten, sondern hatten sich inzwischen Berater zugelegt, die Herren Syndici, ausgebildete Juristen, die mit diesem Jahrhundert im Staatsdienst endgültig unentbehrlich wurden. Friedrich Wilhelm wußte, warum er diese spitzfindigen Herren draußen warten ließ und allein mit den Abgeordneten reden wollte. «Nachdem nun die Stände in I. Ch. D. Gemach getreten, und rings um den Tisch, da I. Ch. D. allein baarhaupts gesessen, sich gestellt, haben I. Ch. D. selbsten zu proponieren angefangen . . .» Daß Friedrich Wilhelm ohne Kopfbedeckung die Herren empfing, war nach den Regeln der Zeit eine besondere Ehre, und nun hielt er auch noch selber Vortrag. Er hatte sich wie immer gut vorbereitet und brauchte niemand, der ihm den verwickelten Sachverhalt ins Ohr flüsterte.

Der Kurfürst schlug einen Kompromiß vor: Wenn ihm die Stände die geforderten Steuern bewilligten, würde er ihnen zugestehen, alle Beamtenstellen und Ämter mit Einheimischen zu besetzen. Aber er sagte ihnen auch klipp und klar, daß damit keine

«Einführung eines Condominats und divisi imperii» eingeschlagen werde. Es gab nur einen Herrn und eine Herrschaft und nicht etwa geteilte Machtansprüche. Und mit freundlicher Hinterhältigkeit forderte Friedrich Wilhelm die Stände auf, sogleich in dieser fürstlichen Kammer ihre mündliche Zusage zu seinen Vorschlägen zu geben. Die Stände sollten erklären, «ob solche I. Ch. D. Erklärung ... ihnen annehmlich und dieselbe acceptiren wollten». Die Herren Stände ließen sich nicht täuschen. Gehorsamst erbaten sie eine Niederschrift des kurfürstlichen Vortrags, um sich untereinander und mit den Syndici zu beraten. Erst danach wollten sie ihre Entscheidung treffen. Der Kurfürst versuchte sie bei ihrer Ehre zu fassen und erwiderte, «dass die privilegia den Ständen und nicht den syndicis gegeben, die Stände wären keine Kinder, sondern mündig und könnten alsobald über I. Ch. D. gnädigste Erklärung mündlich resolviren [entscheiden] ...» Es half nichts, die Herren bestanden auf dem Schriftstück, und Friedrich Wilhelm mußte sich fügen.

Im April 1647 trafen sich alle Beteiligten auf dem Landtag wieder. Als hier die gleichen und immer noch unentschiedenen Punkte zur Sprache kamen, konnte sich der Kurfürst nicht mehr beherrschen. Als der Syndicus Dr. Isinck kein Ende mit seiner Rede finden konnte, da unterbrach ihn Friedrich Wilhelm und rief zornig, «wenn die Doctoren, die Hundsvötter, davon wären», und er es «mit den ehrlichen Herren allein zu schaffen hätte», und dabei zeigte er mit ausgestrecktem Arm auf die Abgesandten der Ritterschaft, «so wollte ich wohl bald zurechtkommen». Doch diese Art von Kumpanei kam nicht an. Die Deputierten standen unter Protest auf und verließen den Raum. Wie so oft trat Otto von Schwerin als Vermittler auf, überbrachte den Ständen das Bedauern seines Herrn über die Entgleisung und lud sie zu einem Essen ein. Dort hob der Kurfürst den Pokal auf eine gute Zusammenarbeit. Die Verhandlungen gingen weiter. Keine Seite wollte es zum Bruch kommen lassen. Sie mußten miteinander leben und wußten es.

So einig, wie die Stände in extremen Situationen ihrem Herrn gegenüberstanden, blieben sie nicht, wenn der Alltag kam. Nicht ohne Erfolg versuchte Friedrich Wilhelm den Adel gegen die Städte auszuspielen, indem er ihm neue Privilegien und Einkünfte versprach. In der Nacht vom 8. auf den 9. Oktober 1649 wurde man schließlich einig.

Der Kurfürst erzwang den Abschluß durch eine Marathonsitzung. Er beschied die Stände wieder zu sich aufs Schloß in Cleve, wo bis zehn Uhr abends die meisten Streitfragen verhandelt und abgehakt wurden. Umstritten blieb, wieviel Entschädigung der Kurfürst für die Entlassung seiner Soldaten erhalten sollte, auf der die Stände bestanden. Friedrich Wilhelm erklärte den anwesenden Herren zu diesem Punkt, «dass, bis derselbe erlediget, nit von einander scheiden wollten». So blieb man beisammen und, wie der Deputierte von Wesel an seine Behörde schrieb, «haben die ganze Nacht über bis den Vormittag um 11 Uhr tractieret, und wie berichtet, alles abgehandelt, auch die Summe von 600.000 Thlr. auf 700.000 Thlr. verhöhet».

Die hohe Summe täuscht. Die Stände hatten sich auf ganzer Linie durchgesetzt. Der Kurfürst durfte in Zukunft auf seinem clevischen Gebiet nur eine Leibgarde von zweihundert Mann zu Fuß und hundert Reiter halten. Außerdem wurden alle Beamtenstellen nur noch mit Einheimischen besetzt. Aber Friedrich Wilhelm gab sich vorerst zufrieden.

Endlich konnte die kurfürstliche Familie daran denken, heim in die Mark zu reisen. Noch im gleichen Monat setzte sich ein langer Zug nach Osten in Bewegung.

Der einzige wirkliche Pluspunkt für den Landesherrn wurde während der Reise erledigt. Die Stände erkannten den Grafen Johann Moritz von Nassau-Siegen als kurfürstlichen Statthalter in den clevischen Landen an, der fürstliche Vollmachten besaß. Mit der Wahl dieses Mitarbeiters bewies Friedrich Wilhelm wieder, daß er ein Menschenkenner war und bei personalpolitischen Entscheidungen fast immer eine glückliche Hand hatte. Der Graf war ein ebenso guter Soldat wie Verwaltungsmann. Er hatte die Welt gesehen, liebte Kunst und Wissenschaft, machte während seiner Amtszeit aus Cleve eine Parklandschaft und gab dem Kurfürsten viele Tips für dessen märkische Anlagen und Gärten. Friedrich Wilhelm hatte ihn schon während seiner Jahre in Holland kennen- und schätzengelernt.

Die vornehme Gesellschaft war auf ihrer Heimreise in Wesel am Rhein angekommen, da erkrankte der kleine Kurprinz. Man hatte für ihn einen eigenen Reisewagen konstruiert, um dem Säugling die Reisestrapazen ein wenig zu erleichtern. Während der Rast in Wesel besserte sich der Zustand, und die dankbaren Eltern ließen einen Gottesdienst in der Stadtkirche halten. Noch bevor er zu Ende ging, erschien ein Bote mit der Schreckensnachricht: Am 20. Oktober 1649 war unerwartet der Hohenzollernerbe gestorben. Zum Zeichen der allgemeinen Trauer befahl ein kurfürstliches Schreiben, in allen Landen drei Wochen lang jeden Mittag zwischen elf und zwölf zu läuten, eifrig in den Kirchen zu beten und bei Festlichkeiten auf alle Instrumentenspiele zu verzichten.

Louise Henriette, die um diese Zeit wieder schwanger war, brach zusammen. Sie hatte eine Fehlgeburt und war so schwach, daß die Reise in Wesel auf längere Zeit unterbrochen werden mußte. Da die Stadt ihrem Ruf treu blieb, sich besonders hartnäckig der brandenburgischen Herrschaft zu widersetzen, und eine größere Beteiligung an den kurfürstlichen Aufenthaltskosten verweigerte, saß der Hof bald ohne Geld da. Als niemand mehr in der Stadt den hohen Besuchern Kredit geben wollte, reiste der Geheime Rat Schwerin nach Hessen, wohin die jüngere Schwester Friedrich Wilhelms soeben verheiratet worden war, und bat um ein Darlehen.

Im Januar 1650 endlich ging die Reise weiter, sehr langsam, die Kurfürstin war immer noch nicht ganz bei Kräften. Am 10. März 1650 zog das Herrscherpaar in die beiden Städte Berlin und Cölln ein und nahm Wohnung im Schloß. Einiges hatte sich geändert. Noch während der Reise hatte der Kurfürst den Magistrat wissen lassen, daß er in seiner märkischen Residenz saubere Straßen wünsche. Das Schloß war zwar nicht völlig restauriert, aber inzwischen etwas wohnlicher geworden. Immer wieder hatte Friedrich Wilhelm schon von Cleve aus die Arbeiten vorangetrieben. Für die Räume seiner Frau war in Holland Holz von Apfel-, Birnen- und Pflaumenbäumen bestellt und von dort waren auch Baumeister und Steinmetze angeheuert worden. Malereien zierten jetzt Decken und Wände der kurfürstlichen Gemächer. Die eisernen Platten für die Kamine kamen aus Cleve. Und alles sollte erst der Anfang sein.

Verschönerungen

Seit eine Frau an des Kurfürsten Seite lebte, begann die Kultur im Hause der märkischen Hohenzollern heimisch zu werden. Für die oranische Verwandtschaft gehörte der Umgang mit Künstlern zum Lebensstil. Daß Friedrich Wilhelm für die Kunst in den ersten Jahren seiner Regierung kaum Zeit hatte, braucht nicht weiter gerechtfertigt zu werden, wo es um das Überleben seines Landes ging. Der Eifer, mit dem er dieses Versäumnis nachholte, sobald Brandenburg aus dem Gröbsten heraus war, kann nicht über Nacht geweckt worden sein.

Im Schloß der Oranier im Haag hatten es ihm besonders die Bilder des Antwerpener Jesuiten Daniel Seghers angetan. Es störte ihn gar nicht, daß es sich um einen Katholiken handelte. Seghers wurde hinterbracht, wie gerne der Kurfürst eines seiner Bilder besitzen würde und daß der Künstler es nicht bereuen solle. Am Ende des Jahres 1647 kam tatsächlich ein Geschenk aus Antwerpen: ein Bild der Muttergottes im Blumenkranz. Friedrich Wilhelm übersah das provokante Motiv und bedankte sich auf ungewöhnliche Art. Der Künstler erhielt eine Urkunde, welche von der Regierung in Cleve gesiegelt war, die bestätigte, daß es sich bei den mitgeschickten Kleinodien um echte Reliquien aus dem alten Schatz des Cöllner Doms handelte – zwei Finger des heiligen Laurentius, in vergoldetes Silber gefaßt, und ein Pilgerhalsband mit heiligen Knochen hatten die Stürmerei der Reformationsjahre überstanden.

Im gleichen Jahr hatte der Kurfürst bei dem holländischen Maler Gerard van Honthorst Bilder von sich und seiner Frau en gros in Auftrag gegeben. Acht lebensgroße Bilder, acht Brustbilder des Landesvaters, sieben Bildnisse der Kurfürstin, 24 Brustbilder, ein Kniestück, für insgesamt 2624 Taler. Schon Anfang 1647 war Gerards jüngerer Bruder Willem offiziell für sechs Jahre als brandenburgischer Hofmaler angestellt worden, für 1000 Taler, freie Wohnung und ein seidenes Gewand jährlich. Siebzehn Jahre lang hat Willem für die kurfürstliche Familie gearbeitet, die meiste Zeit in Cölln.

Holländer waren es auch, die aus den Städten Berlin und Cölln in den nächsten Jahrzehnten eine ansehnliche Residenz machten. Kaum zurückgekommen, ernannte der Kurfürst den in Linz geborenen Johann Gregor Memhardt zu seinem Baumeister. Dessen protestantische Familie war in die Niederlande geflohen, und dort hatte er seine Ausbildung als Architekt und Ingenieur erhalten. Nach seinen Plänen wurde zuerst einmal der Lustgarten hinter dem Schloß nach holländischem Vorbild umgestaltet. Es entstanden zwei große Terrassen, die auf verschiedenen Ebenen lagen. Die oberste, dem Schloß zu, war der Blumengarten. In der Mitte stand ein Wasserbecken, in dem ein Neptun aus Sandstein thronte und das Wasser aus seinem Dreizack quellen ließ. Buchsbaumhekken waren so gepflanzt, daß man aus ihnen die Namen des Herrscherpaares ablesen konnte. Vom oberen Teil führten sieben Stufen in den Untergarten, wo Ulmen und Ligusterbüsche dichte Wege bildeten, von Statuen aus Blei und Marmor begleitet, wie man sie vorher in Berlin noch nicht gesehen hatte. Hier lag auch der Medizin- und Kräutergarten. Im hintersten Teil wuchsen seltene Pflanzen, und in einem Pomeranzenhaus waren Zitronen- und Orangenbäume untergebracht. Das Prunkstück aber war ein zweigeschossiges Lustschloß mit Kuppeldach. Den Durchgangsraum im Erdgeschoß hatte Memhardt dem Geschmack der Zeit entsprechend als Grotte hergerichtet, voller Muscheln, Korallen und sogar mit einer Wasserorgel. Die aus Holland verwöhnte Kurfürstin konnte sich heimischer fühlen.

Friedrich Wilhelm war ein begeisterter Jäger und Reiter. Manchmal begleitete ihn die Kurfürstin. Bald nach ihrer Ankunft in der Mark ritten beide in Richtung Norden nach Bötzow, wo sich die Havel durch Wiesen und Kiefernwälder schlängelt. Als der Kurfürst merkte, wie spontan sich Louise Henriette über dieses Stückchen Erde freute, schenkte er ihr am 27. September 1650 «auf Lebenszeit diesen Ort mit allen dazu gehörigen Dörfern, Äckern, Vorwerken, Schäfereien, Mühlen, Triften, Weiden, Fischereien in der Havel, den Seen und den Karpfenteichen, Diensten, Pächten, Geld-, Wiesen-, Landzinsen . . . Gerichten wie auch davon kommenden Strafen nebst allen andern Rechten . . .»

Von den Schönheiten der Natur abgesehen war dieses Geschenk

für Louise Henriette zuerst einmal kein Paradies für Mußestunden, sondern eine Aufgabe, und keine leichte. Kaiserliche und schwedische Soldaten hatten nur wenige Jahre zuvor hier schrecklich gehaust, und niemand war bisher in die zerfallenen Häuser zurückgekehrt. Das Amt hatte viele Schulden und kaum Einnahmen. Auf einer Havelinsel stand halb verfallen ein Jagdhaus, das Kurfürst Joachim II. ein Jahrhundert zuvor hatte anlegen lassen. Die Kurfürstin begann sofort mit dem Wiederaufbau. Sie plante und organisierte zusammen mit ihrem Berater Otto von Schwerin, den sie zum obersten Verwalter in Bötzow machte und der für die Ausführung ihrer Ideen verantwortlich war. In Holland wurde ein Ziegelbäcker angeworben. In seinem Vertrag sicherte man ihm zwei Brennöfen, zwei Karren, zwei Pferde mitsamt Futter zu. Innerhalb von drei Jahren entstanden dreißig neue Häuser. Bald konnte die Ziegelei mit Gewinn arbeiten und auch nach außerhalb verkaufen. Wer nach Bötzow und Umgebung zog, brauchte in den ersten Jahren keine Abgaben zu leisten. Die Kurfürstin schenkte Vieh und Bauholz, kaufte Weideland auf und vergab es zu günstigen Konditionen. Das Geld dazu kam aus ihrer eigenen Kasse. Nach den Gesetzen der Zeit konnte sie über die Mitgift und alles Geld, das sie von ihrem Mann bekam, frei verfügen. Louise Henriette kannte jeden Fischer, jeden Bauern, jeden ihrer Schäfer. Sie saß im Schloß zu Cölln, führte Buch über alle ihre Ausgaben und Einnahmen und verlangte alle vierzehn Tage einen Bericht der Verwalter, wo immer sie sich gerade aufhielt.

Und weil sich die Kurfürstin hier so sehr zu Hause fühlte, erhielt der Baumeister Memhardt den Auftrag, auf der Havelinsel an Stelle des alten Gemäuers ein kleines Schloß mit Garten zu bauen. Friedrich Wilhelm gab dem Bau bei seiner Fertigstellung den Namen «Oranienburg.» Bald hieß der ganze Ort so.

Das erste Berliner Jahr verlief ohne Aufregung. Keine größere politische Aktion störte den Tageslauf bei Hofe. Er begann für Friedrich Wilhelm morgens um sechs mit einer Biersuppe als Frühstück. Dann folgten die Staatsgeschäfte – Sitzungen im Geheimen Rat, Besprechungen in seiner Kammer mit Schwerin, Burgsdorff und den engeren Mitarbeitern. Akten und Vorschläge mußten studiert werden. Kamen Bürger oder Adlige aus der Mark mit Beschwerden in die Residenzstädte, so hörte er selbst ihre Klagen an, versuchte zu vermitteln. Um elf Uhr aß er zusammen mit der Kurfürstin zu Mittag. Am Nachmittag ging es auf die Jagd, wurden Dörfer und Städtchen in der Mark besichtigt. Es gab öffentliche Feste und Geschäfte, an denen er nicht nur aus Pflichtgefühl teilnahm. Sein Abend begann schon früh und war für die Familie reserviert. Friedrich Wilhelm liebte das Karten- und Schachspiel. Fast ständig waren Besucher zu Gast, die eigene Mutter, die Schwiegermutter und nicht selten Elisabeth von der Pfalz, jene Cousine des Kurfürsten, die er in seiner niederländischen Zeit kennengelernt hatte. Jetzt war sie die beste Freundin seiner Frau. Ihr Name erlaubt uns Vermutungen über die abendlichen Gespräche. Elisabeth, die Tochter des böhmischen «Winterkönigs» von 1619, hatte die gleiche Bildung wie ihre Brüder erhalten: Vor allem Philosophie, Geschichte und Naturwissenschaften standen auf dem Stundenplan. Sie sprach mehrere Sprachen und gehörte zu den wenigen Gebildeten, die wußten, daß in Holland ein Mann lebte, der das europäische Denken für eine neue Zeit öffnete. 1642 schrieb Elisabeth an den 46jährigen René Descartes und fragte, wie denn die immaterielle Seele auf den Körper wirken könne, der doch nichts als Materie sei. Es begann ein Briefwechsel zwischen der jungen Adligen und dem wohlhabenden französischen Edelmann, der seit 1629 in den freien Niederlanden lebte und darüber nachdachte, wie der denkende Mensch eine unbezweifelbare Wahrheit finden könne. In diesem Briefwechsel ging es um ernste philosophische Probleme. Da findet sich nichts von höfischen Eitelkeiten oder höflichen Phrasen. Descartes, der große Denker am Anfang einer neuen Zeit, besuchte die Prinzessin zweimal im Haag und wurde zum Freund, ja zum Lebensführer, dessen Rat das Leben Elisabeths entscheidend beeinflußte.

Am 22. Juni 1645 schrieb sie ihm: «Ihre Briefe sind für mich immer ein Mittel gegen die Melancholie . . . sie lassen mich über das Glück nachdenken, das ich in der Freundschaft besitze, die mir eine Person mit ihren Verdiensten schenkt, nach deren Rat ich mein Leben ausrichten kann.» 1644 hatte ihr Descartes sein wichtigstes Werk über die «Regeln zur Leitung des Geistes» gewidmet. Bis ein Jahr vor seinem Tod dauerte der Briefwechsel an. Als der

Philosoph 1650 in Stockholm starb, von Königin Christine ins Land gerufen, bat Elisabeth, daß ihr Briefwechsel mit Descartes dem brandenburgischen Gesandten übergeben werde. In einem Brief an einen Freund charakterisierte Descartes seine Schülerin. Er lobte ihre «Spontaneität», eine «freigiebige Bescheidenheit» und spottete, daß ihr Geist den «Herren Doktores» weit überlegen sei, «die sich bei der Wahrheitssuche eher auf die Meinung des Aristoteles als auf die Klarheit der Vernunft stützten». In diesem Satz liegt die ganze umstürzende Kraft der Philosophie des Descartes. Er setzte die kritische Vernunft an die Stelle unangezweifelter Autorität.

Zwölf Jahre nach seinem Tod verbannte die katholische Kirche sein Werk auf den Index. Von den orthodoxen protestantischen Kanzeln in Kirchen und Universitäten wurde er ebenso einmütig verdammt. Nicht zu Unrecht, denn Descartes wurde zum Revolutionär, der mit seinen Gedanken das Bild von Gott und der Welt ebenso radikal verändert hat wie Kopernikus.

Der heidnische Aristoteles war im Mittelalter zum umfassenden Lehrer des christlichen Abendlands geworden. Die Universitäten lehrten, was er zu Politik und Dichtung, zu Medizin und Wissenschaften gesagt hatte. Was darüber hinaus ging, sollte göttliches Geheimnis bleiben. Der Mensch war nicht zur vollkommenen Erkenntnis berufen. Der Zweifel gehörte nicht zu ihm.

Descartes behauptete das Gegenteil und machte das kritische Hinterfragen zum Wesen des Menschen: de omnibus dubitandum. Erst im zweifelnden Denken erfährt er seine Existenz – «Ich denke, also bin ich». Mit der Forderung, grundsätzlich an allem zu zweifeln, begann ein neuer Abschnitt in der Geschichte der Menschheit, der paradoxerweise und doch mit innerer Logik in Fortschrittsgläubigkeit und hohlem Optimismus gipfelte. Wir sind heute erst dabei, über Descartes hinaus zu denken und die Grenzen der Rationalität zu erkennen.

Das einzige, woran Descartes nicht zweifelte, war sein Gott. Auch Elisabeth von der Pfalz war ein gläubiger Mensch. Louise hätte keinen anderen in ihrer Umgebung, noch weniger unter ihren Vertrauten geduldet. Doch ihre Freundschaft zu der Schülerin des Descartes straft jene Lügen, die den Glauben der Kurfürstin als nur eng, ja als bigott verurteilten. Die Pfalzgräfin ließ sich das Denken nicht verbieten. Wir werden noch hören, wie ihr Leben weiterging.

Im Juli 1650 bestellte Friedrich Wilhelm als erster aus dem Geschlecht der märkischen Hohenzollern einen Staatshistoriographen, um die Geschichte seines Hauses und Landes für die Nachwelt aufzuzeichnen. Es war Joachim Hübner, ein Beamter aus Cleve. Hübner wurde auch Bibliothekar und mit der «Oberinspektion und Direktion» aller kurfürstlichen Bibliotheken betraut. Das war ein großer Titel für eine noch kaum vorhandene Sache. Die nicht gerade üppige Hofbibliothek verstaubte in einem Dachgeschoß des Cöllner Schlosses. Doch Friedrich Wilhelm wollte und würde das ändern und zeigte seine Achtung für das neue Amt, indem er dessen Inhaber stets freien Zutritt zur kurfürstlichen Kammer zusicherte. An Gehalt bekam Hübner 400 Taler jährlich, freie Kost für sich und seinen Diener und freie Wohnung. Es dauerte allerdings noch zwei Jahre, bevor er von Cleve nach Berlin aufbrach. Der Kurfürst nutzte ihn dann auch für kleinere diplomatische Missionen im Reich.

Im Januar 1651 wurden in Berlin wieder Kisten und Kästen gepackt. Es gab innen- und außenpolitische Gründe. Die Stände im Clevischen, die 1649 auf ganzer Linie ihre Forderungen gegen den Kurfürsten durchgesetzt hatten, zeigten allzu deutlich, daß sie völlig Herr im eigenen Hause werden wollten. Sie gaben sich mit ihrem Erfolg nicht zufrieden, sondern löckten eifrig weiter wider den brandenburgischen Stachel. Darüber, wie man mit ihnen am besten verfahre, kam es im Februar in einer Sitzung des Geheimen Rates zu einer lauten Auseinandersetzung zwischen dem Kurfürsten und seinem Waffenbruder und Mitarbeiter, dem Oberkammerherrn Conrad von Burgsdorff. Als dieser zu behutsamem Vorgehen bei den Ständen riet, habe Friedrich Wilhelm – so Burgsdorff in seinen Aufzeichnungen – «expresse die Wort herausgegossen: Sie wollten es nimmer zugeben, viel lieber sehen, daß das Werk der Teufel hole». Als der alte Haudegen einen zweiten Anlauf machte, wurde dies «von S. Ch. D. übel aufgenommen». Burgsdorff weiter: «Es ist wohl zum Erbarmen, daß S. Ch. D. von teils bösen Leuten . . . zu Ihrem größten Schaden sich also leiten lassen und anderen ehrlichen Dienern gleichsam nicht Gehör gegeben wird. Der große Gott bessere es und thue S. Ch. D. die Augen auf, auf daß Sie dem vorstehenden Unglück entfliehen mögen. Amen, amen.»

Einer fällt in Ungnade

Seit zehn Jahren regierte Friedrich Wilhelm. Die Zeitläufte hatten nicht viel Raum gelassen für Intrigen und Hofgeflüster. Würde die Normalität es schaffen? Burgsdorff, der engste Vertraute des Kurfürsten in diesem ersten Jahrzehnt, war bisher der einzige, den böse Zungen in aller Öffentlichkeit bloßgestellt hatten. Im Sommer 1649, während der Hof noch in Cleve weilte, erschien im Haag ein Pamphlet «betreffend die hohe Ministri Ihrer Churfürstl. Durchlaucht zu Brandenburgk». Unter dem Deckmantel, den Kurfürsten vor bösen Ratgebern zu warnen, war es in Wahrheit eine Schmähschrift übelster Sorte gegen seinen Mitarbeiter «Kurt von Borgsdsstorff, von Geburt ein Edelmann, aber ungelahrt, nicht mehr als seine Muttersprache redend, der nährlich recht schreiben und lesen kann, ein Mann gar klein von Witz und Verstand, von Jugend auferzogen als ein lockrer Bube . . .» Über viele Seiten geht es so fort. Vom Huren und Spielen wird erzählt, vom Fluchen und Schwören, von Kleideraufwand und Bestechen, von Rüpeleien jeder Art und immer wieder von dessen angeblichem Machtstreben: «In Summa er will alein regieren . . .»

Da dies das ausführlichste Zeugnis über Burgsdorff ist, blieb es über die Jahrhunderte an ihm hängen, zumal der Lauf der Dinge den Verfassern im nachhinein recht zu geben schien. Daß Friedrich Wilhelm in entscheidenden Regierungsjahren sein Vertrauen und seine Freundschaft einem solchen Wüstling schenkte, ist schwerlich vorstellbar. Bestechung, Trinkfreudigkeit und Kleiderluxus dagegen waren für die hochgestellten Herren nichts Ungewöhnliches. Das konnte kein Aufsehen erregen.

Friedrich Wilhelm stellte Burgsdorff 1649 gegen alle Beschuldigungen eine Ehrenerklärung aus. Die anonymen Schreiber wurden zu Ehrenschändern erklärt und am 23. August jedermann in Cleve aufgefordert, die Schmähschrift bei Vermeidung von Strafe in der Kanzlei abzuliefern. Am nächsten Tag verbrannte der Henker diese Exemplare öffentlich auf dem Clever Markt. Nichts änderte sich äußerlich an der Stellung Burgsdorffs, von keiner Vernachlässigung durch den Kurfürsten ist zu berichten. Die Szenerie verschob sich ganz unmerklich. Otto von Schwerin wurde immer mehr von der kurfürstlichen Familie ins Vertrauen gezogen. Louise Henriette wählte ihn zu ihrem Hofmeister, verantwortlich für ihren Stab. Es war keine bloße Formsache, sondern die äußere Bestätigung einer inneren Verbindung zwischen zwei verwandten Seelen. Als Vertrauter der Kurfürstin wurde Schwerin nicht nur ein mächtiger Mann am Hof. Der pommersche Edelmann bekam so in den Augen des Kurfürsten ein noch stärkeres Gewicht.

Doch zuerst ging es vereint nach Cleve, und Conrad von Burgsdorff unterstützte nach Kräften und uneigennützig eine außenpolitische Aktion seines Herrn, die schließlich zum abrupten Sturz des mächtigen Dieners beitrug.

Friedrich Wilhelm hatte wenig gelernt aus seinem mißlungenen Minikrieg von 1646 gegen den in Düsseldorf residierenden Pfalzgrafen. Im Juni 1651 brachen mitten im Frieden wieder brandenburgische Truppen ins Bergische Land ein. Angermund bei Düsseldorf wurde besetzt. Mit dieser Machtdemonstration nach außen versuchte der Kurfürst zugleich, die Stände in seinen westlichen Ländern zu beeindrucken und zur Räson zu bringen. Aber Friedrich Wilhelm hatte sich in jeder Hinsicht verrechnet. Nicht nur der katholische Kaiser in Wien, auch die evangelischen Fürsten im Reich verurteilten den Brandenburger, weil er den mühsam gefundenen Frieden von 1648 als erster gebrochen hatte. Die Stände in Cleve und Mark waren bei dieser Lage der Dinge natürlich nicht bereit, ihrem Herrn diesen Krieg zu bezahlen. Sie beschlossen – wie 1646 –, keine lokale Behörde dürfe beim Eintreiben der Steuern behilflich sein. Bevor sie diesen Ungehorsam öffentlich kundtaten, wollten sie allerdings noch mit dem Kurfürsten reden. Am

16. Juli waren die Deputierten auf das Schloß in Cleve geladen. Doch als sie ankamen, war der Hausherr abgereist. Aus ihren Protokollen: «Als man Nachmittags zu Cleve angelangt, hat man ganz unverhofft vernehmen müssen, dass S. Ch. D. heut gleich Vormittag wegen gestern Abend angelangten Couriers aus dem Haag, welcher die Zeitung mitgebracht, dass S. Ch. D. herzliebste Gemahlin einen abortum gehabt und deswegen ganz gefährich indisponirt wäre, mit einem geringen Comitat dorthin geritten wäre . . .» Eine Begebenheit am Rande, die so selbstverständlich nicht ist, wie sie heute klingt. Es war die Pflicht der Frauen, zumal der hochgeborenen, den Erben des Hauses zur Welt zu bringen. Fehlgeburten gehörten dazu, und das Ganze war Weibersache. Sache der Männer war es, Krieg zu führen, Verträge zu machen, zu herrschen. Die überstürzte Abreise Friedrich Wilhelms zu seiner Frau mitten in den wichtigsten politischen Verhandlungen zeigt, daß es ihm bei der Beziehung zu seiner Frau um mehr ging als die Staatsraison.

Der «Düsseldorfer Kuhkrieg» – wie die Zeitgenossen spöttisch das Ganze nannten – kann schnell vergessen werden. Uns interessiert er nur deshalb, weil er einen Mann auf die Bühne brachte, der sehr schnell eine wichtige Rolle am Hofe und in der Politik des Kurfürsten spielen sollte. Noch während die brandenburgischen Soldaten im feindlichen Land standen, holte sich Friedrich Wilhelm den Reichsgrafen Georg Friedrich von Waldeck, der für die verfahrene Situation einen politischen Rückzug plante und ausführte. Waldeck, gerade dreißig, eine elegante Erscheinung mit untadeligen Umgangsformen, von den eigenen Qualitäten mehr als überzeugt, voller Ideen und Initiativen, ein unbedingter Anhänger der protestantischen Sache, machte großen Eindruck auf den gleichaltrigen Kurfürsten. Der Graf hatte sich im niederländischen Heer ausgezeichnet. Mit einer Schwester des clevischen Statthalters Johann Moritz von Nassau-Siegen war er verheiratet.

Die alten Mitarbeiter bei Hofe blickten mißtrauisch auf diesen Paradiesvogel. Schwerin erklärte dem Kurfürsten, der neue Mann werde ihn teuer zu stehen kommen. Doch mit solchen nüchternen Mahnungen stieß der Pommer weder beim Kurfürsten auf Gegenliebe noch bei Louise Henriette, die der lebensgewandte Graf sogleich charmiert hatte.

Für Waldeck war Schwerin, bei aller Rivalität, immerhin ein ebenbürtiger Partner. Burgsdorff allerdings paßte nicht zu seinem Stil noch in sein Kalkül. Dessen Platz im Vertrauen des Kurfürsten gedachte Waldeck selbst einzunehmen. Er konnte Friedrich Wilhelm tatsächlich davon überzeugen, daß der Mohr seine Schuldigkeit getan habe und gehen müsse.

Wie immer hielt sich Conrad von Burgsdorff da auf, wo der Kurfürst weilte, im Clever Schloß, als ihm im September 1651 etwas verschwommen angedeutet wurde, daß sein Herr ihn zu keiner Audienz mehr empfangen möchte und es besser wäre, wenn er sich in die Mark Brandenburg zurückziehen würde. Allzuviel Böses kann Burgsdorff nicht geahnt haben. Er reiste zwar nach Cölln zurück, nahm aber weiterhin an allen Sitzungen des Geheimen Rates teil. Friedrich Wilhelm mußte deutlicher werden. Am 26. Dezember 1651 – Weihnachten – unterschrieb er die Ordre, seinem Kampfgefährten die Abberufung aus allen Ämtern mitzuteilen. Burgsdorff sollte selbst den Rat um seinen Abschied bitten. Sei er dazu nicht bereit, werde man ihn in Schimpf und Schande und ohne weitere Bezahlung entlassen. Der Geheime Rat Joachim Friedrich von Blumenthal wurde beauftragt, Burgsdorff diesen Befehl persönlich zu überbringen. Ein peinlicher Auftrag.

Ende Januar 1652, morgens zwischen sechs und sieben, begab sich Blumenthal in die Berliner Wohnung seines Kollegen. «Überaus wehmütig mit Vergießung vieler Thränen» erklärte sich Burgsdorff zu allem bereit, was man von ihm verlangte. Noch am gleichen Tag legte er im Geheimen Rat alle seine Ämter nieder. Am nächsten Tag verfaßte er das verlangte «demütige Schreiben» an seinen Herrn, in dem er alle Vorwürfe zurückwies und Gott zum Zeugen anrief, «daß ich die Zeit meines Lebens nach nichts so sehr als nur dahin gestrebet, wie E. Ch. D. höchstseligen Herrn Großvatern und Herrn Vatern und E. Ch. D. samt Dero höchstgeehrtesten Gemahlin und ganzem Höchstgeehrtestem Churhause nach allem meinem Vermögen und Kräften ich unterthänigst treulich dienen und respectiren möge. Mein Gewissen ist hierin rein und will vor Gottes Angesicht deromalneins desfalls Rechenschaft geben und antworten.»

Burgsdorff war ein schwerkranker Mann. Nur noch mit zitternder Hand konnte er mühsam die Buchstaben «C. v. B.» unter diesen letzten Brief setzen. Am 11. Februar wurde der ehemals so Mächtige «durch einen sanften und stillen Tod von diesem Jammerthal abgefordert». Eine Gnade, denn so mußte er nicht mehr erleben, wie erbärmlich der Kurfürst auf den flehentlichen Brief eines Menschen antwortete, der sein ganzes Leben für das Haus Brandenburg durch dick und dünn gegangen war, mit dem er selbst einst Waffenbrüderschaft geschlossen.

Die Witwe des Toten wies in der Todesanzeige, die sie an den Hof schickte, nochmals «unterthänigst» darauf hin, daß der Verstorbene immer nur das Beste für den Kurfürsten gewollt habe. Friedrich Wilhelm erwiderte kühl und ohne jede innere Anteilnahme: «Nun hätten Wir ihm zwar das Leben zu Euerem und der seinigen Angehörigen Trost gern länger gönnen mögen. Weil es aber die göttliche Allmacht anders verordnet, als werdet Ihr Euch diesem ihrem Willen, wie Wir nicht zweifeln, christlich unterwerfen. Was aber die Ungnade, derer Ihr gedenket, betrifft, so wollten Wir wohl wünschen, daß Wir niemalen Ursach dazu gehabt hätten.»

Es lohnt nicht, nach Entschuldigungen Ausschau zu halten. Es gibt keine Erklärung für das schäbige Verhalten Friedrich Wilhelms, der noch gegenüber dem Toten mißbilligend die Augenbrauen hebt, der in diesem Fall weder Gerechtigkeit noch gar Nachsicht übte. Niemand ist jemals so schmählich vom Hofe des Kurfürsten gejagt worden wie Burgsdorff. Gerade weil es nicht seine Art war, Menschen auf diese Weise zu behandeln, ist die Affäre Burgsdorff im Lebenslauf Friedrich Wilhelms ein besonders dunkler Fleck.

Ein neuer Stil

Während Burgsdorff noch ahnungslos in Cölln im Geheimen Rat arbeitete, brütete Graf Waldeck in Cleve über Plänen zu einer umfassenden Neuorganisation der Staatsverwaltung. Nachdem die am Niederrhein weilenden Räte, vor allem Schwerin, zu Waldecks Denkschriften ihre Verbesserungsvorschläge gemacht hatten, verabschiedete Friedrich Wilhelm am 4. Dezember 1651 eine Instruktion über eine rationellere Verwaltung: «Unsere, Friedrich Wilhelms, von Gottes Gnaden, Markgrafen zu Brandenburg, des heiligen Römischen Reichs Erz-Kämmerers und Kurfürsten, zu Magdeburg, in Preußen, zu Jülich, Cleve, Berg, Stettin, Pommern, der Cassuben und Wenden, auch in Schlesien, zu Crossen und Jägerndorf, Herzog, Burggraf zu Nürnberg, Fürsten zu Halberstadt und Minden, Grafen zu der Mark und Ravensberg, Herrn zu Ravenstein usw. neue Verordnung und Disposition, darnach die Hochwohlgebohrnen, Wohlgebohrnen, Vesten und Hochgelehrten unsere sämmtlichen geheimen Räthe, allhier und zu Cölln an der Spree, unsere Landesgeschäfte künftig zu expediren, und zu verrichten haben sollen.» Kritisiert wurde in dieser Urkunde vor allem, daß bisher die Geschäfte «unter unsere geheimen Räthe nicht vertheilt gewesen, sondern ein und das andere negotium [Geschäft] bald diesem bald jenem anvertraut worden». Es gab also keine geregelte Arbeitsteilung nach Sachgebieten. In Zukunft sollte jeder Rat seine speziellen Aufgaben haben: «Um diesen Zweck desto besser zu erreichen, wollen Wir die einkommenden Posten in unserm Cabinet eröffnen, den einen oder andern unserer Räthe zu uns fordern, und dann einem jeden, was zu seiner Expedition [Unternehmen] gehört, einhändigen lassen.» Mit diesem Satz kam in einer brandenburgischen Urkunde zum erstenmal jener Ort ans Licht, der bisher schon eine wichtige, aber unausgesprochene und undefinierte Rolle gespielt hatte: die «geheime Kammer» des Herrschers, das Kabinett.

Die Neuordnung vom Dezember 1651 machte das Kabinett, wo sich der Kurfürst mit seinen Vertrauten und Ratgebern informell traf, zum Sitz der Entscheidungen und den Geheimen Rat zum ausführenden Verwaltungsorgan. Und alles natürlich unter der damals selbstverständlichen Prämisse, daß niemand an die unumschränkte Regierungsgewalt des Herrschers rührte.

Weiter wurde angeordnet, daß die Finanzen, das Militär und die «geheimen Sachen», die vor allem die Außenpolitik betrafen, aus dem Rat auszugliedern seien. Eine eigene Kommission sollte sich um die völlig zerrütteten Finanzen kümmern. Das alles sah auf dem Papier sehr einleuchtend aus. Die praktische Durchführung schlug fehl. Ein Hindernis lag in der Person des Grafen Waldeck, der gar nicht daran dachte, alles kollegial nach Sachgebieten zu verteilen, sondern sich selbst das Wichtigste vorbehielt: das Militärwesen und die Außenpolitik. Hinzu kam, daß diese Reform auf eine Vermehrung der Personalstellen angewiesen war. Jeder Rat hätte sich ja einen kleinen Stab von Mitarbeitern zulegen müssen, ein Ministerium in der Nußschale. Doch dazu war überhaupt kein Geld vorhanden.

Und schließlich verzichtete Friedrich Wilhelm vorläufig auf den Posten, den der Graf für sich selbst entworfen hatte: einen Koordinator – Direktor – gab es im kurfürstlichen Kabinett vorerst nicht. Der Kurfürst schätzte Persönlichkeiten in seiner Umgebung, die ihn berieten und Ideen lieferten. Doch er wollte stets Herr im eigenen Haus bleiben. Hatte Waldeck gedacht, mit dieser Reform sich selbst als starken Mann am Hof zu etablieren, so mußte er bald sehen, wie sehr er sich geirrt hatte. Denn Friedrich Wilhelm ernannte ein Jahr darauf Joachim Friedrich von Blumenthal zum Direktor des Geheimen Rates.

Eine Sisyphusarbeit hatte die Kommission zur Ordnung der Finanzen vor sich. Den Löwenanteil übernahm der Freiherr von Schwerin. Auch wenn auf diesem Gebiet ebenfalls die meisten Vorschläge schöne Theorie blieben, die Zeichen deuteten alle in die gleiche Richtung: Der Staat war nicht mehr eine Privatangelegenheit des Fürsten, die Finanzen ebensowenig. In Zukunft sollte das Geld nicht mehr wahllos in die herrschaftliche Schatulle fließen, Einnahmen und Ausgaben sollten streng kontrolliert werden.

Was in der Realität noch nicht durchzusetzen war, befestigte sich immer mehr in den Köpfen der Zeitgenossen. Nicht erst die

Aufklärer des 18. Jahrhunderts kamen dahinter, daß der Fürst verpflichtet war, für das Wohl seiner Untertanen zu sorgen und sein Land nicht als privates Spielzeug zu benutzen. Als seine Söhne viele Jahre später mit dem Lernen begonnen hatten, setzte Friedrich Wilhelm einen Dukaten aus für den, der zuerst den Spruch des römischen Kaisers Hadrian auswendig konnte, lateinisch, versteht sich: «Wenn ich Herrscher werde, weiß ich, daß es um die Sache des Volkes geht und nicht um meine eigene.»

In Berlin

Trotz aller Überlegungen, wo und wie gespart werden könnte, waren im Clever Schloß die Handwerker an der Arbeit. Eines Tages bestellte der Kurfürst persönlich Antwerpener Tapeten; aber so preisgünstig wie möglich sollten sie eingekauft werden. Im Mai 1652 gab es eine große Hochzeit. Louises Schwester, Albertine von Oranien, heiratete. Die Stände, sonst so knauserig, zahlten gerne. Sie wollten sich die Gunst der kurfürstlichen Schwiegermutter Amalie nicht verscherzen. Amalie war ein gerngesehener Gast bei Hofe, und jedermann wußte, daß Friedrich Wilhelm ihren Rat schätzte. Im Schloß fehlte es allerdings noch an vielen standesgemäßen Dingen. So bat der Statthalter den Rat von Nimwegen, ihm zur Hochzeitsfeier aus der Stephanskirche acht kleine Kronleuchter zu leihen. Nach dem Fest reiste die Kurfürstin wieder in den Badeort Spa. Die Fehlgeburt im vergangenen Sommer hatte sie sehr mitgenommen. Sie brauchte lange, bis sie wieder zu Kräften kam, und grübelte, ob Gott sie vielleicht mit Kinderlosigkeit strafen wollte. Zwischendurch besuchte Graf Waldeck seine Herrin. Er war ein charmanter Gesellschafter und tat alles, um Louise Henriette aufzuheitern.

Auch in Spa erreichte die Kurfürstin alle vierzehn Tage ein Bericht aus Oranienburg, der über den Fortgang des Schloßbaues, alle Einnahmen und Ausgaben und die persönlichen Sorgen ihrer

Untertanen berichtete. Louise Henriette führte über alles genau Buch. Aus Cleve schickte sie Arbeiter in die Mark, und in den Niederlanden warb sie Kolonisten, die auf Entwässerungen spezialisiert waren.

Zur gleichen Zeit beriet sich Friedrich Wilhelm mit seinen Mitarbeitern, wie man die finanzielle Misere seiner Länder und seines Hofes beheben könnte. Die Lage war katastrophal. Nirgendwo auf den Ämtern und Zollstationen wurde über Ausgaben und Einnahmen Buch geführt oder mit den höheren Stellen abgerechnet. Es gab weder eine Kontrolle noch eine zentrale Kasse. Staatliche und private Kosten der kurfürstlichen Familie blieben nicht getrennt. Der Hof lebte von der Hand in den Mund. Unzählige Gläubiger warteten schon seit Jahren auf ihr Geld, viele Beamte seit Monaten auf ihre Gehaltszahlungen.

Ende Januar 1651 hatte man den Etat des Hofes endlich durchforstet und die Ausgaben auf dem Papier von 7000 auf 5000 Taler pro Monat gedrückt. Niedere Beamte sollten entlassen werden, die andern mußten wesentliche Gehaltskürzungen hinnehmen. Das monatliche Gehalt des Generalfeldmarschalls sank von 1200 auf 600 Taler. Vor allem wollte man endlich alle zusätzlichen Zahlungen in Form von Naturalien abschaffen und ebenfalls in Talern abrechnen. Doch woher nehmen, da man überall tief verschuldet war? Ein fixer Kopf kam auf die Idee, für einige Zeit sämtliche Gehälter zu stoppen. Der Sturm der Entrüstung, der folgte, ließ die Sache sofort wieder sterben. Statt dessen befahl der Kurfürst, die Getreidevorräte zu verkaufen, um so das nötige Geld zu bekommen. Doch die Ergebnisse reichten bei weitem nicht an das Erforderliche heran. Als die Klagen und Beschwerden der Beamten, die jetzt nicht nur weniger Geld, sondern auch keine Naturalien mehr bekamen, immer heftiger wurden, gab man die guten Vorsätze auf und lieferte wieder Getreide und Brennholz, Fische und Wein. Friedrich Wilhelm war bereit, auf jede Weise zu Geld zu kommen. Ein Hamburger Agent wurde nach Kopenhagen geschickt, als man hörte, daß die Dänen den Handelsstützpunkt Tranquebar an der indischen Küste verkaufen wollten. In Cölln malten die Schreiber schon die Urkunden für eine Kolonie und eine Handelsgesellschaft. Doch der Agent riet vom Kauf ab.

Weniger bereit war der Herrscher, seine fürstliche Repräsentation einzuschränken. Als zur Diskussion stand, ob man die kurfürstliche Kammerkapelle auflösen sollte, weigerte sich Friedrich Wilhelm, «seine Musiker zu verstoßen». Die Räte wurden aus Cleve angewiesen, die Besoldungen zu bestätigen. Allerdings sollten die Musiker in Zukunft etwas mehr dafür tun: «Ihr wollet Ihnen aber dabei andeuten, daß solches allein mit der Condition geschehe, daß sie benebenst ihrer anderen Aufwartung, auch Sonntags und Donnerstags in den Dom aufwarten, und Christoph Haselberg dabei die Vokalmusik dirigieren solle, damit die Psalmen und andere Gesänge mit vier Stimmen gesungen, und von den Musikanten zugleich darin gespielet werden . . .» Der Kurfürst kündigte an, daß er sofort nach seiner Rückkehr in die märkische Residenz sich diese neue Kirchenmusik anhören werde. Übrigens entnehmen wir dem Instrumentenverzeichnis späterer Jahre, daß Friedrich Wilhelm die Gambe spielte. Er selbst kümmerte sich darum, daß in Berlin und Cölln das erste vierstimmig gesetzte reformierte Gesangbuch herauskam, und konnte dafür den lutherischen Kantor der St.-Nikolai-Kirche gewinnen. Auch die Musiker erhielten ihren Anteil an Nahrungsmitteln. Für den Domorganisten zum Beispiel bestand er aus einem Ochsen, drei Hammeln, einem Schwein, einer halben Tonne Butter, Käse, Erbsen, Roggen, Grütze, Hechten und acht Tonnen guten Bieres.

Der größte Batzen auf der Einnahmenseite waren die Steuern, die von den Ständen in den verschiedenen Ländern des Kurfürsten genehmigt wurden. 1643 beharrte der brandenburgische Adel gegen alle Reformversuche auf den traditionellen Kontributionen, die nicht nach den Einkünften, sondern nach der Zahl der «Herdstellen» festgelegt wurden – zum Nachteil der Städte, wo nach dem Elend des langen Krieges viele Häuser leer standen.

Der Kurfürst hätte lieber eine allgemeine Verbrauchssteuer durchgesetzt, die sogenannte Akzise, wie er sie in den Niederlanden kennengelernt hatte. Alle Waren und Produkte wurden mit einer Steuer belegt, die jeder Verbraucher – sei er arm oder reich, Bauer oder Edelmann – indirekt mit dem Preis entrichtete. Als Friedrich Wilhelm die Stände der Mark Brandenburg für März 1652 zu einem allgemeinen Landtag einberief, ließ er seine Akzise-Pläne im Geheimen Rat erörtern. Doch die zwölf adligen Herren in der Ratsstube dachten standesgemäß und verteidigten heftig – und gegen den Widerstand ihrer drei bürgerlichen Kollegen – die alte Steuerfreiheit des Adels. Das gleiche taten alle Edelmänner, die in Berlin und Cölln einritten und sich im Schloß zu ihren Landtagsverhandlungen trafen. Sie waren bereit, dem Kurfürsten eine größere Summe zu bewilligen. Aber nur nach dem alten System und nur, wenn man zugleich ihre traditionellen Rechte gegenüber den Bauern bestätigen und erweitern würde.

Die Verhandlungen zwischen beiden Seiten liefen langsam an. Im Mai vertagte sich der Landtag zum erstenmal. Er sollte es noch sechs weitere Male in diesem Jahr tun.

Neben der Innenpolitik drängte sich in diesem ersten Halbjahr 1652 die Reichspolitik immer stärker in den Vordergrund. Waldeck arbeitete an einem großen Plan für Brandenburg-Preußen. Der Graf befürchtete, daß der Frieden eine unerträgliche Vormachtstellung der katholischen Habsburger im Reich bringen würde, und entwarf ein Bündnis der evangelischen Fürsten unter der Führung Brandenburgs, das die 1648 mühsam ausgehandelten Gleichgewichte im Reich völlig verschoben hätte.

Die evangelischen Fürstenhäuser zeigten wenig Interesse an so umstürzlerischen Ideen. Im Juli erging eine Einladung von Kaiser Ferdinand III. an alle Kurfürsten, nach Prag zu kommen, um schon bei Lebzeiten die Nachfolge seines Sohnes zu regeln. Friedrich Wilhelm gab eine ausweichende Antwort und schickte seinen Gesandten Philipp Horn nach Böhmen. Der Kaiser sollte stärkeren Druck auf die Schweden ausüben – die immer noch in Hinterpommern saßen –, damit Brandenburg den im Frieden von 1648 zugesprochenen Teil endlich erhielt.

Auf jeden Fall führte der kürzeste Weg nach Prag über Berlin, wo auch die Räte auf Anwesenheit des Kurfürsten bei den Verhandlungen mit den widerspenstigen Ständen drängten. Im September wurden in Cleve die Reisekisten gepackt, 35 für die gesamte kurfürstliche Familie, 46 allein für den Grafen Waldeck.

Im Cöllner Schloß konnte sich wieder der gesamte Geheime Rat in der Ratsstube versammeln. Als Friedrich Wilhelm erfuhr, daß der Kurfürst von Sachsen in Richtung Prag aufgebrochen war, bat er seine Räte um ein Gutachten. Sollte er jetzt auch zum Kaiser reisen, oder konnte er sich noch weiter mit Ausreden drücken? Interessanterweise war Graf Waldeck gerade unterwegs und nicht in Berlin. Der Kurfürst machte keine Anstrengungen, ihn zurückzurufen. Daß der Graf von einer solchen Reise abraten würde, wußte jeder. Friedrich Wilhelm war so frei, eine wichtige Entscheidung auch ohne seinen engen Berater zu fällen und die Stimmen anderer nicht in den Wind zu schlagen. Der Geheime Rat kam zu dem Schluß, «daß S. Ch. D. diese so oft an Sie begehrte Reise im Namen des grossen Gottes antreten . . . S. Ch. D. selbsten haben nach dero hocherleuchtetem Verstande die Sache wol und reiflich erwogen und seind mit dero getreuen Räthen allerdinges einig gewesen und haben darauf . . . resolvirt, mit dem ehesten die Reise zu embrassiren.»

Am 28. Oktober 1652 brach die kurfürstliche Delegation von Cölln auf, 200 Personen und 265 Pferde. Am 2. November empfing die sächsische Kurfürstin den durchreisenden Standesgenossen in Dresden, drei Tage später war feierlicher Einzug in Prag. Der Kaiser tat alles, um dem Brandenburger seine Hochachtung zu beweisen. Mit seinem Sohn ritt er bis vor die Stadttore, und dort mußte Friedrich Wilhelm die kaiserliche Kutsche besteigen. Die folgenden Tage waren ausgefüllt mit «allerlei Visiten, Ceremonien, Gastereien und dergleichen». Die Kurfürsten gaben stattliche Bankette, zu denen auch der Kaiser erschien. Am 11. November war Brandenburg an der Reihe. Dazwischen wurde stundenlang verhandelt. Friedrich Wilhelm hatte sechs Geheime Räte mitgebracht, er wollte sich nicht nur auf sein eigenes Verhandlungsgeschick verlassen und wußte vielleicht, daß sein spontanes Temperament ein Korrektiv brauchte. Gleich am ersten Morgen in Prag traf er sich in aller Frühe mit seinen Beratern, um die Marschroute festzulegen. Es «wurde Rath gehalten und von dem, was S. Ch. D. bei den Kaiser zu proponiren hätten, deliberiret, und wurde geschlossen, daß S. Ch. D. anfänglich bei höflichen Complimenten in generalibus verbleiben, gleichwol Ihre pommerische Sachen recommendiren und I. Kais. Maj. dieselbe bestens befehlen möchten.»

Die Reise wurde ein Erfolg. Kaiser und Kurfürsten waren bereit, den Schweden Sitz und Stimme im neuen Reichstag so lange zu verwehren, bis diese Hinterpommern an die Brandenburger übergeben hatten. Die Schweden versuchten zu pokern, doch sie kamen nicht weit. Im Juni 1653 zogen sie schließlich ihre Besatzung aus Kolberg ab, und die brandenburgischen Truppen rückten mit klingendem Spiel in die Stadt ein.

Als Friedrich Wilhelm Mitte November 1652 Prag verließ, schenkte ihm der Kaiser zum Abschied ein goldenes Trinkgeschirr. Friedrich Wilhelm hatte noch einmal in den alten Reliequienschatz des Berliner Domes gegriffen und revanchierte sich bei seinem katholischen Gastgeber mit einem «Heiligtum vom Kreuz Christi». Auf der Rückreise blieb die brandenburgische Delegation vier Tage in Dresden. Der sächsische Landesvater war inzwischen wieder anwesend und nahm Friedrich Wilhelm feierlich in den Kurfürstenverein auf. Anfang Dezember konnte Louise Henriette ihren Gemahl in Berlin begrüßen.

Für die kurfürstlichen Eheleute begannen zweieinhalb ungewöhnlich ruhige Jahre in der Cöllner Residenz. Louise Henriette war vor allem mit Oranienburg beschäftigt, wo das kleine Schloß und der Garten Gestalt annahmen. Das Gebäude auf der Havelinsel war nach holländischem Vorbild entworfen. Es hatte drei Stockwerke auf einem rechteckigen Grundriß und als Abschluß ein hohes Walmdach, dessen Spitze zu einem Altan ausgebaut wurde, von dem aus der Betrachter weit ins Land blicken konnte. Der Garten war streng geometrisch angelegt und ähnelte dem Lustgarten im Cöllner Schloß. Die Blumenbeete waren von niedrig geschnittenen Hecken eingefaßt. Es gab ein Lusthaus, Grotten, eine Orangerie und Wasserspiele. Die Kurfürstin legte außerdem Wert auf einen Küchengarten und ließ 1654 noch einen Tiergarten einrichten, durch den – wie in Berlin – eine Lindenallee lief.

Louise Henriette führte weiterhin genau Buch über Ausgaben und Einnahmen ihrer Ländereien. Wie alle Grundbesitzer mußte auch sie regelmäßige Abgaben an den Landesherrn entrichten. Als es damit in den Anfangsjahren haperte, schrieb sie – die nie richtig Deutsch lernte – einen Brief an den Kurfürsten: «Genedigster Corvorst, Ihg bit om vertsioung, das es neuy jar sig so slegt instelt . . . Gnädigster Kurfürst, ich bitte um Verzeihung, daß das neue Jahr so schlecht beginnt. Es liegt an dem großen Regen, daß ich nur kleine Erträge von Oranienburg bekomme. Ich hoffe, es wird im nächsten Jahr besser gehen. Mein gnädigster Kurfürst muß das Herz für die Gabe hinnehmen, das allezeit beständig bleiben wird als Euere untertänigste Magd von Oranienburg – Louise.» Humor, sehr viel Liebe und ein ungezwungener Umgang der Eheleute lassen sich aus dem kleinen Schreiben herauslesen.

Diese Notlage war die Ausnahme. Meistens war es Friedrich Wilhelm, der bei seiner Frau Geld aufnehmen mußte. Oranienburg und seine Ländereien machten dank guter Verwaltung und Louise Henriettes sorgfältiger Aufsicht Gewinn. Bald kamen die Butter und der Käse für den Hof vom Gut der Kurfürstin.

1655 organisierte Schwerin für das Kurfürstenpaar ein großes Fest in Oranienburg. Alle Bürger und Bauern standen Spalier und schwenkten orangefarbene Bänder, als die Kutschen aus der Residenz eintrafen. Eine Ehrenpforte war mit Orangen geschmückt, und neun als Musen verkleidete Sänger begrüßten die Gäste mit Musik. Über dem Fluß schwebte eine Bühne, auf der antike Götter paradierten und lange Gedichte zum besten gaben. Ein ländliches Fest mit Amateuren und einem Herrscherpaar, das bei allem gebührenden Abstand doch keineswegs in unnahbarer Ferne lebte.

Im Cöllner Schloß hatten sich zwei Jahre zuvor der Kurfürst und die märkischen Stände endlich geeinigt. Friedrich Wilhelm ließ andere für die 500000 Taler Steuern, die ihm zugebilligt wurden, bezahlen. Zum einen verzichtete er auf eine Reform der Steuern, was die Städte weiterhin benachteiligte. Zum andern zementierte er in seinen Hauslanden die erbärmliche Stellung der Bauern, deren ohnehin geringe Rechte nun noch mehr verkürzt wurden. Der adlige Grundherr blieb weiterhin der Richter seiner Bauern und konnte einen Anspruch auf Leibeigenschaft erheben, ohne den Beweis erbringen zu müssen. Es war Sache des Bauern, Brief und Siegel darüber herbeizuschaffen, daß er ein freier Bauer war – ein hoffnungsloses Unterfangen. Bürgerlichen wurde der Kauf von Adelsgütern erschwert. Der adlige Stand hatte auf ganzer Linie gesiegt. Der Kurfürst schien bereit, für den Unterhalt

7 Die Residenzstädte Berlin und Cölln um 1700
8 Die vom Großen Kurfürsten angelegte Allee «Unter den Linden»

9 Otto von Schwerin

10 Johann Amos Comenius

11 Simon Dach

12 Elisabeth von der Pfalz

13 Samuel von Pufendorf   14 René Descartes

15, 16 Tafelfreuden und Tanzvergnügen bei Hofe

seiner Truppen auf jeden anderen Fortschritt zu verzichten. Er wollte jetzt keine Auseinandersetzung auf Biegen und Brechen.

Wir wissen nicht, ob er insgeheim schon plante, es den Ständen eines Tages heimzuzahlen, wenn er mit Hilfe eben jener Truppen eine stärkere Zentralgewalt geschaffen hatte.

Während sich die Verhandlungen in der Mark zwar in die Länge zogen, aber trotzdem ohne größeren Ärger verliefen, probte ein Teil der Stände im Westen den Aufstand. Gerade als Friedrich Wilhelm sich in Prag aufhielt, beschlossen die Stände von Cleve und Mark, eine Gesandtschaft zum Kaiser zu schicken und sich über ihren Landesherrn zu beschweren. Sie wollten die brandenburgischen Truppen nicht länger dulden und verweigerten die Steuern. Doch dieser Beschluß war nicht einheitlich gefaßt. Die Städte Duisburg und Cleve wandten sich dagegen, zwölf Adlige protestierten. Damit trat ein, worauf der Kurfürst stets gebaut hatte: Der offene Streit innerhalb der Stände gab ihm die Möglichkeit, dem ihm wohlgesinnten Teil entgegenzukommen und die Opposition zu isolieren.

Das war allerdings nicht einfach und brauchte seine Zeit. Die kurfürstlichen Kassen wurden immer leerer, die Steuereinnehmer so eingeschüchtert, daß sie es kaum wagten, ihren Pflichten nachzugehen. So kam es, daß die Gehälter der kurfürstlichen Beamten bis zu acht Jahren im Rückstand waren. Die Truppen liefen in schäbigen Lumpen daher und wurden kaum noch satt. Die Finanznot zwang die Vernünftigen zu einem schnellen Kompromiß.

Doch erst einmal kam im September 1653 die clevische Delegation unter der Führung des Grafen Wilich-Winnenthal in Regensburg beim Reichstag an. Sie forderte den Kaiser auf, den Kurfürsten zur Räumung von Lippstadt zu bewegen, und hatte ansonsten keine Eile, Regensburg und seine Geselligkeiten allzuschnell wieder zu verlassen. Es war ihr Pech. Im Oktober einigte sich der Kurfürst mit den niederrheinischen Ständen.

Erst im Juli 1654 verließ Winnenthal Regensburg. Im gleichen Monat ging von Cölln ein Schreiben nach Cleve: Der heimkehrende Graf sei wegen Landesverrats zu verhaften. Jeder Fluchtversuch sollte durch Erschießen beendet werden. Oberst von Spaen, der den unangenehmen Auftrag bekam, mußte wahrlich ein Husarenstückchen vollbringen. Da der Kurfürst im clevischen Gebiet selbst keine Truppen hatte, bat Spaen den Kommandanten der holländischen Garnison in Rheinsberg um eine Reitereskorte, unter dem Vorwand, wichtige Dokumente und Juwelen schützen zu müssen. Winnenthal wurde tatsächlich gefangengenommen. Aber als sich die Nachricht verbreitete, jagten empörte clevische Adlige dem Trupp des Oberst Spaen nach, um ihren Standesgenossen zu befreien. Die Verfolgung ging von Cleve bis an die Ruhr, und die aufgebrachten Edelleute ließen erst von ihrem Vorhaben ab, als Spaen drohte, seinen Gefangenen zu töten.

Winnenthal wurde nach Spandau in die Festung gebracht und von kurfürstlichen Räten verhört. Friedrich Wilhelm wollte keine Rache üben. Ihm ging es um die politische Wirkung der Gefangennahme, und die stellte sich schnell ein. Schon zehn Tage nach der Verhaftung klagte Winnenthals Schwager, daß sich niemand für den Gefangenen einsetze. Den Protestlern fehlte das Haupt. Der Kurfürst hatte endgültig gezeigt, wer Herr im Hause war. Im Frühjahr 1656 wurde Winnenthal entlassen.

Mochten die clevischen Untertanen auch keine begeisterten Landeskinder sein, die meisten hatten sich inzwischen mit den herrschenden Verhältnissen abgefunden. Nun gaben sie Ruhe.

Universität Duisburg

Nachdem man sich arrangiert hatte, konnten Kurfürst und Stände ein lange geplantes Projekt in die Tat umsetzen. Friedrich Wilhelm war gerade ein Jahr im Amt gewesen, als ihn die clevischen Stände um die Errichtung einer Hochschule in Duisburg gebeten hatten, weil «sie ihre Kinder ins Ausland schicken müßten, um ihnen die Wohltat höheren Unterrichts angedeihen zu lassen». Die Generalsynode der reformierten Gemeinden unterstützte das Gesuch. Doch 1641 war nicht das Jahr, um Universitäten zu gründen. Aus Königsberg kam ein abschlägiger Bescheid mit dem Hinweis, auf ruhigere Zeiten zu warten. Die Stände ließen nicht lokker. Eine Eingabe folgte auf die andere. 1654, als die Gehälter der Professoren halbwegs gesichert waren, erließ der Kurfürst das Gründungspatent, «ein stattliches Privilegium zur anrichtung einer Universität Academia und Hohen Schul in unserer Statt Duysburg».

Ein Jahr später, im Oktober 1655, wurde in der Duisburger Beekstraße die Kirche des Katharinenklosters für die feierliche Eröffnung der Universität hergerichtet.

Der kurfürstliche Statthalter Graf Johann Moritz von Nassau-Siegen verschickte Einladungen, die erklärten, daß diese Universität «zur Ehre Gottes des Allerhöchsten, zu außbreitung der wahren Christlichen Evangelischen Religion, zu vortpflanzung und erhaltung aller guter und heylsamer freyen Künsten und Wissenschaften, zu vorderst in den vier Haupt-Facultatibus, Theologica, Juridica, Medica und Philosophica, wie nicht weniger in den Sprachen, in den Historien und andern löblichen Exercitiis liberalibus» offenstehen sollte. Wie sehr die Universitäten in damaliger Zeit Grenzen überschritten, zeigt der Hinweis, daß auch Duisburg «alle Privilegien, authoriteten, praerogativen, Freyheiten unnd Gerechtigkeiten, womit die aller vornähmste Universitäten, in gantz Europa begabt seynd, habhafft seyn und geniessen solle».

Es wurde eine große und bunte Feier für die Stadt am Niederrhein. Am Abend vor der Eröffnung überquerte der Statthalter, von Belgien kommend, den Rhein, wo ihn am Duisburger Ufer ein Festzug der Kuratoren und waffenfähigen Bürger erwartete und unter den Klängen eines Musikkorps in die Stadt zum «Prinzenhof» begleitete. Dort warteten die Professoren und drei Abgeordnete der Studentenschaft, die den Statthalter mit pathetischen Worten und Handschlag begrüßten.

Am nächsten Morgen ging der Festzug vom «Prinzenhof» zur Salvatorkirche: an der Spitze das Musikkorps, dahinter die Schüler und Lehrer des Gymnasiums, ihnen folgten die Diener der anwesenden hohen Herren, dann kamen die fremden Gäste, darunter der Gouverneur von Moers mit seinem Sohn. Sechs junge Adlige trugen die Insignien der Universität auf samtenen Kissen, unter anderem Siegel und Schlüssel, die Stiftungsurkunden und die vergoldeten Zepter. Unmittelbar dahinter schritt Graf Johann Moritz. Es kamen die Abgeordneten der clevischen Regierung und die Professoren der neuen Universität. In der Prozession folgten die Abgeordneten der umliegenden Städte, die höheren Beamten, die Pfarrer, Richter und Doktores, Studenten und Bürger. Die Glocken der Stadt läuteten unentwegt.

In der Kirche gab es eine lange Predigt, das Verlesen der Urkunden für die neue Universität und die Verleihung der Doktorwürde an drei akademische Lehrer. Anschließend ging die ganze Prozession zurück zum Milendonkschen Hof in der Wilhelmstraße, wo auf die Gäste ein Festessen wartete. Das Feuerwerk am Abend wurde von hoch und niedrig genossen.

Tags darauf wurde der Professor Johann Clauberg im großen Auditorium als erster Rector magnificus der Universität eingeführt. Clauberg war schon 1652 in Erwartung der Gründung nach Duisburg gerufen worden, ein Gelehrter von europäischem Rang. Geboren 1622 in Solingen, hatte er die Gymnasien daselbst, in Köln, Moers und Bremen besucht, war zum Studium ins holländische Groningen gegangen und hatte lange Reisen durch England und Frankreich gemacht. Seinen akademischen Abschluß erhielt er in Leiden, dann ging er als Professor der Philosophie nach Herborn im Hessischen.

Clauberg war in Holland ein begeisterter Anhänger des Descartes geworden und einer der ersten, die an einer deutschen Universität die Ideen dieses Denkers vortrugen. Der Ärger blieb nicht aus. Nach der Duisburger Universitätsgründung beschwerten sich bald die reformierten Prediger, daß Clauberg mit seinem ketzerischen cartesianischen Gedankengut die Jugend gefährde. Doch Friedrich Wilhelm hatte für solche orthodoxe Engstirnigkeit kein Verständnis. Den Reformierten wurde beschieden, daß die Theologie nicht der Philosophie den Lehrstoff vorzuschreiben habe und Clauberg den Studenten alles vermitteln müsse, was zu seinem Fachgebiet gehöre. Es wird geholfen haben, daß niemand dem Kurfürsten sagen mußte, wer denn dieser Descartes sei. Da hatte er von seiner Cousine Elisabeth längst Genaueres erfahren und sich offenbar eine positive Meinung gebildet.

5

Fünf Jahre Krieg

Während in Duisburg feierlich akademische Reden geschwungen wurden, befand sich Friedrich Wilhelm bei seiner Truppe auf dem Weg nach Osten. Die Schweden waren in Polen eingefallen, das bedeutete Gefahr für das brandenburgische Preußen. Vorausgegangen war ein Jahr heftigster Aktivitäten auf der gesamten europäischen Bühne. In Berlin hatte sich das nahende Gewitter schon ein Jahr zuvor mit einem exotischen Zeremoniell angekündigt. Der große Völkerkongreß von 1648 hatte zwischen Polen und Schweden keinen Frieden gestiftet. Der polnische König Johann Kasimir stammte aus einer Linie des Hauses Wasa und erhob Anspruch auf die schwedische Krone, die ebenfalls ein Wasa trug. Die Krone ging 1654, als Königin Christine abdankte, an ihren Vetter, den Pfalzgrafen Karl Gustav von Zweibrücken, über. Karl Gustav war im Dreißigjährigen Krieg schwedischer General geworden und entschlossen, Schwedens Stellung als Militärmacht aufrechtzuerhalten und noch weitere Ostseehäfen – vor allem polnische – zu erwerben, wo man reichlich Zoll abschöpfen konnte. Denn Polen war ein reines Agrarland, das große Mengen von Getreide ausführte. Der Handel über die Ostsee lag fast ausschließlich in den Händen der Niederländer, während die Kaufleute in Danzig und Königsberg ihr Geschäft mit den polnischen Waren als Zwischenhändler machten. Doch Polen lockte nicht nur die Schweden. Auch seinem östlichen Nachbarn, Rußland, war nicht verborgen geblieben, wie labil die inneren Verhältnisse in Polen geworden waren. Es bekam ebenfalls Appetit.

Polen hatte sich zu einer lockeren Föderation entwickelt, in der die Krone immer mehr an Einfluß verlor, der Reichstag, der einstimmig beschließen mußte, sich nicht einigen konnte und reiche Adelsfamilien auf ihren Ländereien wie Könige herrschten. Im Südosten versuchten seit einem Jahrhundert die ukrainischen Kosaken von Polen loszukommen. 1654 trat Zar Alexei offiziell auf ihre Seite.

Dem Kurfürsten in Berlin wurde dies in einem Schreiben mitgeteilt, das ein gewisser Fjodor Fjodorowitsch Poroschin persönlich nach Brandenburg brachte. Einen so ausgefallenen Besucher hatte es am Hofe noch nicht gegeben. Poroschin kam am 6. Juli an. Ein Übersetzungsfehler hatte aus dem einfachen Kanzlisten («Podjatschy») einen Gesandten («Poslannik») gemacht, und so wurde der Russe mit ungewöhnlichen Ehren empfangen. Im kurfürstlichen Stallhofgebäude hatte man ein Zimmer für ihn vorbereitet, dessen mit Giebelfenstern geschmückte Fassade auf den Schloßplatz blickte. Zuerst gab es für Poroschin einige Gespräche mit den Geheimen Räten. Dann fuhr am 9. Juli eine kurfürstliche Kutsche mit sechs weißen Pferden vor und holte den fremden Gast, der einen langen Kaftan aus rosa Seide trug, zur feierlichen Audienz ins Schloß. Auf dem Schloßhof standen die Soldaten Gewehr bei Fuß. Poroschin wurde von den Räten, die schon seine Kutsche begleitet hatten, willkommen geheißen und in den «langen Saal» des Schlosses geführt, der mit «Tapezereyen allenthalben woll geziehret» war. Dort begrüßte ihn Marschall von Rochow im Namen des Kurfürsten und führte ihn in den Thronsaal, hinter dem Russen immer sein Dolmetscher, das Schreiben des Zaren in die Höhe haltend.

Im Thronsaal saß auf einem roten Samtsessel unter einem Thronhimmel aus gleichem Stoff der Kurfürst mit einem Hut auf dem Kopf, neben und hinter ihm Kammerherren und Geheime Räte. An der Tür machte der Marschall seine erste Verbeugung, die zweite folgte in der Mitte des Saales, die dritte drei Schritte vor dem Sessel. Der Russe wollte noch weiter, um dem Fürsten nach Moskauer Sitte die Hand zu küssen. Der Marschall zog ihn am Kaftan zurück, konnte aber nicht verhindern, daß Poroschin sich so tief verbeugte, bis er mit den Händen den Boden berührte. Friedrich Wilhelm schien solche Unterwürfigkeit gar nicht recht, «er zuckte etwas an Dero Händen und Fingern und gab ein Zeichen, den fremden Gast endlich zu begrüßen». Danach hielt der Russe seine Rede und überreichte mit vor Aufregung zitternder rechter Hand dem Kurfürsten das Schreiben des Zaren. Friedrich Wilhelm erhob sich dabei, nahm seinen Hut ab und gab das Schreiben an einen Geheimen Rat weiter. Dieser ließ sich vom Oberkämmerer ein Messer reichen, öffnete die Papierhülle, ließ es übersetzen und teilte den Inhalt dem Kurfürsten flüsternd mit.

Der Zar informierte den Kurfürsten mit dieser Urkunde, daß er gegen Polen Krieg führen würde.

Nach kurzer Beratung unter dem Thronhimmel wandte sich der Geheime Rat an Poroschin und sagte, daß der Kurfürst versuchen würde, zwischen Polen und Rußland zu vermitteln. Damit war der politische Teil vorüber. Friedrich Wilhelm stand auf, nahm den Hut ab und fragte nach dem Ergehen des Zaren. Poroschin antwortete und ging dabei rückwärts bis zur Tür, wo er sich wieder tief verbeugte. Dann wurde der Russe in ein Erkerzimmer geführt, wo auf einem Tisch zwei Dutzend Schalen mit Konfekt für ihn standen. Eine Dreiviertelstunde später brachte die kurfürstliche Kutsche Poroschin wieder in seine Wohnung. Am Abend servierte man ihm acht Speisen, die von der Tafel des Kurfürsten geschickt worden waren. Da an diesem Tag die Nachricht vom plötzlichen Tod des Habsburgers Ferdinand IV. Berlin erreichte, wurde im Schloß nicht – wie üblich – nach dem Essen von der Hofkapelle aufgespielt.

Am nächsten Tag ging Poroschin wieder aufs Schloß, diesmal zu einer Audienz beim Kammergericht. Auf dem Weg ins Richterzimmer verehrte der Russe dem Kurfürsten und seiner Gemahlin kostbare Zobelpelze.

Fünf Tage später fand mit den gleichen Zeremonien wie beim Eintreffen des Gastes die Abschiedsaudienz statt. Am nächsten Tag ließ der Kurfürst als Geschenk «einen ziemlich großen Pokal mit gildenen und silbernen Schaupfennigen» in Poroschins Quartier bringen. Zwei Geheime Räte aßen mit dem Russen zu Mittag und begleiteten anschließend den exotischen Gast in zwei Kutschen aus der Stadt hinaus.

Heute ist es uns nicht mehr möglich, das Zeremoniell als das zu nehmen, was es war: sichtbare Realität einer inneren Haltung, Zeichen, die für jedermann bindende Bedeutung besaßen. Die Symbole waren weder aufgesetzte Schnörkel noch ästhetische Spielerei. Sie gründeten in der Überzeugung, daß der Mensch nur in der Disziplin der Formen sein Wesen verwirklichen kann und daß einem jeden in der Ordnung der Welt unterschiedliche Formen des Lebensstiles zukommen.

Friedrich Wilhelm war von der Wichtigkeit seines Amtes überzeugt. Darum brauchte er, der im Umgang mit Menschen spontan und unprätentiös war, sich keinen Zwang anzutun, um das Protokoll ernst zu nehmen. Lassen wir uns dabei nicht von den sechs weißen Pferden vor der Kutsche des Herrschers täuschen – es war ein bescheidenes Protokoll, das am Hofe zu Berlin abrollte. Und trotzdem: Die Köpfe wurden dabei zu Recht höher getragen als früher; der Wind hatte sich gedreht und blies Brandenburg nicht mehr ins Gesicht. Keine zehn Jahre nach dem Großen Krieg, in dem dieses Land und sein Herrscher – Friedrich Wilhelms Vater – eine bemitleidenswerte und drittklassige Rolle gespielt hatten: Kurfürst Georg Wilhelm wollte sich aus allem heraushalten, wurde zur Allianz mit den Schweden gezwungen, schloß sich dann dem Kaiser an und mußte zusehen, wie sein Land von den Truppen beider Mächte zertrampelt und ausgesaugt wurde.

Der Sohn war nun bald 35. Mochte die Mark Brandenburg sich auch noch längst nicht erholt haben, das Geld an allen Ecken fehlen – der Nachfolger hatte ein anderes Selbstbewußtsein. Friedrich Wilhelm war nicht bereit, bei den Auseinandersetzungen der Großen ängstlich den Kopf in den Sand zu stecken. Er wollte eingreifen und dabei für sich etwas gewinnen: die Fessel der Lehensherrschaft als Herzog von Preußen abschütteln und irgendwann das ganze Pommern, auf das er einen Erbanspruch hatte, zurückholen. Sobald Friedrich Wilhelm sicher war, daß Komplikationen bevorstanden, die Brandenburg nicht gleichgültig sein konnten, wurde er aktiv, nach innen und nach außen. Der Gesandte Frankreichs schrieb respektvoll nach Hause, daß dieser Herrscher sich auskenne «in den Angelegenheiten der Welt».

Der Kurfürst höchstpersönlich kam den geheimen Plänen der Schweden auf die Spur. Im September 1654 reiste Graf Christoph von Schlippenbach im Auftrag des Schwedenkönigs nach Berlin und bat den Herrscher um ein Gespräch unter vier Augen. Die beiden Herren trafen sich im Tiergarten. Der Graf begann mit vorsichtigen Andeutungen, daß Karl X. die Ansprüche der Polen auf seine Krone nicht länger hinnehmen würde. Friedrich Wilhelm sprach beredt über die gute Zusammenarbeit zwischen den Ländern Schweden und Brandenburg-Preußen, die sich in dieser Sache ergeben könnte. Er schwärmte so verführerisch von den Er-

folgen, die eine solche Politik bringen würde, daß Schlippenbach mitgerissen wurde und alle diplomatische Vorsicht vergaß.
Nun sprach der Graf ganz konkret von einem gemeinsamen
Feldzug gegen Polen, bei dem die Häfen in Preußen – Pillau am
Frischen Haff und Memel – dem schwedischen Heer als Opera-
tionsbasis dienen müßten. Wer in diesen Häfen saß, war Herr
über die Seezölle der ausgeführten Waren, und das war kein
kleiner Batzen.

Ein Heer entsteht

Friedrich Wilhelm hatte genug erfahren und führte das Gespräch
zu Ende, ohne sich auf konkrete Abmachungen einzulassen. Daß
Schlippenbach sich wenige Tage später beeilte, seine Plaudereien
zu dementieren, konnte den Kurfürsten nur amüsieren. Für ihn
gab es keine Zweifel mehr: Brandenburg-Preußen mußte rüsten
und so schnell wie möglich zu guten Soldaten kommen. Vier Wochen später ließ der Kurfürst aus Preußen zwei Oberräte, zwei
Landräte und zwei der drei Königsberger Bürgermeister nach Berlin kommen, um mit ihnen zu besprechen, wie man die Werbungen in Preußen ohne große Auseinandersetzung mit den Ständen
durchsetzen könnte. Die Verhandlungen in Preußen mit den Stän-
devertretern zogen sich dann trotzdem das ganze erste Halbjahr
1655 hin. Schließlich genehmigten die Herren eine Extrasteuer.
Auch die Stände in der Mark, sosehr sie stöhnten, zeigten Einsicht
und waren zu Sonderzahlungen bereit. Wie vorauszusehen, machten die westlichen Lande am meisten Schwierigkeiten. Die clevischen Stände versprachen zwar im Dezember 50000 Taler aufzubringen. Aber von Einquartierungen und Rekrutierung wollten
sie nichts wissen. Diesmal ließ der Kurfürst nicht mit sich reden.
Die brandenburgischen Regimenter wurden mit Gewalt einquartiert, das Vieh der Bürger und Bauern als Proviant beschlagnahmt
und die Werbungen durchgezogen. Die Beschwerden der Stände

beim Kaiser und bei den Niederlanden blieben ohne Echo. Dort hatte man inzwischen andere Sorgen. Friedrich Wilhelm nutzte die Gelegenheit und machte unmißverständlich deutlich, daß die Soldaten, die man diesmal anwarb, als stehendes Heer im Lande bleiben würden. Im Sommer 1655 wurde in Brandenburg-Preußen zum erstenmal eine einheitliche Heeresverwaltung aufgebaut, die von den jeweiligen örtlichen Regierungsstellen und ihrer Steuer- und Finanzhoheit unabhängig war. Als Spitze wurde das Amt des Generalkriegskommissars geschaffen und mit dem Juristen und Militär Claus Ernst von Platen, der zugleich Geheimer Rat war, besetzt. Ihm unterstand in den westlichen Provinzen und in Preußen jeweils ein eigener Kriegskommissar, dem wiederum vor Ort Kreiskommissare als die ausführende Behörde beigegeben wurden. Die Kreiskommissare waren für Musterung, Munition, Verpflegung und Bekleidung zuständig, für die Eintreibung der Kontributionen, auch für die Disziplin der Truppe und die «conservation des Landes und der Unterthanen». Sie arbeiteten im besten Fall mit den Zivilbehörden zusammen. Häufiger kam es zu Reibereien, zumal die Beamten den Anweisungen des Kommissars gehorchen mußten. Die militärischen Finanzen wurden von der zivilen Verwaltung abgekoppelt und in jeder Provinz eigene Kriegskassen eingerichtet. Überschüsse und besondere Einnahmen gingen direkt an Platen, dem die Generalfeldkriegskasse unterstand, die auch mit ihm in den Krieg zog. Platen stellte jeden Monat einen Etat für das Gesamtheer auf, ein idealer Zustand, verglichen mit dem Wirrwarr der zivilen Finanzen. Eine rationale, geradezu moderne Organisation, die tatsächlich nicht nur Theorie blieb. Typisch preußisch-brandenburgisch, darf man hier zum erstenmal sagen im Vergleich zu anderen deutschen Ländern. Daß gerade die preußischen Stände erfolglos protestierten, ist eine Ironie am Rande.

Das kleine Land hatte für die neue Armee nicht genug Offiziere. Zu den besten neuen, die in diesen Monaten aus allen Himmelsrichtungen in den Dienst des Kurfürsten traten, zählte Georg von Derfflinger, Sohn eines reichen Bauern in Österreich. Er war seit 1620 Soldat, hatte sich für Gustav Adolf geschlagen und eine märkische Adlige geheiratet. An den verschiedensten Fronten gekämpft zu haben und sich an verfeindete Herren zu verkaufen war kein Makel. Soldat sein hieß, überall dort seinen Beruf auszuüben, wo gerade gekämpft wurde, wo man zur Schlacht blies. Da tat man sein Bestes – in dem Wissen, daß nach dem Sieg oder der Niederlage alle wieder zusammen leben mußten. Krieg war ein selbstverständliches Mittel der Politik, Haß auf keiner Seite eine Tugend. Haben wir endlich im Jahre 1655 den preußischen Militarismus an der Wurzel gepackt? Ist es wahr, daß dieser Staat immer nur vom Krieg lebte, auf ihn alles gerichtet war? Wir wollen uns erinnern, daß der erste Reformversuch, der in der brandenburgisch-preußischen Verwaltung gemacht wurde, den Geheimen Rat betraf und die zivilen Finanzen. Er blieb bald stecken. Aber er war ein ernstgemeinter Ansatz und soll uns mahnen, die Gewichte nicht falsch zu verteilen. Keine Frage ist, daß der zweite Versuch in bezug auf das Heer viel erfolgreicher war und daß man behaupten kann, für die später so gerühmte preußische Verwaltung habe diese Organisation Modell gestanden. Aber auch das war keine eigenständige preußische Schöpfung.

Ein Blick muß an dieser Stelle über die Grenzen des Deutschen Reiches hinaus getan werden, um mit der richtigen Elle zu messen. Die beste Truppe im ersten Drittel des Jahrhunderts hatten die Niederlande in ihrem Freiheitskampf gegen Spanien aufgestellt. Dort entstand das erste moderne Heer, das kein wüster Söldnerhaufen mehr war, sondern eine disziplinierte Truppe. Mit großem Erstaunen meldete der Gesandte Venedigs 1620 aus den Niederlanden, daß sich dort die Städte um Einquartierungen bewarben, daß die Bürger ohne Bedenken ihre Frauen und Töchter mit Soldaten allein ließen und die Bauern ohne Furcht ihre Lebensmittel mitten im Lager an das Heer verkauften.

Theoretische Grundlage dieser Armee war das fünfte Buch der «Politik» des Lipsius, den wir beim Aufenthalt des jungen Friedrich Wilhelm als höchst einflußreichen Lehrer einer neuen Lebensweise kennenlerten, die eine Verbindung zwischen römischer Stoa und Christentum suchte. Disziplin war für Lipsius die kardinale politische Tugend, sowohl für den Staatsmann als den Bürger und ganz selbstverständlich auch für den Soldaten. Lipsius prägte den Geist der Zeit zwischen Amsterdam und Wien für die wenigen, die wichtig waren, und Friedrich Wilhelm hatte ihn in Holland an der Quelle kennengelernt. Claus Ernst von Platen, der erste Generalkriegskommissar in Brandenburg-Preußen, hatte in Leiden und Groningen studiert und promoviert. Holländisches Exerzieren wurde ebenso zum Vorbild für das neue Heer wie das Kriegsrecht aus den Niederlanden.

Vom niederländischen Freiheitskrieg sprach 1655 niemand mehr. Schweden hieß das neue Vorbild, das sich aber nach den Holländern ausgerichtet hatte und wo die Philosophie des Lipsius von Gustav Adolf und seiner Tochter Christine angenommen worden war. Hier allerdings hatte sich das Militär zum reinen Selbstzweck entwickelt. Christines Nachfolger, Karl X. Gustav, stand an der Spitze eines Staates, der den Krieg brauchte, um weiterzuleben, und für diesen König blieb der Friede stets die Ausnahme.

Am Anfang des neuen Jahres 1655 hatte es im Hause Brandenburg ein freudiges Ereignis gegeben, das zugleich ein Politikum ersten Ranges war. Am 6. Februar, einem Dienstag, dem 35. Geburtstag des Kurfürsten, kam im Schloß zu Cölln an der Spree ein gesunder Erbe zur Welt, Karl Emil. Im ganzen Land wurden Dankgottesdienste gehalten und in Fürbitten für die Gesundheit der Kurfürstin gebetet. Louise Henriette, die nach mehreren Fehlgeburten fast die Hoffnung aufgegeben hatte, machte aus Dankbarkeit für den Rest ihres Lebens den Dienstag zu einem Tag des Fastens, des Gebetes und der Meditation. Die heißersehnte Geburt eines Erben mag für Friedrich Wilhelm ein Grund mehr gewesen sein, selbstbewußt in die Zukunft zu blicken und in dem Knäuel politischer Verwicklungen, in dem es sich in den kommenden Monaten und Jahren zurechtzufinden galt, sich im letzten nur vom Interesse seines Landes leiten zu lassen.

Im Frühjahr 1655 waren alle wichtigen Länder Europas von dem drohenden Konflikt zwischen Schweden und Polen tangiert. Die Habsburger standen auf der Seite des katholischen Polen und waren nicht bereit, für Brandenburg Partei zu ergreifen. Nach dem Besuch Friedrich Wilhelms in Prag im November 1652 hatten sich die Beziehungen Brandenburgs zum Kaiser merklich abgekühlt. Brandenburg führte jetzt im Reichstag die Opposition gegen Habsburg an. Auch die Beziehungen Friedrich Wilhelms zu den protestantischen Niederlanden waren ebenfalls erkaltet, seit dort die bürgerliche Partei wieder am Ruder war und das Haus Oranien – mit dem der Kurfürst durch seine Frau aufs engste verwandt war – per Gesetz vom Amte des Statthalters ausgeschlossen hatte. Im Interesse der Niederländer mußte es aber eigentlich liegen, sich mit Brandenburg-Preußen gegen Schweden zu verbünden, das den niederländischen Handel in der Ostsee bedrohte.

Das Spiel mit so vielen Kugeln war recht nach dem Geschmack des Grafen Waldeck, der in Berlin eine Denkschrift nach der anderen entwarf. Endlich sah er die Gelegenheit, eine umfassende Opposition gegen Habsburg zu schmieden und den brandenburgischen Kurfürsten als die neue Macht im Reich zu etablieren: «Wenn wir nur wollen, so ist die deutsche Freiheit unter Dach und Fach, dem Kurfürsten aber gebührt dann das Lob des Herstellers derselben, alle Stände des Reichs müssen das gestehen, die Evangelischen aber Friedrich Wilhelm als Haupt anerkennen.»

Der Kurfürst ließ seinen Beratern beim Pläneschmieden freien Lauf, ohne sich deshalb den Sinn für die Realitäten einnebeln zu lassen. Eine Politik gegen Habsburg mit Hilfe Schwedens – gerne, aber in einen Krieg mit Polen wollte er sich nicht hineinziehen lassen. Friedrich Wilhelm bot in Stockholm seine Vermittlung an. Doch Karl X. war nicht der Mann, der sich einen schnellen erfolgversprechenden Feldzug ausreden ließ, und lehnte höflich ab. «Mit Schweden ist hart zu tractieren», seufzte Friedrich Wilhelm bei den Beratungen mit seinen Geheimen Räten über die verzwickte Lage. Immer wieder wurde diskutiert, ob man mit oder gegen Schweden Politik und vielleicht Krieg machen solle. Otto von Schwerin war gegen, Waldeck entschieden für ein Bündnis mit Karl X. Friedrich Wilhelm ließ jeden zu Wort kommen. Er suchte Rat und brütete nicht einsam über seinen Entscheidungen. Am 8. März 1655 legte der Kurfürst dem Geheimen Rat 26 Fragen zur künftigen Politik des Landes vor und bat um eine Beurteilung der Lage. Die Fragen deuteten an, was Friedrich Wilhelm sich von der Zukunft erhoffte: Zum einen die polnische Lehenshoheit über

Preußen abzuschütteln, zum zweiten den Erwerb polnischen Gebietes.
Die Räte antworteten noch am gleichen Tag. Sie empfahlen, weiterhin auf Vermittlung zu dringen und gleichzeitig zu rüsten. Waldeck wies als einziger darauf hin, daß durch eine Koalition mit Schweden die volle Souveränität über Preußen zu erlangen sei. Solche kühnen Gedanken verurteilten Waldecks Gegner im Rat als «gottlos». Einig waren sich Räte und Landesherr, daß man alles tun müsse, um den Krieg zu vermeiden. Der militärische Muskel sollte nur gespannt werden, um Verhandlungen zu eröffnen und zu beeinflussen. Wenn es denn aber gar nicht mehr anders ginge und der Kurfürst sich für eine Seite entscheiden müsse, dann sollte er nach Ansicht seiner Berater sich für den entscheiden, der zu diesem Zeitpunkt der Stärkste war.
Der Kurfürst folgte der Ermunterung, seine Schaukelpolitik fortzusetzen. Ein Programm, das ihm schon in den Augen der Zeitgenossen das Etikett «wankelmütig» und «unzuverlässig» eintrug. Tatsächlich kann es nur von einem Staatsmann durchgehalten werden, der Nerven hat und fähig ist, eine langfristige Strategie zu entwickeln, und den Willen besitzt, am einmal gesteckten Ziel festzuhalten. Das Risiko: zwischen alle Feuer zu geraten und am Ende mit leeren Händen dazustehen.
Friedrich Wilhelm ließ Kontakte nach Warschau knüpfen, wo man dem Brandenburger voller Mißtrauen begegnete. Er befahl einem seiner besten Diplomaten, Daniel Weimann, im Haag zu verhandeln, was den Schweden nicht gefiel. Der Kurfürst schmeichelte daraufhin Schweden und bat Karl X., als Taufpate des Kurerben nach Berlin zu kommen, eine hochpolitische Angelegenheit. Doch die Schweden zeigten die kalte Schulter, weder kam der König noch – wie angekündigt – sein Kanzler Graf Oxenstierna. Sogar der Feldmarschall Wittenberg, den man schließlich schicken wollte, ließ sich noch durch einen General vertreten.
Das war im Juni 1655. Trotz des schwedischen Affronts wurde im Cöllner Schloß gewaltig gefeiert. Prinzessin Amalie, die Schwiegermutter, trug den Enkel unter einem von Edelleuten gehaltenen Baldachin in den Dom, wo ihn Hofprediger Bergius taufte. Im großen Saal des Schlosses waren zwei Tische gedeckt. Aus

allen Provinzen hatten die Stände ihre Abordnungen geschickt. Geschirr und Stühle wurden von Berliner adligen Familien ausgeliehen, und auch die Stadt hatte der kurfürstlichen Schatulle einen Vorschuß gewährt, damit gebührend gefeiert werden konnte. Ununterbrochen floß aus dem Brunnen am Schloßplatz roter Wein für das Volk. Einen ganzen Tag lang gab es ritterliche Wettspiele und am dritten Abend ein großes Feuerwerk.

Noch im Juni reisten Schwerin und Waldeck nach Stettin, um mit den Schweden zu verhandeln und in Erfahrung zu bringen, was diese für Brandenburg als Bundesgenossen zahlen würden. Karl X. verließ sich erst einmal auf die eigene Kraft. Im Juli 1655 fiel sein Heer – vom schwedisch beherrschten Livland kommend – in Polen ein, wo ihm kaum Widerstand geleistet wurde. Viele Adlige liefen ohne Kampf zu den Schweden über. Nur Krakau im Süden wehrte sich tapfer, mußte aber im Oktober aufgeben.

Wollte der Schwede mit diesen Erfolgen den Kurfürsten einschüchtern, so hatte er falsch kalkuliert. Im August brach Friedrich Wilhelm die Stettiner Verhandlungen ergebnislos ab. Jetzt mußte er aktiv werden.

Das Risiko lag auf der Hand: Der Schwede könnte Appetit bekommen und sich nach seinem erfolgreichen Feldzug in Polen gegen das Herzogtum Preußen wenden. Noch von Stettin aus hatte Waldeck dem Kurfürsten geraten, die Truppen, die in der Mark standen, auf schnellstem Wege in die östliche Provinz zu führen.

Friedrich Wilhelm wußte, daß er die Mark nicht so bald wiedersehen würde, und wollte sich nicht ohne seine Frau auf den Weg machen. Zum Statthalter in der Mark wurde Graf Wittgenstein ernannt, der persönlich für die Sicherheit des «Churprinzichens» verantwortlich war. Bei Gefahr sollte der gerade ein halbes Jahr alte Karl Emil in die Spandauer Festung gebracht werden.

Fünf Jahre werden vergehen, bis alle beteiligten Mächte sich auf einen Frieden einigen. Friedrich Wilhelm kam kaum aus dem Sattel, das Zelt im Heerlager wurde sein zweites Zuhause, er selbst zum erstenmal Feldherr, mitten im Kriegsgetümmel. Heute, 300 Jahre später, können wir uns die Einzelheiten des Kriegstheaters ersparen, das Geplänkel der Diplomaten und Politiker, das mitten im Krieg weiterging. Überspringen aber können wir diese Jahre nicht. Immer noch zögerte Friedrich Wilhelm, sich zu seinen Soldaten zu begeben. Gut ein halbes Jahr nach der Geburt von Karl Emil war Louise Henriette wieder schwanger. Wie immer ging es ihr schlecht. Ihre schwache Konstitution war nicht auf zwei eingerichtet. Ihr Mann sorgte sich. Stets aufs neue werden wir es erleben: Er war keiner, der die Pflicht zum Götzen machte, so ernst er sie auch nahm. Seine Frau war wichtig für ihn, eilfertig opferte er nicht der Staatsräson. Aber schließlich mußte er sich entscheiden. Der Kurfürst konnte nicht sein Land aufs Spiel setzen. So zog er im September 1655 schweren Herzens allein mit seinen Truppen – rund 18000 Mann – durch Hinterpommern in Richtung Osten, ein stattlicher Troß mit 136 Herren in seiner Begleitung, 353 Dienern und 601 Pferden.

Louise Henriette war entschlossen, so bald wie möglich zu folgen. Sie legte für die lange Zeit ihrer Abwesenheit ihre Verantwortung für Oranienburg in mehrere Hände. Und dann entschied sie, daß im November die Reise mit ihrem Sohn angetreten werde. Tatsächlich setzte sich bei strömendem Regen und eiskaltem Wind wieder ein langer Zug in Bewegung, 331 Personen, 307 Pferde. Wochenlang ging es in schaukelnden Kutschen über Straßen, die häufig im Schlamm verschwanden oder im Schnee jede Kontur verloren hatten. Dazu kam die Angst, auf polnischem Gebiet zwischen die Fronten zu geraten. Die nächtlichen Quartiere waren alles andere als bequem. Aber Louise Henriette hielt durch. Am 3. Dezember erreichte die Gesellschaft Danzig. Friedrich Wilhelm ritt seiner Frau bis ans Frische Haff entgegen. Am 13. zogen beide in Königsberg ein, wo die Landeskinder zum erstenmal der «anhero gelangenden gnädigsten Landesfrauen» zujubeln konnten.

Allzu festlich kann die Stimmung nicht gewesen sein. Die Stadt war eine belagerte Festung. Schwedische Vortrupps näherten sich der Stadt bis auf eine Meile. Friedrich Wilhelm wich dem Kampf aus und verschanzte sich in Königsberg. Die Lebensmittel wurden immer knapper. Krankheiten breiteten sich aus. Polnische Flüchtlinge brauchten zusätzlichen Platz. Und jeden Tag die Frage: Würden die Schweden einen Angriff auf Königsberg wagen?

Friedrich Wilhelm konnte diese Möglichkeit nicht ausschließen und kontrollierte selbst nachts die Wachtposten, denn unter den Soldaten war es zu Desertionen gekommen. Der Kurfürst behielt die Nerven und riskierte sogar, die neuen Verhandlungen, die sich zwischen Schweden und Brandenburg angebahnt hatten, abzubrechen. Da wendete sich das Blatt in Polen. Die katholische Bevölkerung rebellierte gegen die protestantischen Eindringlinge, auch der vordem treulose Adel erhob sich gegen die neuen Herren. Karl X. brauchte Verbündete. Ende Dezember trug er Friedrich Wilhelm die Patenschaft über seinen im November geborenen Sohn an und drängte nun auf baldigen Abschluß der Verhandlungen. Am 17. Januar 1656 wurde man einig. Die Historiker streiten sich: War dieser Vertrag eine Demütigung für Brandenburg oder eine geschickt genutzte Zwischenstation auf dem Weg zum Ziel? Der weitere Verlauf des Krieges legt die zweite Interpretation nahe. Eine aktive Teilnahme für Schweden blieb offen.

Der Stein des Anstoßes: Friedrich Wilhelm mußte seinem bisherigen Lehensherrn, dem polnischen König, abschwören und dafür den schwedischen anerkennen. Von Souveränität war keine Rede. Aber militärisch blieb der Kurfürst Herr in Preußen. Es gab keine Einquartierung fremder Truppen. Am 23. Januar trafen sich die beiden Herrscher in Bartenstein und tranken sogar Brüderschaft. Am dritten Tag der Zusammenkunft brachte ein Bote aus Königsberg die Nachricht, die Kurfürstin sei lebensgefährlich erkrankt. Friedrich Wilhelm brach sofort auf. Der französische Gesandte meldete eine Fehlgeburt nach Paris. Tagelang saß der Kurfürst am Bett seiner Frau, aß nichts, schlief nicht, wechselte keine Kleider. Die Krise ging vorüber. Jedoch die Genesung von Louise Henriette machte nur langsame Fortschritte.

In Polen gerieten die Schweden immer mehr in die Defensive. Karl X. bedrängte jetzt den Kurfürsten, einen Beistandspakt mit ihm einzugehen. Friedrich Wilhelm überlegte: Konnte man mit diesem Bundesgenossen noch etwas gewinnen, oder sollte sich Brandenburg schon auf die andere Seite schlagen? Offensichtlich war dem Kurfürsten an einem völlig besiegten Schweden wenig gelegen. Im Juni 1656 kam es zum Vertrag. Der Kurfürst würde sich mit seinem Heer am Kampf gegen Polen beteiligen. Als Gegenleistung sollten ihm nach dem Sieg die Woiwodschaften Posen und Kalisch als souveräne Gebiete zufallen – hundert Jahre vor der «ersten polnischen Teilung» von 1772. Trotz aller aufreibenden politischen Geschäfte nahm sich Friedrich Wilhelm noch Zeit für anderes. Aus Berlin war ein Antrag des Arztes Johann Sigismund Elsholtz gekommen. Er wollte ein Verzeichnis der Pflanzen in der Mark Brandenburg und in den kurfürstlichen Gärten anlegen. Friedrich Wilhelm diktierte selbst das Erlaubnisschreiben. Elsholtz, später Leibarzt und Regimentsarzt der kurfürstlichen Garde, hatte an der – neben Leiden – berühmtesten Medizinfakultät Europas, in Padua, promoviert. Er war Praktiker und Wissenschaftler. Sein Bericht über die «Flora marchica» erschien 1663. Zwei Jahre später kam seine «Neue Clystierkunst» in erster Auflage auf den Markt, eine Revolutionierung der Medizin. Nachdem der Engländer William Harvey 1628 seine Entdeckung des Blutkreislaufs als «Versuch über die Bewegung von Herz und Blut» veröffentlicht hatte, experimentierten seine Kollegen mit Einspritzungen in die Blutbahn, um deren Wirkung zu erforschen. Elsholtz begann 1661 mit Injektionsversuchen an einer Frauenleiche und ging dann zu lebenden Hunden über. Zwei Jahre später machte er eine Einspritzung in die Wade eines kurfürstlichen Leibgardisten. Damit beschritt Elsholtz als erster einen Weg, ohne den die Erfolge der Medizin nicht zu denken sind. Denn was täten wir ohne die Injektionstechnik.

Zurück nach Preußen. Am 1. Juli 1656 war die schwedische Besatzung Warschaus von den Polen überrumpelt worden. Karl X. drängte auf Rückeroberung. Doch es zeigte sich, daß Friedrich Wilhelm keineswegs mit fliegenden Fahnen in seine erste Schlacht zog. Während die Truppen schon aufmarschierten, machte er Johann Kasimir noch ein Friedensangebot. Der polnische König lehnte höhnisch ab und ließ erklären, die Schweden schenke er seinen Tataren zum Frühstück, und den Kurfürsten werde er in ein finsteres Loch stecken.

Die polnische Arroganz stützte sich auf einen gewaltigen Größenunterschied zwischen den beiden feindlichen Heeren. Auf der polnischen Seite standen rund 80000 Mann, die Schweden und

Brandenburger brachten es zusammen gerade auf 18 000. Doch die Zahlen täuschen. Die Masse der polnischen Streitkräfte bestand aus militärisch völlig ungeübten Männern, die meisten beritten, aber ohne Feuerwaffen. Die je 9000 Mann der Schweden und Brandenburger waren bestens gedrillt. Zur Hälfte Infanterie und Artillerie. Friedrich Wilhelm und Karl X. ritten selbst aufs Schlachtfeld und befehligten je einen Flügel. Gekämpft wurde drei Tage lang auf dem rechten Weichselufer gegenüber von Warschau. Ersparen wir uns die Einzelheiten. Es wurde ein Sieg der verbündeten Feinde Polens, die rund 700 Tote und Verwundete zu beklagen hatten. Vom Gegner fielen 3000 bis 4000 Mann. Wer nicht fliehen konnte, mußte sterben. Die Alliierten hatten sich vor der Schlacht geeinigt, keine polnischen Gefangenen zu machen.

Bei ihrer ersten Bewährungsprobe hatte sich die neue brandenburgisch-preußische Armee glänzend geschlagen. Sehr schnell wußte es ganz Europa. Karl X. war verärgert, weil Friedrich Wilhelm sich weigerte, die geschlagene polnische Armee noch weiter zu jagen. Was vorher für Schweden gegolten hatte, wurde auch die Maxime des Brandenburgers für Polen: Er mußte wieder mit ihnen leben und wollte keinen total vernichteten Feind. Der Sieg machte ihn nicht maßlos. Und – Berechnung oder Spontaneität – Friedrich Wilhelm vergaß jene nicht, die durch ihre Steuerbewilligung seine Armee erst möglich gemacht hatten. Wieder in Königsberg, schickte er im September 1656 ein Schreiben an seine Stände ins Land: «Als Wir nun diesen großen Sieg allein Unserm Großen Gott im Himmel zuschreiben und seiner göttlichen Barmherzigkeit für die verliehene Gnade inniglich Dank sagen, so erinnern wir uns dennoch auch dabei aus landesväterlicher Liebe und Treue Unserer gehorsamen Lande und Unterthanen und absonderlich Eurer unterth. Bezeigung, indem Ihr . . . niemals die Hände sinken lassen, sondern uns allemal unterth. unter die Arme gegriffen und so auch ein Teil zu der erhaltenen Viktorie durch Hergebung der Mittel zugleich mit kontribuieret.»

Brandenburg war ein selbständig handelnder Machtfaktor auf der politischen Bühne Europas geworden. Schon im Februar hatte man mit Frankreich ein Defensivbündnis abgeschlossen, so daß Friedrich Wilhelm vor einem Angriff auf seine westlichen Gebiete sicher sein konnte. Jetzt, im Herbst 1656, schickte er den Gesandten Eulenburg nach Rußland, um sich im Osten abzusichern. Mit Geschick brachte es der arrogante Eulenburg fertig, den Zaren zu einem Nichtangriffspakt zu überreden, dem ersten zwischen Brandenburg-Preußen und Rußland.

Der Sieg von Warschau trug keine sichtbaren Früchte. Die Polen konnten im Herbst die von Schweden dem Brandenburger zugesprochenen Gebiete zurückerobern und stießen immer weiter nach Preußen vor. Karl X. wütete mit seinen Soldaten in Polen, ohne einem festen Plan zu folgen. Die Königsberger murrten immer hörbarer über einen Verbündeten, der nichts als Elend brachte. Friedrich Wilhelm, der offenen Aufruhr fürchtete, befahl den Bau einer Burganlage am linken Pregelufer. Seine Berater führten heftige Debatten darüber, auf welche Seite sich der Kurfürst stellen sollte. War es jetzt nicht an der Zeit, die Fronten zu wechseln? Die Atmosphäre am Hof wurde so geladen, daß Graf Waldeck, immer noch ein überzeugter Anhänger des schwedischen Bündnisses, den Geheimen Rat Friedrich von Jena, der Waldecks Meinung nicht teilte, mit der Reitpeitsche bedrohte. Als Friedrich Wilhelm davon hörte, rief er in jähem Zorn «er könne sich wohl entschließen, um einer solchen Sache willen einem Grafen den Kopf abschlagen zu lassen».

Die wichtigste Partei bei Hofe, das meldeten bald alle Gesandten aus Königsberg in ihre Heimatländer, wurde im Laufe des Jahres die «Partei der Frauenzimmer». Louise Henriette, die Frau des Kurfürsten, seine Mutter und seine Lieblingsschwester Louise Charlotte, Herzogin von Kurland, drängten Friedrich Wilhelm zu einem Ausgleich mit Polen und taten das Ihre, entgegengesetzte Bemühungen zu stören. Die drei Frauen wollten Frieden.

Zu allem Unglück brach in dem übervölkerten Königsberg die Pest aus. Friedrich Wilhelm drängte darauf, die Stadt sofort zu verlassen, denn seine Frau war wieder schwanger, ein Jahr nach ihrer lebensgefährlichen Erkrankung. Wir wissen es aus einem Schreiben an Karl X., der den Kurfürsten unbedingt persönlich sprechen wollte. Wahrscheinlich steckte Louise Henriette hinter der Absage, die der Schwede erhielt. Auf jeden Fall schrieb Friedrich Wilhelm dem König entschuldigend, daß «der vielgütige Gott

Unsere Gemahlin mit gnädigen Augen angesehen und gesegnet und es jetzo gleich die gefährlichste Zeit ist, da es sich ausweisen muß». Louise Henriette war im zweiten Monat. Schlippenbach, immer noch schwedischer Gesandter, ahnte langsam, daß die Kurfürstin seiner Partei nicht gewogen war, und schrieb an Karl X.: «Ich traue den schwangeren Weibern nicht auf ein Haar.» Doch die Weiber mußten noch zurückstecken. Friedrich Wilhelm, der sich an keiner Stelle über ihr Engagement beklagte, verfolgte weiter seine Politik der kleinen Schritte. Er ließ sich auch nicht von Schwerin überreden, der jetzt zu einem Ausgleich mit Polen riet. Der Kurfürst forderte nun erst einmal von seinem schwedischen Verbündeten die Souveränität über Preußen. Karl X. hatte keine Wahl. Im November 1656 wurde sie dem Brandenburger im Vertrag von Labiau zugestanden.

Kaum war das neue Jahr angebrochen, erschien in Königsberg ein Mann, der erreichen sollte, worum sich die Frauenzimmer bisher vergeblich bemüht hatten. Es war der kaiserliche Diplomat Franz von Lisola, ein gebürtiger Franzose, der sein Handwerk verstand. Nach mehreren Begegnungen fragte Friedrich Wilhelm Lisola, was die Polen ihm anzubieten hätten, wenn er mit ihnen separat Frieden schließen würde. Es blieb vorerst eine theoretische Frage. Ende des Monats traf der Kurfürst endlich mit dem schwedischen König in dem Flecken Preußisch-Holland zusammen und konnte ihn zu Friedensverhandlungen bewegen. Fühler wurden nach Polen ausgestreckt. Doch da beide Seiten hofften, ihre Ausgangslage noch verbessern zu können, kehrten alle Unterhändler bald unverrichteterdinge wieder heim. Mehr noch: Friedrich Wilhelm und seine Berater beschlossen, Schweden weiterhin zu unterstützen. Graf Waldeck sollte bei einem Zug nach Südpolen das Heer des Königs mit 4000 Reitern verstärken. Das Unternehmen mißlang. Für den Grafen, der schon länger amtsmüde war und dessen Einfluß auf die brandenburgische Politik immer geringer wurde, ein Grund, um seinen Abschied zu bitten. Der Kurfürst ernannte ihn zum Statthalter von Minden und Ravensberg.

Zur gleichen Zeit begannen sich andere bisher feste politische Koordinaten zu verschieben. Dänemark schien nur auf einen günstigen Augenblick zu warten, um seinen im Osten gebundenen und geschwächten Erbfeind Schweden in dessen eigenem Land anzugreifen. Karl X. hingegen wurde des Kampfes müde gegen einen Feind, der trotz aller Siege nicht zu packen war: «Mit diesen Barbaren wird nichts ausgerichtet, man mag sie schlagen, soviel man will. Ich muß heraus aus dem polnischen Wesen, es geschehe, was da wolle.» Habsburg, bislang nur Zuschauer, verbündete sich nach dem Tod Ferdinands III. im Mai 1657 offiziell mit Polen und versprach 12000 Soldaten. Den ungeduldigen Schweden kümmerte das wenig. Als die Dänen im Juni tatsächlich losschlugen, sammelte Karl X. sein Heer und zog in Gewaltmärschen bis Ende Juli nach Holstein. Endlich wieder ein richtiger Krieg.

In Königsberg waren der Kurfürst und seine Berater anderer Meinung und sahen immer besorgter, wie Brandenburg-Preußen zwischen zwei Fronten geriet und bei einem neuen Krieg im Osten gegen Polen und den Kaiser allein stand. Es war kein Zufall, daß Franz von Lisola im Juli 1657 wieder in Königsberg eintraf. In Polen hatte er die Königin Louise Maria, tatkräftige Gemahlin von Johann Kasimir, davon überzeugen können, daß die Zeit für einen Ausgleich mit Brandenburg gekommen sei, und ihr gleich einen wohlwollenden Adressaten für solche Überlegungen genannt – die Mutter des Kurfürsten. Die Rechnung ging auf, bald war ein Briefwechsel zwischen Louise Maria und Friedrich Wilhelm in Gang gekommen. Außerdem legten sich die Kurfürstin Louise Henriette und ihre Schwägerin, die Herzogin von Kurland, mit allen Mitteln ins Zeug. Es wurde verhandelt, und diesmal ernsthaft. Habsburg war wieder am Wohlwollen Friedrich Wilhelms interessiert, weil es galt, die Stimme Brandenburgs für die Wahl von König Leopold zum römischen Kaiser zu sichern.

Nicht zum erstenmal signalisierte eine Taufe, daß sich die politische Landschaft verändert hatte. Am 11. Juli 1657 hatte Louise Henriette ihren zweiten Sohn geboren – Friedrich: 44 Jahre später würde er sich in seiner Geburtsstadt zum König machen. Solche kühnen Träume verboten sich im Augenblick schon deshalb, weil Friedrich ein sehr schwächlicher Säugling war. Die Taufe wurde sicherheitshalber schon am 29. Juli in der Königsberger Schloßkirche vom Oberhofprediger Stosch gespendet. Die Taufpaten waren der Franzose d'Avaugour in Vertretung Ludwigs XIV., Baron Lisola für den späteren habsburgischen Kaiser, der Fürst Boguslaus Radziwiłł vertrat den Kurfürsten von Sachsen. Eine Gesellschaft von politischem Gewicht. Nach der Taufe flüsterte Friedrich Wilhelm bei der Feier im Schloß dem Baron Lisola zu, daß er bereit sei, Leopold zum Kaiser zu wählen. Nun übten die Habsburger auf den Polenkönig Druck aus. Am 1. September wurde die Einigung über einen Waffenstillstand zwischen Brandenburg und Polen mitsamt dessen Verbündeten verkündet. Zwei Wochen später ritten der Kurfürst, Schwerin und Lisola nach Wehlau, einige Meilen östlich von der Stadt. Zum Jagen, wie jedermann in Königsberg hören konnte. Tatsächlich wurde in Wehlau schon der Friedensvertrag zwischen Polen und Brandenburg unterzeichnet. Der Kurfürst verzichtete auf alle Eroberungen der letzten Monate und erhielt vom polnischen König, wofür er in diesen Krieg gezogen war: die Souveränität über das Herzogtum Preußen. Der geheimste Teil des Vertrages: Beide Staaten verpflichten sich zu gegenseitiger Hilfe im Kampf gegen Schweden.

An Karl X. schrieb Friedrich Wilhelm, daß er mit den Polen einen Neutralitätsvertrag unterschrieben habe, da der König nicht, wie versprochen, nach acht Wochen aus Dänemark zurückgekehrt sei, sondern sich dort immer tiefer in den Krieg verstricke.

Seit zwei Jahren lebte der Hof nun in Königsberg. Friedrich Wilhelm drängte es wieder in die Mark und in die Nähe des westlichen Kriegsschauplatzes, wo Dänen und Schweden gegeneinander kämpften. Bevor er aufbrach, mußte der Kurfürst jedoch sein Haus in Preußen bestellen. Dort lagen Schwierigkeiten in der Luft, und Friedrich Wilhelm wußte es. Den Ständen konnte es nicht angenehm sein, den fernen polnischen Souverän gegen einen Herrn einzutauschen, der ihnen sehr viel genauer auf die Finger sehen oder seine Geheimen Räte schicken würde. Nun konnte man nicht mehr beim katholischen König um Unterstützung gegen den calvinistischen Herzog nachsuchen. Wie die brandenburgische Herrschaft aussah, hatte jedermann in den vergangenen Jahren am eigenen Leib erfahren können – nichts als Steuern und Abgaben wurden gefordert.

Bisher hatten in Abwesenheit des Landesfürsten die Oberräte in

Königsberg die Regierung ausgeübt. Soviel Selbständigkeit wollte Friedrich Wilhelm seinen Preußen nicht mehr geben, zumal er nicht sicher sein konnte, ob sie bei der gegenwärtigen Unzufriedenheit loyal zu ihm halten würden. Wieder, wie bei der Wahl des clevischen Statthalters Graf Johann Moritz von Nassau-Siegen, traf Friedrich Wilhelm eine ausgezeichnete Wahl. Als seinen persönlichen Vertreter machte er Boguslaus Radziwiłł, Abkömmling einer mächtigen litauischen Magnatenfamilie und mit dem Kurfürsten verwandt, zum Statthalter. Der Vater des Fürsten hatte 1613 im Schloß an der Spree mit einer Hohenzollernprinzessin Hochzeit gehalten. Radziwiłł, im reformierten Glauben erzogen, war genauso alt wie der Kurfürst. Seine Kavalierstour hatte ihn durch Holland und Frankreich geführt. Er war ein ausgezeichneter Soldat. Wie die meisten seiner Standesgenossen hatte sich der Fürst beim Einfall der Schweden auf die Seite der Sieger geschlagen. Als sich das Kriegsglück wendete, besetzten die Polen seine großen Ländereien.

Trotzdem war Radziwiłł immer noch ein Mann mit ausgezeichneten Verbindungen nach Polen. Die Stände konnten nichts gegen ihn vorbringen – abgesehen von der Tatsache, daß sie prinzipiell etwas gegen Statthalter in ihrem Land einzuwenden hatten. Die Instruktion, die Friedrich Wilhelm dem Fürsten und den Oberräten am 12. Oktober zustellen ließ, schuf eine neue Rechtslage. Beide Institutionen waren in Zukunft für Verwaltung und Justiz in Preußen zuständig. Die Beziehungen zwischen Preußen und Brandenburg würden nie wieder so sein, wie sie waren. Friedrich Wilhelms Souveränität verdeckte keine politische Eitelkeit, sondern wurde wichtiger Schritt auf dem Weg zur Zentralisierung der verstreuten Landesteile. Das blieb den Ständen nicht verborgen. Schon am nächsten Tag trugen sie im Schloß ihre Bedenken vor. Bis zum Ende des Krieges wollten sie Radziwiłł als «obersten Kriegsherrn» anerkennen, im Frieden sollte sich der Statthalter aber auf die militärischen Angelegenheiten beschränken, die sich «gar wohl von allen anderen Regierungsverrichtungen» trennen ließen.

Der Kurfürst war anderer Meinung. Der Fürst sollte von den Oberräten «zu allen fürfallenden wichtigen und des Landes Wohlfahrt concernierenden consiliis und deliberationibus» hinzugezogen werden, und sie sollten «alles mit dero Bewusst und Gutfinden» verordnen. Von nun an waren die kurfürstlichen Schreiben stets an «Statthalter und Oberräte» adressiert, selbst wenn Radziwiłł sich in Berlin aufhielt. Die Oberräte erließen nun ihre Verordnungen im Namen des Statthalters. Das dünne Band zwischen Brandenburg und Preußen institutionalisierte sich. Statt der Formel «Statthalter und Oberräthe» tauchte in den Urkunden ab 1663 plötzlich die Bezeichnung «Regierung» auf.

Den militärischen Oberbefehl und die Sorge für den Unterhalt der Truppen brauchte Radziwiłł mit niemandem zu teilen. Er war Herr über alle Festungen und hatte «Macht und Gewalt», im Kriegsfall «seinem besten Wissen und Gutfinden nach alles zu dirigieren».

Der Statthalter bekam vom Kurfürsten noch eine eigene geheime Instruktion, worin ihm geraten wurde, die neu errungene Souveränität bei den renitenten Ständen mit Diplomatie durchzusetzen. Er sollte aufpassen, daß die reformierte Gemeinde in Königsberg keinen Anlaß zum Ärger gab, und Friedrich Wilhelm befahl ihm, «die Untertanen mit solchem Glimpf zu traktieren, daß sie des polnischen Hafers vergessen mögen». Es sei wichtig, daß die Justiz unparteiisch arbeite. Der Statthalter wurde angehalten, mit jeder Post – sie ging zweimal die Woche – einen Bericht nach Berlin zu schicken. Generell jedoch sicherte der Kurfürst seinem Mitarbeiter zu, daß dieser nicht sklavisch an die Buchstaben der Instruktion gebunden war, sondern «nach erheischender Not und reifer Überlegung davon abweichen» konnte.

Das ist nicht der erste Fall: Friedrich Wilhelm konnte delegieren. Er ließ denen, die er in wichtigen Positionen brauchte, Raum für eigene Verantwortung. Er umgab sich nicht mit Jasagern, unfähig oder zu ängstlich, um nach eigenem Entschluß zu handeln. Seine Mitarbeiter waren Persönlichkeiten, auf deren Kompetenz er vertraute, ohne sich deshalb die großen Entscheidungen aus der Hand nehmen zu lassen. Sein Selbstbewußtsein war groß genug, von Könnern nichts zu befürchten. Sein Gemüt neidlos, Talente bei andern anzuerkennen. Er war nicht wie Ludwig XIV. in

Frankreich der Meinung, daß es außer dem Monarchen nur Nieten gab.

Das Jahresgehalt des Fürsten Radziwiłł lag bei 4000 Talern, plus 400 monatlich für seine militärischen Dienste und das Futter für 70 Pferde. Mit Radziwiłł sollte in Preußen eine Truppe von 5000 Mann zurückbleiben. Die kostete Geld. Noch im September 1657 rief der Kurfürst einen Landtag nach Königsberg. Doch statt über Steuern diskutierten die Ständevertreter darüber, ob die neue Souveränität ihres brandenburgischen Herrn Rechtens sei. Sie kamen zu dem Ergebnis, daß ohne ihre Zustimmung der polnische König seine Souveränität gar nicht weitergeben konnte. Friedrich Wilhelm wollte es in dieser Situation nicht auf eine grundsätzliche Klärung ankommen lassen. Noch immer hatten die Stände ihm als neuem Oberherrn nicht gehuldigt, noch mußte Johann Kasimir sie erst einmal von ihren Pflichten gegenüber dem alten Souverän entbinden. Milde ließ der Kurfürst nur seinen Wunsch anmelden, die Stände möchten seiner Souveränität keine Hindernisse in den Weg legen. Der Zündstoff für die Zukunft wurde von beiden Seiten vorläufig eingemottet. Um so heftiger würde er explodieren.

Bevor der Statthalter sein neues Amt antrat, begleitete er seinen Herrn ins polnische Bromberg am Weichselbogen. Das Königspaar hatte eingeladen. Louise Marie wollte den Mann kennenlernen, der Brandenburg ein zuvor nie gekanntes politisches Gewicht gegeben und Polen zur Herausgabe der Souveränität über Preußen gezwungen hatte. Sie ahnte, daß da einer regierte, mit dem man auch in Zukunft rechnen mußte. Es war ein kalter und regnerischer Novembertag, als Friedrich Wilhelm und Louise Henriette vor der Stadt eintrafen. Die Königin in einer Kutsche und Johann Kasimir zu Pferde kamen den Gästen entgegen. Zuerst stieg Friedrich Wilhelm vom Pferde – es gab keinen Zweifel, wer hier der Ranghöhere war –, dann folgte der König. Beide Männer umarmten sich. Dann stieg die Königin aus und begrüßte die Kurfürstin, die mit ihr zusammen in die Stadt fuhr. Den Herrschaften folgte der inzwischen knapp zweijährige Kurprinz im eigenen Wagen.

Die Stadt hatte im Krieg sehr gelitten. Das Bromberger Schloß war so zerstört, daß alle ihr Quartier im Jesuitenkloster aufschlugen. Dort gab es die erste Unterhaltung im Salon, bis das Essen fertig war, bei dem die beiden Paare unter sich blieben. Um zehn Uhr ging man zu Bett. Am nächsten Tag konferierte jeder mit jedem. Die beiden Frauen wurden selbstverständlich an den politischen Gesprächen beteiligt. Nachmittags zeigten sich die Herrschaften dem Volk bei einer Fahrt durch die Stadt. Anschließend gab es ein Festbankett. Die polnische Königin, eine französische Prinzessin, 46 Jahre alt, machte auf Friedrich Wilhelm Eindruck. Er hatte keine Angst vor willensstarken Frauen. Zwischen den Gängen des Menüs erklärte er galant, wenn sich Louise Marie um die römische Kaiserkrone bewerben würde, hätte sie seine Stimme.

Als der Kurfürst dem König seine Mitarbeiter vorstellte, kam es zu einem peinlichen Zwischenfall. Johann Kasimir zog die Hand, die Boguslaus Radziwiłł zum Kuß ergreifen wollte, demonstrativ zurück. So einfach sollte der Fürst, der im Kampf seinen Herrn verlassen hatte, die königliche Huld nicht zurückgewinnen. Radziwiłł tat das einzig Richtige, sollte es nicht zum Eklat kommen: Er warf sich dem König zu Füßen. Friedrich Wilhelm tat, als habe er den Vorfall nicht bemerkt. Das war nicht sein Stil. Und weil das äußere Zeichen als Ausweis der inneren Haltung angenommen wurde, war mit diesem Kniefall der preußische Statthalter vom polnischen König wieder in Gnaden aufgenommen. Beim Abschied geleitete Radziwiłł das königliche Paar zur Stadt hinaus. Am 21. November 1657 saß der Fürst zum erstenmal mit den Oberräten in der Königsberger Ratsstube.

Der Kampf geht weiter

Friedrich Wilhelm und Louise Henriette waren wieder zu Hause im Schloß an der Spree. Die Kurfürstin kümmerte sich sofort an Ort und Stelle um ihren Besitz in Oranienburg, am Schloß wurde immer noch gebaut. Für den Kurfürsten begannen hektische Monate. Die Gesandten reisten zwischen Berlin, Paris und Wien hin und her und versuchten, Brandenburg-Preußen die jeweilige Partei schmackhaft zu machen. Die Lage war nicht einfach für das Land zwischen den Fronten: Sollte man wirklich gegen Schweden den Krieg fortsetzen? Wer würde folgen? Was gab es zu gewinnen? Wäre ein Friedensschluß in diesem Augenblick nicht das Klügere? Friedrich Wilhelm hatte noch keine feste Meinung. Er schwankte und festigte damit nur das Bild, das Zeitgenossen und Nachgeborene eifrig pflegten – als habe die Politik dieses Herrschers nur im Durchlavieren bestanden, ohne feste Linie, ohne Ziel, ja schlimmer noch, ohne Moral. Friedrich Wilhelm als Zauderer. Diese Zeit und die folgenden wollten etwas anderes – den Markigen und Standfesten, der jeden Knoten ohne Überlegung durchschlug. Da stellte sich die Moral stets von selber ein.

Der Kurfürst hielt sich die Wege offen und tat zugleich einen ersten Schritt. Im Januar 1658 kam der geschickte Franz von Lisola an die Spree. Im nächsten Monat schon wurde ein Bündnis zwischen Wien und Berlin ausgehandelt. Die Österreicher würden Soldaten gegen die Schweden schicken. Der Kurfürst gab dem König Leopold seine Stimme bei der Kaiserwahl. Sie ging dann auch im Sommer in Frankfurt am Main über die Bühne, mit gebratenen Ochsen für das Volk und rotem und weißem Wein, der ohne Unterlaß aus öffentlichen Brunnen floß. Mit der Stimme des Brandenburgers im Kasten wurden die Österreicher bald sehr zurückhaltend, was den vereinbarten Kampf betraf. Frankreich witterte seine Chance. Kardinal Mazarin schickte einen deutsch geborenen Gesandten namens Frischmann, der den Kurfürsten in seinem Mißtrauen gegenüber Habsburg bestärkte. Schwerin empfing den Gesandten in der Frühe um sieben zur Audienz. Es gab für Frischmann sogar ein Diner mit dem Kurfürsten am 24. April morgens zwischen zehn und elf Uhr.

Friedrich Wilhelm hörte sich alles an, auch was seine Mutter zu sagen hatte, die Anfang Mai im Schloß eintraf und für ein weiteres enges Zusammengehen mit Polen warb. Warum sollte man nicht doch einen letzten Friedensversuch machen? Der Krieg, so zeigt es sich nun wieder, war für den Herrn der Mark kein Mittel, das man bedenkenlos einsetzte. Friedrich Wilhelm vergaß nicht, daß die letzten zwei Jahre seinen Staat ausgepowert hatten, daß die Schäden des Großen Krieges noch längst nicht überwunden waren. Am 21. Mai brachen Schwerin und der gerade in Berlin weilende Daniel Weimann – Gesandter im Haag –, einer der besten Diplomaten Brandenburgs, in Richtung Holstein auf, um bei dem schwedischen König dessen Wünsche für einen Frieden mit Polen auszuloten.

In Warschau wurde Louise Marie unruhig. Sie traute ihrem charmanten Gast aus Bromberger Zeiten nicht mehr und beschloß, sich zu einem Besuch in Berlin anzumelden. Das Protokoll nannte es einen Besuch bei der Kurfürstin. Louise Marie – in politischen Dingen tatkräftiger als ihr Mann – reiste allein in die Mark. Friedrich Wilhelm kam seinem hohen Gast vor Berlin mit 4000 Mann entgegen, und beim Betreten der Stadt schossen zwanzig Kanonen Salut für die katholische Königin. Übrigens war die Verständigung damals kein Problem. Alle sprachen Französisch. Gerade in diesen Tagen wurde als Bote der großen Kultur im Westen am brandenburgischen Hof zum erstenmal eine französische Kammerjungfer eingestellt, als «France-Madame» war sie im Hof-Etat verzeichnet.

Für die Königin gab es festliche Bankette, die Kapelle der kurfürstlichen Musiker machte Überstunden, und in den Gesprächen suchten Friedrich Wilhelm und seine Frau ihren Gast davon zu überzeugen, daß es nach außen nicht schadete, alles für den Frieden getan zu haben.

Louise Marie konnte mit eigenen Augen sehen, daß der Kurfürst sich auf den Ernstfall vorbereitete. Friedrich Wilhelm hatte beschlossen, Berlin und Cölln zur Festung auszubauen, und im April 1658 die Bürgermeister zu sich aufs Schloß gerufen. Die mittelalterlichen Mauerreste mußten abgerissen werden, aus Holland kamen vier Ingenieure und ein Wasserbaumeister. Die Oberaufsicht erhielt Johann Gregor Memhardt. Es mußte schnell gehen, denn ein Angriff der Schweden auf die Residenzstädte war nicht ausgeschlossen. Kurzerhand verpflichtete ein kurfürstlicher Befehl die Einwohner zu Schanzarbeiten. Jeden Tag mußte ein anderes Viertel der Einwohnerschaft antreten und bekam Schippe,

Hacke oder eine Karre in die Hand gedrückt. Selbst die Dienerschaft vom Schloß blieb nicht verschont. Als der erste Spatenstich getan wurde, sah der Kurfürst zu.

Die Zeiten hatten sich geändert. Zwar murrten die Bürger nicht wenig, doch gehorsam taten sie, was ihnen befohlen. Der Sohn führte ein anderes Regiment als der Vater, bei dem man sich sogar während des Großen Krieges erfolgreich gegen Einquartierungen gewehrt hatte. Inzwischen lebten ständig an die 2000 Soldaten in der Stadt, Frauen und Kinder nicht gerechnet.

Kaum hatte die polnische Königin Berlin wieder verlassen, geschah etwas, das alle ihre Befürchtungen gegenstandslos machte. In Flensburg, wo Schwerin und Weimann auf das Quartier des Schwedenkönigs gestoßen waren, kam es zum diplomatischen Eklat. Karl X. weigerte sich, die brandenburgischen Abgesandten zu empfangen. Zuerst einmal sollten die beiden Herren ihre Pläne anderen zur Begutachtung vorlegen, und danach werde er sie nur vorlassen, falls sie befugt seien, sofort über eine Zusammenarbeit zwischen Brandenburg und Schweden zu entscheiden. Das war nach den Gepflogenheiten der regelstrengen Zeit eine eindeutige Demütigung. Doch Karl X. war mit diesem Bluff an die Falschen geraten. Zwei so erfahrene Politiker wie Schwerin und Weimann ließen sich nicht einschüchtern. Sie drehten den Spieß um, erkannten die Gelegenheit zu spektakulärer Propaganda und reisten demonstrativ am 4. Juli ab. Anfang August erschien in ganz Europa auf deutsch, lateinisch und französisch eine Flugschrift über die Gesandtschaft nach Flensburg mit einem Anhang der wichtigsten Aktenstücke. Der Verfasser – wahrscheinlich Weimann. Doch die Frage ist müßig. Jeder, der lesen konnte, wußte, daß dieses Pamphlet aus Brandenburg kam und damit ein kommender Krieg gegen Schweden gerechtfertigt werden sollte.

Längst war es nichts Besonderes mehr, sich auf diese Weise an die europäischen Höfe und – zunehmend – an eine kleine Schicht Gebildeter zu wenden, die langsam öffentliche Meinung wurde. Bei diesem Aufruf war die trockene Kanzleisprache nicht mehr gefragt. Es kam auf möglichst breite Wirkung an. Und so las der interessierte Zeitgenosse: «Ehrlicher Teutscher! Dein edles Vaterland war leider bei den letzten Kriegen unter dem Vorwande der

Religion und Freiheit gar zu jämmerlich zugerichtet und an Mark und Bein dermaßen ausgezogen, daß von einem so herrlichen corpore schier nichts übrig verblieben als das bloße Sceleton. Wem noch einiges teutsches Blut um sein Herz warm ist, muß darüber weinen und seufzen! Wem sein Vaterland lieb ist, muß die unglücklichen Zeiten beklagen!» Ein Meisterwerk der Propaganda. Es liegt nahe, die Jahrhunderte zu verwischen, Friedrich Wilhelm und seine Mitarbeiter als die Künder eines deutschen Nationalismus unter Preußens Führung zu feiern. Heinrich von Treitschke sah 1875 in diesen Zeilen das Nahen «eines neuen, besseren Morgens». Doch solche Ideen haben 1658 sicher nicht die Köpfe bewegt. Es ging darum, den nahenden Krieg gegen Schweden in einem Land vorzubereiten, das die Schrecknisse des Krieges noch in frischer Erinnerung hatte und dessen protestantische Mehrheit eben diese Schweden und ihren großen Gustav Adolf als Befreier begrüßt hatte. Gegen dieses Volk das Schwert zu führen, ging den lutherischen Brandenburgern und ihrer orthodoxen lutherischen Geistlichkeit gar nicht in den Kopf. Nicht zuletzt appellierte der Kurfürst deshalb an alle im Reich, um die Murrenden im eigenen Land zu überspielen.

«Wir haben unser Gut, wir haben unser Blut, wir haben unsre Ehre und Namen dahin gegeben und nichts damit ausgerichtet, als daß wir uns schier zu Dienstknechten und fremde Nationes berühmet, uns des hohen Namens fast verlustig und diejenige, wo wir vorher kaum kannten, damit herrlich gemachet. Was sind Rhein, Weser, Elbe und Oder anderes als fremder Nationen Gefangene? Was ist deine Freiheit und Religion mehrs, als daß andere damit spielen?»

Sie sollen ihn nicht haben, den freien deutschen Rhein: Es war ein anderer Nationalismus, der sich im 19. Jahrhundert begeisterte. Aber abgelegene Wurzeln sind aus diesen Worten nicht ganz zu leugnen. Es sind nicht gerade Linien, die dorthin führen, aber auch krumme Wege gehören zum Ganzen. Nur das wenigste hängt zusammenhanglos im Raum. Beschworen wird in der brandenburgischen Flugschrift wider die Schweden der Mythos vom Reich, in dem fremde Nationen nichts zu suchen haben. Auch nachdem das Reich 1648 als politisch wirksames Gebilde zerschlagen worden war, als die Landesherren die Staatsräson für sich selbst entdeckten, war das Mittelalter nicht vergessen. Ein Stückchen davon lebt in allem weiter, was später kam. Gegen Ende des Flugblatts deckte Brandenburg sein eigenes Interesse auf: «Summa, Alles verlor sich mit dem herrlichen Pommern und mit anderen so stattlichen Ländern.» Da wird kein Hehl mehr aus dem Kriegsziel gemacht. Und jetzt verwundert nicht, warum die Ergebnisse von 1648 so beklagt werden. Holt Pommern zurück, und die deutsche Ehre ist ein wenig wiederhergestellt. Allen sollen die Augen geöffnet werden: «Mir, du ehrlicher Teutscher, sind diese Dinge wohl bekannt, und habe sie daher wollen communiciren, damit man dich mit anderen Berichten nicht länger äffen und ohne Gründe der Wahrheit blind umher treiben möge. Gedenke, daß du ein Teutscher bist.»

Wer den Frieden von 1648 brechen will – und das wäre bei einer Rückeroberung Pommerns der Fall –, muß allerdings große Worte finden. Das schmälert nicht diesen gekonnten Appell an die Gefühle und an Erinnerungen aus dem vergangenen Krieg, verknüpft mit der Interessenlage Brandenburgs. Weimann war, wie der Kurfürst, ein ausgezeichneter Kenner der Niederlande, wo die Propaganda mit Flugschriften blühte.

Wie sehr dazu das Zeitschriftenwesen auf dem Vormarsch war, erfahren wir ausführlich in einer zweiten brandenburgischen Flugschrift gegen die Schweden, die im September 1658 in der Zeitungsstadt Hamburg auf den Markt kam. Aus ihr war zu «ersehen, wie die Königliche Schwedische Majestät Seine Churfürstliche Durchlaucht so ganz verächtlich eine Zeit hero tractiret, und, wie man zu sagen pflegt, reden, gleichsam bey den Haaren zur endlichen Gegenwehr gezogen».

Auf den Appell an den «Ehrlichen Teutschen» hatten die Schweden mit einer Schrift reagiert, die den Berliner Zeitungen vorwarf, nur noch «feuer und Blut zu spryen», und für ein Verbot plädierte.

In der Hamburger Gegenschrift war es zur Abwechslung ein fingierter Schwede, der diese Anklagen zurückwies und zugleich über das Berliner Zeitungswesen allerlei Auskünfte gab: «Mir wird von glaubwürdigen Leuten berichtet, daß der Drucker zu

Berlin nichts anderes in den wöchentlichen Zeitungen setze, denn was ihm von guten und trawenden Leuten aus einigen Originalschreiben communiciret wird, auch sich nachmals darumb wenig bekümmere, ob diejenige, so solches geschrieben, gut Brandenburgisch, Schwedisch oder Dänisch seyen.» In Schweden allerdings, so wußte der Schreiber zu berichten, war solche Freizügigkeit nicht möglich. Die Presse mußte «seiner Königlichen Majestät unseres allgnädigsten Königs und Herrn Heldenthaten hoch erheben und herausstreichen, von nichts denn lauter Sieg schreiben, und was von der Gegenpartey geschiehet, entweder verschweigen oder gar leugnen, oder auch wol das contrarium schreiben . . .» Zensur im eigenen Land und im fremden Bestechung: «Was wir auch für Geld darauff spendiret, daß wir in Hamburg allhier es dahin gebracht, daß die Drucker nicht von sich geben dürffen, denn was wir ihnen in die Hände stecken . . .» Und wenn dann die Berliner solche frisierten Nachrichten noch übernahmen und in die Öffentlichkeit brachten, waren sie selber schuld: «Daß aber zu Berlin unsere gedruckten Schreiben und Relationes, ob sie ihnen gleich noch so sehr zuwider lauffen, öffentlich und wol für dem Schloßthore zu feil geboten werden, das ist ihrer Einfalt und negligenz zuzuschreiben.» Der Verfasser vertraute offensichtlich darauf, daß der Leser solche Einwände entlarvte und die Meinungsfreiheit in Brandenburg lobte.

Der Unmut Brandenburgs über den Eklat von Flensburg äußerte sich nicht nur schriftlich. In Berlin sagte ein zorniger Kurfürst dem französischen Gesandten, er könne auf eine solche Beleidigung nur mit dem Degen reagieren, und begab sich nach Küstrin, wo sich seine Truppen sammelten, rund 15 000 Soldaten. In den Kirchen wurde – widerwillig – für den Sieg gebetet. So spontan Friedrich Wilhelm mit seinen Worten war, wiederum drängte es ihn nicht in die Schlacht. Er wartete ab. Brandenburg wollte nicht als Friedensbrecher dastehen. Dahinter steckten nicht so sehr hehre Motive, sondern praktische politische Überlegungen. Niemand wußte im Augenblick, wo Karl X. zuschlagen würde. An den Fürsten Radziwiłł, der sich gerade zu Verhandlungen in Warschau aufhielt, gingen dringende Depeschen, die von einer Einschiffung des Königs nach Preußen sprachen. Doch der Schwede überraschte seine Gegner mit einem erneuten Angriff auf Dänemark. Diesmal wollte er Kopenhagen einnehmen.

Als die Nachricht in Berlin eintraf, zusammen mit einem Hilferuf Dänemarks, herrschte Einmütigkeit: Die Österreicher versprachen sofort 8000 Mann mit ihrem General Montecuccoli, die Polen setzten 3000 Reiter in Marsch. Unter dem Oberbefehl des Kurfürsten würde es in Richtung Jütland gehen. Die Holländer versprachen, Schiffe zum Übersetzen der Truppen auf die dänischen Inseln zur Verfügung zu stellen. Am 17. September 1658 verließ der Kurfürst Berlin. Am 8. Oktober schlug er sein Hauptquartier in Rendsburg auf. Während des ganzen Feldzuges war Schwerin an seiner Seite, für den er vor der Abreise ein neues Amt geschaffen hatte, das endlich nach außen die herausragende Stellung dieses Mitarbeiters deutlich machte. Schwerin wurde Oberpräsident des Geheimen Rates, eine Stellung, die Graf Waldeck einst für sich erträumt hatte. Friedrich Wilhelm wußte, daß diese Position Schwerin – im Gegensatz zu dem ehrgeizigen Waldeck – niemals zu einer eigenen Politik verführen würde. Seine Loyalität stand außer Zweifel. Als persönlichen Sekretär des Kurfürsten hatte Schwerin seinem Herrn den an der Duisburger Universität lehrenden Juristen Franz Meinders empfohlen, einer der kommenden Männer in Brandenburg–Preußen.

Die Schweden zogen sich in den Norden nach Fredericia zurück, wo sie den Übergang über den Kleinen Belt kontrollierten und sich jederzeit auf die Insel Fünen zurückziehen konnten. Ihr Angriffsziel lag weitab. Am 9. Oktober besetzte der schwedische General Douglas das Schloß Mitau in Kurland, nahm den Herzog Jakob von Kurland, dessen Frau Louise Charlotte, die Lieblingsschwester des Kurfürsten, und die Kinder in Haft. Erst der Frieden würde der herzoglichen Familie die Freiheit bringen. Ein Affront, der den sittlichen Regeln der Zeit hohn sprach. Der Kurfürst war persönlich schwer getroffen. Mitte Dezember 1658 wurde die dänische Ostseeinsel Alsen von den Verbündeten eingenommen. Im gleichen Monat brachen die Schweden in Preußen ein und verunsicherten das Land durch Streifzüge. Ein schnelles Ende des Krieges oder eine Entscheidungsschlacht war nicht in

Sicht. In Viborg, hoch oben in Jütland, ging der Kurfürst mit seinen Truppen ins Winterquartier.

Aus war der Traum, Weihnachten wieder in Cölln zu sein. Dort im Schloß wurde Louise Henriette mit jedem Monat, der ohne den Ehemann verging, melancholischer. Zwölf Jahre war sie nun verheiratet und noch nie so lange von ihrem Mann getrennt gewesen, nein, von ihren beiden Männern. Sie schrieb viele Briefe, die aufmunternden an Friedrich Wilhelm, die traurigen an Schwerin, den sie zugleich bat, dem Kurfürsten nichts von ihrer Traurigkeit zu erzählen. Denn wie schwer ihr die Trennung fiel, vielleicht brauchte er sie gar nicht, «obgleich es mich schwermütig genug stimmt, von ihm so lange Zeit entfernt zu sein». Trotzdem ging an Schwerin bald wieder die Bitte, ein gutes Wort für eine Reise der Kurfürstin ins Feldlager einzulegen: «Ich will lieber alle Unannehmlichkeiten auf mich nehmen, um bei ihm zu sein, statt alle Bequemlichkeiten der Welt zu haben und ihn nicht zu sehen.» Daneben vergaß sie nicht, über Alltäglichkeiten zu plaudern, vor allem über «unser liebes Oranienburg . . . Wenn Ihr noch an Oranienburg denkt, will ich Euch erzählen, daß dort der Karpfenteich abgelassen werden soll.» Der Humor ging Louise Henriette nicht ganz verloren. Als sie erfuhr, daß einige ihrer Briefe offenbar nicht angekommen waren, was den Kurfürsten aber nicht sonderlich beunruhigt hatte, konnte Schwerin lesen: «Das zeigt, daß sich die Ehemänner nicht so viele Sorgen um ihre Frauen machen wie umgekehrt.»

Schwerin gegenüber fühlte sich Louise Henriette frei und berechtigt, ihr Herz sehen zu lassen. Den Ehemann mußte sie stützen, bei dem Freund durfte sie sich ausruhen. Den einen wollte sie nicht mit privaten Sorgen beschweren. Der andere sollte es aushalten können. Über Friedrich Wilhelm schrieb sie an Schwerin: «Ich wünschte, daß mein Leben ihm irgendwie nützen könnte . . . ich würde es gerne geben, um ihn glücklich zu machen.» Vom Freund erhoffte sie anderes: «Ich wünsche Euch oft her, mich von meiner Melancholie zu befreien.»

Ein Thema kehrt immer wieder in diesen vertrauten Briefen: der Glaube, das ständige Bemühen um einen gnädigen Gott. Schwerin schickte ihr einmal ein selbstverfaßtes Gebet mit der Bemerkung, es gehe an jemanden, der die Dinge dieser Welt schon hinter sich gelassen habe. Doch die Kurfürstin korrigierte ihn: Von solchen Zielen sei sie noch weit entfernt. Immer noch hänge ihr Herz mit großer Unruhe an dieser Welt. Solchen Skrupeln und quälenden Zweifeln hätte Friedrich Wilhelm wohl hilflos gegenübergestanden. Daß der sensible Schwerin dafür Verständnis hatte, mußte andererseits mit Überempfindlichkeiten bezahlt werden. Gegen Ende des Jahres fühlte er sich von seiner Briefpartnerin zurückgesetzt. Louise Henriette war sich keiner Kränkung bewußt und kritisierte ohne Umschweife solches Mißtrauen: «Ich hoffe, Sie werden mich mit der Zeit besser kennen lernen, als Sie es bisher gezeigt haben. Alle Beargwöhnungen Ihrerseits werden mich nicht veranlassen, Ihre Stelle zu wechseln, oder nicht mehr mit der Offenheit ihre Freundin zu sein, die Sie an mir kennen.»

Louise Henriette hatte zwei Seiten: eine fast skrupulöse Frömmigkeit, gepaart mit resignativer Schwermut, eine absolute Opferbereitschaft, was Friedrich Wilhelm betraf. Andererseits konnte sie Härte zeigen, wenn den Sünder seine – wie sie überzeugt war – gerechte Strafe traf. Fand in Berlin eine Hinrichtung statt, fuhr sie aufs Land, um keinem Betteln um Gnade ausgesetzt zu sein. Über die Schweden und Karl X. schrieb sie Schwerin: «Ich zweifle nicht an ihrem Sturz und ich glaube, daß es mit dem König schon bergab geht. Er wird erfahren, daß all sein Trachten nur Eitelkeit ist, und daß es für ihn besser gewesen wäre, das Königreich des Herrn zu suchen, als das der Welt, die seine Seele verlassen wird, – wenn Gott ihm nicht Gelegenheit gibt, zu bereuen, was ich ihm wünsche.»

Die Freundschaft galt nicht nur Schwerin. Es waren zwei Familien, die sich nahestanden. Über die Kurfürstin erfuhr Schwerin auch vom Zustand seiner Frau: «Meine liebe Frau Schwerin, die oft kommt, um mich zu besuchen, hofft sehr, daß Ihr bei ihrer Niederkunft hier sein möget.» Sie hoffte ebenso vergeblich wie Louise Henriette, die im Dezember 1658 ins Feldlager schrieb: «Ich will nicht unterlassen, Euch mitzuteilen, daß Gott heute abend nach 6 Uhr Madame Schwerin sehr glücklich von einem Mädchen entbunden hat, und daß ich Euch alles nur denkbare Glück wünsche! Es ist ein sehr hübsches Kind. Ich weiß, daß Ihr

Euch sehr über diese Nachricht freuen werdet, auch habt Ihr allen Grund, für die Wiederherstellung dieser vortrefflichen Ehefrau zu beten . . . Das ist alles, was ich Euch für heute sagen kann, um Euch zu bezeigen, wie ich an dem, was Euch betrifft, ebenso teilnehme, wie an dem Schicksal der meinigen, Eure Euch sehr wohlgeneigte Louise.» Die Kurfürstin wurde Patin, die kleine Tochter auf den Namen Amalie Henriette getauft.

Amalie, die oranische Schwiegermutter des Kurfürsten, stand ebenfalls in einem engen Verhältnis zum Oberpräsidenten. Auch zwischen diesen beiden gingen die Briefe in dieser Zeit hin und her, denn Schwerin gab Hilfestellung, Henriette Katharina, die Schwester der Kurfürstin, mit dem Fürsten Johann Georg II. von Anhalt-Dessau zu verheiraten. Vor Beginn des Krieges hatte Schwerin den Fürsten, der bei den Schweden Dienst tat, ins brandenburgische Heer abwerben können. Der Kurfürst hielt große Stücke auf diesen Dessauer und war ebenfalls für die Heirat. Nur Weimann im Haag hatte viele Mühe, die Herren Generalstaaten davon zu überzeugen, daß diese Partie für die Oranierprinzessin die beste sei. Schließlich kam die Einigung zustande, und Louise Henriette schrieb an den Freund: «Das ist eine der nicht geringsten Verbindlichkeiten, die ich für Euch habe, daß Ihr die Sache nach allen Seiten in Ordnung gebracht habt, damit ich eine meiner Angehörigen um mich haben kann. Das werde ich Euch nie vergessen.» Eine ganze Menge Heimweh klingt da mit.

Der Januar 1659 kam, und immer noch keine Aussicht auf Veränderungen der Lage. Am Ende des Monats diktierte Friedrich Wilhelm einen Brief an den Grafen Christian Albrecht zu Dohna, dem er für die Zeit seiner Abwesenheit die Sicherheit seiner Familie anvertraut hatte. Dohna solle die Reise der Kurfürstin ins Feldlager nach Viborg organisieren, «weil Wir Unsere herzvielgeliebte Gemahlin Liebden nicht länger also allein lassen können und deren Gegenwart höchlich verlangen . . .»

Die Freude im Cöllner Schloß war groß, ebenso das Reiseproblem. In den Dörfern lagerten die Kriegsvölker. Auf den vereisten oder verschlammten Wegen würden die Kutschen kaum weiterkommen. Schließlich machten sich 86 Personen und 93 Pferde auf den Weg, der über Hamburg führen sollte. Hofmeisterin war Frau von Schwerin, die auf diese Weise auch ihren Mann wiedersehen konnte. Ein Trompeter und ein Pastetenbäcker gehörten ebenso zum Gefolge wie der Konditor und Ihrer Churfürstlichen Durchlaucht Geheimer Secretarius.

Als größtes Problem erwies sich auf der ersten Wegstrecke, einen sicheren Übergang über die Elbe zu finden, auf der große verschobene Eismassen flußabwärts schwammen. So ritt man erst einmal durch Mecklenburg. Die nächtlichen Unterbringungen waren primitiv, die Kurfürstin den Strapazen nicht gewachsen. Immer wieder wurde Rast gemacht. Nach einer Woche und 300 Kilometern schrieb Graf Dohna seinem Herrn aus Hamburg: «Den achten Tag . . . sind Ihre Kurf. Durchl. mit dero Comitat glücklich, gesund und sehr wohlgemut durch Gottes Gnad allhie angelanget.»

In Hamburg begann für die Kurfürstin sogleich wieder das politische Geschäft. Graf Christian zu Rantzau suchte sie auf und informierte über die Kriegslage. Ansonsten wartete man auf den vom Kurfürsten versprochenen Geleitzug. Er kam nicht, und Louise Henriette entschied, sich auf eigene Faust in Richtung Norden durchzuschlagen. In Rendsburg endlich stieß man auf den Oberstallmeister von Pöllnitz samt Gefolge, der nun die Führung bis Viborg übernahm. Es war März, als die Kurfürstin nach sechsmonatiger Trennung wieder bei ihrem Mann war.

In diesem Frühjahr erschien auch der französische Gesandte Frischmann im Lager von Viborg. Kardinal Mazarin hielt die Zeit für gekommen, den Kurfürsten auf die andere Seite zu ziehen und zu einem Sonderfrieden zu bewegen. Doch als es zu einer Audienz kam, erklärte Friedrich Wilhelm dem Gesandten selbstbewußt, er könne sich nicht von Österreich trennen. Einer Schafherde dürfe man den Wachhund auch nicht wegnehmen. Frischmann empfahl dem Kardinal daraufhin in einem geheimen Schreiben, es mit Geld bei den kurfürstlichen Beratern zu versuchen. Mit «barem Geld» sei da alles zu machen. Schwerin habe vom Kaiser 50000 Taler bekommen. Das entsprach der Wahrheit, auch wenn die späteren Biographen diesen Flecken auf der Weste des pommerschen Freiherrn nicht zugeben wollten. Es war keiner in einer Zeit, wo ehrenhafte Männer alle dergleichen Geschäfte machten. Seine

Loyalität gegenüber dem Kurfürsten ließ sich Schwerin deshalb noch lange nicht abkaufen. Und warum sollte er lassen, wofür offenbar selbst Louise Henriette empfänglich war? Frischmann drängte den Kardinal, sich mit dem Geschenk für die Kurfürstin zu beeilen.

Im Mai vertrieben die Verbündeten die Schweden aus der Festung Fredericia. Ein Nachsetzen auf die Insel Fünen wurde von den Holländern vereitelt, denen plötzlich an einer Niederlage der Schweden nichts mehr gelegen war. Ihnen saßen nämlich die Engländer und Franzosen im Nacken, die kein besiegtes Schweden wünschten. Die niederländischen Kaufleute suchten ihren eigenen Vorteil, und als sie den ausgespäht hatten, kam es am 21. Mai 1659 zum sogenannten «Haager Konzert», in dem sich Holländer, Engländer und Franzosen verpflichteten, den Frieden zwischen Dänemark und Schweden wiederherzustellen. Brandenburg-Preußen wurde eingeladen, sich anzuschließen. Und um ein wenig nachzuhelfen, weigerten sich die Holländer, die Truppen des Quasi-Verbündeten zu transportieren.

Friedrich Wilhelm regte sich ungeheuer auf. Sollte alles umsonst gewesen sein? Sollte der schwedische Friedensbrecher ungeschoren und ohne Schrammen davonkommen? Das alles hatten die Holländer doch nur angezettelt, um dem Haus Oranien eins auszuwischen. Was er von den Politikern der Generalstaaten hielt, schrieb der Kurfürst eigenhändig seinem Statthalter in Cleve, dem Grafen Johann Moritz von Nassau-Siegen: «Gott erbarm es, daß man mit solchen Leuten zu tun hat, da kein Treu und Glauben bei ist und die nicht auf der Republik Konservation sehen, sondern nur, wie sie sich an alle, so dem Hause Oranien zugetan und verwandt sein, revangieren und mich nebenst meinen Kindern an den Bettelstab bringen wollten, denn durch ihre Mahnung habe ich mich in dieses Werk begeben. Gott gebe, daß man solchen Leuten die Hälse entzwei schlüge . . .»

Am 19. Juni gab es im Viborger Feldlager ein Festessen, an dem außer dem Kurfürsten hohe Offiziere, Gesandte und somit auch Frischmann teilnahmen. Während des Essens gelang es Friedrich Wilhelm noch, seinen Ärger hinunterzuschlucken. Er trank auf die Gesundheit des französischen Königs. Doch nach dem Mahl, als alle voll des süßen Weines waren, schimpfte der Kurfürst so laut über den schmählichen Schwedenkönig, der auch noch von Frankreich unterstützt würde, daß Frischmann es nicht überhören konnte. Statt diplomatisch zu schweigen, erklärte Frischmann dreist, daß ihm darüber gar nichts bekannt sei. Das war zuviel. Brüsk und mit rotem Gesicht erhob sich der Kurfürst. Frischmann stand ebenso abrupt auf. Plötzlich herrschte Stille im Zelt. Wollten die Herren vielleicht zum Degen greifen? Doch zu mehr ließ sich Friedrich Wilhelm nicht hinreißen. Er nickte in die Runde, tat, als habe er die Tafel beenden wollen, und erklärte, zu Frischmann gewandt, daß Schwerin für weitere Gespräche bereitstände. Vier Tage später reiste Frischmann ab. Der Kurfürst verabschiedete ihn mit allen Ehren und ausgesuchter Höflichkeit. Mochten seine Gefühle manchmal mit ihm durchgehen, er war zu klug, um mit ihnen Politik zu machen.

Louise Henriette hatte schon Anfang Juni das Lager verlassen und war zu Schiff auf dem Weg nach Holland. Die Hochzeit ihrer Schwester mit dem Fürsten Johann von Anhalt-Dessau sollte endlich über die Bühne gehen. War nach diesem ehelichen Intermezzo Friedrich Wilhelm wieder ganz mit dem Kriegshandwerk beschäftigt?

Das mag für solche gelten, die nichts anderes als Schlachten und Soldaten im Kopf hatten, dieser brandenburgische Kurfürst gehörte nicht zu ihnen. Nicht nur, daß ein ganzer Staat weiterhin regiert werden mußte. Der Kurfürst vergaß auch im Feldlager nicht, daß sein Land mehr brauchte als hohe Politik. Er dachte an die Zeit des Friedens.

1650 hatte er den Joachim Hübner zum Bibliothekar und offiziellen Geschichtsschreiber seines Landes gemacht. Hübner war zwischen Cleve und Cölln hin und her gereist, der Kurfürst hatte ihn auf kleinere diplomatische Missionen geschickt. Produziert hatte Hübner noch keine Zeile, als er im Oktober 1658 den Kurfürsten um einen Teil noch ausstehender Gelder bat. Im Lager zu Flensburg diktierte Friedrich Wilhelm einen zornigen Brief, lehnte die Bitte ab und erinnerte seinen Historienschreiber an das, was noch nicht geliefert wurde: «Im übrigen wißet Ihr euch zu erinnern, was maßen Ihr Von Unß zu diesem end in bestallung genommen, daß Ihr Unsers Churhauses historiam beschreiben soltet.» Und es gäbe «zur Zeit keine Nachricht . . . daß hierinn Von euch in so langer zeit, da ihr in Unsern diensten gewesen, etwas were praestiret worden . . .»

Hübner merkte nicht, wie sehr er ins Fettnäpfchen getreten, und schrieb sogleich einen langatmigen Entschuldigungsbrief, in dem er alle Vorwürfe zurückwies. Doch nun kam Friedrich Wilhelm erst richtig in Fahrt und ließ ohne alle Floskeln mitteilen, daß ihm die Meinung Hübners inzwischen gleichgültig sei. Es gab schon neue Kandidaten: «Sinthemal albereit verschiedene vortreffliche Subjecte vorhanden, die schohn gute proben in conscribenda historia haben sehen laßen, sich hiezu ohne einige schwere condition anerbotten undt solches woll ehest am tage legen werden, Wie wir dan auch zu Unserer bibliothecq albereit solche leüte bestellet, die wir hoffen solchem wercke mit stetigkeit vorstehen werden.» Und um nicht gar zu brutal zu sein, fuhr er elegant fort, er habe aus Hübners Brief entnommen, daß dieser «des werckes müde» sei und sich «gern davon los machen wolle».

Eine goldene Brücke, was die weltlichen Dinge betraf. In Glaubenssachen allerdings ließ Friedrich Wilhelm nicht mit sich spaßen, wenn sich jemand zu gar keiner Kirche bekannte. Und man hatte dem Kurfürsten hinterbracht, daß dieser Hübner keinerlei Gottesdienst besuche. So wurde der Bibliothekar am Briefschluß mit strengen Worten aufgefordert, ein «ausführliches attestatum» herbeizubringen, sei es von reformierten, lutherischen oder katholischen Kirchenbehörden, daß er sich «zu einer oder andern Religion undt deren Gemeinde, alß ein wahres glied, mit hertz undt mund bekenne», und er sollte zu verstehen geben, daß er bereue, «die Religion und offentlichen Gottesdienst bißhero so liederlich geachtet» zu haben. Dahinter stand die Überlegung: Wer sich keinen göttlichen Bindungen unterwarf, würde auch keiner Obrigkeit gebührenden Gehorsam leisten. Ein Gedanke so abwegig nicht.

Hübner konnte nicht wissen, wie geschickt ihn der Kurfürst mit seinem ersten vorwurfsvollen Brief herausgefordert hatte. Die Bestallungsurkunde für den Nachfolger lag nämlich schon ein halbes Jahr in den Schubladen der Kanzlei. Friedrich Wilhelm hatte nur auf den günstigsten Augenblick gewartet, seinen ersten Bibliothekar loszuwerden. Mit dem zweiten ungnädigen Brief aus dem Hauptquartier in Ribe vom 11. Januar 1659 war Hübner für ihn entlassen. Daß dieser nicht aufgab und den Kurfürsten sechs Jahre lang mit Eingaben bombardierte – erst um Weiterbeschäftigung, dann um Zahlung der ausstehenden Gehälter –, kümmerte ihn nicht weiter. 1666 kam aus Berlin endlich die Anweisung, seine 3575 Taler auszuzahlen. Noch bevor das Geld bei ihm eintraf, starb Hübner. Daraufhin erhielt seine Witwe 4000 Taler.

Dem Kurfürsten war als geeigneter Nachfolger der Schulinspektor der Mark Brandenburg und Professor am Joachimsthaler Gymnasium, Johann Raue, ein weitgereister und über die Landesgrenzen hinaus bekannter Gelehrter, aufgefallen. Schon im Juni 1658 hatte er Raue auf dem Papier «Unsere hierso als anderswo vorhandenen Bibliotheken», deren «Inspektion und direktion» unterstellt. Nun, nachdem Joachim Hübner sein Maß überzogen hatte, gingen im April 1659 aus dem Lager zu Viborg zwei kurfürstliche Schreiben nach Berlin. Einmal wurde der Geheime Rat aufgefordert, Raue zu vereidigen und ihm die Anstellungsurkunde auszuhändigen. Außerdem wurde dem für die kurfürstlichen Bauten verantwortlichen Johann Gregor Memhardt befohlen, Raue die Schlüssel der Bibliothek zu übergeben.

Hübner, dann Raue – hat der Zufall diese beiden ausgesucht? Die Historiker haben beide Beamte abgehakt, nicht weiter wichtig. Die Biographen nennen sie am Rande. Für die kurfürstliche Hauptfigur scheinen sie nichts herzugeben. Keinem ist aufgefallen, daß es da einen gemeinsamen Nenner gab, der den Zufall hinter sich läßt. Daß da einer war, der sie alle drei verband, die Diener und den Herrn; einer, der das Jahrhundert prägte und am Hof in Brandenburg-Preußen kein Unbekannter war.

Wir brauchen nur zwei Jahre zurückzudrehen – 1657. Noch ist Krieg in Polen. Friedrich Wilhelm hält sich im Schloß zu Königsberg auf. Ein Mann bittet um Audienz. Er möchte dem Kurfürsten ein neues Buch seines Schwiegervaters vorstellen und vor allem ihn bitten, dieses und vier weitere Exemplare an die Herzogin von Kurland weiterzuleiten.

Wir finden diese Information in einem Brief des Johann Amos

Comenius. Er schrieb an seinen Freund und Mitarbeiter Samuel Hartlib – ein Preuße, der sich in England niedergelassen hatte – am 28. Dezember 1657 aus Amsterdam nach London, wie sein neuestes Buch «Lux in Tenebris» – eine Sammlung düsterer Prophezeiungen – vom Kurfürsten aufgenommen wurde: «Vor dem Churfürsten von Brandenburg gibt mir auch dieses einen trost, dasz Er nicht auf einem abwege ist, dasz alsz ihm dis Buch eingehandiget worden und Er den inhalt vernomen, nichts anders alsz die wort, Es ist noch nicht Zeit mit solchen sachen ans licht zu gehen, gesagt.» Lateinisch geht es weiter: Der Schwiegersohn schrieb, daß er von jenem empfangen worden ist und ihm eigenhändig vier Exemplare gab – auch für die Herzogin von Kurland. Der Kurfürst wird sorgen, daß sie ihr gegeben werden.

Comenius: Dieses ist auch sein Jahrhundert, in dem sein gejagtes Leben eine breite Spur ließ, ein wenig Wiedergutmachung für viele, die in den blutigen Zeitläuften namenlos untergingen. In den katholischen Landen ein Ketzer, auf den der Scheiterhaufen wartete, von den protestantischen Großen um Rat gefragt, hat er vor allem für jene gedacht, die noch schutzloser waren als die meisten der ohnehin ungewerteten Untertanen: die Kinder. Er entwarf ihnen das erste Bilderbuch, mit dem sie spielend lernten, 200 Jahre lang. Schon die Zeitgenossen haben seine pädagogischen Absichten ins Gegenteil verkehrt und seine Erkenntnisse. Die Nachgeborenen stülpten ihm vollends die falsche Maske über, als sie Comenius zum Vater der modernen Pädagogik machten. Es gehört zum Genie, verkannt zu werden, und den Phantasten hat noch keiner ernst genommen. Beeinflußt hat er sie alle. Der Kurfürst von Brandenburg gehörte zu denen, die ihn achteten. Zum Umkreis des Comenius zu zählen – wie Hübner und Raue –, war für Friedrich Wilhelm offenbar eine besondere Empfehlung. Wie anfällig der Kurfürst für dieses Genie war, werden wir Jahrzehnte später erfahren.

Comenius dachte darüber nach, wie Kinder zu Menschen wurden. Und so nannte er Schule eine «Werkstätte der Menschlichkeit». Das Ziel aller Erziehung aber ging für ihn immer auf die Erkenntnis Gottes. Er grübelte, wie man allen einen Weg weisen könne aus dem Labyrinth der Welt in das Paradies des Herzens.

Eigentlich hieß er Jan Amos Komensky, ein Tscheche, Mitglied der protestantischen Böhmischen Brüder, deren Ahnherr Johannes Hus, der Märtyrer, war. Theologisch ausgebildet in Herborn und Heidelberg, wurde Comenius später ihr letzter Bischof. Doch zuerst einmal lehrte er die Kinder daheim, als der Große Krieg 1618 ausbrach, in dessen Verlauf der habsburgische König Böhmen mit dem Schwert wieder katholisch machte. Comenius floh, verließ die Heimat, eine Erfahrung, die er immer von neuem machen mußte. Sie verbitterte ihn nicht. Er zog eine Konsequenz, die auch heute noch radikal ist: «Da wir alle Mitbürger einer Welt sind, was hindert uns, daß wir uns in einem Gemeinwesen unter gleichen Gesetzen zusammenfinden?»

Die Flucht ging ins westliche Polen nach Leszno. Comenius schrieb Lehrbücher, Schulbücher. Die kleine kosmopolitische Gelehrtenwelt Europas wurde auf ihn aufmerksam. Viele Briefe flochten ein dichtes Netz über den Kontinent. Er reiste nach London. Kardinal Richelieu schickte ihm eine Einladung. Aus dem fernen Amerika kam der Ruf, Präsident am neugegründeten Harvard College zu werden. Comenius ging schließlich nach Schweden, um dort die Schulen zu reformieren. 1650 eine lange Reise nach Ungarn, dann Rückkehr nach Leszno. Wieder Krieg – Brandenburg und Schweden gegen Polen. Die Böhmischen Brüder jubelten. Als das Blatt sich wendete, kam die blutige Rache der Polen. Leszno brannte. Wieder Flucht. In Amsterdam schließlich ließ er sich nieder und machte sich daran, was er als seine Aufgabe sah: ein universales System aufzubauen und aufzuschreiben, das alles Wissen der Welt enthielt, mit dem ein für allemal die Erkenntnis gefunden werden konnte, der Weg zum Heil – die Pansophia. Comenius sammelte und schätzte das einzelne, die vielen Dinge, um daraus das Ganze aufzubauen. Sein Glaube war sein Mittelpunkt; er war fest überzeugt von der Prophezeiung, daß das Tausendjährige Reich Christi nahe sei, und lebte stets in der Erwartung der letzten Dinge.

Überall fand er Menschen, die ihn unterstützten, ihre Kraft anboten, die sich anregen ließen, einzelne Ideen davontrugen, zu

Neuem verarbeiteten. Alle standen sie untereinander in Verbindung, schrieben kurz im Telegrammstil, weil es soviel war, was ans Licht kam und weitergegeben werden mußte. Unter denen, die sich von ihm anstecken ließen, tauchen an unserem Horizont zwei Namen auf: Joachim Hübner und Johann Raue. Von Hübners Leben sind nur Bruchstücke überliefert. Es ist verbürgt, daß er in den vierziger Jahren für Comenius arbeitete, mit ihm in Holland lebte, daß er als Sekretär bei Gleichgesinnten in England tätig war und auch, nachdem er in den Dienst des Kurfürsten trat, riß der Briefwechsel nicht ab. Von seinem Nachfolger im Bibliotheksamt wissen wir sehr viel mehr. Und weil auch sein Leben typisch ist und diese Zeit so karg in dem, was sie an Leben hinterließ, wollen wir nicht unterlassen, es anzudeuten.

Johann Raue war ein Berliner, geboren 1610 in ein streng orthodoxes lutherisches Elternhaus. Der Vater arbeitete als Diakon an der Nikolaikirche, ein Onkel war Prediger. Mit seinem jüngeren Bruder ging er aufs Gymnasium zum Grauen Kloster. Nach der Schule studierte Johann in Wittenberg Theologie und Philosophie. 1631 starben in Berlin an der Pest die Eltern, vier Schwestern und zwei Brüder. Drei Jahre später war er mit 24 Jahren schon Professor für Geschichte und Eloquenz an der Universität Erfurt. Als er sich für die Lehren des Comenius stark machte, gab es Ärger bei den Kollegen. Raue ging nach Rostock. Auch dort brach bald Streit aus. 1639 rief ihn der dänische König an die Ritterakademie nach Sorö. Hier vor allem war er damit beschäftigt, «das von Comenius angesponnene große Werk der Pansophie» fortzusetzen. 1646 trug ihm der Rat der Stadt Danzig eine außerordentliche Professur an. Raue sollte im Sinne des Comenius eine neue Unterrichtsmethode ausarbeiten.

Raue nahm die Grundgedanken des Comenius auf, mit dem er angefangen hatte zu korrespondieren, und gab ihnen zugleich eine neue, gegenteilige Richtung. Mit diesem Zug würde die Pädagogik durch die Zeiten fahren. Das Kind war der neue Mittelpunkt, kindgerecht sollte der Unterricht sein. Das bedeutete für Raue, den Alltag in die Schule zu holen. Er kritisierte, daß «viele von den mechanischen Sachen, welche doch in dem Gebrauch Menschlichen Lebens täglich . . . fürfallen, Alß da sind unter-

schiedene Arten der wohlgelegten Wohnheußer, Kirchen, Schlö-
ßer, Ratheußer, Pfeiler, Thoren, Brücken etc. in Schulen nicht
besprochen und erläutet würden».

Bei Raue stand die Pädagogik nicht mehr wie bei Comenius im
Dienst Gottes, sondern war für die Welt bestimmt. Diese neue
Pädagogik trug ein doppeltes Gesicht. Sie ersetzte das stumpfsin-
nige Pauken und schuf zugleich die ideale Grundlage für den
brauchbaren Untertan. Die Schulen sollten jedem «ein genugsa-
mes Fundament gewähren, seinen künftigen Lebens Stand also
anzu gehen, domitt er nicht gar ein Idiot und ungeschickt, sondern zu allerhand Bürgerliche officia entweder in großen oder
kleinen Städten möge gebraucht werden». Es kam nicht mehr darauf an, das Ganze zu erkennen – wie Comenius forderte –, sondern den Teil, der einem jeden zugewiesen wurde, gut zu machen.
Die Einzelheiten wurden zum Selbstzweck, der einzelne brauchte
nicht über ihren Rand hinaus zu sehen. Es war die Sprache einer
neuen nüchternen Zeit, die in Brandenburg-Preußen auf offene
Ohren stieß. In Raues Pädagogik liegt schon der Ansatz dafür,
daß der Staat sich der Schulen bemächtigt, sie beaufsichtigt, die
Schüler prüft, für Stipendien sorgt, um alle Talente auszuschöp-
fen. Der neue, rationelle Staat weiß, daß er nicht nur Gehorsam,
sondern auch Kenntnisse braucht, und so stellte er mit Hilfe der
Schule den menschlichen Denkapparat in seinen Dienst. Johann
Raue hat diese Idee im allerersten Paragraphen seiner Reformvor-
schläge für die Danziger Schulen ausgesprochen: «Bei der For-
mung der Jugend in den Schulen ist das einfachste und gültigste
Ziel die prudentia Civilis.» Der Nutzen für die Gemeinschaft hat
absoluten Vorrang.

Dabei war Raue stets bedacht, bei den Kindern während des
Lernens nicht wie früher «Eckel, abschew undt verachtung» zu
provozieren. Wir finden die gleichen Worte wenige Jahre später in
den Anweisungen des Kurfürsten zur Erziehung seines Sohnes.

Comenius sah, wohin die Reise ging. Er wehrte sich dagegen,
daß Raue unter dem Etikett des berühmten Namens einen anderen
Inhalt verkaufte. Die briefliche Verbindung schlief mit der Zeit
ein.

In Danzig gab es bald Ärger über den progressiven Pädagogen.

Doch man trennte sich gütlich, und Raue bemühte sich um eine Anstellung in seiner Heimat. Es kann keinen Zweifel geben, daß Friedrich Wilhelm wußte, wen er 1654 zum Generalinspektor der Schulen in der Mark und zum Professor am kurfürstlichen Gymnasium in Berlin machte.

Und nun, 1659, mitten im Krieg, ernannte der Kurfürst Raue zu seinem Oberbibliothekar. Nicht nur das. Er dachte auch gleich an einen guten Ersatz für sein Gymnasium. Auf seinem Zug in den Norden hatte man ihm von den hervorragenden Qualitäten des Flensburger Philologen Johann Vorstius erzählt. Wir dürfen annehmen, daß Friedrich Wilhelms Interesse und seine Aufgeschlossenheit zu solchen Gesprächsthemen anregten. Vorstius wurde für Berlin gewonnen.

Von dort kam bald ein Brief des neuen Bibliothekars. Johann Raue wollte nicht eines Tages für die Sünden seines Vorgängers büßen müssen. Er bat darum, unter den Augen zweier Beamter eine Inventur des gesamten Bücherbestandes der Bibliothek machen zu dürfen. Der Bitte wurde sofort stattgegeben. Innerhalb von vier Wochen hatte Raue alle Bücher verzeichnet. Aber noch fehlte jede Ordnung. Es gab nicht einmal einen Hauptkatalog, jede Einteilung in Fachgebiete fehlte. Während die Arbeiter im sogenannten «Apothekerflügel» des Schlosses, den der Kurfürst zum neuen Standort seiner Bibliothek ausgewählt hatte, hämmerten und klopften, saß Raue in engen Kammern unter dem Schloßdach, wo die Bücher bisher untergebracht waren, und bemühte sich, Ordnung in die Sache zu bringen.

Der Krieg hatte das höfische Leben nicht unterbrochen. Im niederländischen Groningen gab sich Graf Johann Moritz von Nassau-Siegen, brandenburgischer Statthalter in Cleve und gebürtiger Holländer, alle Mühe, eine pompöse Feierlichkeit zu organisieren. Dort sollte am 9. Juli die Schwester der Kurfürstin endlich ihren Dessauer heiraten. Prinzessin Amalie, die Mutter der Braut, war schon eingetroffen und hielt prächtig hof. Man wartete mit zunehmender Sorge auf eine Nachricht von der Kurfürstin; ihr Segler von Jütland war schon lange überfällig. Graf Johann Moritz diktierte gerade einen besorgten Brief an den Kurfürsten, als ein Schiffer in der Stadt eintraf, der gesehen hatte, wie Louise Henriette unversehrt an Land gegangen war. Wenig später schrieb sie selbst aus dem Haag, wo einige Tage mit dem Empfang zahlreicher Delegationen vergingen. Endlich konnte Louise Henriette nach Groningen weiterreisen, das Fest beginnen.

Graf Johann Moritz war ein Mann von Welt und wußte, wie man die hohen Herrschaften bei guter Laune und das neugierige Volk am Staunen hielt. An der Spitze des Hochzeitszuges marschierten unüberhörbar die Pauker und Trompeter. Es folgten die Gäste in sechsspännigen Kutschen und dann das Brautpaar, vor dem bis hin zur Kirchentür vier «hübsch gebutzte Jungfern vom Lande» aus silbernen Körben Blumen und versilberte Blätter streuten. Das Brautkleid funkelte von silbernen Spitzen und Diamanten. Die Krone der Braut war ein besonders edles Schmuckstück. Während das Volk hinter den Beteiligten in die Kirche drängte, donnerten die draußen auf dem Platz aufgestellten Kanonen los. Niemand hörte, was der Prediger Gottes zu sagen hatte. Gleich danach krachten die Kanonen auf sämtlichen Wällen der Stadt, und alle Soldaten schossen eine Salve in die Luft, während das Brautpaar sich das Jawort gab. Der Chor sang den 128. Psalm «Wohl dem, der den Herrn fürchtet und auf seinen Wegen geht», und mit dieser Mahnung zog die fürstliche Prozession wieder zurück ins Schloß. Dort durfte ein jeder der hohen und niedrigen Gäste bei der Gratulationscour anstehen. Dann begab man sich endlich zum Festbankett. Auch hier gehörte der Lärm zum Vergnügen. Jedesmal, wenn die Bediensteten einen neuen Gang servierten, griffen Trompeter und Pauker zu ihren Instrumenten. Aber es gab auch etwas für feinere Ohren. Die Tafelmusik gehörte in Holland – wie in Brandenburg – längst zum guten Ton. In Groningen klangen Saiteninstrumente und Stimmen aus vielen Räumen. Die Feiernden verschafften sich nach dem Essen Ausgleich und schritten mit zierlichen Bewegungen zur Gavotte und Polonaise. Der letzte Tanz endete gegen drei Uhr morgens.

Da begleiteten die fürstlichen Damen die Braut ins Schlafzimmer und legten ihr einen Schlafrock aus rotem Samt um die Schultern. Graf Johann Moritz erwies dem Bräutigam den gleichen Dienst. Die frisch vermählten Eheleute trafen unter den Augen der Gäste wieder zusammen, und man wünschte sich gegenseitig eine gute Nacht. Als diese nach wenigen Stunden herum war, empfing die neue Fürstin von Anhalt-Dessau von ihrem Mann als Morgengabe eine Kette aus großen Perlen, diamantene Schmuckstücke und einen Scheck über 5000 Taler, wie alles im Ehevertrag zuvor ausgemacht war.

Am Abend gingen die Festlichkeiten weiter. Der Statthalter hatte sich einiges einfallen lassen. Es tanzte zu allgemeinem Vergnügen ein «indianisches Ballett». Damit waren keine Rothäute gemeint, sondern «Indianer» im wahren Sinn des Wortes – Inder, Asiaten, die der Graf von seinen Reisen nach Sumatra mitgebracht hatte. Die Exoten waren mit Federn aller Art geschmückt, schwangen Tamburin, klingelnde Reifen und andere tönende Instrumente zum Tanzrhythmus. Zum Schluß trat ein kleiner dressierter Bär auf, der auf die Pauke schlug und andere «Divertissements» zum besten gab. Nach dieser gelungenen Vorstellung machten wiederum die fürstlichen Paare ihre gezirkelten Tanzschritte. Für das Volk gab es jede Menge Feuerwerk.

Es war anstrengend für Louise Henriette. Sie wollte heim, und das hieß nun nicht mehr nach Holland, sondern zu Friedrich Wilhelm.

Ende August 1659 zog sie wieder nach Osten, den Weg, den sie dreizehn Jahre zuvor zum erstenmal gemacht hatte. Während sie reiste – Münster, Hannover –, schrieb der stets gutunterrichtete Kurfürst aus seinem Hauptquartier schon die Dankesschreiben an die Gastgeber seiner Frau, bei denen sie unterwegs Quartier nahm. Eine Eskorte von Reitern hatte Graf Johann Moritz organisiert, damit es an der Sicherheit nicht fehlte. Langsam bewegte sich der schwerfällige Troß auf Lüneburg zu. Da ritt ihnen hinter irgendeiner Biegung des Weges der Bote entgegen, den der Kurfürst angekündigt hatte. Es war Otto von Schwerin. Friedrich Wilhelm hätte seiner Frau keine größere Freude machen können. Der Freund übernahm jetzt die Führung und begleitete die Kurfürstin nach Gadebusch in Mecklenburg. Dort traf sie Friedrich Wilhelm. Der Krieg hatte inzwischen seinen Schauplatz verlagert.

Das Hauptquartier der verbündeten Brandenburger, Österreicher und Polen hoch in Jütland war ein stolzer Vorposten gewesen. Doch in der Auseinandersetzung mit dem schwedischen Feind hatte es keinen Schritt weitergeführt. Karl X. saß unbehelligt auf der Insel Fünen. Die Holländer kämpften nicht länger gegen ihn, die Franzosen wünschten keinen Sieg des Hauses Habsburg. Die Strategie des Schweden hieß: Abwarten, den Gegner mürbe machen und auf das ferne Preußen gezielte Nadelstiche austeilen. Radziwiłł, der Statthalter, mußte von dort Unerfreuliches melden. Die schwedischen Truppen schleppten die Vorräte der Bevölkerung fort, preßten junge Männer in ihren Dienst und verlangten auch noch Kontributionen. Das Oberland wurde «ganz verdorben» und erhielt «den Herzensstoß der äußersten Ruin». Je länger der Krieg sich hinzog, desto weniger Lust zeigten die Polen, kämpfend auf seiten der Brandenburger einzugreifen.

Da hatte Österreich eine Idee, die den Kurfürsten in eine Zwangslage brachte, aus der es keinen Ausweg gab. Die Habsburger schickten im Juli 14000 Mann nach Norden, um im schwedischen Teil Pommerns einzufallen und von dieser Küste nach Fünen überzusetzen. Auf den ersten Blick eine einmalige Gelegenheit für Brandenburg, endlich das ganze Pommern zurückzugewinnen. Hatte sich nicht das jahrelange Heiratsprojekt mit Christine ausschließlich um dieses Ziel gedreht? Wollte Friedrich Wilhelm nicht unbedingt das mächtige Stettin in seine Dienste stellen?

Doch der Kurfürst sah nicht nur den Glanz, sondern auch die heimtückische Falle, die sich hinter diesem Ansinnen seiner Verbündeten verbarg. Vorpommern, das den Schweden im Frieden von 1648 zugesprochen worden war, gehörte zum Deutschen Reich. Wer hier zum Angriff blies, brach einen Frieden, der für die Ewigkeit gelten sollte. Der Kurfürst zögerte, doch die Österreicher nahmen ihm die Wahl. Sie fielen in Schwedisch-Pommern ein, belagerten Stettin. Der Brandenburger zog mit seinem Hauptquartier wieder nach Süden, biß sich an Greifswald die Zähne aus, während Stettin den Belagerern trotzte. Die Bürger standen hinter ihrem schwedischen Kommandanten.

Für Friedrich Wilhelm sah die Lage von einer Woche zur anderen gar nicht mehr gut aus. In der Mark die Schweden vor der Tür, in Preußen schon von ihnen bedrängt, und im Reich ein einstim-

miger Fürstenchor, der den Einfall nach Pommern verurteilte und
Schluß der Streitigkeiten forderte. Die Franzosen nutzten den Augenblick und sammelten ihre Truppen an der clevischen Grenze:
Habsburgs Soldaten an der Nordseeküste – diesem Alptraum
wollte der Kardinal Mazarin ganz schnell den Garaus machen,
und natürlich konnte man mit einem Schlag den emporgekomme-
nen Brandenburger wieder etwas in die Knie zwingen. Der Wind
sprang sehr schnell um. Polen war kriegsmüde und Habsburg im
Grunde nicht bereit, für Brandenburg in Pommern die Kastanien
aus dem Feuer zu holen. Der Kurfürst stand allein, und er beschloß, nicht mit dem Kopf durch die Wand zu gehen. Der Krieg
hatte lange genug gedauert.

Im Dezember 1659 begannen die Verhandlungen. Im Mai 1660
wurden sich im Kloster Oliva vor den Toren der Stadt Danzig die
beteiligten Parteien über den Frieden einig. Vorpommern und die
Odermündung blieben weiter in schwedischer Hand.

Fünf Jahre Krieg. Hatte es gelohnt? Immer neue Soldaten muß-
ten geworben werden; die Truppen des Kurfürsten preßten stän-
dig mit Gewalt mehr Geld aus den verarmten Landesteilen; die
Rechte der Stände wurden mit dem Hinweis auf die Notlage zur
Seite geschoben. In Preußen, das der Dreißigjährige Krieg ver-
schont hatte, hielten nun auch Pest, Krankheit und Elend reiche
Ernte. Alle Untertanen, die hohen und die niedrigen, murrten.
Wozu das alles?

Für Brandenburg-Preußen, den verstreuten Länderteppich, der
langsam unter dem Druck der äußeren Feinde und der straffen
Regierung des Kurfürsten zu einer Einheit fand, hatte es sich gelohnt. Friedrich Wilhelm konnte für sich und sein Haus stolz sein
auf das, was er in Ansätzen geschaffen hatte: einen Staat. Zu Recht
schrieben die Geheimen Räte an die brandenburgischen Stände,
«daß nunmehr die Churf. Lande und Pommern gleichsam mem-
bra unius capitis sein». Viele Glieder, ausgerichtet auf den einen
Kopf. Vierzig Jahre war der Kurfürst alt, zwanzig Jahre der Herr
im Haus. Wie im Flug war die Zeit vergangen, hatte sich die
Windrose für Brandenburg gedreht. Wer sprach jetzt noch von
Sachsen oder Bayern, die Politik im Reich machten, als sein Vater
regierte? Der Friede von Oliva bestätigte die Hohenzollern in der

Mark als souveräne Herren von Preußen und machte ihr Land im Konzert der europäischen Mächte zu einem gleichwertigen Partner. Was in Labiau erst der Schwede und in Wehlau dann der Pole zugestehen mußte, das wurde nun vor aller Welt mit dem Etikett der internationalen Rechtmäßigkeit ausgezeichnet.

Auch im Innern hatte dieser Krieg die Ausgangspositionen verändert. Der Kampf der Stände gegen die neue Zeit, gegen den zentralistischen, straff organisierten Staat, war noch nicht zu Ende. Doch sie standen auf verlorenem Posten. Das neu gewonnene Prestige des Kurfürsten erstickte auf Dauer die alten Traditionen und Strukturen, wo sie sich nicht seinem Willen unterordneten. Es war kein Raum mehr für geteilte Macht.

Für Friedrich Wilhelm gingen die Lehrjahre mit dem Frieden von Oliva zu Ende. Ein jahrzehntelanger Krieg hatte vor 1648 den Kern des Landes und der Herrschaft nicht verändert. Jetzt waren die Fronten über vier Jahre in Preußen und im fernen Ausland das Vehikel einer stillen Revolution im Innern. Als ob Umstürze immer im Blute waten und von unten kommen müssen. Es war ein Pragmatiker, der Neuem die Bahn ebnete. Der Zeitgeist wirkte in einem konservativen Realisten, der den Machtkampf nicht scheute, aber häufig mit Geschmeidigkeit und auf Umwegen sein Ziel anstrebte.

Die Zeitgenossen betrachteten diesen Brandenburger voll erstauntem Mißtrauen. An den Höfen von Paris und Wien nannte man ihn wetterwendisch und skrupellos. Den Herren dort war der Neuling, der seinen gewichtigen Anteil am europäischen Kuchen verlangte, nicht angenehm. Doch was gab es wirklich an ihm auszusetzen? Daß er sein Ziel – Brandenburg-Preußen als Machtfaktor aufzubauen – so zäh und mit allen Winkelzügen verfolgte? Daß das Interesse seines Landes ihm über alles ging? Daß er hochmütig und selbstbewußt aufzutreten verstand? Die Liste kann fortgeführt werden. Sie enthält nichts als Eigenschaften, die denen, die an der Macht sind, von alters her zu Tugenden geraten, den Neulingen aber als Laster angekreidet werden. Eine doppelte Moral, die Friedrich Wilhelm wenig scherte, weil er vom Nutzen seiner Politik für das Land überzeugt und seines Gottes sicher war. Weil er in den vergangenen Jahren erfahren hatte, daß er in der Politik auf Freunde der Religion so wenig vertrauen konnte wie auf familiäre Bande.

Dieser Krieg und sein Friede waren von ihm bewußt geführt und bejaht worden. Das Heer, das er dem Land aufgezwungen, hatte sich bewährt. Seine Generäle feierten ihn als einen «heroischen und experimentierten tapferen Kriegsfürsten». Doch er blieb ein Mann, der im Kriegsgeschrei nicht seinen Kopf verlor, der die Waffe nur im Dienst der Politik erhob. Dieser Herrscher vertrug auch kritische Berater, und er suchte gute Männer. Es gab keine Einflüsterer bei Hofe. Der Kurfürst hörte auf die Argumente der andern und entschied zuletzt allein.

Im ganzen Land wurden Dankgottesdienste gefeiert. Ob Calvinist oder Lutheraner, schließlich war jeder froh, daß der Krieg vorbei war. Der Hof in Cölln und Berlin feierte. Die Geschütze auf den neuen Wällen donnerten die Kunde vom Frieden übers Land. In die Freude mischte sich für den Kurfürsten die Trauer um den Tod seiner Mutter. Sie war im April gestorben.

Berlin verändert sich

Der Krieg bringt mehr Veränderungen, als in Verträgen aufgezeichnet werden. Unter seinem langen Schatten verlagern sich im Alltag die Gewichte, werden Traditionen zur Seite geschoben, und niemand protestiert. Die äußere Druckwelle gegen den Feind preßt zugleich auch das Innere zusammen. Wer will zu Hause lamentieren, kritisieren, wenn das Schlagwort von der Not von Kanzeln und Thronen dröhnt?

Schon im ersten Kriegsjahr 1658 waren unter Hinweis auf einen drohenden Schwedeneinfall die Bürger der Residenz zum Arbeitsdienst an den neuen Festungswällen verpflichtet worden. Die Arbeit an dem sternförmigen Wall ging zwischen Sumpf und Sand nur langsam voran. Doch das war noch der geringere Ärger. Das Land, das da mit Hacke und Spaten bearbeitet wurde, gehörte nur zum kleineren Teil dem kurfürstlichen Landesherrn oder der Gemeinde. Es gab private Äcker, Gärten und etliche Häuser, die vor den alten Mauern zu kleinen Vorstädten gewachsen waren. Wer sollte die Besitzer entschädigen? Der märkische Landtag, darum gebeten, weigerte sich. Als Berlin und Cölln argumentierten, die Bevölkerung vom platten Land würde zu Kriegszeiten hinter den neuen Mauern Schutz finden, höhnten die Ständevertreter, daß solche Wohltaten im Kriegsfalle noch nie umsonst gewährt worden seien. Käme es dahin, dann müsse ohnehin ein jeder «alles aufs teuerste bezahlen».

Friedrich Wilhelm weigerte sich, eine generelle Entschädigungspflicht anzuerkennen, wollte aber die Sache nicht allzu brutal abwürgen. Listig riet er seinen beiden Residenzstädten, gegen die Stände zu prozessieren. Da gaben sie auf, denn natürlich würde mit der Enteignung nicht gewartet, bis die Prozessierenden sich durch den Instanzenweg gequält hatten. Den resignierenden Bürgern sprach der kurfürstliche Postmeister aus dem Herzen, der, als er den Befehl zum Abbruch seines Hauses erhielt, nur seufzte, «was Gott über ihn beschlossen, müsse doch geschehen».

Die symbolische Handlung, mit der die einstmals frei machende Stadtluft zu Ende ging, ereignete sich gleich zu Beginn der Bauarbeiten. Unter dem Vorwand der harten Kriegszeiten setzte der Kurfürst für seine Residenzstädte einen Gouverneur ein, der sehr bald die Schlüssel der alten Stadttore vom städtischen Rat verlangte. Der Cöllner Bürgermeister Trumbach rief den Rat zusammen, hielt aber jede Abstimmung über die kurfürstliche Verordnung für überflüssig: Was sollte man votieren, da der Befehl schon vorliege. Und bei den Räten hieß es: Nun sei man eine Last los und trage keine Verantwortung mehr.

Die nahm ihnen der Landesvater gerne ab, und nichts ließ sich dazu besser nutzen als die neue Stadtmauer. Sie schützte nämlich nicht nur vor dem äußeren Feind, sondern wurde auch zum idealen Instrument der Kontrolle und Überwachung im Innern. Den acht Meter hohen Hauptwall, außen von Spreewasser umflossen, konnte niemand übersteigen. An den sechs Ziegeltoren, die ins Freie führten, gab es eine Wachstube für das militärische Personal, das jeden Ein- und Ausreisenden streng unter die Lupe nahm. In kritischen Situationen wurde die Brücke über dem Festungsgraben in die Höhe gezogen. In der Stadt waren rund zweitausend Soldaten und sechshundert Frauen und Kinder einquartiert. Das freute die Bürger wenig, mochten sich die Soldaten auch beim Trockenlegen von Sümpfen und Spreearmen auf zivile Weise nützlich machen. Als der Kurfürst von Sachsen 1660 Berlin und Cölln besuchte und die Schanzarbeiten besichtigte, da reimte Nikolaus Peuker, Richter und Gewohnheitsdichter, wohl mehr aus Pflicht als aus Überzeugung:

«Komm an und siehe, wie so schnelle
Hier Schanzen sind gebaut und Wälle.
Nicht, daß wir Lust zum Kriege hätten:
Der Märker schliefe ja so gern
Zu Haus auf seinen weichen Betten . . .
Doch weil er nicht kann Frieden haben,
So muß er Wäll und Schanzen graben.»

Daß Friedrich Wilhelm seine Untertanen in der Residenz an die kurze Leine nahm, geschah nicht nur aus dem Drang, alles unter Kontrolle zu haben. Die Bürger forderten die kurfürstlichen Eingriffe geradezu heraus.

Sobald die Not des Großen Krieges in den vierziger Jahren ihm ein wenig Zeit und Geld gelassen hatte, war auf Befehl des Kurfürsten und unter seinem Drängen mit Renovierungsarbeiten am Schloß und mit Verschönerungen wie der Lindenallee im Tiergarten begonnen worden. Während der langen Jahre des Krieges gegen Polen und Schweden machte sich der kurfürstliche Baumeister Johann Gregor Memhardt daran, den Lustgarten zu verbessern und zu erweitern. Jedesmal, wenn der Kurfürst sich in Cölln aufhielt, wünschte er sich, was er in den Niederlanden so bewundert hatte: Saubere Straßen, steinerne Häuser, gute Beleuchtung. Wünsche und ärgerliche Bemerkungen halfen nichts. Auch als Friedrich Wilhelm 1660 wieder nach Hause kam, waren die wenigsten Straßen gepflastert, mußten die Fußgänger über einzelne dicke Steine hüpfen, um nicht im Schlamm zu versinken; waren die Häuser aus Holz und strohgedeckt, gab es keine öffentliche

Beleuchtung bei Nacht, sondern nur schwärzeste Finsternis. Ein Jahr zuvor hatte ein starkes Feuer – wieder einmal – etliche Häuser niedergebrannt. Der Kurfürst sah nicht ein, daß solche Unglücke als unabänderlich hingenommen werden mußten.

Er erließ eine Brand- und Feuerordnung und befahl, erst einmal neue und ausreichende Löschgeräte anzuschaffen und zweitens in Zukunft die rußigen Schornsteine regelmäßig zu reinigen. Das war erst der Anfang. Im August 1660 unterschrieb Friedrich Wilhelm eine «Gassen- und Brunnenordnung», die – wenngleich noch lange nicht von allen Bürgern in allen Punkten befolgt – einen Wendepunkt bedeutete. Es war vorbei mit dem alten Schlendrian und den Sonderrechten, die ein jeder für sich in Anspruch nahm. Disziplin wurde gefordert, weil es um das öffentliche Interesse ging, und niemand davon ausgenommen.

Lebenswichtig für die Stadt war eine Versorgung mit frischem Wasser. In Berlin und Cölln standen ungefähr 380 private und 52 öffentliche Brunnen. Nur im Schloß gab es fließendes Wasser, das von einem höher gelegenen Wasserturm herübergeleitet wurde. Die Brunnen dienten aber nicht nur als Wasserspender, sondern allzuoft auch als Abfalleimer. Die Ränder und hölzernen Verschalungen waren abgebrochen, oder der Schöpfzuber starrte vor Schmutz. Nach der neuen Ordnung mußten alle Brunnen in bestem Zustand gehalten werden. Wer seinen privaten Brunnen nicht pflegte, mußte zehn Taler Strafe zahlen. Wer einen öffentlichen Brunnen verschmutzte, dem kamen nicht nur die Reinigungskosten ins Haus, er konnte sich auch am Pranger wiederfinden. Neben jedem Brunnen mußte ein Löscheimer stehen. Ein Hausbesitzer wurde zum Brunnenwart ernannt. Weil die Zahl der öffentlichen Brunnen nicht ausreichte, befahl die Verordnung den Bau neuer Brunnen. An den Kosten für Ausschachtung und Brunnengerüst mußten sich die zukünftigen Benutzer finanziell beteiligen.

Nach den Brunnen kamen die Straßen an die Reihe. In Zukunft waren Hausbesitzer verpflichtet, entlang ihrer vorderen Front einen gepflasterten Bürgersteig anzulegen, der ständig gereinigt werden mußte. Dabei durften Abfälle nicht in die Gosse gefegt werden. Wenn der Abfallhaufen wuchs, benachrichtigte man einen hauptberuflich tätigen Straßenreiniger, der – gegen Bezahlung – den Dreck mit seinem Karren außerhalb der Stadttore ablud. Der Kurfürst stellte ihm ein Pferd nebst Verpflegung, wofür der Straßenreiniger die Abfälle des Schlosses und der Rathäuser beseitigte. Samstags machte er regelmäßig seine Runde und kündigte sein Kommen mit einer Glocke an. Wer, was sehr beliebt war, seinen Dreck bei Dunkelheit auf Marktplätze oder Kirchhöfe kippte, mußte ebenfalls mit dem Pranger rechnen. Stiftete ein Herr seinen Diener zu solchem verbotenen Tun an, waren sechs Taler fällig. Um die Übeltäter zu erwischen, machte der Nachtwächter wieder regelmäßig seine Runden.

Das Gewühl in den engen Gassen war manchmal lebensgefährlich. Um die Straßen für Wagen und Fußgänger ein wenig freizubekommen, durften schwere Bretter und Balken nicht mehr durch die Straßen getragen, sondern mußten auf Wagen transportiert werden. Wer sich nicht daran hielt, dem wurde das Holz weggenommen. Die Zimmerleute durften ihre Balken nur dann noch auf der Straße zurechtschneiden, wenn die Arbeit nicht länger als zwei Tage dauerte. Größere Sachen mußten vor den Stadttoren vorbereitet werden.

Auf den Marktplätzen durften die Handwerker und Händler keine festen Stände mehr errichten. Jede Nacht mußte der Verschlag abgebrochen werden. Damit es keinen Streit um die günstigsten Plätze gab, wurden sie ständig neu verlost.

Spätestens jetzt stellen sich zwei Fragen: Wie war es denn früher? Und: Wer sorgte für die Einhaltung der neuen Ordnung?

Seit knapp zweihundert Jahren versuchte die Obrigkeit in Stadt und Land mit vielen Verordnungen, saubere Verhältnisse zu schaffen. Doch sie drang – vor allem in den Städten – damit nicht durch. Dort, wo Handwerker, Kaufleute und reiche Patriziergeschlechter das Bürgerrecht besaßen – die andern zählten nicht –, hatte sich ein Selbstverwaltungsregiment entwickelt, dessen wichtigste Aufgabe es war, über die unterschiedlichen Rechte der verschiedenen sozialen Gruppen zu wachen. Zu den einflußreichsten Organisationen in der Stadt zählten die Zünfte, in denen sich die Handwerker zusammengeschlossen hatten. Die Zunft war sehr viel mehr als eine Berufsgenossenschaft. Sie gab den Lebensraum, in dem jeder Handwerker erst atmen konnte. Sie schützte ihn im Krankheitsfall und zahlte sein Begräbnis. Sie sagte ihm durch ihre Vorschriften, welche Kleidung er tragen durfte und wo sein Platz in der Prozession war. Die Zünfte errichteten von allen fraglos akzeptierte Wegzeichen, die den einzelnen sicher durchs Leben führten. Je länger diese Traditionen bestanden, desto starrer wurde dieses Lebenskorsett. Es erdrückte die Spontaneität, ließ dem Risikofreudigen keine Chance und konnte sich nicht mehr den sich ändernden Verhältnissen anpassen. Neulingen wurde der Eintritt in die Zunft durch horrende Kosten für Gesellen- und Meisterstücke erschwert. Nur wer Meistertöchter oder -witwen freite, konnte mit jeder Erleichterung rechnen, damit die Vorteile in der Familie blieben. Die Gruppen hüteten nur noch eifersüchtig ihre alten Privilegien. Es kam ihnen nicht in den Sinn, gemeinsam etwas zu schaffen. Und dieser Geist hatte sich ausgebreitet: Jeder kehrte nur vor seiner Tür und kümmerte sich nicht, ob der Brunnen verschmutzte oder sein überquellender Abfall Krankheiten in die Stadt brachte. Und der Rat der Stadt hatte nicht die Macht, alle den gleichen Regeln zu unterwerfen, wo jeder nur auf seine Rechte pochte.

Das war die alte Ordnung. Durch Jahrhunderte hatte sie das Leben jedes einzelnen bestimmt. In ihren besten Zeiten Freiräume gelassen, eben weil es keine Obrigkeit gab, die alles bis in die Einzelheiten regelte. Doch jetzt, wo die Gesellschaft immer komplizierter wurde, zeigten sich die Mißstände für die Gemeinschaft deutlicher. Im März 1661 schrieben die Geheimen Räte ihrem «Durchlauchtigsten Gnädigsten Churfürsten undt Herrn», daß «die Unordnungen undt Missbräuchte aber bey denen Hand Werckern nicht ab, sondern nur gar Zu viel Zunehmen . . . Dann nur zum Exempel, Man kan allhier nichts gutes an Schuster-arbeit be Kommen, Und was noch zu erlangen, Dass muss man gleichsam mit golde auffwiegen. Die Ursach ist, Dass nicht allein nur Zwey oder drey Meister hierselbst zu finden, Welche etwas tüchtiges machen, Sondern auch, dass niemand Von fremden Gesellen, Wann Sie gleich Ihr Handtwerck noch so wohl gelernt haben, Meister werden mag. Es sey denn, Dass er eines alten Meisters Wittibe oder Tochter heurathe . . . Woraus erfolget, Dass die frembde nur abgeschrecket, undt in andere Länder gewiesen Werden, Allhier aber laut Stümpler und untüchtige Leute verbleiben, undt so gehet es mit Denen Mäurern und andern Handwerkern auch Zu.»

Die alte Ordnung funktionierte nicht mehr, während gleichzeitig der Herrscher Kopf und Hände freibekam für neue Aufgaben. Dreißig Jahre Krieg hatten endlich alle weltlichen Potentaten gelehrt, für keinen Glauben mehr – sei er katholisch oder protestantisch – das Schwert zu ziehen. Politik löste sich aus dem Dienst der Kirche und der Theologie und richtete sich immer mehr nach den Interessen des Staates. Im Innern – keiner hat es so früh so radikal erkannt wie Friedrich Wilhelm – war der Herrscher nicht mehr für das Seelenheil – den rechten Glauben – seiner Untertanen verantwortlich, sondern nur für ihr irdisches Wohl. Saubere Straßen, gute Schuhmacher, ausreichende Nahrung, tüchtige Soldaten und eine florierende Wirtschaft – da lagen die neuen Aufgaben. Der Kurfürst von Brandenburg ergriff sie so selbstverständlich, als hätte es nie etwas anderes gegeben. Die Revolution kam von oben.

Wo es in seiner Macht stand, räumte der Herrscher auf mit den alten ständischen Privilegien und Einzelrechten und erließ Verordnungen, die für alle galten. Ob man selber den Dreck vor der Tür fegte oder fegen ließ, der Befehl des Herrschers galt für jeden ohne Unterschied. Und so wurde im Zeitalter des Absolutismus in den Städten eine Grundlage gelegt – versteckt und bruchstückhaft, aber unübersehbar –, ohne die der demokratische Staat nicht denkbar ist: die Gleichheit.

Zusammen mit der Ordnung, von der es keine Ausnahme gab, wurde außerdem etwas eingeübt, das die mittelalterliche Welt in diesem Ausmaß nicht gekannt hat und ohne das unsere Welt heute zusammenbrechen würde: die Disziplin. Die neue Lebensweise, deren philosophische Rechtfertigung Lipsius in einem christlich getönten Stoizismus fand, suchte sich sehr schnell neue Bilder und Symbole. Die Maschine, wo alle Rädchen ineinandergreifen, wurde zum Idealtyp. Maschinenmenschen entstanden auf dem Zeichenbrett, und Gott war derjenige, der das kunstvolle Ineinander erdacht und angestoßen hatte. In dieser Atmosphäre begannen die

Naturwissenschaften zu blühen, hatte Descartes seinen Traum, alles Irdische sei in Zahlen und meßbaren Einheiten auszudrücken. Erst im 20. Jahrhundert beginnt langsam das Erwachen aus diesem naiven Rationalismus der frühen Neuzeit.

Es ist faszinierend, wie alles ineinandergreift: Von den rationalen Ideen eines Descartes, der – erinnern wir uns – in Leiden studierte, als Friedrich Wilhelm dort seine Jugend verlebte, bis zur Gassen- und Brunnenordnung, die der Kurfürst 1660 erließ.

Wir sind noch nicht am Ende: Die Geheimen Räte, die sich beim Kurfürsten im März 1661 über die schlechten und raren Schuster in Berlin und Cölln beklagten, wollten sich grundsätzlich nicht mehr auf die Selbstregulierung der alten Institutionen verlassen. Sie erwarteten Hilfe vom Kurfürsten und erinnerten ihn in ihrem Schreiben daran, «Dass Sie schon von etlichen Jahren hero eine Policey-ordnung zu renoviren, und in Dero Landen hinwieder einzuführen Vorhabens gewesen ... damit alle Missbräuche, sonderlich Dieselbe, so bey dehnen Handwerkern eingeschlichen, abgethan ...»

Damit sind wir bei der zweiten Frage: Wer sorgt dafür, daß die neue Ordnung eingehalten wurde? Mag das Wort «Polizei» nach einer Antwort aussehen, es ist keine für damalige Zeiten. Eine allgemeine «Polizei», die Verstöße gegen die Gesetze ahndete, gab es nicht. Die Einhaltung der Brunnen- und Gassenordnung wurde vom Militär überwacht. «Polizei» war ein Begriff, den man in Deutschland zwei Jahrhunderte zuvor aus den romanischen Ländern übernommen hatte. Er wurde benutzt im Sinne von «gute Ordnung herstellen», und so war in einer Urkunde Karls V. von 1548 die Rede von «guter Pollicey zu befürderung des gemeynen nutz». Für Christian Weise, einen jüngeren Zeitgenossen des Kurfürsten, lag der Sinn der Polizeiordnungen darin, daß sie «auff den Wolstand der gantzen Republique gehen/damit die Unterthanen in Erbarkeit/in Ruhe und bey gutem Auskommen verbleiben können».

Übertragen wir den damaligen «Wohlstand» in unsere Zeit, landen wir bei «Wohlfahrt» und erschrecken wieder über die historische Symmetrie: Wohlfahrt und Reglementierung hängen an der Wurzel aufs engste zusammen, sind Kinder des gleichen Zeitgeistes. Und auch die Kontrolle ist nicht weit. Mit fortschreitendem Wohlstand entwickelte sich tatsächlich mit den Jahrhunderten die Polizei in unserem Sinne. Ein sehr konkretes Instrument des Staates, das die Einhaltung der Regeln überwacht und die Wohlfahrt für eine größtmögliche Zahl erst möglich macht. Der «Wohlfahrtsstaat» scheint unausweichlich den «Polizeistaat» heraufbeschworen zu haben.

Von der Theorie zurück in die Praxis: Wir dürfen wohl sagen, daß Friedrich Wilhelm nicht bloß der reine Pragmatiker war. Er dachte nach über seine Moral. Seine Söhne ließ er den Satz des römischen Kaisers Hadrian auswendig lernen, wonach der Staat nicht die Privatsache des Herrschenden sei, sondern er dem öffentlichen Wohl verpflichtet. Ein Landesvater, der nicht despotisch herrschte, sondern denen, die ihm gehorchten, versprach, sie wie seine Kinder zu behandeln. Ein Regent, der Jahre später Samuel von Pufendorf an seinen Hof holte, einen der größten deutschen Verfassungs- und Staatsphilosophen, nicht nur dieses Jahrhunderts. Pufendorf lehrte vom Katheder eben jenen aufgeklärten «Wohlfahrtsstaat», den der brandenburgische Herrscher praktizierte. Der Gelehrte ließ die umfassende Macht der Herrschenden nicht gelten ohne ihre Verantwortung. Auf den Einwand, die Macht der Regierenden komme direkt von Gott, antwortete Pufendorf, diese These sei «lächerlich, denn kein Potentat von der Welt glaubet sie selbst.» Nicht zuletzt fühlte sich Friedrich Wilhelm in seinem Amt an den christlichen Glauben gebunden. Zwar sah er auf eine unkomplizierte Weise in seinen Erfolgen den ausdrücklichen Segen Gottes und im Unglück den Wink des Himmels. Doch vergaß er darüber nicht, daß der christliche Glaube ohne eine christliche Moral nichts anderes ist als «der Sauerteig der Pharisäer, welches ist die Heuchelei».

Dieser Herr von Brandenburg-Preußen brachte viele Neuerungen, deren radikale Folgen erst später sichtbar wurden. Aber er selbst war kein Radikaler. Er legte an manche alte Tradition die Lunte. Die Explosionen erfolgten, als seine Zeit schon längst vorüber war. Friedrich Wilhelm ging – trotz allem schnell aufwallenden Jähzorn – nicht mit dem Kopf durch die Wand. Weil er wußte, daß niemand das erstarrte Zunftsystem von heute auf morgen ändern konnte, setzte er auf allmählichen Wandel. Er ließ es grundsätzlich beim alten, weil es seiner Steuerpolitik entgegenkam, und aktivierte seine Wirtschaft dort, wo die Proteste der Zünfte ohne Wirkung blieben. Wir werden davon noch ausführlich hören.

Friedrich Wilhelm tastete die Zunftgesetze insgesamt nicht an, weil sie ihm eine strikte Isolierung von Handel und Gewerbe in der Stadt garantierten. Das war für die Steuererhebung ideal. Nichts, was die Stadttore passierte, blieb den Augen der Kontrolleure verborgen. Auf dem platten Land war jede Überwachung wirkungslos. Die Zünfte – bisher keinem verantwortlich – zahlten für die Anerkennung dieses Privilegs mit staatlicher Oberaufsicht. Außerdem mußten sie sich in Zukunft fremden Handwerksgesellen öffnen, «wann dieselbige ihr Handwerk rechtmässiger weisse gelernt haben . . .». Auch die Kinder «unehrlicher Geburt» – von Schäfern, Leinewebern, Wächtern und Stadtknechten – sollten nicht mehr vom ehrbaren Handwerk ausgeschlossen sein, selbst wenn sie außerhalb der Ehe geboren waren. Diese Einschränkungen hatte der märkische Landtag 1653 abgesegnet. Der Kurfürst bestätigte sie sechs Jahre später in einem Edikt. Er wußte, daß er mehr nicht erreichen konnte, und gab sich zufrieden. Seine Überzeugung sah anders aus. Als sich eines Tages die Schneider wehrten, einen Bewerber in ihre Reihen aufzunehmen, und dieser sich beim Kurfürsten beschwerte, diktierte Friedrich Wilhelm, daß er der Zunft ihren «Unfug und Unbilligkeit gebührend remonstrieren» werde. Der Geheime Rat Levin von dem Knesebeck strich diese Bemerkung wieder aus und bat statt dessen die Schneider um Einsicht, «umbeschadet ihrer Privilegien, denen dies zu keiner Schwächung gereichen soll». Der Kurfürst hat die neue Fassung allerdings nicht reklamiert.

Die Wohlfahrt des Leibes

Wenn die Vorstellung, daß der Herrscher nicht zu eigenem Vergnügen in sein Amt berufen wurde, schon bei ihm selber sich eingenistet hatte, wieviel mehr bei seinen gebildeten Untertanen. 1661, der Friede war gerade ein Jahr alt, machten die Hof- und Leibärzte eine Eingabe an ihren Kurfürsten. Sie erklärten, daß «wir bey Euer Churfl. Durchl. eine höchstrühmliche begierde zu conservation ihrer von Gott anvertrauten unterthanen zu aller zeit verspüret». Diese landesväterliche Sorge hatte die Mediziner angesteckt, und sie baten in ihrem Schreiben um «aufrichtung eines wohlbestälten Collegii Medici in den beiden residentien Berlin und Cöln», weil «in denen sachen welche die apoteker, balbirer, bader, oculisten und steinschneider, hebammen und waß sonsten zu erhaltung menschliches geschlechtes und dessen gesundheit Gott angewiesen, und eigentlich unter die Medicinische Facultät gehöret, eine grosse unordnung, nachlässigkeit, und allerley schädliche irrthümer im gantzen Lande fürgehen, daß man sich darüber verwundern muß, wenn man es höret».

Es war nicht anders als bei den Schustern oder Schneidern: Auch bei den Heilberufen funktionierte die alte Ordnung nicht mehr und konnte sich kraft eigener Mittel nicht kurieren. Und wieder erscholl der Ruf nach dem Staat. Er sollte zwar nicht ins Medizinhandwerk hineinreden, wurde aber aufgefordert, «alhier in den residentien ein Collegium Medicum aufzurichten und solches durch gewissen gesetz und ordnung zu confirmiren . . .». Die neue Institution, die der Kurfürst ins Leben rufen sollte, war eine Standesvertretung nach dem Vorbild der Zünfte: «Dieses Collegium soll formirt werden von denen leib- und hoffmedicis . . . Nicht allein aber sollen die medici in den residenzien, sondern auch andere in der Mark Brandenburg diesseits der Oder und jenseits der Elbe, sie halten sich auf wo sie wollen, wenn sie practiciren wollen, sich bei diesem Collegio anzugeben schuldig sein.» Die Ärzte gingen noch weiter: «Dieses Collegium soll auch Macht haben, die apoteken und darzu gehörige persohnen . . . in den städten alle jahr zu visitiren und tüchtige gute medicamenta und materialia von den alten, verlegenen, falschen und untüchtigen zu unterscheiden.»

Und dann gab es noch jene, die heute längst zu den Medizinern zählen, damals aber getrennt und auf einer tieferen sozialen Stufe ihre Praxis betrieben: «Eben also sollen auch die barbiere nebst ihren gesellen und jungen diesem Collegio so weit unterworfen sein, daß kein meister ohne dessen vorwissen examiniret oder angenommen werde . . . Wenn eine tödtliche oder sonst gefährliche wunde, auch schwere zufälle in ihrer praxi fürfallen, sollen sie bei zeiten solches allhier dem Collegio . . . notificiren und einen oder mehr aus denselben zu rahte ziehen, des curirens aber der innerlichen krankheit und verschreibens innerlicher medicamenten sollen sie sich und ihre gesellen ganz enthalten . . . Auch sollen die oculisten, bruch- und steinschneider, wenn sie hier ankommen . . . sich zuvor bei dem Collegio angeben und ihrer wissenschaft und kunst halber examiniret und befraget und nach dem sie befunden sein, zu- oder weggelassen werden.»

Arzt war in diesen Zeiten nur, wer an einer Universität studiert hatte, und er beschäftigte sich ausschließlich mit inneren Krankheiten und ihrer Therapie. Mit dem blutigen Geschäft des Schneidens hatte der Mediziner nichts zu schaffen. Das besorgten die Barbiere. Strebten sie nach Höherem, dann gingen sie als Feldscher zu den Soldaten, wo sie ihre Kunst gründlich und nicht selten grausig übten. Wer nicht vor soviel Elend davonlief, durfte sich bald Wundarzt nennen. Die Wundärzte mit Geschick spezialisierten sich auf Augen oder Brüche und zogen mit ihrem Zelt über Land. Niemand war dagegen gefeit, einem Metzger in die Hände zu fallen. Hier Kontrollen und geregelte Prüfungen einzubauen, war mindestens so wichtig wie ordentliches Schuhzeug herzustellen.

Noch eine weitere Gruppe, die mit dem Heilen zu tun hatte, sollte dem medizinischen Kolleg unterstellt werden: «Nicht weniger sollen auch alle hebammen dem Collegio medico unterworfen sein, also daß keine hinfüro ohne ein fürgehendes examen angenommen werden soll . . . Die hebammen sollen auch schuldig sein, wenn sie gefahr bei den kreißenden oder sechs wochen haltenden frauen sehen, solches den medicis anzuzeigen und sich nicht selbst zu curiren unterstehen.»

Lassen wir die Hebammen und ihre Kunst in diesem Moment auf sich beruhen, wir werden die Geburtshilfe bei einer passenderen Gelegenheit ausführlich kennenlernen.

Der Kurfürst reichte die Eingabe seiner Ärzte zur Beratung an den Geheimen Rat weiter. Beide hatten offenbar kein dringendes Interesse an einer schnellen Erledigung. Die Eingabe blieb liegen, vierundzwanzig Jahre lang.

Die Leib- und Hofärzte, die sich mit diesem Vorschlag um eine Festigung des ärztlichen Standes und um das Wohlergehen der Untertanen mühten, gehörten stets in den Umkreis der Herrschenden. Meist waren diese Mediziner mehr als nur Gesundheitsexperten, sondern nicht selten Vertraute und einflußreiche Ratgeber. Friedrich Wilhelm liebte auch auf diesem Gebiet keine Einflüsterer, sondern Fachleute, die ihre Sache gut machten. Sein Hof- und Leibmedicus Christian Menzel hat einen exemplarischen Lebenslauf.

Menzel war 1622 im märkischen Fürstenwalde geboren, wo sein Vater als Bürgermeister amtierte. Der Junior begann 1639 sein Medizinstudium in Frankfurt an der Oder, ging nach Königsberg, besuchte als Teilnehmer einer brandenburgischen Gesandtschaft Warschau und Krakau. Am Gymnasium in Danzig lernte Menzel Johann Raue kennen, den gleichen Raue, der 1659 kurfürstlicher Bibliothekar wurde. Menzel lehrte unter Raue Botanik und Anatomie, machte mit seinen Schülern regelmäßige Exkursionen in die nähere Umgebung und brachte dieses Wissen in einem Katalog über «Hundert rings um das edle Danzig freiwachsende Pflanzen» unter. 1650 begab sich Menzel auf eine ausgedehnte Studienreise. Die Stationen: Holland, Frankreich, Spanien, Portugal, Mallorca, Korsika, Sardinien und Sizilien, bis er schließlich in Italien sein Medizinstudium wiederaufnahm und in Padua seinen Doktor machte. Auf dem Rückweg in die Heimat bestieg er die westliche Karwendelspitze und war von den vielen fremden Pflanzen in der luftigen Höhe fasziniert. In Berlin ließ sich der Heimkehrer nieder, und sein Können sprach sich schnell herum. 1658 ernannte ihn Friedrich Wilhelm zum Hofarzt, und Menzel zog mit dem Hauptquartier in den Krieg gegen Schweden.

Der Frieden brachte dem Botaniker Menzel eine zusätzliche Arbeit. Seit Jahren lagerten im Schloß unterm Dach unsortiert und ungepflegt Hunderte von wertvollen Bildern und Zeichnungen. Angefertigt worden waren sie Ende der dreißiger Jahre im fernen Brasilien, wo damals Graf Johann Moritz von Nassau-Siegen als niederländischer Gouverneur mehr tat als nur die Macht des Heimatlandes zu festigen. Zu seinem Gefolge gehörten Wissenschaftler und Künstler. Die Wissenschaftler beobachteten Pflanzen, Tiere und Einheimische, und die Künstler zeichneten alles mit Akribie auf. Das Ergebnis erschien 1648 in kostbarem Druck in Leiden und Amsterdam als «Historia naturalis Brasiliae». Graf Johann Moritz war inzwischen Statthalter in Cleve und freundschaftlicher Berater des Brandenburgers in künstlerischen und wissenschaftlichen Fragen geworden. Eine zweite, gründlich umgearbeitete Auflage kam zehn Jahre später unter dem Titel «Über die Natur- und Arzneikunde beider Indien» auf den Markt. Ein Exemplar ging nach Berlin, und Friedrich Wilhelm pries in seinem Dankschreiben seine Zeit, in der es Menschen gab, «welche dasjenige, was sonsten Unseren Vorfahren verborgen gewesen und in so fernen Landen, ja in den allerweit entlegensten Climaten gefunden wird, mit so sonderbarer Mühe und Arbeit durchforschen, auch die Natur derjenigen fremden Sachen, so sie daselbst angetroffen, so fleißig untersuchen und denen Europäischen Völkern communiciren».

Friedrich Wilhelm war ein höflicher Mann, der Leistungen honorierte, auch wenn er auf sie gar nicht angewiesen war. Durch Vermittlung seines Statthalters hatte er, als er dieses Lob diktierte, längst die brasilianischen Originalzeichnungen erstanden. Nach dem Kauf fehlte in Berlin die ordnende Hand des Fachmannes. Der Kurfürst sah in seinem Medicus Christian Menzel den richtigen Mann, der sich nun, 1660, an die Arbeit machte, die losen Blätter geordnet in vier große Bände einzukleben. Menzel saß zu diesem Zweck stundenlang im umgebauten «Apothekerflügel» des Cöllner Schlosses, wo Bücher, Sammlungen und Raritäten einen neuen ansehnlichen Platz fanden. Dieser Teil des Cöllner Schlosses, zwischen Spree und Lustgarten gelegen, trug seinen Namen nicht umsonst. Hier war am Ende des vorigen Jahrhunderts eine kurfürstliche Apotheke eingerichtet worden, die nur für

Mitglieder des Hofes und Bedienstete und verschämte Arme ihre Medizinen mixte und Konfekt lieferte. Damals besaßen die Apotheken noch das Monopol für diese süße Leckerei. Inzwischen gab es Zuckerbäcker in der Stadt, denen die Herstellung von Süßigkeiten ebenfalls erlaubt war. Das hinderte nicht, daß die Zahl der Apotheken ständig zunahm. Neun zählte man bald in Berlin und Cölln. Ihre Inhaber gehörten zu den führenden Männern. Bartholomäus Zorn hatte 1634 die Berliner Apotheke am Molkenmarkt gekauft. Drei Jahre später heiratete er die Tochter des Ratsherrn Valentin Neumeister, dem der vornehme Gasthof «Zum Schwarzen Bären» gehörte. Zorn war einer der erfolgreichsten Apotheker. Folgen wir wieder einem exemplarischen Lebenslauf.

In Landsberg an der Warthe geboren, ging der junge Zorn als Lehrling in die Lüneburger Ratsapotheke, weiter nach Leipzig, nach Hamburg. Dort erfuhr er, daß in Berlin eine Apotheke zu kaufen sei. Zorn machte sich auf die Reise und erstand sie. In den Wirren des Dreißigjährigen Krieges wurde er Ratsherr und hatte als Ratskämmerer das gesamte städtische Vermögen Berlins zu verwalten. Jetzt, 1660, studierte sein ältester Sohn Medizin, der jüngere lernte in der Hamburger Ratsapotheke und würde 1667, als der Vater starb, das Geschäft übernehmen.

Und weil wir gerade bei den Krankheiten sind: Friedrich Wilhelm war zum erstenmal während des Feldzuges nach Dänemark von jenem Übel richtig gepackt worden, das ihn nicht mehr loslassen, sondern immer stärker plagen würde – von der Gicht. Es war die Krankheit der Privilegierten, und deshalb sannen überall berühmte Mediziner auf Abhilfe. Zu ihnen gehörte Thomas Sydenham, berühmter Zeitgenosse und Engländer, selbst seit seinem dreißigsten Lebensjahr an der Gicht erkrankt, an deren Folgen er auch sterben würde. Seine Devise als Arzt: «Langes Bücherstudium, wie manche andere es betreiben, ist nicht meine Sache. Ich schöpfe, wo irgend möglich, aus eigenen Beobachtungen und eignem Nachdenken.» Das war ganz im Sinn der neuen Zeit, sich nicht auf fremde Autoritäten, sondern auf die eigene Vernunft zu verlassen.

Die Krankheit, so die Beobachtungen des Engländers, befiel vor allem Leute, «die in früheren Tagen üppig gelebt, bei reichlichen

Mahlzeiten dem Wein und anderen Spirituosen stark zugesprochen und schließlich träger geworden die Leibesübungen vernachlässigt haben . . . Auch besteht eine gewisse Anlage zu der Krankheit bei Individuen mit großem Schädel, kräftigerem Körperbau, aufgeschwemmtem, schlaffem Gewebe, üppiger Konstitution und solchen, die in guten unbeschränkten Verhältnissen leben.» Friedrich Wilhelm paßte genau in dieses Bild.

Und auch dieses traf zu: «In jüngerem Alter pflegt die Krankheit zunächst weder sich irgendwo dauernd fortzusetzen noch in schwererem Grade aufzutreten; vielmehr melden sich die Anfälle nur von Zeit zu Zeit in unbestimmbaren Pausen und dauern nur wenige Tage, ganz unregelmäßig kommen und verschwinden sie.»

Dr. Sydenham über die Begleiterscheinungen eines Gichtanfalls: «Patient hat das Gefühl, als ob ein Abgang von Blähungen durch die Muskulatur der Oberschenkel stattfände in Verbindung mit krampfartigem Zusammenziehen . . .» Friedrich Wilhelm in einem Brief an Schwerin: «Ich kann mit meinen Schenkeln noch gar nicht fort, besorge sehr, daß ich ganz lahm werden möchte.»

Die Wurzel des Übels lag für Sydenham in den Nierensteinen: «Auch bildet der Stein einen Teil des Krankheitsstoffes, den ich als das Wesen der Gicht ansehen möchte.»

Und was half am besten? «Unter den einfachen Mitteln steht die peruvianische Rinde [Chinin] in vorderster Reihe, da sie stärkend und erfrischend für das Blut ist, wenn von ihr einige Gran morgens und abends eingenommen werden.» Brauchte der Patient stärkeren Tobak, dann: «Nimm: Angelikawurzel, Kalmus, Meisterwurzel, Alantwurzel, Wermut, klein Tausendgüldenkraut, weißen Andorn, Gamander, Schlagkraut, Lachenknoblauch, Feldmünze, Mutterkraut, Wiesensteinbrech, Johanneskraut, Wundkraut, Quendel, Krauseminze, Salbei, Raute, Kardobenediktenkraut, Polei, Stabwurz, Kamillenblüte, Frauenkraut, Maienblume, englischen Safran, wilden Senf, Löffelkraut, Kümmel, Wacholderbeeren – von jedem einzelnen eine genügende Menge. Die einzelnen Kräuter, ebenso die Blüten und Wurzeln sind zur Zeit der stärksten Blüte zu sammeln, zu trocknen, in Papiertüten aufzubewahren, als ein sehr feines Pulver. Man nehme dann 6 Unzen gleichzeitig von jedem einzelnen, mache eine richtige Mischung, setze hinzu besten schaumfreien Honig, kanarischen Wein in erforderlicher Menge und bereite daraus kunstgerecht eine Latwerge von gehöriger Konsistenz. Patient nehme davon 2 Drachmen morgens und abends.»

Außer den medizinischen hat der Arzt aus England auch noch andere Ratschläge: «Was den Liebesgenuß anlangt, so würde ein gichtkranker Greis mit trägem geschwächtem Stoffwechsel, matten Lebensgeistern, schlaffen Gelenken und Geweben, der sich ihm hingibt, ebenso töricht handeln, wie einer, der eine lange Reise antreten will und sein Wegegeld schon vor Antritt verbraucht. Denn außer dem Übel, das er sich zuzieht, indem er seine schlaffen Begierden bei seiner Altersschwäche nicht unterdrückt, entsagt er noch dem Genuß der Jubelfeier, die als besonderes Geschenk von der Natur den Greisen gespendet wird, welche endlich von jenen im jüngeren Alter die Menschen förmlich wie wilde Tiere Tag und Nacht verfolgenden Lustgefühle sich freigemacht haben.»

Der Kurfürst konnte vorerst mit seiner Gicht noch erträglich leben. Seiner Frau Louise Henriette ging es schlechter. Die langen und anstrengenden Reisen nach Dänemark und Holland hatten ihre ohnehin geringe Widerstandskraft geschwächt. Sie war total erschöpft. Friedrich Wilhelm beschloß, daß sie beide Abwechslung brauchten. Er würde nach Cleve reisen, die Kurfürstin zur Heilkur nach Spa. Für ihn ein höchst willkommener Vorwand, eine andere längst fällige Reise noch einmal zu verschieben. Aus Preußen, dessen Stände die im Frieden von Oliva international anerkannte Souveränität des Brandenburgers nicht anerkennen wollten, kamen mit jeder Post düstere Nachrichten vom Statthalter: «Sie können mir's glauben», schrieb Boguslaus Radziwiłł seinem Herrn aus Königsberg, «daß die Bosheit bei den Einwohnern groß und abscheulich ist.» Vor seinen Geheimen Räten gab der Kurfürst zu, daß die preußischen Stände für ihn noch «viel stachlichte Sachen» in petto hätten. Doch Friedrich Wilhelm, der endlich einen Krieg hinter sich gebracht hatte, stand der Sinn nicht schon wieder nach Auseinandersetzungen. Er drückte sich und beschloß, erst einmal im Westen aufzuräumen. An seinen Statthalter in Cleve, den Grafen Johann Moritz, ging ein schon gesiegeltes Papier, das die Stände bedingungslos akzeptieren sollten.

War das nicht ein gewagtes Spiel? Hatten nicht gerade seine niederrheinischen Untertanen mit aller Macht versucht, die neue brandenburgische Herrschaft so schwach wie möglich zu halten? Doch die Rechnung des Kurfürsten ging auf, weil er Augenmaß besaß. Friedrich Wilhelm forderte keine bedingungslose Unterwerfung. Zwar wurden manche früheren Zugeständnisse zurückgenommen – Truppen durften nun im Land liegen und geworben werden, die Stände nicht mehr selbständig mit auswärtigen Mächten verhandeln. Der Kurfürst allein würde die Beamten ernennen und entlassen. Aber er gestand zu, daß alle diese Beamten Einheimische sein sollten, und vor allem durften sich die Stände auch in Zukunft frei versammeln, wo und wann sie wollten. Natürlich versuchten sie, als ihnen die kurfürstliche Urkunde vom Statthalter vorgelegt wurde, mehr herauszuholen. Doch bald setzte sich eine zustimmende Mehrheit durch, der sich dann sogar das widerspenstige Wesel anschloß. Graf Johann Moritz konnte seinem Herrn mitteilen: «Es scheint, daß die Cleve- und Märkischen alle gute Kinder sein wollen . . .»

Noch im gleichen Herbst zog ein langer Troß von Berlin nach Westen. Der Landesvater belohnte seine Landeskinder mit seiner Gegenwart und sich selbst mit einem Arbeitsurlaub in einer Landschaft, die ihm seit seinen holländischen Jugendjahren zur zweiten Heimat geworden war.

Louise Henriette reiste gleich nach Spa. Husten und Fieber nahmen kein Ende. Die Kurfürstin grübelte, wozu ihr wohl Gott diese Schicksalsschläge auferlegte, und schrieb lange Briefe an ihren Vertrauten, den Freiherrn von Schwerin. Der gab ihr den guten Rat, nicht nur mit dem Körper, sondern auch mit dem Geist auszuruhen. Trotzdem ließ die Besserung auf sich warten: «Ich bin schon oft krank gewesen, aber ich habe nie solche Schmerzen gehabt wie bei diesem Anfall . . . ich hoffe, daß die Prüfungen, die Gott mir des öfteren schickt, mich so machen, wie er mich haben will. Ich werde mein Bestes dazu tun und die Vollendung nach seiner Gnade abwarten.»

Louise Henriette war zu energisch, um über solchen Gedanken

die irdischen Probleme zu vergessen. Auch in Spa verlangte sie regelmäßige genaue Berichte über Oranienburg. Zum Reisegepäck gehörten wie immer ihre Rechnungsbücher, in die sie alle ihre Ausgaben und Einnahmen selber eintrug. Leider war einer ihrer Verwalter namens Sturm weniger exakt. Die Kurfürstin schrieb an Schwerin: «Ich bitte, befehlen Sie Sturm, wenn er Geld schickt, mir anzugeben, woher es kommt, damit ich es in meinem Buch bemerken kann, in welches ich sehr fleißig eintrage, was ich empfange und was ich ausgebe . . .»

Die kluge Rechnerin brauchte bei ihrem Mann nicht die Hand aufzuhalten, im Gegenteil. «Das Geld, das Ihr mir geschickt habt, ist mir sehr willkommen», bedankte sich Louise Henriette bei Schwerin für eine Sendung aus Oranienburg, «seid versichert, daß ich ohne Komplimente Eure Freundin bleibe. Der Kurfürst möchte, daß ich einige andere Ortschaften dazu übernehme . . . Ich werde ihm noch einiges Geld für Potsdam geben, aber nicht sehr viel . . .» In Potsdam war auf Befehl des Kurfürsten ein neues Schloß im Bau.

Auch Friedrich Wilhelm korrespondierte ständig mit Schwerin, der inzwischen nach Königsberg gereist war, wo die Situation immer mißlicher wurde. So nötig der Oberpräsident des Geheimen Rates dort gebraucht wurde, dem Herrscher fehlte in Cleve sein vertrauter Berater. «Ich wollte wünschen», seufzte er in einem seiner Briefe, «daß Ihr zwene Leiber itzo hättet, damit der eine bei mir und der andere in Preußen sein möchte.» Außer den Berichten Schwerins kamen die Lageeinschätzungen des preußischen Statthalters Radziwiłł. Er nahm kein Blatt vor den Mund: «Es sieht alles . . . einer ungescheuten Widersetzung und Revolte gleich, dahero mit den nötigen Remidiis länger nicht zu säumen.» Fast ein Jahr war der Kurfürst nun schon von der Mark abwesend. Die Beschwerden über die unsinnigen Privilegien der Zünfte, die Vorschläge seiner Ärzte für ein Medizinkollegium und vieles mehr war über seinen Tisch in Cleve gegangen, und die «preußische Krankheit» ließ sich nicht per Urkunde aus der Ferne kurieren. Es war höchste Zeit, zurückzukehren.

Im September 1661 zog eine prächtige Prozession durch das Spandauer Tor in Richtung Cölln. Pauker und Trompeter bliesen ihrem Herrn, der neben seinem Schwager, dem Fürsten von Anhalt-Dessau, zu Pferde ritt, den Weg frei. Die Kurfürstin saß mit ihrer Schwester Henriette Katharina in einer Kutsche. Dreimal donnerten sämtliche Geschütze von den Festungswällen.

6

Revolte in Preußen

Erinnern wir uns: Seit 1618 war der Kurfürst von Brandenburg durch Erbschaft Herzog von Preußen und damit automatisch Vasall des polnischen Königs. Friedrich Wilhelm hatte nach seinem Regierungsantritt 1640 seine ersten harten Auseinandersetzungen in Königsberg durchfechten müssen, wo eine orthodoxe lutherische Geistlichkeit den reformierten Glauben ihres Landesherrn nicht dulden wollte. Er war 1656 in den Krieg gezogen mit dem Fernziel, sich von der Oberhoheit des Polenkönigs zu befreien. 1657 verzichtete Johann Kasimir im Vertrag von Wehlau tatsächlich auf seine Souveränität über Preußen. Die europäischen Mächte erkannten im Frieden von Oliva drei Jahre später die neue Situation völkerrechtlich verbindlich an. Doch eine Seite, die sich als gleichberechtigter Partner sah und nicht akzeptieren wollte, daß sie übergangen und ins zweite Glied versetzt worden war, weigerte sich, diese Entscheidung anzuerkennen und dem neuen souveränen Herrn aus der Mark zu huldigen: die preußischen Stände. Das bedeutete – neben dem Adel – vor allem die Bürgerschaft von Königsberg. Der ferne katholische König war ihnen allemal lieber als der Calvinist aus der Mark, dessen Soldaten schon im Land lagen. Die Stände verlangten nur ihr altes Recht. Sie waren keine Revoluzzer.

Friedrich Wilhelm wußte, daß mit den Unterschriften auf dem Papier sein Anspruch noch keineswegs durchgesetzt war. Aber er wußte auch, daß die Etablierung des neuen Rechts eine Frage der Macht war, und das hatte er seinen preußischen Untertanen auf der Stelle demonstriert. Der Vertrag von Wehlau war gerade vier Wochen alt, da saß schon auf kurfürstliche Anordnung in Königsberg ein Staatsbeamter, der sämtliche Druckschriften und Zeitungen zensierte. Ein anderer Befehl ging an den Hofmathematicus Christian Otter: Am linken Pregelufer sollte eine Festung gebaut werden, um die Stadt in Schach zu halten und – wenn nötig – den Fluß für den lebenswichtigen Handel zu sperren. Am Anfang war der Neubau nur ein kleines Viereck hinter Gräben und hohen Wällen, von Soldaten besetzt unter dem Kommando des holländischen Ingenieurs Gerhard von Belgum. Die Königsberger, deren Privileg es war, keine Soldaten in der Stadt dulden zu müssen, schäumten. Sie verlangten den sofortigen Rückzug der «geworbenen Völker», die auf den Wiesen angeblich ihr getrocknetes Holz stahlen. Niemand ging auf ihren Protest ein. Dafür setzte ihnen der Kurfürst einen Statthalter ins Land, den Fürsten Radziwiłł, der sofort den Unmut der Bevölkerung zu spüren bekam. Vergebens wartete er auf die bestellten Getreidelieferungen, mit denen er die Magazine für die Truppen füllen wollte. Ebenso blieben die ausgehandelten Steuern aus. In den Briefen des Statthalters an Friedrich Wilhelm begannen Klagen, die so schnell kein Ende finden sollten: «Die königsbergische Bürgerschaft hält mich annoch in meiner hievor eröffneten Melancholie, und ich muss bei dieser Gelegenheit erst recht inne werden, wie verdriesslich es sei, mit der Populace in grossen Städten zu traktieren.»

Der Widerstand der Bürger fand seine Gestalt in dem Schöffenmeister Hieronymus Roth. Er war Schöffenmeister im Kneiphof, einem der drei städtischen Bezirke von Königsberg, und vertrat in diesem Amt die Bürger gegenüber dem Rat. Bald wurde er zum Kopf des Aufruhrs. Roth war fest davon überzeugt, in seinem Kampf gegen den Kurfürsten rechtmäßig zu handeln. Diese Überzeugung gab ihm harte Worte gegenüber Friedrich Wilhelm in die Feder: «Hast du nicht genug daran, daß du all unser Vermögen weg hast? Willst du auch unsere Freiheit haben? Kannst du dich an deiner Vorfahren Stand nicht begnügen?»

Wenn der Kurfürst geglaubt hatte, Zensur, Festungsbau und internationale Anerkennung zusammen würden den Unzufriedenen den Wind aus den Segeln nehmen, so irrte er sich. An Schwerin schrieb der Statthalter: «Ich versichere Ihnen, dass mir der Friede mehr Sorgen macht als der Krieg und ich weiss in der Tat nicht, was aus dem allen werden wird, denn das Land ist verarmt und die Einwohner nicht für den Kurfürsten.» Radziwiłł war nicht bereit, die Lage des Herrschers zu beschönigen noch die des ausgepowerten Landes. Er ging offenbar davon aus, daß sein Herr die Wahrheit vertragen konnte.

Friedrich Wilhelm verlangte energisch den Huldigungseid der

Stände. Die jedoch wollten erst einmal zu einem Landtag zusammentreten. Sie bekamen ihren Willen. Die Atmosphäre blieb geladen. Täglich kamen vier- bis fünfhundert Bürger auf die Königsberger Rathäuser und protestierten lauthals gegen die Steuern.

Als der Oberpräsident Otto von Schwerin Anfang Juni 1661 auf dem Landtag erschien, überreichten ihm die Ständevertreter ihr «geeintes Bedenken», in dem sie die Verträge von Wehlau und Oliva für ungültig erklärten. Im gleichen Monat kam es zwischen Schwerin und dem Hieronymus Roth auf dem Schloß zu einer erregten Auseinandersetzung. Der Schöffenmeister nannte den Kurfürsten einen Tyrannen und zeigte keinerlei Kompromißbereitschaft. Zwei Monate später brach in der Stadt die Pest aus. Der Landtag wurde vertagt und traf sich im Oktober in Bartenstein wieder. Dort gelang es Schwerin, die Abberufung Roths durchzusetzen. Doch ausliefern wollte ihn der Rat nicht, und bei der Bevölkerung hielt der Einfluß des Rebellen unvermindert an. So angeheizt wurde die Stimmung, daß die Bürger die Wälle besetzten, die Kanonen in Stellung brachten und die Bürgermeister persönlich nachts ihre Runde machten, «um das unbändige und teils berauschte gemeine Volk desto besser in den Schranken der Gebühr zu halten».

Aus Berlin kam unterdessen eine schon gesiegelte Urkunde. Ohne weitere Verhandlungen forderte der Kurfürst die Zustimmung der Stände und eine Beendigung des Landtags. In seinem Schreiben wurden die alten Privilegien des Adels und die städtischen Freiheiten bestätigt, der lutherischen Religion aller Schutz versprochen und jeder sektiererische oder jüdische Gottesdienst untersagt. Das Recht auf Gewissensfreiheit jedoch ließ Friedrich Wilhelm sich nicht mehr abhandeln: «. . . doch wollen wir hierdurch keines Gewissen constringieret haben.» Der Landtag nannte die Urkunde ein «Grab der Freiheit» und lehnte «unter Thränen» ab.

Im Januar 1662 verließ Roth heimlich die Stadt und ging nach Warschau, wo er den polnischen König zum militärischen Eingreifen gegen den Brandenburger aufforderte. Im März saß der abgesetzte Schöffenmeister wieder unbehelligt in seinem Haus im

Kneiphof. Im Juli versammelten sich die Bürger im Dom und setzten eine Urkunde auf, in der sie auf die polnische Souveränität schworen. Zwar schoben sie den Eid auf, doch was fehlte noch an der Rebellion?

Schwerin sah seine Mission als gescheitert an und reiste zurück in die Mark.

Der Statthalter verhängte eine Blockade über Königsberg. Jeder, der die Stadttore passierte, wurde von seinen Soldaten sorgfältig geprüft. Gleichzeitig meldete Radziwiłł nach Berlin, daß er keine zehn Taler mehr in der Kasse habe, und warnte seinen Herrn flehentlich: «Wo E. Ch. D. länger ausbleiben werden, so wird der Sache nicht mehr zu helfen sein.» Und an Schwerin: «Sollte der Kurfürst nicht kommen, so bitte ich um meinen Abschied, damit ich nicht den Gram ins Grab nehme, Preussen sei unter meiner Verwaltung zugrunde gegangen.» Radziwiłł verlangte keineswegs nach seinem Herrn, weil er den Preußen dessen starke Hand wünschte. Zwar vertrat er in dieser Auseinandersetzung die Interessen Brandenburgs mit aller Festigkeit. Aber er vergaß nicht, daß die Aufmüpfigen auch ihre guten Gründe hatten und nicht mit Gewalt, sondern nur durch Überzeugung beruhigt und gewonnen werden konnten. Er riet deshalb dem Kurfürsten, mit nur wenigen Soldaten nach Preußen zu kommen, weil «E. Ch. D. hohe Person und der daher rührende Respekt in diesem Dero Herzogtumb nächst Gott mehr als viel Regimenter verrichten und Nutzen schaffen».

Am 25. Oktober 1662 zogen Friedrich Wilhelm und die Kurfürstin feierlich in Königsberg ein. Die Bürger bildeten Spalier. Kein unziemlicher Ton war zu hören. Fünf Tage später lief in Schloß und Stadt eine zwischen Kurfürst und Statthalter sorgfältig koordinierte Aktion ab. Wie befohlen erschienen die Räte der drei Königsberger Städte im Schloß zur Audienz.

Auf dem Innenhof waren 3000 Soldaten aufmarschiert, die Kanonen der Festung auf die Stadt gerichtet. Während der Geheime Rat Friedrich von Jena im Schloß den Räten vortrug, daß der Kurfürst nichts von ihnen fordere als die Anerkennung der Souveränität und daß er keinesfalls die Unterdrückung seiner Untertanen im Sinn habe, zog ein Trupp von Dragonern mit auffälligem Lärm durch die Straßen des Kneiphofs. Sie begleiteten etliche Wagen, die sich ausgerechnet vor dem Haus des Hieronymus Roth heillos verfuhren. Der war unvorsichtig genug, über dem Lärm seinen Kopf aus dem Fenster zu stecken. Die Soldaten stürmten daraufhin das Haus, ergriffen den lange Gesuchten, und schnell ging es mit ihm aufs Schloß. Dort hatte der Kurfürst inzwischen selbst das Wort ergriffen und versprach den preußischen Räten, allen ein gütiger Landesvater zu sein, wenn sie endlich ihren Widerstand aufgäben. Andernfalls sei er nicht verantwortlich für das Unheil, das dann über die Stadt hereinbrechen würde.

Die demonstrative Kombination aus Gewalt und herrscherlicher Autorität wirkte. Die Bürger versprachen, daß sie ihren grundsätzlichen Widerstand aufgeben und sich mit dem Kurfürsten auf dem Landtag einigen würden. Das Versprechen allerdings hielt die Preußen nicht ab, jetzt in zähe Verhandlungen einzutreten. An Schwerin, der in Berlin geblieben war, schrieb Friedrich Wilhelm um die Jahreswende auf 1663: «Gott helfe mir von diesem Landtage, damit ich bald wieder in die Mark kommen möge. Seit der Zeit, daß ich hier bin, habe ich fast keine recht gesunde Stunde gehabt.» Zum Ärger des Kurfürsten hatte sich auch die Gicht gesellt. Weiter ging es: «Ich bin es von Herzen müde. Ich gehe in allem den gelindesten Weg; es will aber nichts bei den bösen Leuten verfangen, was zur Folge haben wird, daß ich ihnen endlich die Zähne weisen und mich meines Amtes ihnen gegenüber gebrauchen werde. Das wird ihnen dann nicht lieb sein. Ich tue hier nichts, als mich im Innern zu ereifern und viele harte Pillen in mich hineinzuschlucken. Gott helfe mir von solchen bösen Leuten, bei denen keine Gründe fruchten.» Wie sehnte sich Friedrich Wilhelm nach seinen clevischen Kindern. Schwerin, der mit den zwei Prinzen in Berlin zurückgeblieben war, wurde in diesen Monaten nicht nur von seinem Herrn in Atem gehalten. Bei der Kurfürstin hatten die Wasser von Spa offensichtlich angeschlagen. Ihre Aktivität war in der preußischen Ferne kaum zu bremsen: «Was Oranienburg betrifft, so bitte ich, alles beschleunigen zu lassen; und in Bezug auf das Cabinet mit Porcellan haben Sie mir noch nicht gemeldet. Herr Michel ist ein braver Mann, aber er lügt fürchterlich. Vor einem Jahr sollte es schon fertig sein. Ich bitte, schicken Sie mir doch ein Gemälde von Oranienburg, wie es gegenwärtig ist, mit der Veränderung der Tür und des unteren Hofes. Wie weit der Bau vorgeschritten, und ob der Brunnen in der Küche gemacht worden ist, damit man das Wasser nicht mehr zu holen braucht. Meister Michel hat alles übernommen. Schreiben Sie mir, ob der Hofraum gepflastert worden und der Gang um das Haus. Wo sind die Karpfenteiche und wie ist überhaupt der Garten?»

Als Schwerin schlechte Nachrichten über das Vieh nach Königsberg meldete, kannte Louise Henriette keinen Spaß: «Ich bin sehr ungehalten, daß die Kühe in so schlechtem Zustand sind. Ich kann die Ursache nicht recht einsehen; denn im Tiergarten zu Berlin haben sie dasselbe Futter und sind sehr schön. Was den Karpfenteich betrifft, so bin ich ganz davon eingenommen, und ich glaube, daß man rings herum Bäume pflanzen könnte, und ich bitte Sie, im Frühjahr noch mehr Karpfen in den großen Teich setzen zu lassen, da nicht genug darin sind . . .» Im Frühjahr 1663 war man sich in Königsberg endlich einig. Der Kurfürst verpflichtete sich, die «wohlhergebrachten Freiheiten» des Landes nicht anzutasten. Nur in Notfällen wollte er ohne Zustimmung des Landtags Krieg führen oder Steuern erheben. Seine reformierte Religion sollte in Preußen nicht mehr als vier Kirchen erhalten. Der Preis, den die Stände zahlten: Sie akzeptierten stillschweigend, daß die Souveränität des Brandenburgers über Preußen nicht von ihrer Zustimmung oder Ablehnung abhängig war. Damit traten sie de facto ins zweite Glied. Wo einer souverän herrschte, war für einen Teilhaber an der Macht kein Platz. So wie in Berlin kurfürstliche Verordnungen die mittelalterliche Selbstverwaltung abgelöst hatten, ging nun auch im Herzogtum Preußen die alte ständische Ordnung zu Ende.

Im April 1663 nahm der Hof an einem großen Schützenfest in der Altstadt teil. Friedrich Wilhelm stiftete als Preise einen vergoldeten Pokal und zwei silberne Kannen und «bewies solchem exercitio ein gnädiges Gefallen». Hatte man nicht zwölf Monate zuvor noch die Waffen gegen den Landesherrn gerichtet? Es schien, als wollten beide Seiten den bösen Traum vergessen.

Nur den Schöffenmeister Hieronymus Roth konnte niemand

aus der Welt schaffen. Eine große Untersuchungskommission hatte ihn im Winter mehrmals verhört, ein Prozeß wurde nicht eröffnet. Der Rebell für die alte Ordnung blieb jedoch in Gewahrsam, wurde erst nach Kolberg, dann in die Lausitz gebracht. Man behandelte den Gefangenen bevorzugt. Der Kurfürst aber wartete auf ein Wort der Reue, eine Bitte um Gnade. Roth sollte seine Niederlage zugeben, und er wäre freigekommen. Doch wer sich im Recht fühlt, kann nicht um Gnade bitten. Roth war nicht bereit zu verleugnen, wozu ihn sein Gewissen getrieben hatte. Er beugte sich nicht. 1678 ist er in der Haft gestorben.

In Königsberg wartete man den ganzen Sommer 1663 auf die Gesandten aus Polen, die der Huldigung für den neuen Landesherrn beiwohnen mußten. Endlich, am 18. Oktober, konnte die feierliche Zeremonie auf dem Schloßhof ablaufen. Dort war eine Bühne aufgeschlagen, auf der ein mit Samt bedeckter Thron stand. Auf der saß Friedrich Wilhelm, während die Edelleute, die Abgeordneten der Städte und die Beamten den Eid auf ihren Fürsten leisteten, der ihnen vom Obersekretär Fabian Kalau vorgelesen wurde. Sie schworen, den Kurfürsten als ihren «einzigen, wahren und unmittelbaren Oberherrn» anzuerkennen und sich durch niemanden und nichts davon abbringen zu lassen, «wie solches auch von Menschen erdacht werden mag». Neben dem Thron standen der Landhofmeister mit dem Kurhut, der Oberburggraf mit dem Kurschwert, der Kanzler mit dem Zepter und der Obermarschall mit dem Marschallstab – Insignien, die allen sichtbar den Mann auf dem samtenen Thron als rechtmäßigen Inhaber der Macht auswiesen.

Nach dem offiziellen Akt begann das Volksfest. Mitten auf dem Schloßplatz war ein Adler, das brandenburgische Wappentier, aufgestellt worden, aus dem ohne Unterbrechung der Wein floß. Kurfürstliche Beamte warfen goldene und silberne Denkmünzen unter die Schaulustigen. Am nächsten Tag waren die Landräte und Bürgermeister ins Schloß gebeten. Ein Bärenhetzen im Schloßgarten folgte für die Gäste, vom kurfürstlichen Paar angeführt. Am 21. Oktober konnte das staunende Volk das schönste Feuerwerk bewundern, das Königsberg je erlebt hatte. Mit einem festlichen Essen auf dem Rathaus der Altstadt wurde die Versöhnung zwischen den Preußen und ihren brandenburgischen Herrschaften besiegelt. Der Monat Oktober ging zu Ende, als der kurfürstliche Reisezug unter dem Donner der Kanonen die Stadt verließ, von den Söhnen der Wohlhabenden noch ein Stück Wegs zu Pferde begleitet.

Kindererziehung

So wie Radziwiłł in der Gunst des Kurfürsten blieb, erfreute sich auch Schwerin des unbeirrten Zutrauens seines Herrn. Die gescheiterte Mission bei den preußischen Ständen 1661 änderte nichts daran. Bevor Friedrich Wilhelm mit der Kurfürstin im Herbst 1662 selbst nach Preußen ging, um Ordnung zu schaffen, vertrauten die Eheleute ihm das Wichtigste an, das sie besaßen: ihre Kinder. In einer offiziellen Instruktion, die der Kurfürst selbst entworfen hatte, wurde Schwerin zum Hofmeister von Karl Emil, dem ältesten Sohn und Kurerben, bestellt, damit er «Ihro Liebden zarte Jugend durch fleißige Aufsicht, gute Vermahnung und Exempel dahin lenke, damit dieselbe in allen einem teutschen Fürsten wohlanständigen Sitten, Sprachen, Künsten und Tugenden, zuvorderst der wahren Gottesfurcht, täglich wachse, und also tüchtig und geschickt werden möge, dermaleinst nach Gottes Willen die von desselben Gnade Uns anvertraueten Länder und Leute nach Unserm Hintritt löblich zu regieren, und nicht allein Unserm kurfürstlichen Hause und Familie, sondern auch dem römischen Reich und geliebten Vaterlande teutscher Nation eine sonderbare Zierde, Leuchte und Säule zu sein».

Daß die Wahl auf den pommerschen Edelmann fiel, war keinem lieber als der Kurfürstin. Schwerin hatte in ihren langen kinderlosen Ehejahren unermüdlich mit gemeinsamem Singen, Beten und Andachten versucht, der Kurfürstin die trüben Gedanken zu vertreiben. Er hatte tiefer in ihre Seele blicken dürfen als der Ehemann. Es war keine Schmeichelei, als sie ihm schrieb: «Sie wissen, ich habe Gott gelobt, wenn er mir ein Kind schenkt, werde ich es in seiner Furcht erziehen; das ist mein größter Wunsch auf Erden. Niemand ist hierzu so geeignet als Sie.»

Bisher hatte sich – neben der Hofmeisterin – Louise Henriette um die Kinder gekümmert. Noch 1661 schrieb Friedrich Wilhelm dem clevischen Statthalter: «Meine Gemahlin grüßen Euer Liebden und ist mit beiden Kindern itzo bei mir, welche so rasen, daß ich kaum schreiben kann.» Der alte Freund der Familie wurde dem Kurprinzen in seiner neuen Funktion im Zimmer der Kurfürstin vorgestellt. Friedrich Wilhelm hielt eine kurze Rede und erklärte, Schwerin brauche letztlich nur so zu handeln, wie er es vor Gott verantworten könne. Dann fragte der Vater seinen Sohn, ob er gern bei dem Herrn von Schwerin bleiben und ihm in allen Punkten gehorchen wolle. Der siebenjährige Karl Emil sagte ja. Anschließend unterhielt sich Louise Henriette ausführlich mit Schwerin über dessen zukünftige Aufgabe.

Auch wenn die kurfürstlichen Eltern dem pädagogischen Geschick Schwerins voll vertrauten, hatte der Kurfürst es sich nicht nehmen lassen, in seiner Instruktion genaue Richtlinien aufzuzeichnen. Weil die «wahre Gottesfurcht» das Fundament aller Tugenden sei, sollte sie am Anfang aller Erziehung stehen. Morgens und abends mußte Karl Emil auf den Knien beten, Schwerin ihm ein Kapitel aus der Bibel vorlesen, das der Schüler dann nacherzählen sollte. In der reformierten Religion würde ihn ein Prediger unterrichten. Gottlose Menschen sollte man vom Prinzen fernhalten.

Als nächster Punkt folgte der Sprachunterricht. An erster Stelle stand Französisch. Jeder, der es sprach, sollte sich mit dem Kurprinz französisch unterhalten, mochte der auch nicht alles verstehen. Er sollte es spielend lernen und eine gute Aussprache bekommen. Das gleiche galt im Prinzip für das Latein. Wenn Karl Emil seine Lektionen nicht vergaß, sollte es Prämien für den Lerneifer geben. Mit Mathematik und Zeichnen wollte man sich noch etwas Zeit lassen. Wichtig war Friedrich Wilhelm dagegen der Unterricht in Geographie und Geschichte. Wandkarten und Globen sollten benutzt werden. Auch die Bilder der brandenburgischen und oranischen Vorfahren wurden zu konkreten Anknüpfungspunkten, um die Vergangenheit zu erfahren. Ein Zeitgenosse beschrieb die Räume der beiden Jungen: «Ihre Zimmer sind einfach, nur von Büchern, geographischen Karten, chronologischen Tabellen, Himmelskugeln und Medaillen geschmückt.» Neben dem Geist sollte der Körper nicht vernachlässigt werden: Ballspielen, Wettlaufen, Tanzen und häufige Spazierfahrten standen auf dem Programm, «sonderlich zu Anfangs, damit er erst recht in den Gang gebracht werden möge». Reiten und Fechten waren noch nicht gefragt.

Das Gefolge, das der Kurerbe nun bekam – zwei Kammerjunker, zwei Kammerdiener, zwei französische Pagen –, wurde Schwerin unterstellt, der ab sofort auch im Schloß zu Cölln im gleichen Zimmer mit Karl Emil schlief. Wie die Tage für beide verliefen, notierte der Freiherr in seinem Tagebuch. Er weckte seinen Schüler im Sommer um sechs Uhr morgens, im Winter eine halbe Stunde später. Beim Ankleiden redete Schwerin französisch oder lateinisch mit Karl Emil, danach wurde gebetet und gesungen. Nach der Frühstückssuppe übernahm ein anderer, von Schwerin ausgesuchter Lehrer den Unterricht im Lesen und Schreiben. Um elf Uhr gab es Mittagessen, anschließend war bis vierzehn Uhr frei. Dann wurde wieder drei Stunden gearbeitet. Um neun brachte Schwerin seinen Zögling zu Bett. Für Friedrich, den jüngeren, gab es jetzt noch keinen so strengen Stundenplan.

Beide Jungen waren musikalisch, lernten Flöte und Viola da gamba. Eines Tages veranstaltete der Musiklehrer mit seinen kurfürstlichen Schülern und einem jungen Grafen Dönhoff, der sich in der Stadt aufhielt, ein Konzert in einem Spreekahn, das Friedrich Wilhelm und Louise Henriette im Schloß überraschte. Damit der Ballettunterricht nicht langweilig wurde, holte man hochgeborene kleine «Frauenzimmer» aufs Schloß. Oft erzählte Schwerin Geschichten aus der Bibel, erläuterte Landkarten, parlierte auf französisch, erlaubte ihm, im Saal ein Kaninchen zu hetzen, auch zur Wildschweinjagd durfte der kleine Prinz schon gehen. Karl Emil lernte schnell, aber nicht gerne, auch wenn sich Schwerin nach dem Wunsch des Kurfürsten alle Mühe gab, daß der Kurprinz «keinen Ekel vor den Büchern und den Studien» bekam. Es half nicht viel. Als die Universität von Frankfurt an der Oder Karl

Emil im Mai 1663 pro forma und als Verbeugung vor dem zukünftigen Herrscher zu ihrem Rektor wählte, brach der über solche Ehrungen in Tränen aus und erklärte, das verstärke nur seine Abneigung gegenüber den Büchern. Er wolle nur Soldat sein. Friedrich Wilhelm war davon nicht erbaut und gab Schwerin den Rat, seinem Sohn diese Abneigungen auszutreiben. Der Hofmeister schrieb zurück, «daß ich also wohl gestehen muß, daß ich mein Lebtag bei keinem Kinde dergleichen Inclination zum Militärwesen jemalen verspüret». Dazu paßte die Antwort, die Karl Emil seinem Erzieher gab, als dieser ihn fragte, was er tun würde, wenn ein Bauer sich über Gewalttätigkeiten eines Offiziers beklage. Der Prinz schwieg. Und wie würde er reagieren, wenn ein Bauer einen Offizier bestehle? Diesmal gab es kein Zögern. Bestrafen würde er ihn. Schwerin: «Darüber habe ich ihm einen scharfen Verweis gegeben und weitläufig unterrichtet, wie in dergleichen keine Person angesehen werden müßte.» Mußte der Prinz bestraft werden, nahm Schwerin ihm für einige Tage den Degen fort, meist wegen «sehr heftigem und geschwinden Zorn». Das traf. Aber auch Belohnungen blieben nicht aus. Einmal gab es sogar ein weißes Pferd.

Friedrich – von allen «Fritz» genannt – war das Gegenteil seines eigenwilligen und aufbrausenden älteren Bruders. Eine Unachtsamkeit – die Kinderfrau hatte ihn als Säugling fallen lassen – trug ihm eine verkrümmte Wirbelsäule ein, die ihn zeitlebens plagte. Das Gebrechen machte ihn zu einem ruhigen Jungen, der von allen, besonders von der Mutter, verwöhnt wurde. Louise Henriette fürchtete stets, daß der Jüngere benachteiligt wurde. Natürlich war sie sofort einverstanden, als Schwerin vorschlug, auch für Fritz einen eigenen Lehrer einzustellen, der ihm Schreiben und Lesen beibrachte: «Was Ihr mir Fritz betreffend meldet, so bin ich ganz damit einverstanden . . . ich glaube, daß er Geist genug hat, einige Sachen zu lernen . . . Ich lege in Eure Hände das, was mir das Liebste auf der Welt ist – meine beiden Kinder. Ihr wißt besser als ich, was ihnen gut ist; aber ich bitte Euch, dem Kleinen zu helfen und ihn lernen zu lassen.»

Auch Karl Emil liebte seinen kleinen Bruder herzlich. Wenn er sich mit Schwerin auf dessen Landgut in Altlandsberg aufhielt, vergaß er nicht, Fritz zu schreiben: «Weil Ihr bei Eurer großen Glückseligkeit, da Ihr allzeit bei Papa und Mama seid, meiner ganz vergesset, so will ich hiemit erweisen, daß ich fleißig an Euch gedenke. Ich hoffe mein Herzbrüderchen bald wiederzusehen, alsdann ich Euch erzählen will, was ich hie vor Lust gehabt. Ich habe auch ein kleines lebendiges Rehgen, auch habe ich viel Vögel geschossen, etzliche Mal seindt die Federn mit weggeflogen. Ich bitte Ihr wollet Herzen Papa und Herzen Mama meinetwegen untertänig die Hände küssen und euch küsse ich aus recht brüderlichem Herzen und verbleibe all mein Lebtage Meines allerliebsten Brüderchen getreuester Bruder und williger Diener.» Oft genug konnten die Brüder zusammen auf dem Landgut der Schwerins toben, denn regelmäßig zu Ostern, Pfingsten und in den Monaten Juni bis Oktober ging es dorthin in Urlaub.

Im November 1663 kehrte das Kurfürstenpaar in die märkische Residenz zurück. Um vorzuführen, was in den vergangenen Monaten alles gelernt worden war, organisierte Schwerin im Schloß vor Eltern, Tanten und Onkel ein regelrechtes Examen. Karl Emil begrüßte seinen Vater mit einer lateinischen, die Mutter mit einer französischen Ansprache. Dann kam eine Prüfung im Konjugieren und Deklinieren und in der Geographie. Endlich stellte Louise Henriette Fragen nach Gott und der Religion. Die Eltern waren mit den Leistungen ihres Ältesten sehr zufrieden. Von der Mutter gab es einen mit Diamanten besetzten Degen.

Mit der Anwesenheit der Eltern änderte sich für die Kinder kaum etwas. Vor und nach dem Essen waren sie mit den Eltern zusammen, die sonstige Zeit aber wie früher ganz in der Obhut Schwerins. Es kam Weihnachten 1663, und der Hofmeister schrieb in sein Tagebuch: «Weil der Heilige Abend gewesen, hat der Prinz Urlaub gehabt. Um 4 Uhr haben wir zusammen nebst Prinz Friedrich Weihnachtsgesänge gesungen. Um 5 Uhr sind die kurfürstlichen Eltern mit beiden Prinzen in mein Gemach gekommen, da die Weihnachtsgeschenke hingelegt gewesen.» Von den Geschenken interessierte Karl Emil an diesem Abend nur eins, der metallene Brustharnisch, den er sofort anlegte. Am letzten Tag dieses Jahres gab es keinen Urlaub: «Um ½7 Uhr aufgestanden, dann gebetet und studiert bis ½10; hernach einen Brief an die

Herzogin von Kurland geschrieben. Nach dem Abendessen hat der Prinz bei meiner Frau, nebst anderer vornehmer Gesellschaft, Neujahrskuchen backen helfen, und sonst andere Spiele gespielt. Um 9 Uhr gebetet und zu Bett gegangen. Der Kurfürst nebst Gemahlin waren schon am 29. nach Potsdam gefahren.» Die Kinder fühlten sich bei Schwerins zweiter Frau gut aufgehoben. Als Karl Emil einmal eine kleine Reise machte, schrieb er ihr von unterwegs, eigentlich wollte er ihr einen Speiseplan für seine Rückkehr schicken, aber sie wisse ja selber am besten, was ihm gut schmecke.

Alle Teile waren zufrieden. Die Eltern, weil sie ihre Kinder in den besten Händen wußten. Die Kinder, weil der sanfte Freiherr alles tat, um ihnen das Lernen schmackhaft zu machen. Der Erzieher, weil diese Eltern nichts taten, ohne sein Einverständnis zu holen; sie, bei aller Verantwortung, ihm nichts aufbürdeten, was er nicht tragen konnte. Als der Älteste einmal erkrankte, schrieb die Kurfürstin an Schwerin: «Ich kann mir denken, in welcher Sorge Ihr seid. Aber Ihr habt mit Eltern zu tun, die versichert sind, daß kein Haar von unserem Haupte fallen kann ohne Gottes Willen, daß uns nichts von ungefähr geschieht, daß alles von seiner Hand kommt. Wir werden nicht die zweiten Ursachen suchen, sondern denjenigen, der Gutes und Böses schickt, von dem Leben und Tod abhängt.»

Es waren auch Eltern mit pädagogischem Gespür. Die Examen, die von Zeit zu Zeit in ihrer Gegenwart mit den Kindern abgehalten wurden, sollten die Söhne an öffentliches Auftreten gewöhnen, das zu ihren zukünftigen Aufgaben gehörte. Lob wurde reichlich gespendet. Drill war nicht gefragt. Das Ziel aller Erziehung hatte der Kurfürst selbst in die Instruktionen für Karl Emil geschrieben, eine Devise des Tacitus über den Feldherrn Germanicus: Was er tat, war sichtlich und hörbar verehrungswürdig.

Schwerin, Oberpräsident des Geheimen Rates, wußte oft nicht, wie er alle seine Pflichten erledigen sollte. Immer wieder bat er den Kurfürsten, ihn von seinen politischen Ämtern zu entbinden. Hätte der seinen Berater wirklich loswerden wollen, wie manche bei Hofe von Zeit zu Zeit munkelten, es wäre ein ehrenvoller Ausweg für Friedrich Wilhelm gewesen. Doch der Kurfürst wußte offenbar, was er an Schwerin hatte, nützte wohl auch dessen Pflichtgefühl aus und weigerte sich, solchen Wünschen nachzukommen. Als auch Fritz offiziell in Schwerins Obhut kam, schliefen sie alle drei nachts in einem Zimmer.

Bei Hofe

Zu den beliebtesten Spielen der Kinder gehörte es, die Eltern, wenn sie aus Potsdam oder Oranienburg zurückkamen, mit militärischen Ehren zu empfangen. Unter dem Kommando von Karl Emil – meist waren die Schwerinschen Jungen mitbeteiligt – standen die kindlichen Soldaten mit kleinen Standarten und gezogenem Säbel vor den Toren der Stadt und ritten anschließend dem Zug voran. Repräsentatives Auftreten und höfischer Luxus hatten seit dem Frieden von 1660 eine andere Qualität bekommen. Der Herr der Mark war ein gleichberechtigter Partner auf dem europäischen Parkett geworden. Das mußte selbstverständlich nach außen sichtbar werden – für die eigenen Untertanen und für die Herren Gesandten, die von überall anreisten, um mit dem Brandenburger vorteilhafte politische Geschäfte abzuschließen.

Der Kurfürst hatte auf die Mehrung von Macht und Ansehen zielstrebig hingearbeitet. Er zögerte nicht, im Frieden ihre angenehmen Seiten zu genießen und aller Welt zu zeigen, daß sich die Stellung Brandenburg-Preußens gründlich geändert hatte. Vorbei waren die Zeiten, da sich der Hof vom Magistrat der Stadt ein paar Taler leihen mußte, um wenigstens satt zu werden. Zwar war das Land immer noch arm, aber die Steuern wurden unerbittlich eingetrieben, und Friedrich Wilhelm genierte sich nicht, Schulden zu machen. Nun war er ja ein respektabler Gläubiger. Im Schloß an der Spree speiste man von silbernen oder vergoldeten Tellern, der teure Rheinwein floß in Strömen. Louise Henriette bewirtete täglich 134 Personen an 16 Tischen. Zu den Festlichkeiten trug der Hausherr mit Vorliebe eine orangefarbene lange Jacke, mit Gold und Edelsteinen geschmückt. Am schwarzen Barett wippte eine gewaltige Feder, und die Füße steckten in gelben Stulpenstiefeln. Louise Henriettes Kleider waren ebenfalls mit Kostbarkeiten bestickt, und der Ausschnitt blieb für den Schmuck schulterfrei. Bei Juwelen kannte die strenge Christin keine Askese.

Inzwischen war die kurfürstliche Familie angewachsen. Henriette Katharina, die Schwester der Kurfürstin, lebte mit ihrem Mann, dem Fürsten von Anhalt-Dessau, ebenfalls im Schloß. Die kleine Charlotte, eine Tochter von Friedrich Wilhelms Lieblingsschwester, der Herzogin von Kurland, war der Obhut der Tante Louise Henriette anvertraut. Auch ihr Bruder Alexander kam viele Wochen im Jahr zu Besuch. Aus Kurland schrieb die Herzogin an Schwerin und bat, ihr «Alexandergen» doch zusammen mit dem Prinzen Friedrich lernen zu lassen; daß der Hofmeister ihm ab und zu die Vokabeln abhören und daß er sich auch um «Charlottgen» kümmern möge. Ein häufiger Gast war ferner die kurfürstliche Schwiegermutter Amalie, die aus Holland anreiste und nur zu gern bei ihrem kurfürstlichen Schwiegersohn mit Ratschlägen nicht hinter dem Berg hielt. Der hörte zu, war für Hinweise dankbar und mußte sich von seinen Beratern oft sagen lassen, daß er den Frauen zu gerne sein Ohr leihe. Graf Johann Moritz, der clevische Statthalter, schrieb ihm eines Tages mit säuerlicher Ironie: «Eins habe ich von Eurer Kurfürstl. Durchl. verstanden, das mich tut trösten, nämlich daß selbe nicht in der Ewigkeit wollen den Namen haben, von Weibern regiert zu sein.»

Ein Land vor allem versuchte nach dem Frieden von Oliva den Brandenburger ins eigene Lager zu ziehen – Frankreich. Ludwig XIV., entschlossen, die europäische Vormachtstellung der Habsburger zu brechen, schickte im Januar 1662 seinen Gesandten de Lessin an die Spree. Offiziell sollte er dem cöllnischen Hof die freudige Nachricht von der Geburt eines Thronfolgers – des Dauphins – bringen. Hinter den Kulissen versuchte der Franzose, den Kurfürsten zu einem Bündnis mit jenen deutschen Fürsten am Rhein zu bewegen, die schon eine Allianz mit Ludwig XIV. eingegangen waren. Die Berichte, die der Gesandte nach Paris schickte, erlauben uns – abseits der Politik –, einen guten Blick hinter die Zeremonien zu werfen, und erzählen ein wenig von jenem

Klatsch, der zum neuen höfischen Alltag gehört wie der Schatten zum Licht. De Lessin wurde mit ausgesuchter Höflichkeit empfangen und behandelt wie der kaiserliche Botschafter, obwohl er doch nur ein einfacher Gesandter war. Der Kurfürst gab ihm nicht nur eine Audienz, sondern zu Ehren des Dauphins auch ein festliches Essen, bei dem er stehend auf die Gesundheit des französischen Königs, der Königin, der Königinmutter und des Thronfolgers trank, «mit allem Ernst und allem Respekt, mit dem man hier in Deutschland gewöhnlich darauf trinkt; und alle Kanonen, von denen es an diesem Platz zahlreiche gibt, donnerten jedesmal, wenn er seinen Trinkspruch aussprach».

Nach dem Feiern kam die Arbeit. Der Franzose suchte die Kurfürstin auf und ihren Schwager, den Fürsten von Anhalt-Dessau: «Nach meiner Meinung trägt er alles zur Frau Kurfürstin, und so, wie sie ihn benutzt, bedient er sich ihrer, um diese Sache zu einem guten Abschluß zu bringen.» De Lessin hatte den Eindruck, daß beide die französische Seite bevorzugten. Über Schwerin, der in diesen Monaten auf seiner erfolglosen Mission bei den preußischen Ständen in Königsberg weilte, hörte der Gesandte hinter vorgehaltener Hand, daß Anhalt diese Reise eingefädelt hätte. Er wolle den Pommern loswerden, um ganz allein das Ohr des Kurfürsten zu gewinnen. Friedrich Wilhelm schien unentschlossen, wie er sich gegenüber Frankreich verhalten sollte. In einer zweiten Audienz für den Gesandten schimpfte er auf die polnische Königin und stellte eine Annäherung an Paris in Aussicht, ohne jedoch bisherige Versprechen zu brechen, «damit man ihn in der Welt nicht wegen zu grossen Wankelmuths tadele».

Keine definitive Antwort also, doch der Kurfürst versüßte solche schlechten Nachrichten für den Herrn de Lessin mit einer Einladung aufs Land. Mit dem Fürsten von Anhalt-Dessau, einigen Geheimen Räten und dem Landesvater an der Spitze zog bald eine prächtige höfische Gesellschaft zum Tor hinaus und in die Festung Spandau, von der de Lessin aber nur berichtete, daß sich ringsherum nichts als Sumpf ausbreite. Abends wurde – immer noch zu Ehren des Dauphins – dort ein «in der Tat sehr schönes Feuerwerk» abgebrannt. Am nächsten Tag ging es weiter nach Küstrin. In der Festung spielte der Gastgeber selbst den Führer und zeigte voller Stolz dem französischen Gesandten Magazine voller Munition, Getreide und Waffen und «sehr schöne Artillerie». Die Reise war noch nicht zu Ende, denn Friedrich Wilhelm war in Jagdlaune. Jenseits der Oder stieß der Trupp tief in die Wälder nahe der polnischen Grenze vor und quartierte sich in einem der zahlreichen kurfürstlichen Jagdhäuser ein. De Lessin blieb nichts anderes übrig, als mit guter Miene zu warten, während der Kurfürst tagelang im Forst verschwand und abends mit reicher Beute an Hirschkühen und Wildschweinen zurückkehrte. In den wenigen freien Minuten versuchte der Diplomat, der noch nicht aufgegeben hatte, den Kurfürsten an den Zweck seiner Mission zu erinnern. Doch der winkte ab. Später.

Nach vierzehn Tagen war man wieder in Berlin. Das Spiel begann von neuem. Diesmal war es die Gicht, «jene leichtfertige Krankheit», wie Friedrich Wilhelm sie nannte, die den Herrscher tagelang aktionsunfähig machte. Doch obwohl der Kurfürst keine diplomatische Krankheit vorschützte, dämmerte dem Gesandten langsam, daß der Erfolg ausbleiben würde. War dieses Zögern und Hinausschieben gar keine Unentschlossenheit, sondern Taktik? Hatte der Brandenburger ihn an der Nase herumgeführt? De Lessin durfte in seinem Haus keine Messe lesen lassen, der Wein schmeckte wie Essig: Der Gesandte ihrer Majestät des französischen Königs war nicht länger gewillt, sich solche Behandlung gefallen zu lassen. Die andere Seite öffnete auch das Visier: «Ich habe heute solche Peinlichkeit erfahren und solche lächerlichen Schikanen erfahren müssen, daß ich noch nicht einmal dazu gekommen bin, dem König zu schreiben. Ich finde bei dem Herrn von Brandenburg einen Hochmut, der alle Maße sprengt . . . ich fühle mich verpflichtet, mich morgen vom Kurfürsten zu verabschieden.» De Lessin mußte sich beeilen, denn schon am nächsten Tag hatte Friedrich Wilhelm eine Reise nach Leipzig geplant, um dort die Messe zu besuchen.

Der französische Gesandte konnte als Trost mit auf die Heimreise nehmen, daß er nicht der einzige war, den der Kurfürst narrte, indem er aus der Not zögernder Entschlußfähigkeit eine Tugend machte. Es ist wahr: Der Mann mit dem spontanen und leicht erregbaren Temperament war kein Freund schneller Entscheidungen. Er fragte viele um ihre Meinung, dachte lange nach, grübelte und sah nicht ohne Vergnügen, wie unterdessen jene, die auf sein Wort warteten, unsicher und nervös wurden. «Ich habe einen großen Kurfürsten des Reiches gekannt», so erinnerte sich der dänische Diplomat Detlev von Ahlefeldt, der mit Friedrich Wilhelm viele Stunden verbracht hatte, «der in der Kunst der Dissimulation sehr geübt, und wenn er guter Laune war, gegen mich mehr als einmal diese Worte erwähnte: Niemand kennt meinen Sinn, weiß, ob ich Fuchs oder Hase bin.» Er spielte gerne, dieser Kurfürst, nicht nur an langen Abenden zur Zerstreuung. Ein anderer, der sich von Jagdausflügen und Unentschlossenheit nicht täuschen ließ, weil er in langen zähen Verhandlungen während des Krieges gegen Polen und dann gegen Schweden Friedrich Wilhelm kennengelernt hatte, war der österreichische Gesandte Franz von Lisola. Er schrieb 1663 an einen Vertrauten: «Ich bewundere diesen Kurfürsten, der seine Freude an langen Berichten mit allerkleinsten Einzelheiten findet und solche ausdrücklich von seinen Dienern verlangt; er liest, überlegt und expediert alles; eines verknüpft er mit dem andern und vernachlässigt nichts.» Und ein anderer kaiserlicher Gesandter meldete zwei Jahre später nach Wien: «Kurfürstliche Durchlaucht seind sehr unmüßig und arbeitsam, schlafen wenige Stunden und seind in aller Frühe auf.»

Wer so vielseitige Interessen zeigte und sich um alles selbst kümmerte, hatte ein offenes Ohr für Vorschläge und Neuerungen aller Art. Effizienz imponierte ihm. Im Herbst 1665 kam ein ungewöhnlicher Brief an den Kurfürsten. Zwei Brüder, einer von ihnen Professor für Recht und Geschichte, boten an, die Bibliothek im Schloß zu Cölln – die am Lebensabend des Kurfürsten rund 20000 gedruckte Bücher zählte – auf eigenes Risiko innerhalb von zwölf Monaten neu zu ordnen und einen alphabetischen Verfasserkatalog herzustellen. Die beiden, Peter und Christoph Hendreich, wollten je 200 Taler hinterlegen, die bei Nichterfüllung an die Bibliothek fallen sollten. Für ihre Arbeit erbaten sie nichts als Wohnerlaubnis in den Zimmern neben der Bibliothek und «täglich etwa ein Paar Essen aus der Churfürstlichen Küche». Friedrich Wilhelm diktierte zwei Briefe: Das Angebot der Brüder Hendreich nahm er an und versicherte zugleich seinem Bibliothekar Johann Raue, dem gelehrten Anhänger des Comenius, daß niemand ihn aus seinem Amt drängen wolle. Die ehrgeizigen Brüder nahmen sofort ihre Arbeit auf, von Raue argwöhnisch beobachtet und angefeindet, bis der Kurfürst schließlich ein Machtwort sprach. Beide Parteien mußten zu einer Aussprache vor dem Geheimen Rat erscheinen und gelobten Besserung. Die Hendreichs leisteten ganze Arbeit. Schon nach sechs Monaten war das versprochene Ergebnis erreicht. Soviel Eifer wurde belohnt. Zwei Jahre später machte der Kurfürst Christoph Hendreich zu seinem Bibliothekar und Rat.

Nicht nur die innere, auch die äußere Ordnung der Bibliothek konnte sich inzwischen sehen lassen. Johann Raue hatte im renovierten Apothekerflügel drei Räume bezogen. Die Bücher waren in einem rund 31 Meter langen, fünf Meter hohen und 14 Meter breiten Saal in rotgestrichenen Regalen und Schränken, die an der Wand und frei im Raum standen, untergebracht. An den Wänden hingen die Bilder antiker Philosophen, der Reformatoren Hus, Luther, Calvin und Zwingli. Es gab Statuen, Inschriften und Globen. In der Mitte stand ein eckiges, drehbares Lesepult, auf dem sechs Bücher Platz hatten. Ein zweiter, kleinerer Raum diente als Lesesaal, ein dritter als Raritätenkammer. Dort lagerten Skelette und ausgestopfte Tiere, Mineralien und Straußeneier, Manuskripte, die Schuppenhaut eines «Meermannes» und die Luftpumpe, die der Magdeburger Bürgermeister Otto von Guericke dem Kurfürsten verehrt hatte. Aus dem Wirrwarr der privaten Raritätenkammern entwickelten sich später die staatlichen Museen.

Noch gab es keine Öffentlichkeit, die sich der Bibliothek erfreut hätte. Die wenigen, die es konnten – Gelehrte, Hofbeamte, Geistliche – durften Bücher entleihen. Aber es sollte seine Ordnung haben, und so stand es in der Bestallungsurkunde für den Bibliothekar Raue: «So soll auch niemanden ohn sein vorbewust undt consens einig buch auß Unserer hoffBibliothec allhier zu nehmen gebühren sondern eins oder ander buch von ihme mit bescheidenheit iedoch kegen genugsahmen schein der unbeschädigten widererstattung . . . iedesfals begehret undt abgefordert werden . . .» Erst auf Vorschlag des Bibliothekars Hendreich wurden regelmäßige nachmittägliche Öffnungszeiten eingeführt.

War die Bibliothek den meisten verschlossen, so konnte ein jeder durch den kurfürstlichen Lustgarten promenieren und mit der Zeit immer mehr Dinge bewundern, die es in der märkischen Residenz noch nie gegeben hatte. In den Brunnen schäkerten kleine Amorfiguren und Delphine. Aus den Büschen schoß ein Kupido, zwischen Bäumen und Hecken standen lebensgroße Figuren griechischer Götter. Holländische Künstler, die nach Cölln berufen wurden, brachten die neue Vorliebe für marmorne Bildnisse mit und setzten sie durch. Den Eingang des Gartens zierte – aus Marmor – ein Jugendbildnis des Kurfürsten und eine Statue seines erstgeborenen, früh verstorbenen Sohnes. Beide Stücke hatte Louise Henriette in Auftrag gegeben. Vom Lustgarten zum neu erbauten Ballhaus, das den Bürgern wie den Angehörigen des Hofes offenstand, war nur ein kurzer Spaziergang.

Berlin und Cölln, die beiden Städte, platzten langsam aus allen Nähten, und die neuen Festungsmauern konnten nicht verhindern, daß die Residenz überschwappte. Der Hof war auch hier die treibende Kraft. Schon 1655 hatte sich der kurfürstliche Baumeister Johann Gregor Memhardt außerhalb der Mauern in Richtung Tiergarten ein prächtiges Steinhaus errichtet. Sein Nachbar wurde der kurfürstliche Geheimsekretär und Kammerdiener Johann Martitz. Seine Frau war Holländerin und Kammerfrau. Beide gehörten zum vertrauten Personal, die den Kurfürsten und seine Frau täglich sahen. Die neue Siedlung wuchs schnell. 1666 standen schon 92 Häuser, von denen 47 von kurfürstlichen Beamten bewohnt wurden. Vier Jahre später machte der Kurfürst diese Vorstadt unter dem Namen Friedrichswerder zur dritten «Residenzstadt und Feste».

Der neue Reichtum, der sich bei Hofe und vor den Toren der Stadt zur Schau stellte, täuschte darüber hinweg, daß das Land noch längst nicht die Folgen des lange vergangenen Dreißigjährigen Krieges überstanden hatte.

Die Not war sogar größer geworden. Immer noch stand in Berlin fast ein Fünftel aller Häuser leer und zerfiel. Die alten Eigentümer wollten nichts mehr von ihrem Gut wissen, und neue waren nicht in Sicht. Denn die Grund- und Heeressteuer – Kontribution – in der Stadt richtete sich nicht nach dem Vermögen der

Bürger, sondern wurde nach dem ursprünglichen Wert ihrer Häuser bemessen. Mochten die Besitzer auch kaum noch einen Taler im Sack haben. Der Kurfürst wollte Abhilfe schaffen und versprach, aus «landesväterlicher Liebe allen denjenigen, so wüste Stellen anzunehmen zu bebauen und also sich in diesen Unseren Landen häußlich niederzulassen vorhabend seyn sollten, einige empfindliche Ergötzlichkeit». Wer ein verfallenes Haus und das Grundstück wieder herrichtete, brauchte sechs Jahre lang keine Steuern zu zahlen und erhielt dazu noch freies Bauholz. Die gute Idee verwandelte sich in der Praxis in ihr Gegenteil. Nun tauchten plötzlich viele Besitzer auf, die vordem von ihren Häusern nichts mehr hatten wissen wollen, nahmen Steuerfreiheit und Bauholz in Anspruch – und dachten nicht ans Wiederaufbauen.

Es blieb dabei, daß nur wenige Wohlhabende sich ein neues Haus leisten konnten und immer mehr Eingesessene verkaufen mußten. Laut wagte man darüber nicht zu murren. 1661 verschloß der Bürgermeister Zarlang nach altem Brauch in dem neuen Turmknauf der Heiliggeistkapelle eine lateinische Urkunde mit einer Klage, die erst die Nachwelt lesen würde: «Die Paläste und Grundstücke, die einst das Erbteil unserer Bürger waren, sind jetzt in den Händen von Höflingen.»

Friedrich Wilhelm konnte nicht daran gelegen sein, daß die Kaufkraft seiner Bürger immer mehr sank. Er verdrängte nicht, was er sah, wenn er durch seine Residenz ritt. Hier, in den beiden Städten, wollte er endlich durchsetzen, was er in Holland bewundert hatte und was ihm die Stände der Mark seit seinem Regierungsantritt verweigerten – die Akzise, eine indirekte Steuer auf alle Verbrauchs- und Handelsgüter. Sie sollte die ungerechten und sinnlos gewordenen alten Kontributionen ablösen. Doch die Gleichheit, die die kurfürstliche Gassen- und Brunnenordnung mit sich gebracht hatte, fand am wichtigsten Privileg – der Steuerfreiheit – ihre Grenzen. Als aus dem Schloß der Befehl zur Eintreibung der Akzise an den Magistrat erging, wurden alle Angehörigen des Hofes, des Adels sowie die Beamten und Soldaten von den neuen Abgaben freigestellt. Bezahlen war das «Privileg» der Unteren. Glaubte Friedrich Wilhelm wirklich, auf diese Weise mehr Geld in die stets leeren Kassen zu bekommen und die Wirtschaft anzukurbeln?

Wer zu Fuß durch die Residenz ging oder sich mit Pferd und Kutsche fortbewegte, sah nicht nur Lustgarten und Ballhaus, das immer schöner werdende Schloß oder die schwarzen Fensterhöhlen verfallener Häuser. Sein Weg führte ihn unweigerlich zu Plätzen, wo die alte Ordnung für alle sichtbar die Menschen noch ganz fest im Griff hatte. Es sollte auch noch lange so bleiben. Auf dem Neuen Markt stand der Galgen für die Zivilisten, der für die Soldaten auf dem Molkenmarkt. Auf der «neuen Schaubühne» vor dem Berliner Rathaus tat der Henker in aller Öffentlichkeit seine blutige Arbeit. Durch die Straßen wurden an einem Tag «13 Soldaten Diebstahls wegen durch die Spießruthen gejaget» und ein Urkundenfälscher «vom Schloß ab bis vorm St. Jürgen-Thor mit Ruthen ausgestrichen». Frauen, die angeblich ihr Neugeborenes getötet hatten, nähte man in Säcke ein und stieß sie von der Langen Brücke in die Spree. Ein «Weibsstück», das sein Kind ertränkt hatte, wurde vor dem Berliner Rathaus enthauptet, und anschließend «baten die Doctores sie aus, und ward auf dem Cöllnischen Rathause anatomiert. Man konnte sie viel Tage lang vor 2 Gr[oschen] zu sehen bekommen.» Wer den Bienenstock des Nachbarn zerstörte, dem riß der Henker vor dem Köpfen die Eingeweide aus dem Leibe. Wer einen Baum oder Strauch in der Stadt vernichtete, dem wurde die Hand abgehackt, die den Frevel ausgeführt hatte. Wer sich der Verleumdung und Beschimpfung schuldig machte, wurde stundenlang auf dem Marktplatz auf einen hölzernen Esel gesetzt, während die lärmende Menge sich mit ihrer Verachtung nicht zurückhielt. Der Sünder mußte bestraft werden, auf der Stelle und drakonisch. Das verlangte die Moral, die älter war als die Zeit. Und die Untertanen, die durch öffentliche Exempel abgeschreckt werden sollten, empfanden wohl schon damals neben dem Grauen heimlichen Genuß.

Natürlich unterstand der Adel nicht solcher Justiz und scherte sich selbst um die eigene Ordnung wenig. Wer beleidigt wurde, der mußte seinen Degen ziehen. Auch wenn Friedrich Wilhelm wetterte, daß diese «unzeitigen Passiones» vorbei seien und die Duellanten die «allergerechtesten und in Gottes Wort gegründeten

Ordnungen» antasteten und sich denselben widersetzten. Es half nicht viel. Im Oktober 1664 gab es wieder einmal böse Worte zwischen dem Oberpräsidenten Schwerin und dem kurfürstlichen Stallmeister von Pöllnitz. Die beiden mochten sich noch nie leiden, und Pöllnitz hatte einmal den engsten Vertrauten des Kurfürsten als «sehr hinterhältig und feige» charakterisiert. Diesmal wollte Schwerins Stiefsohn Gebhard Truchseß von Waldburg die Ehre der Familie wiederherstellen, was er mit dem Tod beim Duell bezahlte. Die Angelegenheit war besonders peinlich, weil auch Pöllnitz zur engsten Umgebung des Kurfürsten gehörte. Als ein Jahr darauf sein Kammerjunker im Zweikampf starb, zitierte Friedrich Wilhelm alle adligen Höflinge und Beamten ins Schloß vor den Geheimen Rat. Es wurde ihnen strengstens befohlen, «bei Vermeidung Unserer höchsten Ungnade» Frieden untereinander zu halten und Streitigkeiten vom Landesherrn schlichten zu lassen.

Es ging eben noch vieles durcheinander: Der Versuch, nach vernünftigen Maßstäben sich auszurichten, und der tief verwurzelte Glaube an schicksalhafte Entscheidungen, bei denen ein anderer führte. Der Widerspruch trennte nicht die Individuen, sondern saß tief in jeder Brust. Im August 1666 schrieb Otto von Schwerin in sein Tagebuch: «Da dem Kurprinzen ein Unglück von einem Astrologo angekündigt, haben Se. Kurf. Durchl. ihn nicht ausgehen lassen wollen. An eben demselben Tage sind vier Edelleute mit den Pferden gestürzt, davon der eine noch ohne Hoffnung darnieder liegt, und hat der Astrologus gesagt, wenn der Kurprinz mitgekommen, würde ihm ganz gewiß ein Unglück begegnet sein.» Auch war Friedrich Wilhelm fest davon überzeugt, daß ein Todesfall in der kurfürstlichen Familie von der Weißen Ahnfrau angekündigt würde, die vor solchen Ereignissen durch die Räume des Schlosses geisterte.

17 Die preußischen Stände huldigen dem Großen Kurfürsten 1663
18 Der Sieger von Fehrbellin

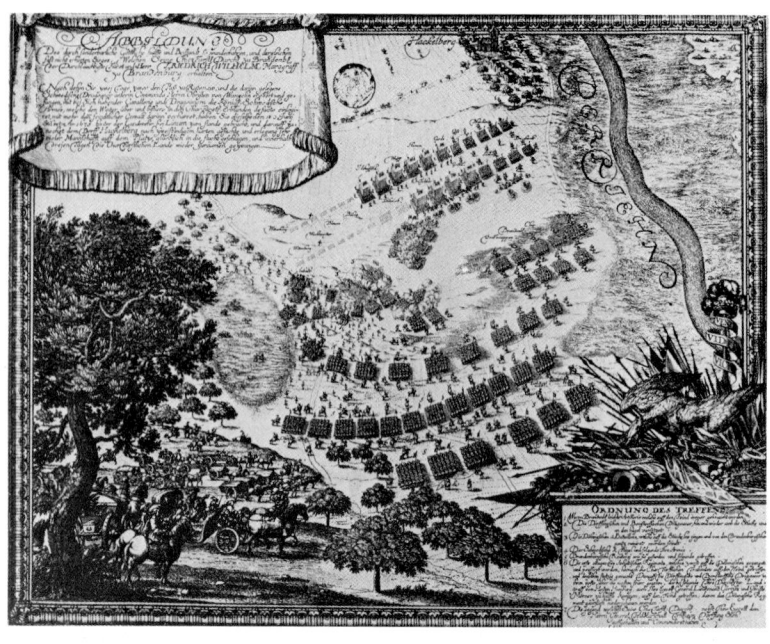

21 Brandenburgs Kolonie
an der Goldküste
22 Landung der kurfürstlichen
Flotte in Guinea

Gegenüber:
19 Die Kämpfe bei Fehrbellin
20 Der Große Kurfürst und der
Prinz von Homburg (Mitte)

23 Die Belagerung von Stettin 1677
24 Der Große Kurfürst verfolgt die Schweden nach Rügen

7

Wie die Kinder auf die Welt kamen

Als Schwerin am ersten Tag des Jahres 1664 mit den beiden Prinzen in das Zimmer der Kurfürstin kam, um ein gutes neues Jahr zu wünschen und sie zum Kirchgang abzuholen, war Louise Henriette so schwach, daß der Freund dablieb und mit ihr zusammen eine Andacht hielt. Auch als sich im Sommer dieses Jahres Schwerins sechzehnjährige Tochter Leonore mit dem Grafen Friedrich von Dönhoff verlobte, erschien nur der Kurfürst mit seinen beiden Söhnen zur Feier. Wenig später wurde das sechzehnte und letzte Kind des Oberpräsidenten geboren und im Vorzimmer der Kurfürstin getauft. Karl Emil stand zum erstenmal Pate.

Um diese Zeit – im August – war die 37jährige Louise Henriette schon wieder hochschwanger. Im November kam im Schloß zu Cölln ein kurfürstliches Zwillingspärchen auf die Welt, Heinrich und Amalie. Beide starben bald hintereinander.

Wir wissen nicht, was die ohnehin kränkelnde Kurfürstin bei den Geburten ihrer Kinder mitmachte. Ihr hoher Stand brachte ihr dabei kaum Vorteile. Mütter- und Säuglingssterblichkeit waren auch in den ersten Kreisen erschreckend hoch. Allerdings wurde gerade am Anfang dieses Jahrhunderts in Frankreich eine wichtige Entdeckung gemacht, die die Qualen der Schwangeren entscheidend verringerte: «Wenn dieses Jahrhundert glücklich zu preisen wegen einer Erfindung, mag solches absonderlich wegen der . . . Wendung der Frucht nicht zwar mit denen krank machenden Instrumenten, sondern mit der blossen Hand geschehen.»

Die Kunde, daß eine geschickte Hand mehr ausrichtete als Marterinstrumente, drang erst langsam nach Osten. Es war eine Schlesierin, Justine Siegemund, die nach eigenen schlimmen Erfahrungen und dem Studium gelehrter Bücher auf die gleiche Idee kam: Kinder, die im Mutterleib schief lagen, mit der Hand zu wenden und in die richtige Lage zu bringen. Die Kunst der Hebamme, die sich selbst das Wichtigste beibrachte, verbreitete sich schnell. Friedrich Wilhelm ernannte sie zur «churbrandenburgischen Hof-Wehemutter», und Henriette Katharina, die Schwester der Kurfürstin, nahm sie in ihren Dienst. Louise Henriette selbst konnte von der neuen sanfteren Entbindungsmethode nicht mehr profitieren. Als die Siegemund an den Hof kam, gab es dort eine andere Kurfürstin.

Weil die Hebammenausbildung im ganzen Land im argen lag, wurde die Schlesierin gedrängt, ihre Erfahrungen und Ratschläge aufzuschreiben. 1689 erschien «Ein höchst nöthiger Unterricht von schweren und unrecht stehenden Geburthen». Vorneweg bestätigten drei kurfürstliche Hofprediger, daß dieses Buch «uns zu gehöriger Censur übergeben, Wir nichtes befunden, was wider GOTT und sein H. Wort streite, sondern vielmehr . . . ihr Unterricht gar wohl und mit Nutzen dem Publico zum Besten gedrucket werden könne». Dann folgte ein Gutachten der Universität von Frankfurt an der Oder: «Wir Decanus, Senior, Doctores und Professores Ordinarii der Medicinischen Facultät, . . . geben hiermit zu vernehmen . . . daß einfältige Weh-Mütter desto leichter die darinnen enthaltene Dinge begreiffen, und sich daraus zum gemeinen Nutzen der Schwangeren und Gebährenden erbauen könten.» Die Professoren kamen zu dem Schluß, «daß unter solcher Schreibens-Art viele gute und nützliche Dinge, geschickliche Handgriffe und Wendungen, so vielen, ja leyder! den meisten Wehe-Müttern zum nicht geringen Nachtheile vieler gesegneten Frauen, bißher wenig bekannt seynd, angegeben, und nach eigener Erfahrung deutlich beschrieben seynd.»

Es war ein Fortschritt, von dem vorläufig nur wenige profitierten. Den Alltag der Gebärenden beschrieb der Feldscher des Kurfürsten, Meister Johannes Dietz, in seinen Erinnerungen. Es ging um seine eigene Frau: «Die harte Geburt währete bis in'n dritten Tag. Da fragete ich die Weiber, die ich hatte lassen dazu holen . . . warum es so lange würde, es stünde gewiß nicht recht? – Da sagten die Weiber: ‹Herr Dietz, wir können es ihm nicht verhalten, das Kind ist tot; und will er seine Frau beim Leben erhalten, so muß er Herrn Dorn, der die Frucht rausnimt, lassen holen.› Ich ward sehr erschrocken und wußte nicht, was zu thun? Doch resolvierte ich mich und sagte: ‹Wann es denn nicht anders sein sollen und kann, was Dorn kann, kann ich auch.› . . . Ich legte die Hand an und versuchte, wie die Frucht stünde. So stund es mit der linken Achsel und Arm verkehret in. Und war wegen der Dunst, welche allezeit bei toten Kindern ist, weder zu wenden noch zu regen. Sie hatten ihm bereitest fast den Arm abgerissen. Ich fassete ein dazu geschicktes, spitziges Messerlein in meine rechte Hand, unter den Zeiger, so vorhero mit warmen Ölen und Bier glatt gemacht, zwang mich damit zwischen die Frucht ein und eröffnete dem Kinde Brust und Leib. Da gingen die Winde weg; und war die Frucht, zusammengefallen, leicht herauszubringen.»

Hatten Mutter und Kind die Schrecken der Geburt lebendig überstanden, dann gab ihnen der Nürnberger Stadtmedicus Johann Pfizer einen guten Rat: «Allhier aber wäre wol zu wünschen, daß eine jedwede Mutter, soferne sie von zufallenden Kranckheiten davon nicht abgehalten wird, ihre Kindlein selbsten säugete; alldieweiln nemlich die Mütterliche Milch solchen jederzeit mehr zugethan und derohalben auch dieselbige vermittel der Verwandschafft besser dann sonsten irgends eine ander, wie gut sie auch immer seyn möge, ernähret und erhält.» Der Doktor wußte für seine These nicht nur medizinische Gründe anzuführen: «Viertens wird dardurch eine weit grössere Liebe der Kinder gegen die Mütter erwecket, wenn sie nämlich von der Mutter selbsteigenem Milch-Saft gespeiset und ernähret werden.»

Justine Siegemund wollte nicht einsehen, daß Frauen stets in Schmerzen gebären mußten. Solche Einsichten änderten nichts an der Meinung, daß Kinder zum Segen einer Ehe gehörten, zumal wenn an einem Erben die Zukunft des ganzen Landes hing. Louise Henriette, so krank und schwächlich sie war, hatte darüber nie geklagt oder um Befreiung von ihrem mütterlichen Los gebetet, im Gegenteil: «So haben wir zu der Zeit, da Wir Gott den Allerhöchsten und eben an diesem Ort so herzlich um seinen so lange verweilten Ehesegen angerufen, der uns auch gnädig erhöret hat und dem wir davor nebst allen unsern Nachkommen ewig Lob und Dank sagen wollen . . .» Die Kurfürstin ließ es nicht bei Worten. Damals, als sie verzweifelt auf eigene Kinder wartete, hatte sie einen Vorsatz gefaßt. Jetzt, im Herbst 1665, unterzeichnete sie in Oranienburg eine Stiftungsurkunde für ein Waisenhaus: «Als wir uns nun vornehmlich erinnert, wie Gott der Herr sich selbst einen

Vater, einen Helfer und einen Beistand der Waisen zu sein verheißte, und allen und jeden befiehlt, dieselben gebührlich zu verpflegen . . . und wir dagegen spüren, wie gar wenig solcher Befehl in Handhabung armer, verlassener Waisen inacht genommen wird . . .» Auf Kosten des kurfürstlichen Hauses sollten in Zukunft zwölf Jungen und zwölf Mädchen von reformiertem Glauben, die ihre Eltern verloren hatten, in einem Haus in Oranienburg großgezogen werden. Jeder bekam eine gute Schulbildung und konnte anschließend ein Handwerk erlernen. Besonders Begabte durften auf Stipendium studieren. Die Mädchen erhielten eine Aussteuer. Alle trugen einheitliche braune Kleidung mit orangefarbenem Besatz. In den linken Ärmel wurde das Autogramm der Gründerin eingestickt – CL. Wer aufgenommen wurde, darüber entschied in letzter Instanz der Landesherr.

Louise Henriette reiste zurück ins Schloß nach Cölln. Sie sollte Oranienburg, wo sie sich immer am wohlsten fühlte, nicht mehr wiedersehen.

Eine schöne Zeit in Cleve

Kaum war Louise Henriette wieder im Schloß, mußte schon wieder gepackt werden. Im Westen seiner Länder hatte sich die politische Lage im Laufe des Jahres so zugespitzt, daß der Kurfürst persönlich am Gefahrenherd präsent sein wollte, um den Frieden zu bewahren. Er konnte jetzt, wo Brandenburg-Preußen dringend ruhige Jahre brauchte, um wirtschaftlich auf die Beine zu kommen, kein Geld für das Schlachtfeld ausgeben. An Schwerin schrieb er: «Gott bewahre uns vor ferneren Kriegen», und das war ein ehrlicher Stoßseufzer. Doch der große Nachbar im Westen gab keine Ruhe und wartete nur auf den Augenblick zuzuschlagen. Ludwig XIV. war es nur recht, daß der Frieden brüchig wurde. Die Engländer kämpften gegen Holland, besetzten in Amerika Neu-Amsterdam und schlugen im Kanal die holländische Flotte.

Der kriegslustige Bischof von Münster nützte die Situation aus und ließ seine Truppen über die Grenze in die Niederlande einfallen, um schnell ein bißchen Terrain dazuzugewinnen. Konnte da der Franzosenkönig widerstehen und den holländischen Pfeffersäcken im Norden keinen Denkzettel verpassen? Der Brandenburger jedenfalls saß mittendrin in der Krise. Während der Reise nach Westen gab er seinen Geheimen Räten auf einer Sitzung in Lippstadt seine Analyse der Lage: «Meine Lande seind also situiert, daß sie nicht können wohl daraus bleiben; diese Lande sind mit Katholischen umzingelt.» Und: «Fängt Münster an, so haben wir die Franzosen im Reich.»

Friedrich Wilhelm dramatisierte. Er war nicht so sehr umzingelt, sondern – im Augenblick jedenfalls – umworben. Die 12 000 Soldaten, die er mit sich führte, verfehlten ihre Wirkung nicht. Im Schloß zu Cleve, in der Zwischenzeit vom Grafen Johann Moritz auf Hochglanz gebracht, fuhren unentwegt die Kutschen mit den Abgesandten hoher und höchster Herren zur Audienz vor.

Aus Frankreich reiste der Bruder des mächtigen Ministers Colbert in die Residenzstadt am Niederrhein und ließ es an Aufmerksamkeiten nicht fehlen. Schwerin, der mit der ganzen kurfürstlichen Familie nach Cleve gekommen war und neben seinen politischen Aufgaben weiterhin voller Sorgfalt die Erziehung der beiden Prinzen betrieb, schrieb in sein Tagebuch: «Der französische Gesandte Colbert hat eben des Königs Präsent: ein grünsammetnes Bett, reich von Gold gestickt, mit den dazu gehörigen Stühlen, schöne Tapeten, einen schönen Spiegel und silbernen Tisch mit zwei Gueridons [Beistelltischen] und silberne Kronen mit Leuchters präsentiert und solches alles in der Kurfürstin Kammer aufschlagen lassen.»

Über seine Audienzen bei Friedrich Wilhelm schrieb Colbert nach Paris: In Anbetracht der Honneurs habe man nichts unterlassen, was die Ehrfurcht für den König bezeigen konnte. Auch die Wohlgeneigtheit seiner Majestät habe der Kurfürst in Ausdrücken erwidert, welche seine Erkenntlichkeit und gute Gesinnung deutlich machten, «insoweit die Schwierigkeit, womit derselbe sich auf französisch ausdrückte – er bediente sich dieser Sprache – das gestattete». Bei der Audienz mit der Kurfürstin gab es solche Probleme nicht. Louise Henriette sprach fließend französisch. Der französische Gesandte erinnerte sie daran, daß Ludwig XIV. der Pate ihres zweiten Sohnes sei, und bat, ihren Einfluß im Sinn seiner Mission geltend zu machen. Die Kurfürstin erwiderte, daß sie sich zwar nicht in Staatsangelegenheiten mische, aber mit Freuden und soviel in ihren Kräften stehe, wolle sie Colberts Anliegen unterstützen. Der Franzose glaubte, bei Louise Henriette ein geneigteres Ohr gefunden zu haben als beim Kurfürsten, meldete aber vorsichtig nach Hause: «Die Folge wird zeigen, ob das Verstellung oder aufrichtig ist.»

Es genügt, wenn wir in den politischen Fragen nur den groben Schattenrissen folgen. Im April 1666 schlossen die Niederlande und der Bischof von Münster unter brandenburgischer Vermittlung Frieden. Friedrich Wilhelm atmete auf – und nutzte kurzfristig und wohlorganisiert seinen neuen Machtzuwachs.

Im Mai standen seine Truppen vor Magdeburg, das ihm im Frieden von 1648 versprochen worden war für den Tag, da der amtierende Administrator, Herzog August von Sachsen, das Zeitliche segnete. Der Kurfürst wollte nicht länger warten. Die Stadt an der Elbe bildete einen wichtigen Brückenkopf zwischen der Mark und seinen westlichen Gebieten. Unter dem Druck der Soldaten forderte er von den Bürgern, ihm nicht nur auf der Stelle zu huldigen, sondern auch in Zukunft brandenburgische Truppen innerhalb der Mauern zu dulden und zu bezahlen. Der Administrator, ein Bruder des Kurfürsten von Sachsen, gab klein bei. Die Bürger erhielten einen Tag Bedenkzeit und den guten Rat, «sie möchten fleißig beten, daß ihnen Gott die Herzen erleuchte und alle widrigen Impressionen aus ihren Gedanken nehme». Der Überraschungscoup des Brandenburgers war keineswegs Rechtens. Doch der Rat der Stadt erkannte, daß es hier nicht um Rechts-, sondern um Machtfragen ging: «Darum sei der Zeit und Gewalt zu weichen.» Das Regiment des Obersten Schmid rückte in die Stadt ein und ging sofort daran, die Festungswälle zu verstärken. Der rote brandenburgische Adler spreizte in diesem Sommer kräftig das Gefieder.

Das Leben in Cleve war voller Abwechslungen und Neuigkeiten für die beiden Prinzen. Karl Emil hätte sich am liebsten Tag und Nacht bei den Soldaten aufgehalten. Die Eltern mußten öfters ein Machtwort sprechen, damit das Lernen nicht zu kurz kam. Fritzchen litt im Frühjahr 1666 so sehr unter seiner kranken Wirbelsäule, daß die Kurfürstin beide Söhne unter der Obhut von Schwerin nach Utrecht schickte. Dort praktizierte ein berühmter Orthopäde, der sich schon in Cleve den Rücken des inzwischen neunjährigen Prinzen angesehen hatte. In Utrecht wurde nun ein enges Korsett angefertigt, das allerdings auch keine große Erleichterung brachte. Schwerin nutzte die Gelegenheit, seinen beiden Schülern Amsterdam zu zeigen. Vorbei waren die Zeiten, als in den dreißiger Jahren der junge Friedrich Wilhelm sich mit seinem Lehrer auf sparsamste Weise durchgeschlagen hatte. Die brandenburgischen Prinzen mußten standesgemäß auftreten, und Schwerin schickte Entwürfe für neue Kleider an die Kurfürstin nach Cleve. Louise Henriette schrieb zurück: «Was Ihr von den Kleidern der Kinder schreibt, so geht das sehr gut, ein Gewand nach Eurer Beschreibung. Aber man trägt kein Violett mehr, es muß blau sein, wie es in der Mode ist. Auch ist es nötig, daß sie jeder einen Sommeranzug bekommen.» Es ist erstaunlich, um wie viele Einzelheiten sich die Kurfürstin kümmerte. Sie war schon wieder schwanger, und es ging ihr gar nicht gut. Sie sehnte sich nach ihren Kindern und bat Schwerin, bald nach Cleve zurückzukommen. Im Juni 1666 wurde dort ihr letztes Kind, ein Sohn, geboren und zehn Tage später auf den Namen Ludwig getauft.

Die Kurfürstin versuchte in diesen Monaten mit aller Kraft, wo der politische Erfolg ihres Mannes zu luxuriösen und anstrengenden höfischen Festen herausforderte, kein Spielverderber zu sein, und war überall dabei. Höhepunkt wurde im August die Geburtstagsfeier für Louise Henriettes Mutter, die Prinzessin Amalie, die sich wie immer an den politischen Verhandlungen kräftig beteiligt hatte. Nun brachten Diplomaten und die Vertreter der Stände und Beamten ihre Geschenke in langer Prozession ins Schloß. Doch die Schwiegersöhne ließen sich von keinem übertrumpfen. Friedrich Wilhelm schenkte der alten Dame einen Diamantring, der sogleich fachmännisch auf 8000 Gulden geschätzt wurde. Der Fürst von Anhalt-Dessau erschien mit einem Geschirr aus Achat und Kristall, das in Gold gefaßt war. Natürlich saßen die beiden jungen Prinzen mit an der festlichen Tafel und durften am Weinglas nippen. Die aufgeräumte Stimmung animierte bei vorgerückter Stunde den elfjährigen Karl Emil zu einer kurzen Rede auf die Großmutter. Der Herr von Schwerin war sehr zufrieden. Das Feiern nahm kein Ende. Wenige Wochen später ging im Schloß die Heirat der jüngsten Schwester der Kurfürstin über die Bühne. Nun waren endlich alle oranischen Prinzessinen unter der Haube. Diesmal hatte Schwerin zur Kurzweil ein Kinderballett organisiert, an dem auch die brandenburgischen Sprößlinge teilnahmen.

Friedrich Wilhelm war in guter Stimmung. Warum nicht endlich auch jenen Streit aus dem Weg räumen, den die Brandenburger mit dem Pfalz-Neuburger Grafen in Düsseldorf führten, seit 1609 beide Häuser Anspruch auf die jülisch-clevische Erbschaft erhoben? Die alten Gegner einigten sich tatsächlich. Der Kurfürst war großzügig. Er wollte Frieden. Jetzt erst, nach dem Erbvergleich mit Pfalz-Neuburg, konnte er die feierliche Huldigung der clevischen Stände entgegennehmen. So wurde aus dem Provisorium legalisierte Dauer. Im Schloß zu Cleve erschienen am 15. Oktober 1666 aus dem Herzogtum Cleve und der Grafschaft Mark die Vertreter von Ritterschaft, Ständen und Städten zum Staatsakt, und es «proponirte der Frh. von Schwerin in präsentia I. Ch. D., beider churf. Prinzen» und der Geheimen Räte über den neuen Vertrag. Dann gab der Abgesandte von Pfalz-Neuburg den Versammelten «Entlassung von dem 1609 dem Pfalzgrafen Wolfgang Wilhelm geleisteten Handschlag» und forderte sie auf, dem Kurfürsten zu huldigen. Und ein Schreiber hielt alles für das Protokoll des cleve-märkischen Landtags fest. Doch noch wurde der Eid nicht geleistet.

Für die Stände war das Ganze keine Formsache. Nach dieser Szene diskutierten sie erst einmal über die Steuern, die sie ihrem Herrn wieder zu zahlen hatten. Zehn Tage nahmen sie sich Zeit. Dann ging es wieder aufs Schloß: «Nachdem die Predigt gehalten, wobei I[hre] Ch[urfürstliche] D[urchlaucht], I[hre] F[ürstliche] D[urchlaucht] zu Anhalt, der Prinz von Orange, des Herrn Statthalters F[ürstliche] Gn[aden], die Räthe und beider Landstände sich eingefunden und sich dieselben allesammt aus der Kirche nach dem Schlosse begeben, stellten sich die Stände auf dem grossen Saale in folgender Ordnung, nämlich die clevische Ritterschaft, und hinter derselben die Deputierten der clevischen Hauptstädte an die rechte Hand, die märkische Ritterschaft und hinter derselben die märkischen Hauptstädte an die linke Hand . . . Darauf kamen I. Ch. D., die beiden Churf. Prinzen . . . und alle clevischen und märkischen Räthe von oben und stunden auf der Höhe, da man aufgeht, wann man von der Spiegelkammer kommt. Nachdem der Frh[err] von Schwerin eine Oration an die Stände gethan, darin er sie der Festhaltung der Privilegien von wegen I. Ch. D. versicherte, ihre gehorsamste Devotion rühmte und ihnen bezeugte, dass I. Ch. D. Sich allezeit als ein gnädigster Churfürst und Landesherr und Vater gegen sie erweisen würde», wurde ein Eid vorgelesen, «welche Worte die Ritterschaftsbürtigen von Wort zu Wort mit Aufstreckung zweier Finger mit lauter Stimme nachsagten . . . Wie die clevische Ritterschaft ihren Eid abgelegt, trat dieselbe hinter die clevischen Städte, welche darauf hervortraten.» Wieder wurde der Eid nachgesprochen, traten die Städte zurück ins Glied und die märkischen Ritter nach vorn, dann die märkischen Städte. Eine wohlorganisierte Prozedur, die noch nicht zu Ende war:

«Nachdem dieses passiret, wurde von den anwesenden Landständen aus Ritterschaft und Städten drei Mal überlaut gerufen: Vive Brandenburg! Stracks darauf begaben sich I. Ch. D. mit den Churf. Prinzen und hohen ministris auf die Galerie zwischen dem Schlosse und der Kanzlei und stellten sich auf ein dazu gemachtes und behangenes theatrum, vor welchem theatro Bürgermeister, Schöffen, Rath, und der Stadt Cleve nebst den 18 Churleuten und der ganzen Bürgerei stunden mit ihren Mänteln ohne Gewehr . . .» Auch diese Versammlung sprach den Eid «mit aufgestreckten Fingern von Wort zu Wort mit lauter Stimme nach und riefen darauf gleichfalls zu dreien Malen überlaut: Vive Brandenburg! I. Ch. D. verehrten der Bürgerei 8 Oxhäubter Wein und 32 Fass Bier. Wie dieses also passiret, wurden die Stände beider Landschaften von I. Ch. D. an der churf. Tafel tractiret.»

Die Wirrnisse eines halben Jahrhunderts waren für Brandenburg-Preußen zu einem guten Ende gekommen, die Grenzen des

Landes von Königsberg bis Cleve mit allen Urkunden und Zeichen, die diese Zeit forderte, legalisiert. 46 Jahre alt und im 26. Jahr seiner Regierung konnte Friedrich Wilhelm mit seinen Leistungen zufrieden sein. Ende Oktober 1666 kamen die Stände wieder aufs Schloß, «contestirten ihre Betrübnisse über des Churfürsten Abreise, und wünschten Deroselben eine glückliche Reise». Der Kurfürst war großzügig und ließ ihnen mitteilen, «es wäre unnöthig, dass die Stände ihn bis an die Grenze begleiteten». Zwei Tage später verließ er mit allen politischen Begleitern, seinen beiden älteren Söhnen und dem gerade vier Monate alten Ludwig die Stadt in Richtung Osten. Von der Kurfürstin hatte es für alle einen traurigen Abschied gegeben. Louise Henriette war so erschöpft von diesem anstrengenden Sommer, daß sie sich erst etwas erholen wollte, bevor auch sie zurück in die Mark Brandenburg reiste.

Auf den Tod erkrankt

Friedrich Wilhelm hatte sich alle Mühe gegeben, seiner zurückbleibenden kranken Frau das Leben so angenehm wie möglich zu machen. Damit Louise Henriette nicht in stundenlanger Kutschfahrt nach dem Haag, wo sie bei ihrer Mutter wohnen würde, durchgeschüttelt wurde, bat der Kurfürst die Admiralität in Rotterdam, eine Yacht «zur bequemern Überbringung» nach Cleve zu schicken. Auf einem getrennten Schiff fuhren Gepäck und Nahrungsmittel – eine Ladung Rheinwein eingeschlossen – den Rhein hinunter. Die Abgesandten der niederländischen Generalstaaten, denen der Kurfürst den Aufenthalt seiner Frau in Holland angekündigt hatte, schrieben, «daß die Ankunft der Frau Kurfürstin, Euer Kurfürstl. Durchl. herzliebste Gemahlin, hier im Haag uns höchst angenehm sein wird und daß dieselbe mit aller Ehre und Achtung, ihrem hohen Range und ihrer Verehrlichkeit entsprechend, aufgenommen und geachtet werden soll, so wie es sich gebührt für die Gemahlin eines unserer besten und vertrautesten Freunde».

Louise Henriette fuhr bis Delft mit dem Schiff. Dann stieg sie in die Kutsche nach dem Haag. Dort, im Schloß der Oranier, mußte sie eine nicht enden wollende Begrüßungsprozession über sich ergehen lassen. Nicht nur die einheimischen Würdenträger, auch die ausländischen Gesandten machten der Frau des inzwischen so reputierlichen Brandenburgers ihre Aufwartung. Es war eine schlechte Kur für eine Kranke, die permanent von Husten und Heiserkeit geplagt wurde; die am Tage fror und bei Nacht vom Fieber geschüttelt wurde.

Doch die Kurfürstin war nicht bereit, über ihren Schmerzen und dem Heimweh nach ihrer Familie die irdischen Dinge zu vernachlässigen. Im fernen Preußen, wo ihr inzwischen auch einige Güter und Flecken gehörten, reiste seit Wochen eine Frau de la Cave in ihrem Auftrag über Land und schrieb regelmäßige Berichte. Die Tiere fand sie meist in gutem Zustand. Nur von einem Hof meldete sie über das Vieh: «Es leckt sich gar sehr, wozu guter Rat gebraucht wird, und ich habe meinen auch dazu gegeben, daß ich hoffe, es wird wohl bald vergehen, will's Gott . . .» Von 23 neugeborenen Ferkeln berichtete die Kontrolleurin und einem Verwalter, der die Mägde nicht genug zum Spinnen antrieb. Und dann noch die Frage: «Ob das Garn von Kiauten, Kaphorn und Labiau verkauft werden solle, oder ob Ihre Kurfürstl. Durchlaucht befehle, daß man es nehme und verwahre, aber wo?»

Die Kurfürstin gab genaue Anweisungen aus der Ferne, trug alle gemeldeten Summen in ihr Wirtschaftsbuch ein und mahnte, immer pünktlich die Löhne auszuzahlen. Und sie begann sich Gedanken zu machen, wem alles gehören sollte, wenn sie dieses Leben, das immer beschwerlicher für sie wurde, hinter sich gelassen hatte.

Regelmäßig gingen natürlich ihre Briefe ins Schloß nach Cölln an der Spree, und sie freute sich über die Post, die der Bote für sie ablieferte. Eines Tages schickte Schwerin Bilder ihrer drei Söhne. Louise Henriette bedankte sich und fügte hinzu: «Nur wünschte ich, bald die Originale zu sehen». Besondere Sorgen machte sich die Kurfürstin um Fritzchen, ihr Sorgenkind. Schwerin hatte inzwischen als Lehrer für ihn den Juristen Eberhard Danckelmann bestellt, der eines Tages ein wichtiger Mann im Staate werden sollte. Im Augenblick hörte Louise Henriette von ihm nichts Gutes, und sie schrieb an den Oberpräsidenten: «Ich muß Euch sagen, daß es Personen gibt, die mir gesagt haben, daß Herr Danckelmann Fritzchen während seiner Studien sehr anfährt – Personen, welche es selber gehört haben. Ich gestehe, dies ist eine Sache, die mir sehr zuwider ist; denn es ist ein Kind von guter natürlicher Eigenschaft und sehr schüchtern. Dies könnte seiner Gesundheit und seinem Geiste Schaden tun. Ich bitte Euch, dies nicht zu leiden, und ihm zu bezeigen, daß es mir nicht angenehm ist. Ich glaube, daß seine Absicht gut ist, welche möchte, daß er viel wüßte, aber er weiß für sein Alter genug, und Sanftmut ist die beste Methode, um Kinder zu gewinnen.»

Das neue Jahr, 1667, kam, und Louise Henriettes Zustand wurde nicht besser, sondern schlechter. Sie aß fast nichts, weigerte sich auch, irgendeine Medizin zu nehmen, und erklärte ihrer Umgebung, wenn nur der Husten nachließe, dann würde sie schon bald gesund. Die Hofmeisterin der Kurfürstin, Frau von Götze, machte sich zunehmend Sorgen, zumal sie dem Kurfürsten auf Befehl ihrer Herrin nichts über den Fortgang der Krankheit schreiben durfte. Langsam verlor Louise Henriette, die sich stets zusammennahm, wenn Gäste kamen oder ihre Mutter im Raum war, die Hoffnung auf Besserung und verbarg es der Frau Götze nicht länger: «Ich und Ihr haben uns sehr gefreut auf Unsere Rückreise, aber ich fürchte, Ihr werdet eine betrübte Reise haben, lebendig werdet Ihr mich nicht nach Berlin bringen.» Die Hofmeisterin schlug vor, sofort den Kurfürsten zu benachrichtigen, damit er mit den Kindern nach Holland komme. Doch Louise Henriette wollte ihrem Mann kein Problem sein. Friedrich Wilhelm war viel zu beschäftigt, und die Kurfürstin bestand darauf, daß man sie nach der Mark bringe – entweder lebendig oder «zwischen vier Bretter».

Vor der Abreise mußten wieder unzählige Audienzen überstanden werden. Endlich, es war April 1667, verließ die Kurfürstin ihre alte Heimat. Bis Duisburg ging es gut. Dann stieg das Fieber wieder. Die Gräfin von Stirum kam, um die Kranke zu pflegen. Nach einigen Tagen setzte sich der Reisezug wieder in Bewegung, langsam, langsam. Die Kranke wurde vom Husten geschüttelt, sah Wälder und Dörfer wie im Traum vorübergleiten. In Hamm glaubte Louise Henriette, daß es zu Ende gehe. Doch der Wunsch, noch einmal ihre Söhne und den Kurfürsten zu sehen, war stärker. Sie hielt durch.

Unterdessen brachen in Berlin Friedrich Wilhelm, seine drei Söhne und Schwerin auf, um der Kurfürstin entgegenzureiten. Alle wußten, wie es um sie stand. In Halberstadt trafen beide Reisetrupps aufeinander. Gemeinsam ging es nach Hause. Friedrich Wilhelm hatte eine Sänfte mitgebracht, um seiner Frau jede Erleichterung zu schaffen.

Noch bevor der Kurfürst wieder in seiner märkischen Residenz ankam, erging von unterwegs der Befehl, in allen Gottesdiensten für die Kurfürstin zu beten und um außerordentliche Hilfe von oben zu bitten. Er selbst versuchte wenige Tage später im Schloß zu Cölln mit Gott zu handeln: «Nachdem der Höchste meine herzvielgeliebte Gemahlin gar hart und schwer mit Krankheit heimgesucht, und dass auch alle menschlichen Mittel umsonst und verloren sind, so habe ich ein Gelübde dem Höchsten gethan, dass ich, daferne I[hre] L[iebden] von diesem Lager wieder aufkommen, ihm zu Ehren ein Armenhaus bauen . . .» Bezahlt werden sollte die Einrichtung allerdings nicht aus der privaten kurfürstlichen Schatulle, sondern mit den Abgaben anderer, den «Salz-, Bernstein- und Postgeldern . . . wie ich denn denen Bedienten, so diese Einnahmen in Händen haben, ganz ernstlich und bei hoher Strafe anbefehle, solche Gelder alle Jahr richtig abzustatten».

Mit der Kurfürstin ging es trotzdem bergab. Auch die Eselsmilch, die man ihr einflößte, brachte den Appetit nicht zurück. Ihre Traurigkeit galt nun endgültig denen, die sie zurücklassen mußte. «Der Kurfürst bricht mir das Herz», flüsterte sie der Frau von Götze zu, «er tut viel Treue an mir, Gott wolle es ihm vergelten . . . Was für ein Unterschied ist zwischen der Liebe zwischen Mann und Frau. Das gehet doch vor aller Freundes Liebe.» Vor ihrem Gott hatte sie keine Angst mehr: «Sonsten fühle ich Gottes Gnade. Ich habe Gott gefürchtet und Ihm gedienet in Schwachheit doch von ganzem Herzen. Solches lässet mich Gott genießen. Ich habe reichen Trost in meinem Herzen.» Friedrich Wilhelm saß viele Stunden an ihrem Bett. Schwerin versuchte, den Kindern

Geborgenheit mit einem möglichst normalen Tagesablauf zu geben – Unterricht, Ausreiten, Besuch im Krankenzimmer. Auch am 18. Juni 1667 ritt der Lehrer mit seinen Schülern am Nachmittag in den Tiergarten. Der Kurfürst machte einen Spaziergang im Lustgarten. Der Hofprediger Stosch und Louise Henriettes Schwester Henriette Katharina mit ihrem Mann, dem Fürsten Anhalt-Dessau, waren bei der Kurfürstin. Die Kranke wirkte verändert. Friedrich Wilhelm wurde gerufen, kniete vor dem Bett seiner Frau und nahm ihre Hand. Louise Henriette flüsterte: «Dreht mich dem Kurfürsten zu.» Der Prediger sprach seine Gebete. Es war sechs Uhr vorbei, da setzte, ohne Anstrengung, der Atem aus. Friedrich Wilhelm beugte sich über seine Frau und küßte sie.

In den nächsten Tagen verließen Boten und kurfürstliche Sonderemissäre die Residenz, um Königen und Fürsten, allen Ständen in den weitverstreuten Landen von Brandenburg-Preußen und den Verwandten der Toten die Botschaft zu bringen, daß «die durchlauchtigste Fürstin, Frau Louise, Kurfürstin und Markgräfin zu Brandenburg, geborene Prinzessin von Oranien, nach ausgestandener schwerer Krankheit durch einen sanften und seligen Tod aus dieser Welt abgefordert» wurde. Von allen Kirchen hörte man über Wochen das mittägliche Trauergeläut.

Der Tradition entsprechend wurde die tote Kurfürstin erst etliche Monate später in die Gruft des Domes zu ihrer letzten Ruhe geleitet. Es war November, als hohe Gäste, darunter die Vertreter aller Fürstenhäuser Europas, im Schloß und den beiden Residenzstädten untergebracht werden mußten. Keine leichte Sache und teuer dazu. Der ganze Hof bekam neue Trauerkleidung, Wagenladungen von Lebensmitteln fuhren durch die Stadttore.

Am 26. November setzte sich der Trauerzug im Schloßhof in Bewegung und bewegte sich zum Dom hinüber. Entlang des Weges standen Soldaten mit Gewehr Spalier. Den Anfang der Prozession machten Marschälle und Schüler, die 24 Waisen aus der Stiftung in Oranienburg, Geistliche, Pauker und Trompeter, Edelknaben und Hofbedienstete. Dann kam der Herr von Schwerin, der auf einem Kissen aus schwarzem Samt die mit Diamanten, Perlen und Gold besetzte Krone der Kurfürstin trug. Nach ihm zogen acht Pferde den Leichenwagen. Der Sarg war mit schwarzem Samt verhüllt, und vornehme Kavaliere trugen einen schwarzen Baldachin. Von der Familie schritt zuerst Prinz Friedrich hinter dem Sarg, Fritzchen, das Sorgenkind. Hinter ihm ging Karl Emil, der Erbe, der auf die Nachricht vom Tod der Mutter ausgerufen hatte: «Ach Gott, hab ich's auch mit meinen Sünden nicht verdient, daß du mir nicht hast wollen barmherzig sein und mein Gebet erhören – was hat dir denn aber mein klein Brüderchen Prinz Ludwig getan?» Die beiden Prinzen wurden von einem Hofmeister begleitet. Hinter ihnen, ganz allein, ging der Kurfürst. Der Zug wollte nicht enden: Es folgten die Geheimen Räte, der Adel, hohe Bedienstete und schließlich die fürstlichen Frauenzimmer, alle in weiße Trauergewänder gekleidet, die nur Mund, Nase und Augen frei ließen.

Hofprediger Stosch hielt die Leichenrede über den Psalm, den sich Louise Henriette selbst für diese Gelegenheit ausgebeten hatte: «Wenn der Herr mich gleich töten wird, so werde ich dennoch auf ihn hoffen.» Nach der Predigt wurde der Sarg neben den bisher verstorbenen Mitgliedern der märkischen Hohenzollern beigesetzt. Draußen ging ein schwerer Regen nieder. Die Trauerversammlung hatte alle Mühe, in gleicher Ordnung wieder zurück zum Schloß zu ziehen. Dort war unterdessen die Tafel gedeckt worden.

Vor der Beisetzung hatte Friedrich Wilhelm an seine Schwester, die Herzogin von Kurland, geschrieben: «Ich wollte, es wäre erst vorüber, es reißt mir die Wunde von neuem auf.»

8

Gegen den Strom

Bevor die tote Kurfürstin unter die Erde kam, war etwas Unerhörtes geschehen. Die Leiche wurde im Schloß auf einem Paradebett aufgebahrt, und die Berliner Bürger konnten ihr die letzte Ehre erweisen. Doch etliche derer, die sich ins Schloß drängten, verharrten nicht in stummer Trauer, sondern stießen beim Anblick der kurfürstlichen Toten Schimpf- und Schmähworte hervor. Friedrich Wilhelm war außer sich. Sofort wurde jeder weitere Zutritt untersagt.

Der Unmut der Bevölkerung galt der Entschiedenheit, mit der Louise Henriette stets ihren reformierten Glauben vertreten hatte. Als sie starb, war erst zwölf Tage zuvor durch ein kurfürstliches Edikt wenigstens äußerlich zwischen dem märkischen Luthertum, dem über neunzig Prozent der Bewohner angehörten, und dem reformierten Herrscherhaus eine Auseinandersetzung zu Ende gegangen, die beide Seiten mit aller Verbitterung geführt hatten. Wieder stehen wir vor einer jener paradoxen Entwicklungen, die für diese Umbruchzeit so charakteristisch sind. Gegen den fanatischen Widerstand der orthodoxen religiösen Eiferer setzte Friedrich Wilhelm in Brandenburg endgültig die Gewissensfreiheit durch und schaltete jene aus, die nach mittelalterlichem Vorbild an einer alleinseligmachenden – in diesem Fall protestantischen – Kirche gegen alle Abweichler und auf Staatskosten festhalten wollten. Er setzte ein neues Recht durch und demolierte die alten Freiheiten und Privilegien der Lutheraner. Die Kirche zahlte mit dem Verlust ihrer Eigenständigkeit und wurde mehr als je zuvor in den Dienst des Staates genommen – mochte es zu diesem Zeitpunkt auch ein fortschrittlicher sein. Zwei Interessen standen sich zu Beginn der Streitigkeiten frontal gegenüber. Der Kurfürst brauchte für seinen weitverstreuten und langsam zusammenwachsenden Staat Frieden unter den Konfessionen und Anerkennung für seinen eigenen Minderheitsglauben. Die Lutheraner jedoch wollten den alten Besitzstand nicht aufgeben, wie er bis 1613 bestanden hatte, als Friedrich Wilhelms Großvater zum reformierten Glauben übertrat. Vor 1613 war der lutherische Glaube in Brandenburg Staatsreligion und mit allen Privilegien ausgestattet, die dieses Monopol mit sich brachte. Nach 1613 wurden beide protestantischen Glaubensrichtungen vom Herrscherhaus als gleichberechtigt anerkannt. Doch die Lutheraner machten nicht mit.

Erinnern wir uns: Knapp dreißig Jahre später, als Kurfürst Friedrich Wilhelm seinem toten Vater in Königsberg in der lutherischen Schloßkapelle durch einen reformierten Geistlichen die Leichenpredigt halten lassen wollte, gab es den ersten Aufstand der Lutheraner, der erst mit Hilfe des polnischen Königs gebrochen werden konnte. Trotz aller Verbote wurde weiterhin von den lutherischen Kanzeln gepredigt: «Behüt' uns, Gott, vor dem calvinistischen Gift.» Es half nichts, daß der Landesvater immer wieder befahl, Lästern und Verketzern aufzugeben, Frieden zu halten und einzusehen, daß man als protestantische Brüder zusammengehöre. Es erschienen Schmähschriften, die den Reformierten vorwarfen, den Teufel zu ihrem Gott gemacht zu haben, und, wie Friedrich Wilhelm bemerkte, der Jugend den Haß auf seine Konfession schon mit der Muttermilch einflößten.

Die lutherische Geistlichkeit wurde zum natürlichen Verbündeten der Stände in der Mark, die ebenfalls die traditionelle Ordnung mit den alten Privilegien gegen die neue Politik des neuen Herrschers verteidigten, der bei dem Versuch, aus seinen zusammengewürfelten Gebieten einen Staat zu machen, die Sonderinteressen energisch beschnitt. Die Unvereinbarkeit der Standpunkte zeigte sich zum erstenmal 1654. Die Stände verlangten, daß der Kurfürst für die Universität in Frankfurt an der Oder einen lutherischen Theologieprofessor berufe. Friedrich Wilhelm erklärte sich dazu bereit, wenn ein Religionsgespräch zwischen den beiden evangelischen Konfessionen stattfinden würde mit dem Ziel, die Atmosphäre zu entspannen. Die Stände fanden nichts als Ausreden: Aus einem solchen Gespräch würden nur neue Streitigkeiten hervorgehen. Es gäbe auch keinen lutherischen Geistlichen, der dazu bereit wäre. Zum Schluß versuchten sie, den Kurfürsten mit seinen eigenen Waffen zu schlagen: Ihr Gewissen würde ihnen solches überhaupt verbieten.

Erpressen ließ sich Friedrich Wilhelm nicht. Er drehte den Spieß um und antwortete: «Allein so wenig die Lutherischen Stände wider ihr Gewissen zu handeln gedenken, so wenig wollen auch S. Chf. D. wider Gott, dessen wahres Wort und Ihr Gewissen ihnen etwas fügen und nachgeben.» Auf solche Argumentation mit dem Gewissen hätten sich die Lutheraner lieber nicht eingelassen. Es war ein zweischneidiges Schwert im Kampf für den alten Zustand. Nun hatten sie ihrem Fürsten das Stichwort geliefert, mit dem er in den folgenden Jahren entschlossen das durchsetzte, was ihm für seinen Staat das beste schien. So, wie er die Sauberkeit seiner Residenzstädte mit Hilfe seiner kurfürstlichen Brunnen- und Gassenverordnung selbst in die Hand nahm, zwang er Ständen und Lutheranern mit einer kirchlichen Verordnung nach der anderen seinen Willen auf. Auf sein Gewissen konnte er sich dabei allemal berufen.

Oberste Kirchenbehörde in der Mark war das Konsistorium, das seinen Sitz in der Residenz hatte. Es setzte sich aus Lutheranern und reformierten Geistlichen zusammen, die vom Landesherrn für dieses Amt ernannt wurden. Es war also in Wahrheit eine landesherrliche Behörde, entstanden nach der Reformation unter Luthers Regie. Er selbst hatte seine Kirche vom päpstlichen Regiment in Rom befreit und unter die Herrschaft der protestantischen Landesfürsten gestellt. Nur so konnte sie überleben. Das Konsistorium in Berlin war dem Geheimen Rat untergeordnet. Auf Befehl Friedrich Wilhelms nahm ab 1654 der Geheime Rat Thomas von dem Knesebeck an den Sitzungen der geistlichen Behörde teil, um das Interesse seines Herrn zu vertreten und jede Aufmüpfigkeit schon im Keim zu ersticken und zu kontrollieren.

Im Jahre 1656 kam ein viel entscheidender Schlag. Der Kurfürst erließ eine neue Ordnung für die Ordination der Pfarramtskandidaten. Niemand konnte ihm prinzipiell dieses Recht bestreiten, denn Luther selbst hatte dem Landesherrn die oberste bischöfliche Gewalt in seine Kirche zugestanden. Der Pferdefuß steckte in dem, was die neue Ordnung in Zukunft auslassen wollte. Die lutherische Kirche in der Mark hatte bisher gegen allen kurfürstlichen Widerstand daran festgehalten, die Pfarramtskandidaten auf die sogenannte «Konkordienformel» – Formula Concordiae – zu vereidigen. Diese Formel war im 16. Jahrhundert in der protestantischen Kirche entstanden und enthielt eine strenge Verurteilung der calvinistischen Glaubensrichtung. Nun verordnete Friedrich Wilhelm, «daß keinen Ordinandum [Pfarramtskandidaten] man auf die Formula Concordiae, sondern bloß allein auf die Heilige Schrift, altes und neues Testament» vereidigen sollte.

Der Kurfürst fühlte sich bei diesem Vorgehen im Recht, weil sich die Konkordienformel – im Gegensatz zur Bekenntnisschrift von Augsburg – nicht in allen lutherischen Landeskirchen durchgesetzt hatte. Andererseits stand außer Zweifel, daß er selbst noch 1653 versprochen hatte, nichts gegen die alte Form der Ordination zu unternehmen. Zwar sah er sich jetzt in der Lage, neues Recht zu sprechen und durchzusetzen. Doch die Gegenseite ließ sich nicht einschüchtern. Von der Kanzel herab predigte der Rektor des Berliner Gymnasiums: «Wer nicht lutherisch ist, der ist verflucht.»

In Berlin war das Zentrum des Widerstandes gegen die neue kurfürstliche Kirchenpolitik. Die oberste Kirchenbehörde der Stadt war das sogenannte Ministerium. Ihm gehörte, seit er 1657 zum Pfarrer von St. Nikolai gewählt worden war, auch Paul Gerhardt an, ein ganz besonderer Dickkopf, wie sich noch erweisen sollte. Gerhardt war damals schon ein bekannter Liederdichter: «O Haupt voll Blut und Wunden», «Nun ruhen alle Wälder» und viele mehr haben die Zeiten überdauert.

Die Lage spitzte sich zu, als 1659 der ausgleichende reformierte Hofprediger Bergius starb und im Januar 1659 von dem Eiferer Bartholomäus Stosch abgelöst wurde. Stosch begann die Kirchenpolitik seines Herrn mit Disziplinarverfahren durchzusetzen. Die Widerborstigkeit der Lutheraner bot willkommene Anlässe. Wir befinden uns augenblicklich in den Jahren des Krieges, als der Kurfürst mit dem Heer in Dänemark lag und versuchte, die Schweden von den dänischen Inseln zu vertreiben. Als die Niederländer die schwedische Flotte besiegten, wurden in Brandenburg-Preußens Kirchen Dankgottesdienste angeordnet. Der Pfarrer Samuel Pomarius von St. Petri in Cölln nutzte die Gelegenheit, nicht den Sieg der calvinistischen Holländer zu preisen, sondern den lutherischen Schwedenkönig und damit den Feind zu rühmen. Der Kurfürst forderte ein Verhör. Das war erst der Anfang.

Pomarius wurde außer Landes gewiesen. Friedrich Wilhelm erklärte ausdrücklich, daß diese Strafe den Geistlichen nicht treffe, weil er Lutheraner sei, sondern weil er lästere und verdamme und damit den Frieden und die Einigkeit im Lande störe. Einem reformierten Prediger, der ähnliches treibe, würde es genauso ergehen. Der Befehl, der aus dem kurfürstlichen Feldlager kam, unterstrich ausdrücklich, «daß die vorigen von Unsern hochlöbl. Vorfahren wegen dieses abscheulichen Lestern und Verdammen ausgelassene Edicta renoviret und darinnen dieses unchristliche wesen denen Geistlichen zu genüge vorgestellet und ernstlich verboten werden solle, daß sich keiner von beiden Religionen bey Verlust seines Amtes gelüsten lasse, alle dergleichen Verlesterung mehr zu treiben».

Als nächster war der lutherische Präsident des Konsistoriums Joachim Kemnitz an der Reihe. Er ließ 1659 den Nachfolger des Pomarius bei dessen Amtseinführung auf die nun verbotene Konkordienformel schwören. Damit hatte er, wie Friedrich Wilhelm sofort erkannte, in Frage gestellt, daß der Herrscher neues Recht setzen durfte. Aus dem Hauptquartier in Viborg, wo gerade die Kurfürstin zu Gast war, machte der Kurfürst dem Präsidenten den Vorwurf, «Unsere höchste Jura an sich zu ziehen und dadurch in Unsere Lande höchstschädliche Neuerungen einzuführen». Er werde seinen Dienern schon zeigen, daß sie keine «Condomini» – also Mitherrscher – seien. Damit waren die Standpunkte eindeutig geklärt: Es ging längst nicht mehr um theologische Streitereien, sondern – in den Augen des Kurfürsten – um höchste Staatsaffären. Wer erließ die Gesetze? Wer war der Herr im Lande – der Kurfürst oder die lutherische Geistlichkeit? Kemnitz wurde entlassen.

Der Streit blieb nicht auf die höchste Ebene beschränkt, sondern wurde sofort ins Volk getragen. Kein Wunder in einer Zeit, da der tägliche Kirchgang, auch für Protestanten, selbstverständlich war. In Berlin wurde 1661 ein Lehrer verhaftet, weil er angeblich eine Schüleraufführung einstudiert hatte, in der die Abendmahlslehre der Reformierten verunglimpft wurde. Auf den Kanzeln verdammten die lutherischen Prediger weiterhin ihre reformierten Glaubensgenossen. Der Kurfürst tat dreierlei, um den Glaubenskrieg endlich zu beenden: Er erließ 1662 ein neues Toleranzedikt, ein «Mandatum, wie sowohl zwischen Reformierten und Lutherischen Predigern als Unterthanen die Einträchtigkeit zu halten». Doch hinter diesem versöhnlichen Titel verbarg sich Zündstoff. Das Edikt verordnete, daß die lutherische Lehre nicht mehr mit der Konkordienformel abgestützt werden dürfe und daß in Zukunft alle Pfarramtskandidaten einen Revers auszufüllen hatten, in dem sie sich verpflichteten, dieses Edikt einzuhalten. Zwei Monate später wurde zudem den Theologen in allen Landesteilen verboten, an der lutherischen Universität im sächsischen Wittenberg zu studieren, dem Hort der Orthodoxie.

Friedrich Wilhelm sah sich so sehr im Recht, daß er außerdem nicht zögerte, neben der Peitsche ein Zuckerbrot anzubieten, oder was er dafür hielt. Wieder lud er die Lutheraner zu einem Religionsgespräch ein, um die Streitpunkte endlich aus der Welt zu schaffen. Ein solches Maß an christlichem Entgegenkommen wollten und konnten die Lutheraner in diesem Augenblick nicht zeigen. Sie weigerten sich, bis nichts mehr half und man sich im September 1662 unter der Leitung des Oberpräsidenten Schwerin zum erstenmal in der neuen kurfürstlichen Bibliothek zusammensetzte.

Zu der Abordnung des Berliner Geistlichen Ministeriums gehörte auch Paul Gerhardt, der in den Diskussionen, die sich bis zum Mai des folgenden Jahres hinzogen, kaum den Mund aufmachte. Was er dachte, hatte er schon vor Beginn der Gespräche in einem Gutachten für das Ministerium eindeutig zu Papier gebracht: «Eine solche Toleranz, wie die Reformierten sie bisher bei uns gesucht haben, werden wir ihnen nimmermehr und in Ewigkeit nicht willigen . . . daß unter den Reformierten Christen sein, gebe ich gerne zu, aber daß die Reformierten als solche Christen . . . sein, das bestreite ich . . . ein Christ ist derjenige, welcher den wahren seligmachenden Glauben rein und unverfälscht hat, auch die Früchte desselben in seinem Leben und Wandel sehen läßt, also kann ich die Calvinisten als solche nicht für Christen halten.»

Im Mai 1663 wurde der sinnlose Disput abgebrochen. Fast schien es, als könnte der Streit im Sande verlaufen und die Lutheraner sich den neuen Verhältnissen anpassen. Schwerin schrieb dem Kurfürsten, der gerade die rebellischen Preußen zur Räson gebracht hatte, freudig nach Königsberg: «Von Schelten und Verketzern vernimbt man sonst itzo nichts; sie erbieten sich auch gar gern, darin als zu continuiren.» Schwerin, ein gläubiger Mensch, aber auch auf diesem Gebiet kein Fanatiker, vertrat den Standpunkt des Kurfürsten mit Festigkeit. Streit um jeden Preis wünschte er nicht. Es war der Hofprediger Stosch, der in diesen Wochen das Ohr des Kurfürsten hatte und der von Mäßigung nichts wissen wollte. Es gelang Stosch, den Kurfürsten trotz der augenblicklichen Ruhe zu einer neuen Verordnung zu bewegen. In diesem zweiten Toleranzedikt vom September 1664 wurde nicht nur den Lutheranern, sondern auch den Reformierten verboten, den konfessionellen Gegner zu verketzern. Wer für einen Frieden zwischen den Konfessionen eintrat, sollte nicht mehr beschimpft werden dürfen.

Die lutherischen Prediger in Berlin vermuteten nicht zu Unrecht, daß dieses Edikt in Wahrheit nur auf sie zugeschnitten war. In ihren Augen versuchte Friedrich Wilhelm, jede konfessionelle Auseinandersetzung zu unterbinden, um so die Gegensätze zwischen Lutheranern und Reformierten mit der Zeit und ohne Lärm verschwimmen zu lassen. Das Berliner Geistliche Ministerium machte eine Eingabe an den Kurfürsten, in der es um Schutz des lutherischen Glaubens und um Gewissensfreiheit bat. Friedrich Wilhelms Antwort kam postwendend. Er hatte seinen ersten Zorn nicht abkühlen lassen und verbat sich mit scharfen Worten eine solche anzügliche Eingabe. Niemals habe er ihnen ihre Gewissensfreiheit nehmen wollen, «es wäre denn, daß ihre Gewissensfreiheit in Verlästerung, Verketzerung und Verdammen der Reformierten bestände.» Ausdrücklich drohte der Kurfürst allen mit Strafe, die dieses Edikt nicht befolgten, und verlangte von den Berliner Geistlichen in einem erneuten Revers, sich zur Einhaltung des Edikts zu verpflichten.

Der Konfrontationskurs war nicht mehr aufzuhalten. Kirche und Kurfürst fühlten sich beide in ihren ureigensten Rechten beschnitten. Keiner wollte nachgeben. Die Berliner Geistlichen baten die theologischen Fakultäten in Helmstedt, Jena, Wittenberg und Leipzig und die Ministerien in Hamburg und Nürnberg um ein Gutachten. Durften sie das Edikt unterschreiben, ohne ihre Gewissen zu verletzen? Nur die Nürnberger beantworteten diese Frage mit Ja. Die Helmstedter wollen sich nicht einmischen. Alle andern vertraten den orthodoxen Standpunkt.

Über all diesen Aufregungen war es Frühjahr 1665 geworden. Da befahl der Kurfürst dem Geheimen Rat, das gesamte Geistliche Ministerium zu verhören und schnellstens die fremden Gutachten einzuziehen. Wer bei diesem Verhör nicht unterschrieb, sollte sofort ausgewiesen werden, «alldieweil wir gäntzlich entschlossen, keinen in unseren Landen zu dulden, der sich diesen Unsern christlichen Verordnungen widersetzt».

Die ersten zwei Geistlichen wurden prompt entlassen. Die Erregung in der Öffentlichkeit stieg. Der Rat von Berlin bat den Landesherrn in einer Eingabe, die Entlassungen rückgängig zu machen. Das Ministerium selbst schrieb, es wolle sich wie bisher den Verordnungen gemäß verhalten, nur den Revers unterschreiben könne man nicht. Die Lutheraner beanspruchten keine andere Religionsfreiheit als die, die der Kurfürst sogar den Katholischen gewähre. In der Bevölkerung stieg die Erregung. Plötzlich erinnerte man sich wieder an das Geburtsjahr des Kurfürsten, als man die verbündeten Soldaten aus England, die den calvinistischen Winterkönig in Prag stützen sollten, mit Steinwürfen empfangen hatte. Überall wurde geflüstert, der Kurfürst wolle seine Untertanen mit Gewalt zwingen, den verhaßten reformierten Glauben anzunehmen. Friedrich Wilhelm hatte solches nie im Sinn, sah, was er angerichtet hatte, und ging in die Verteidigung. Etwas Ungewöhnliches geschah: Der Landesherr rechtfertigte seine Maßnahmen in aller Öffentlichkeit. Es erschien «Seiner Churf. Durchl. . . . unsers Gnädigsten Herrn Declaratio, aus was Ursachen im Churfürstlichen Geistlichen Consistorio allhier zween Prediger der Berlinischen Kirchen zu St. Nicolai . . . ihres Dienstes erlassen worden». Niemals, so ließ der Landesvater verbreiten, hätte er den lutherischen Glauben schwächen wollen. Seine Verordnungen sollten den Untertanen ein friedliches Leben ermöglichen. Niemals hätte er vorgehabt, «eine Religions-Mengerey einzuführen, vielweniger jemanden wider sein Gewissen etwas zu glauben aufzudringen, oder die in diesen Landen üblichen Gottesdienste und der Lutherischen Religions-Exercitia zu verhindern oder zu verändern». Bei der Entlassung sei es nicht um eine Gewissensentscheidung gegangen, sondern nur darum, «daß entweder das churfürstliche promulgirte Edict durchlöchert und vernichtet, oder die Ungehorsame ihres Dienstes erlassen» wurden. Man habe ein Exempel statuieren müssen. Friedrich Wilhelm zeigte sich konziliant im Ton, unnachgiebig in der Sache. Als sich im Sommer 1665 auch die märkischen Stände meldeten und ihrem Landesherrn schrieben, sie sähen die Gewissensfreiheit der lutherischen Religion bedroht, erwiderte ihnen der Kurfürst kühl, sie sollten sich um die Gewissensfreiheit keine Sorgen machen, sondern sich den kurfürstlichen Verordnungen «akkomodiren».

Während der jahrelangen Auseinandersetzungen machten die weltlichen Geschäfte keine Pause. Der Kurfürst brach nach Cleve auf, um in den westlichen Teilen seines Landes den Frieden zu bewahren. Doch er widmete dem Kirchenstreit in Berlin deshalb nicht weniger Aufmerksamkeit. Aus Cleve erging im Februar 1666 die Aufforderung an das Konsistorium, auch Paul Gerhardt vorzuladen und seine Unterschrift zu verlangen. Friedrich Wilhelm hielt ihn – nicht zu Unrecht – für einen seiner hartnäckigsten Widersacher und behauptete, Gerhardt habe die andern Prediger aufgestachelt, «den Revers nicht zu unterschreiben».

Noch im gleichen Monat meldete Schwerin die negative Antwort des Geistlichen nach Cleve: «Er hätte sich schon längst bedacht und würde sich wohl nicht ändern.» Gerhardt hatte bei seiner Ordination einen Eid auf die Konkordienformel geschworen. Dem fühlte er sich im Gewissen verpflichtet. Das Konsistorium hatte keine Wahl. Als es sich herumsprach, daß Gerhardt entlassen worden war, brodelte es in der Stadt. Tuchmacher und Bäkker, die Schlächter und Kürschner, die Schuhmacher, Schneider und Zinngießer verlangten vom Magistrat in einer Eingabe, er solle alles tun, daß «dieser fromme, ehrliche und in vielen Landen berühmte Mann ihnen gelassen werde». Überall sei bekannt, daß Gerhardt «nimmermehr wider Sr. Churf. Durchlaucht Glauben geredet und keine Seele mit Worten oder Werken angegriffen habe». Der Rat verfaßte ein eigenes Begleitschreiben und erinnerte Friedrich Wilhelm daran, «daß Euer Churfürstliche Durchlaucht kein Bedenken tragen lassen, in dero Märckisches Gesangbuch, so unter dero hohen Namen anno 1658 allhier ausgegangen, seine geistlichen Gesänge oder Lieder, deren eine ziemliche Anzahl, in Druck zu geben. Sollte nun ein solcher frommer, geistreicher und in vielen Landen berühmter Mann diese Stadt verlassen, wäre zu besorgen, daß Gott unsere Stadt heimsuchen möchte.»

Mutige Worte: Der Kurfürst, oberster Kirchenherr, wurde gewarnt, sich nicht zu versündigen und Unheil über sein Land zu bringen. Friedrich Wilhelm ließ nicht mit sich reden. Gerhardt habe in seinen Predigten die Reformierten «durchgehechelt und verdammt». Deshalb müsse er unterschreiben oder gehen. Noch einmal meldete sich der Berliner Rat, dem sich nun auch die Tischler, Messerschmiede, Huf-, Waffen- und Kupferschmiede anschlossen. Aus Cleve, wo der Brandenburger gerade von den wichtigsten Fürstenhäusern Europas umworben wurde, kam die Antwort: «Der Rat solle die Prediger durch sein unnötiges Interzedieren in ihrem mutwilligen und unbefugten Querulieren nicht stärken.» Gerhardt hätte ständig gegen die Reformierten Unfrieden gepredigt. Jeder könne auf den Kanzeln eine eigene Meinung vertreten, wenn er es mit Bescheidenheit täte.

Doch mit fürstlichen Machtworten war die Angelegenheit nicht mehr aus der Welt zu schaffen. Die märkischen Stände meldeten sich zu Wort und baten den Kurfürsten, alle Entscheidungen bis zu seiner Rückkehr nach Berlin aufzuschieben. Friedrich Wilhelm, dessen Stärke bisher bei politischen Verwicklungen darin gelegen hatte, nicht mit dem Kopf durch die Wand zu gehen, lenkte ein und versprach eine Denkpause. Er nutzte sie.

Der Landesherr kam im Herbst 1666 zurück und ließ dem Berliner Magistrat mitteilen, er sei bereit, Gerhardt ohne Unterschrift wieder in sein Amt einzusetzen. Im Januar 1667 erschien ein kurfürstlicher Sekretär in der Wohnung des Geistlichen und erklärte: «S. Chrf. Durchl. lebten der gnädigen Zuversicht, er würde sich dennoch allemal dero Edictis gemäß zu bezeigen wissen.» Eine Formsache für den Landesherrn, der sein Gesicht nicht verlieren wollte. Paul Gerhardt sah das anders. Noch am gleichen Tag schrieb er an den Kurfürsten, bedankte sich für die Wiedereinsetzung – und beharrte weiter auf seiner Meinung: «Denn eben darumb, Gnedigster Churfürst und Herr, habe ich bis anhero mit Unterschreibung der besagten reverse an mich halten müssen, weil ich, sag ich, hochgedachte E. Churf. Edicten ohne Verletzung meines armen Gewissens nicht genüge thun kann, habe auch solches mehr als einmal den churf. Herren Räthen, wenn ich vorgefordert worden, geklagt und dabey zu Gemüthe geführet, wie ich bey solchem Gehorsam mein lutherisches Glaubensbekenntnis Formulam Concordiae verlassen und von mir legen müßte . . .» Friedrich Wilhelm war auf einen gestoßen, der sein Gewissen nicht mit einem Augenzwinkern beiseite schob.

Gerhardt, dessen Predigergehalt in den vergangenen Monaten weitergezahlt worden war, konnte niemand mehr helfen. Umsonst hatten sich die Berliner gefreut, als ihnen die Zeitung «Sonntagischer Mercurius» vom Hofe die Nachricht meldete, daß der Kurfürst «alsofort befohlen, denselbigen in sein Amt zu restituieren». Dem Magistrat schrieb Gerhardt, daß «der nagende Wurm seines Gewissens» ihm keine Ruhe lasse. Aus dem Schloß zu Cölln erging ohne weiteren Kommentar ein Befehl an den Magistrat: «Wenn der Prediger Paul Gerhardt das ihm von Se. Churf. Durchlaucht gnädigst wieder erlaubte Amt nicht wieder betreten will, welches er dann vor dem Höchsten Gott zu verantworten haben wird – so wird der Magistrat in Berlin ehestends einige andere friedliebende geschickte Leute zur Ablegung einer Probepredigt einladen, daber dieselben nicht vocieren, bis sie zuvörderst Sr. Churf. Durchlaucht von dero Qualitäten untertänigsten Bericht abgestattet haben.» Der Kurfürst hatte trotz solcher Vorsichtsmaßnahmen wieder Pech. Gerhardts Nachfolger, der den Revers unterschrieben hatte, verdammte in einer seiner Predigten jene kurfürstlichen Berater, die rechtgläubige lutherische Prediger anzeigten. Der Pfarrer wanderte für 23 Wochen ins Gefängnis. Doch das waren schon die Ausläufer des Kirchenstreits. Auch wenn sich die Gemüter noch lange nicht beruhigt hatten, wie der Tod der Kurfürstin zeigte.

Zehn Tage bevor Louise Henriette starb, hatte Friedrich Wilhelm im Juni 1667 seine Anordnung, dem Toleranzedikt schriftlich zuzustimmen, zurückgenommen. Er erklärte noch einmal ausdrücklich, daß er einen «fundamentalen Consensus» zwischen

Lutheranern und Reformierten – von dem er überzeugt war – niemandem aufzwingen wolle. Schon im März hatte er geschrieben: «So lassen wir einem jeden hierinnen, bis ihm Gott mehr Lichts und erkenntnüss gebet, seine Meinung, und begehren keinen zu zwingen, daß er von solchem consensu fundamentali anderen opiniren solle, als wie er es begriffe.»

Doch der Kurfürst bewies, daß man einem alten Fuchs nichts Wesentliches abhandeln konnte. Er gab auf der einen Seite nach, um auf der andern um so strenger auf seinen Befehlen zu bestehen. Statt der Prediger mußten nun die höheren kurfürstlichen Beamten einen Revers unterschreiben, in dem sie sich verpflichteten, jeden anzuzeigen, der gegen die Edikte verstieße. Die meisten Räte folgten, sie waren ohnehin in der Mehrzahl Reformierte. Nur der Oberhofmarschall und Oberkammerpräsident Raban von Canstein, Lutheraner und vorzüglicher Beamter, bekam Gewissensbisse. Er unterschrieb auch dann nicht, als Schwerin ihm bestätigte, daß er «Anderer und sonderlich seiner Glaubensgenossen Ankläger und Denunziant» nicht sein müsse. Allen, die keine Unterschrift leisten wollten, ließ Friedrich Wilhelm mitteilen, daß er sie nicht mehr in seinen Diensten wünsche. Er hatte gesiegt. Und damit hatte sich die Staatsräson durchgesetzt: In Brandenburg-Preußen würde der Streit um Glaubens- und Konfessionsfragen die öffentliche Ruhe und den Zusammenhalt des Staates nicht mehr gefährden.

Die Gewissensfreiheit hatte gewonnen: War den Sektierern auch noch kein öffentlicher Gottesdienst gestattet, so durfte doch jeder in Brandenburg-Preußen im stillen Kämmerlein Gott auf seine Weise verehren, vorausgesetzt, er glaubte überhaupt etwas und war ein gehorsamer Untertan.

Doch paradoxerweise wurde das Stück Freiheit nicht nur vergrößert, sondern zur gleichen Zeit eingeschränkt: Die Freiheit der lutherischen Kirche hatte verloren. Friedrich Wilhelm hat in dieser Auseinandersetzung, die fast fünfzehn Jahre währte, der orthodoxen und eigenwilligen lutherischen Geistlichkeit das Rückgrat gebrochen. Pfarrer, die am alten Recht festgehalten hatten – wie Paul Gerhardt –, waren entlassen oder außer Landes gewiesen. Die Pfarrer, die nun nachrückten, muckten nicht mehr auf.

Beide evangelischen Konfessionen standen von jetzt ab total unter der Kontrolle des Staates. Das oft zitierte Bündnis zwischen Thron und Altar in Brandenburg-Preußen war von der Wurzel her kein partnerschaftliches Verhältnis. Die lutherische Kirche hatte sich dem Staat nicht an den Hals geworfen, sondern war gegen heftigsten Widerstand dazu gezwungen worden. Der Mächtigere entschied – in diesem Fall für die Toleranz. Doch was alles konnte ein anderer in Zukunft von der Kirche fordern? Es war ein seltsames Geschäft, das sich da abwickelte: Die Freiheit für alle Gewissen und damit etwas mehr Gleichheit wurde erkauft mit unbedingtem Gehorsam.

Wie aber kommen wir über all diesen Verordnungen und Edikten an den Menschen heran, der sie machte? Vertrat der Kurfürst in dieser langen Auseinandersetzung nur entschlossen und konsequent die Interessen seines Staates? Folgte er kühl dem Kalkül der Staatsräson und seinen Ideen von einem einheitlichen zentralistischen Staat, in dem es auch für die Kirchen keine Sonderinteressen gab? Oder war er vielleicht auch als Christ beteiligt und ergriff ganz persönlich Partei gegen jene Vertreter der Orthodoxie, die keine christlichen Abweichler dulden wollten? War Toleranz für ihn nur das willkommene, aber heuchlerische Etikett für eine Politik, hinter der keine innere Überzeugung steckte?

Beim Kurfürsten selbst finden wir auf solche Fragen keine Antworten. Wir müssen uns auf die Suche machen, ob wir sie in Entscheidungen finden, die er abseits aller Machtpolitik fällte.

Die Sektierer in Herford

Martin Luther besaß eine Sprengkraft, die sich nicht in eine evangelische Kirche kanalisieren ließ. Die Berufung auf das Gewissen und die Schrift allein, unabhängig von den Dogmen der Vorväter, brachte unzählige exotische Blüten am Baum des Protestantismus zum Blühen. Die Orthodoxen bei Lutheranern und Reformierten versuchten unerbittlich diese «Schwärmer» auszumerzen. Im calvinistischen Holland fanden viele eine Bleibe. Staatliche Ämter blieben ihnen allerdings versperrt, und wer es zu seltsam trieb, den wiesen die Behörden außer Landes.

Einer von denen, die nach langen Wanderungen 1660 in die Niederlande flüchtete, war Jean de Labadie: Ein französischer Ex-Jesuit, der dem katholischen Glauben abgeschworen hatte und Calvinist geworden war. Ein Mystiker und hinreißender Prediger, der mit seiner Gemeinde vorbildlich leben wollte wie die ersten Christen. Als der Rat von Amsterdam seinen Bürgern verbot, an den Gottesdiensten dieser christlichen Kommune teilzunehmen, sah man sich nach einem neuen freundlicheren Ort um. Anna Maria van Schurmann, eine Anhängerin des Jean de Labadie, hatte den Einfall, nach Herford zu schreiben.

Die Stadt Herford war mit der Grafschaft Ravensberg 1666 endgültig an Brandenburg-Preußen gefallen, die Abtei Herford seit der Reformation in evangelischer Hand. Seit März 1667 lebte Elisabeth von der Pfalz auf Vermittlung Friedrich Wilhelms als Äbtissin in der Abtei. Sie war eine Cousine des Brandenburgers.

Wir müssen weit zurückgehen, um Elisabeth wieder zu begegnen: Friedrich Wilhelm war ein jugendlicher Studiosus in Holland, da verbrachte er viele Stunden bei seiner Tante Elisabeth von der Pfalz, Witwe des Winterkönigs, der 1619 vergeblich nach der Krone des böhmischen Königs gegriffen hatte. Die kluge und weltgewandte Tante hatte drei hochbegabte und gebildete Töchter, eine von ihnen war Elisabeth, die Äbtissin von Herford. In den vierziger Jahren hatte sie mit dem großen Descartes, der sie verehrte, einen ernsthaften Briefwechsel geführt. Elisabeth heiratete nicht. Als Freundin der Kurfürstin Louise Henriette kam sie oft zu Besuch nach Cölln an der Spree. Der Kurfürst muß beeindruckt gewesen sein von ihr, und er schien keine Angst vor ihren ausgefallenen Interessen zu haben. Niemand zwang ihn, ihr das Äbtissinnenamt anzubieten.

Es verwundert nicht, daß Elisabeth, aufgeschlossen für alles Neue, schon in Holland Kontakte mit den «Schwärmern» hatte, auch zu Anna Maria van Schurmann. Als sie von deren Sorgen erfuhr, war es für die Äbtissin selbstverständlich, den Verfolgten eine neue Heimat zu geben. Sie schrieb im August 1670 an den Kurfürsten und an Schwerin, daß sie die Labadisten als wahre Reformierte betrachte und in Herford aufnehmen wolle. Schwerin machte sich ebenfalls zu deren Fürsprecher, und Friedrich Wilhelm hatte keine Einwände. Der Rat der Stadt Herford aber wollte solche christliche Nächstenliebe nicht üben. Für ihn waren diese Fremden nicht Reformierte, sondern Quäker. Diese Quäker («Zitterer») standen außerhalb der großen etablierten Kirchen, mußten gemäß den Gesetzen des Reiches sofort ausgewiesen werden. Elisabeth schrieb wieder an den Kurfürsten und beschwor die Rechtgläubigkeit ihrer Schützlinge. Friedrich Wilhelm meldete seiner Cousine, was ihm inzwischen zu Ohren gekommen war: «Wir mögen aber E[uer] L[iebden] nicht verhalten, daß uns von dieser dahin gekommenen Leute Lehre, auch Leben und Wandel gar widrige Nachricht von sehr vielen Orten zugekommen, welche dahin zielen, daß diese Leute zwar äußerlich zur reformirten Religion sich bekennen, damit sie nur Schutz finden können, aber in der That, unter dem Schein einer sonderbaren Heiligkeit, viel seltsame Lehren, so mit den Quäkern übereinkommen, führen und eine besondere Sekte anrichten . . . auch allerdings das Weibsvolk gemein haben wollten . . .» Der Kurfürst wollte solchen Anschuldigungen indessen ohne Beweise nicht glauben, kündigte eine Untersuchungskommission an und mahnte zugleich den Rat der Stadt, für die Sicherheit der Fremden zu sorgen.

Die biederen Bürger hielten sich nicht daran. Der Rat erließ eine Verordnung, befahl, den Sektierern, die vor allem Handwerker waren, nichts zu verkaufen. Wenn sie sich zeigten, wurden sie mit Dreck beworfen, und überall tuschelte man vom ausschweifenden Leben dieser sonderbaren Heiligen. Die Landgräfin von Hessen, jüngere Schwester des Kurfürsten, wurde vom Rat der Stadt eingespannt und schrieb tatsächlich ihrem Bruder, er möge die Labadisten ausweisen. Doch da war sie an den Falschen geraten. Er verbat sich solche Einmischung und erwiderte, man möge sich hüten, daß «durch allzuhartes Verfahren nicht Oel zum Feuer gegossen und das Uebel vergrößert werden möge». Die kurfürstlichen Berater in Berlin sprachen sich für die Labadisten aus. Auch der sonst so strenge Hofprediger Stosch wollte von Gewalt nichts wissen und erklärte, daß innerhalb der reformierten Kirche auch umstrittene Leute geduldet würden. Die Herforder ließen sich nicht beirren. Sie wollten ihr Recht und gingen – inzwischen war es Herbst 1671 geworden – vor das Reichskammergericht in Speyer. Sie bekamen recht. Elisabeth, die nicht einmal gehört worden war, legte Berufung ein. Der Kurfürst schloß sich an. Doch die, um die es ging, waren des Kämpfens und Streitens müde und zogen wieder einmal weiter, nach Altona bei Hamburg.

Die Auseinandersetzung in Herford und der Einsatz der Äbtissin drangen bis zu den echten Quäkern nach England durch. George Fox, Gründer der «Gesellschaft der Freunde», schickte seine Schwägerin nach Herford, und 1676 kam sogar sein wichtigster Mitarbeiter William Penn auf drei Tage zu Besuch, der wenige Jahre später in der Neuen Welt seine Vorstellungen von christlicher Liebe und Toleranz in der Kolonie Pennsylvanien verwirklichte. Er begegnete in der Äbtissin einer verwandten Seele. Sie haben sich noch oft geschrieben. 1680 ist Elisabeth in Herford gestorben.

Die Juden kommen wieder

Im Jahre 1510 starben in Berlin auf offenem Marktplatz 37 Juden eines qualvollen Todes in den Flammen. Gleichzeitig befahl ein kurfürstliches Edikt den noch lebenden Juden, für alle Ewigkeit die Mark Brandenburg zu verlassen. Das war nichts Besonderes. Niemand in Europa regte sich darüber auf. Die Juden waren für die Christen des Mittelalters ein «heilloses» Geschlecht, Mörder Gottes, an denen sich kein Christ versündigen konnte, was immer er tat. 1290 hatte man sie aus England verjagt, 1492 aus Spanien.

Das 17. Jahrhundert ließ zum erstenmal auch andere, pro-jüdische Stimmen laut werden, Stimmen einer Minderheit gewiß, aber einer, die nicht zu überhören war. Amsterdam wurde das «neue große Jerusalem», wo die verfolgten Juden aus ganz Europa nicht nur eine neue Heimstatt fanden, sondern wo Geist und Religiosität dieses Volkes auch ausstrahlten auf ihre christliche Umgebung, für manchen unwiderstehlich. Rembrandt Harmensz van Rijn zog ins jüdische Viertel und hat seine Bewohner und Gelehrten im Bilde festgehalten. Andere, darunter zwei Söhne aus wohlhabenden Hamburger Bürgerfamilien, konvertierten zum Judentum. Wieder andere blieben zwar überzeugte Christen, standen aber den jüdischen Brüdern voller Wohlwollen und Verständnis gegenüber und versuchten, andere zu dieser Haltung zu bekehren. Es war kein Zufall, daß solche Hinwendung vor allem im reformierten Holland geschah. Die Calvinisten haben eine engere Beziehung zum Alten Testament als die Lutheraner. Und hier in den Niederlanden lebten vor allem jene Christen, die außerhalb von Kirche und Dogma eine ganz persönliche Frömmigkeit praktizierten. Ein mystisches Christentum, das von innerer Erleuchtung und persönlicher Gotteserfahrung lebte und überzeugt war, das Ende der Zeit sei gekommen. Sie warteten auf die nahe Ankunft des Messias und die vorangehende Bekehrung des jüdischen Volkes. Es gab in Amsterdam einen festen Kreis solcher Sektierer, die «Taufgesinnten»: Radikale Mennoniten, viele andere «Schwärmer» und Anhänger des so gar nicht einzuordnenden Juden Spinoza trafen sich regelmäßig unter diesem Etikett. Und hier knüpft sich über den Raum und vieles Trennende hinweg ein unsichtbarer Faden zu dem Mann im Schloß zu Cölln an der Spree, der Toleranz verordnete und zu dessen Freunden die orthodoxen Fanatiker gewiß nicht zählten: Denn zu den schwärmerischen «Taufgesinnten» gehörte Johann Comenius, und von diesem Kreis liefen enge Verbindungen zu Jean de Labadie, der in Herford – wenn auch nur kurz – den Schutz des Kurfürsten genoß. Labadie war von den «Taufgesinnten» auf jüdische Prophezeiungen in Smyrna, die wieder einmal die Ankunft des Messias ankündigten, aufmerksam gemacht worden. Er erwartete daraufhin die baldige Bekehrung der Juden, verfaßte eine Schrift darüber und widmete sie den «Taufgesinnten», weil «ihr die Juden nicht nur nach dem Fleisch, sondern . . . geistlich liebt und ihr Heil überschwenglich ersehnt. Eure Werke beweisen es jeden Tag, daß ihr nichts spart, um ihrem Leibe und ihrer Seele wohlzutun.»

Als Friedrich Wilhelm 1640 seine Regierung antrat, gab es in der Mark Brandenburg gemäß dem Edikt von 1510 keinen einzigen Juden. In den Landen im Westen und Osten, die lange nach diesem Datum im 17. Jahrhundert erworben waren – Cleve und Preußen –, hatte dieses Verbot keine Gültigkeit. Wie überall, wo Juden im Reich geduldet waren, lebten sie unter dem persönlichen Schutz des Landesherrn. Die dort lebenden Juden boten ihm im Februar 1641 20000 Taler, um wieder in der Mark leben zu dürfen. Doch der Kurfürst winkte ab, weil er wußte, daß die Stände seines Landes den wirtschaftlichen Wettbewerb, der mit den Juden unweigerlich kommen würde, mit Vehemenz ablehnten. Den Zünften waren die frei ihre Waren anbietenden Juden ein Dorn im Auge gewesen. Gegen sie alle wollte der Kurfürst nicht in einem Augenblick ankämpfen, wo es für sein Land ums Überleben ging. Daß hinter seiner Politik nicht Überzeugung, sondern taktisches Kalkül steckte, zeigte sich sehr bald. Die Städte in den westlichen Gebieten, wo Juden leben durften, baten Friedrich Wilhelm, die Arbeitserlaubnis für die Juden nicht zu erneuern. Sie warfen ihnen Wucher und Hehlerei vor, «wodurch sie der armen erschöpften Bürgerschaft das Brot gleichsam vor dem Munde wegreißen und die Moral bis anin den Grund verderben.» Solche Klagen erhoben die Räte in Minden und Bielefeld. Doch der Kurfürst ließ sich davon nicht umstimmen. Die Juden blieben dort und durften weiter Handel treiben.

Auch im Clevischen beschwerten sich die Bürger. Da schrieben die Räte an die lokalen Beamten: «Wenn jemand etwas gegen die Juden habe, soll er an die Regierung verwiesen werden. Wenn ein Jude für sich und die Seinigen ein eigenes Wohnhaus an dem Ort . . . kaufen möchte, so soll er darin von niemandem behindert werden, sondern das Haus erwerben dürfen.»

In Halberstadt, das 1648 an Brandenburg gefallen war, besaßen die Juden eine Synagoge, die – obwohl es ein kurfürstliches Verbot gab – ungehindert zum Gottesdienst benutzt und von vielen Fremden bewundert wurde. Niemand störte sich daran. Im März 1669 aber drangen Zimmerleute, Knechte und mehr als fünfzig bewaffnete Soldaten in die Synagoge ein, zerstörten das Gebäude bis auf den Grund. Die einheimischen Räte in Halberstadt hatten zugesehen und nichts unternommen, als die Soldaten zum Demolieren abmarschierten. Als der Kurfürst das erfuhr, ging ein scharfer Verweis nach Halberstadt: «Wir haben aus eurem . . . Bericht mit nicht weniger Befremdung und sonderbaren Mißfallen vernommen, was gestalt ihr euch unternommen, das Gebäude der Juden zu Halberstadt, darinnen sie bishero ihre Synagoge gehalten haben sollen, demoliren zu lassen . . . befehlen euch aber unterdessen, denen Juden alsofort dasjenige, was das demolirte Haus gekostet und wert gewesen, ohne Zutun Unserer Amtsuntertanen, unfehlbar zu restituiren.»

Doch Friedrich Wilhelm ging es nicht nur um die Tolerierung eines fremden Bekenntnisses. Er nutzte die Juden, um die starrsinnige und wettbewerbsfeindliche Haltung der Zünfte zu umgehen. Er griff die alten Ordnungen nicht an und schuf trotzdem neue. Die polnischen Juden erhielten schon 1650 gegen 200 Taler jährlich einen Geleit- und Schutzbrief, sieben Jahre lang in der Mark frei umherzureisen, Märkte und Messen zu besuchen und Handel zu treiben. In Preußen verbot der Landtag 1663 die Juden im Herzogtum. Es hinderte den Kurfürsten nicht, schon 1664 dem holländischen Juden Moses Jacobson ein Handelsprivileg für Memel zu erteilen. Und dabei blieb es gegen alle Proteste der preußischen Stände. Die Juden aus den westlichen Landen durften außerdem in Preußen ihre Waren ein- und verkaufen. So verbanden die Juden als erste die entfernten und fremden Teile dieses jungen Staates. Schon vor den Kriegen, die er führte, hatte Friedrich Wilhelm erkannt, daß die Wege der Händler mindestens so wichtig waren wie die Routen der Soldaten.

Ein Hamburger Jude durfte in Pommern mit Juwelen handeln. Als man die Juden 1669 aus Stargard hinaustreiben wollte, schrieb der Kurfürst an die Regierung in Hinterpommern, «sich nicht noch einmal an Uns auf die Maße zu vergreifen». Er brauchte sie. Konnten doch er und sein Hof genausowenig ohne die wirtschaftliche Tüchtigkeit der Juden, die an keine starren Zunftgesetze gebunden waren, leben wie der wichtigste Pfeiler seines Staates, die Armee. Juden schafften heran, was das Heer an Waffen, Pferden, Munition und Uniformen brauchte. Juden belieferten den Hof mit Nahrungsmitteln und Getreide und besorgten dem Landesvater ein besonders schönes Paar türkischer Pferde. Die kurfürstliche

Familie war tief verschuldet bei den Juden. Als Friedrich Wilhelm die Stände gezähmt hatte und sich eine Gelegenheit bot, die Juden wieder in die Mark zu holen, tat er es.

In Wien gab es seit alters eine der größten und angesehensten jüdischen Gemeinden im Deutschen Reich. Die Wiener Juden hatten eigene Schulen, öffentliche Synagogen und eine berühmte Gelehrtentradition. Sie trieben mitten im alten Stadtkern in achtzehn großen offenen Gewölben Handel, und die zahlreichen Waren, die sie an den kaiserlichen Hof lieferten, waren steuerfrei. Die Beziehungen der jüdischen Kaufleute gingen weit nach Osten bis in die Türkei. Der Hof kam ohne ihre Luxusgüter und Kredite nicht aus. Das kaiserliche Heer brauchte ihre Lieferungen. Der Reichtum der Juden erweckte bei den christlichen Wienern nichts als Neid. 1670 verwandelte er sich in offene Feindschaft.

Am Kaiserhof folgte ein Unglück dem andern. Im Schloß brannte es, die Kaiserin hatte eine Fehlgeburt, der junge Kronprinz starb. Der Beichtvater der Kaiserin sah in allem einen Wink des Himmels, die Juden nicht länger in der Stadt zu dulden, und tat alles, die kaiserlichen Herrschaften zu dieser «Wahrheit» zu überreden. Als die Bürger der Stadt sich erboten, den Weggang der Juden durch eine einmalige Abgabe an die kaiserliche Kasse zu vergolden, gab der Kaiser nach. Im Sommer 1669 beschloß er «aus sonderbaren, beweglichen Ursachen, um Beschwerden, wie sie die Christen seit einiger Zeit führen, zu verhüten, die Ausweisung einer Anzahl Juden und Jüdinnen aus Wien und dem Lande Österreich». Nach dem Fronleichnamstag des Jahres 1670 durfte sich kein Jude mehr sehen lassen.

Die Wiener Vorgänge blieben in Brandenburg nicht unbekannt. Der Resident des Kurfürsten, Andreas Neumann, berichtete laufend und anschaulich aus der Kaiserstadt. Im Frühjahr 1670 wurde Neumann mitgeteilt, daß Friedrich Wilhelm vierzig bis fünfzig jüdische Familien – sofern sie reich und wohlhabend seien – in der Mark aufnehmen wolle. Sofort gingen drei österreichische Juden als Vertreter ihrer Glaubensgenossen nach Berlin, um die Einzelheiten der Übersiedlung auszuhandeln, in der Tasche eine Bittschrift, «uns arme österreichische, verstoßene und numehro vertriebene Juden, deren etwa fünfzig, in gnädigsten Schutz und

Schirm in der Mark Brandenburg aufzunehmen . . .» Neben Otto von Schwerin trafen sich auf Befehl des Kurfürsten weitere fünf Geheime Räte mit den Juden aus Wien, die sich mit allen vorgeschlagenen Abgaben und Bedingungen einverstanden erklärten. In ihrem abschließenden Gutachten vom Mai 1671 erinnerten die Räte zwar den Kurfürsten an die Versprechen seiner Vorfahren, keinen Juden ins Land zu lassen. Doch sie wußten, daß die Zeiten sich geändert hatten. Jetzt entschied nur noch einer: «Denn was die Frage angehet, ob die Juden hier im Lande angenommen werden können, das beruhet allein bei Ew. Kurf. Durchl. gnädigstem Ermessen und Willen . . .» Die Räte nannten vor allem wirtschaftliche Gründe, die dafür sprachen, den Vertriebenen eine neue Heimat zu geben. Die menschenleere Mark brauchte dringend mehr Bewohner, vor allem so geschickte und begüterte.

Im gleichen Monat noch unterschrieb Friedrich Wilhelm ein Judenedikt für die Mark, zu dem er «bevorab zu Beforderung Handels und Wandels bewogen worden». Die bisher Verachteten erhielten mit dieser Urkunde für vorläufig zwanzig Jahre die gleichen Freiheiten und Rechte wie alle übrigen Bewohner und wurden nicht ins Getto gesperrt. Es war ihnen erlaubt, «in denen Orten und Städten, wo es ihnen am gelegensten ist, sich niederzulassen, allda Stuben oder ganze Häuser, Wohnungen und Commodität vor sich zu mieten, zu erkaufen oder zu erbauen . . .»
Damit die Einwanderer ihre Talente optimal entfalten konnten und den wirtschaftlichen Aufschwung wirklich förderten, setzte sich der Kurfürst über die Monopolansprüche der christlichen Zünfte hinweg und öffnete dem Wettbewerb den Weg: «Soll diesen jüdischen Familien vergönnt sein, ihren Handel und Wandel im ganzen Lande . . . Unsern Edicten gemäß zu treiben, wobei wir ihnen noch ausdrücklich nachgeben, offene Krame und Buden zu haben, Tücher und dergleichen Waren in Stücken zu verkaufen oder auch ellenweise auszumessen, groß und klein Gewichte zu halten . . . mit neuen und alten Kleidern zu handeln, ferner in ihren Häusern zu schlachten und was sie zu ihrer Notdurft und ihrem Gesetze nach von dem geschlachteten nicht bedürftig, solches zu verkaufen und endlich überall an denen Orten, wo sie wohnen, auch anderswo ihre Nahrung, sonderlich auch mit Wolle und Spe-

cereien, gleich andern Einwohnern dieser Landen, zu suchen und auf Jahr- und Wochenmärkten ihre Waren feil zu haben.» Damit war das Recht von gestern außer Kraft gesetzt und ein neues verbindlich.

Auch von der neuen Gewissensfreiheit profitierten die Juden: «Soll ihnen zwar nicht verstattet sein, eine Synagoge zu halten, doch aber mögen sie in ihren Häusern einem zusammenkommen, allda ihr Gebet und Ceremonien, doch ohne gebendes Ärgernis an die Christen, verrichten, bevorab sich alles Lästerns und Blasphemirens bei harter Strafe enthalten, soll auch einen Schlächter und einen Schulmeister, so ihre Kinder unterrichtet, zu haben ihnen hiermit nachgegeben sein . . .»

Der Kurfürst und seine Berater wußten, daß solche umstürzenden Neuerungen, die gegen Vorurteile und Futterneid zu kämpfen hatten, auf Widerstand stoßen würden. Darum wurde schon in der gleichen Urkunde den Magistraten befohlen, die Juden «willig und gern aufzunehmen, ihnen allen Vorschub und guten Willen zu ihrer Accomodirung zu erweisen, und ihnen namens Unser allen gebührenden Schutz, bis an Uns selber zu halten, sondern auch sonst sie in der Behandlung, welche sie ihres Verbleibens und der Landes onerum halben mit ihnen zu pflegen, sie billig zu tractiren, von niemand sie beschimpfen oder beschwören zu lassen und sie als andere ihre Bürger und Einwohner zu halten und nach Inhalt dieses Unsers Schutzbriefs wohl zu tractiren, wie sie denn sonderlich ihnen um einen billigen Entgelt einen Ort zu Begrabung ihrer Toten ungesäumet anzuweisen.»

Die ausgewiesenen österreichischen Juden waren in einer Zwangslage. Der Kurfürst von Brandenburg nutzte sie nicht aus, sondern ließ die Exiljuden als Bürger ohne Demütigungen in sein Land kommen. Die wirtschaftlichen Interessen, die nicht verhehlt wurden, hätten ihn nach der Moral seiner Zeit keineswegs zu solcher Toleranz verpflichtet.

Es dauerte nicht lange, da beschwerten sich die Zünfte und auch etliche Geheime Räte, daß die Juden «denen Innungen und Gewerben, auch Kauf- und Handelsleuten nicht allein sehr nachteilig seien, sondern daß sie auch größere Freiheiten als die Christen besäßen.» Sie erinnerten daran, «in was Unglück die Judenschaft vor hundert Jahren diese Lande gesetzet» und «daß durch die Juden die Einwohner ausgesogen» werden. Die meisten Klagen wurden vom «allergütigsten Landesvater» mit Schweigen gestraft. Nur einmal riß ihm der Geduldsfaden, und er las den märkischen Ständen und seinen Räten die Leviten. Sie erfuhren von höchster Stelle, «daß die Juden mit ihren Handlungen Uns und dem Lande nicht schädlich, sondern vielmehr nutzbar erscheinen».

Schon die Rechte, die die Juden in Brandenburg erhielten, lassen den Schluß zu, daß hinter dieser Politik außer der Staatsräson auch eine positive Einstellung des Herrschers gegenüber den so oft Gemiedenen stand. Eine Hochzeit wird wenig später diese Annahme bestätigen.

Am Niederrhein, wo die Juden keine Ausweisung erlebt hatten, war die Familie des Rabbi Mordechai Gumpel in Cleve in diesen Jahren zu Ansehen und Reichtum aufgestiegen. Der Rabbi wurde nicht nur Vorsteher der jüdischen Familien im ganzen Herzogtum, sondern machte sich auch dem brandenburgischen Herrscher als Lieferant und Kaufmann unentbehrlich. Mordechai starb 1664. Sein Sohn Elia setzte die erfolgreiche Karriere der Familie, die sich nun Gumperts oder Gomperz nannte, fort. Weil der Sohn des Elia die knapp vierzehnjährige Tochter der jüdischen Kaufmannsfrau Glückel von Hameln heiratete, wissen wir, daß die kurfürstliche Familie den persönlichen Umgang mit Juden nicht scheute. Die aus Hamburg stammende Glückel von Hameln hat eine der ganz seltenen Lebenserinnerungen dieses Jahrhunderts geschrieben, ein einzigartiges Zeugnis jüdischen Lebens in Deutschland. Zur Zeit der Hochzeit – Anfang der siebziger Jahre – hielt sich Fritz, der zweitälteste Sohn des Kurfürsten, in Cleve auf.

Glückel von Hameln, die damals noch in Altona wohnte, schreibt, wie sich die Familie von Hamburg über die Niederlande zur großen Feier aufmachte:

«Was wir für eine lustige Reise gehabt haben, kann ich nicht beschreiben. So sind wir glücklich in aller Lustigkeit und Vergnüglichkeit nach Amsterdam gekommen. Es ist aber wohl noch drei Wochen vor der Hochzeit gewesen . . . und haben jede Woche mehr als zwölf Dukaten verzehrt. Aber wir haben dieses nicht geachtet, denn in den drei Wochen, die wir vor der Hochzeit in

Amsterdam waren, hat mein Mann die halbe Mitgift verdient. Vierzehn Tage vor der Hochzeit sind wir ‹mit Pauken und Reigentänzen› mehr als zwanzig Leute an der Zahl, nach Cleve gereist und sind dort mit allen Ehren aufgenommen worden. Wir sind da in ein Haus gekommen, das wirklich wie ein Königspalast und in aller Art wohl möbliert gewesen ist. Den ganzen Tag hat man keine Ruhe gehabt vor vornehmen Herren und Damen, die alle gekommen sind und die Braut sehen wollten . . . Zu jener Zeit ist in Cleve der Prinz gewesen . . . Auch Prinz Moritz und andere Fürstlichkeiten und vornehmen Herren sind dort gewesen. Sie haben alle sagen lassen, daß sie bei der Kopulation [Eheschließung] sein wollten.»

Die Gumperts' hatten also einen Kurprinzen, den Statthalter Graf Johann Moritz und die Creme der Clever Bürger zu Gast. Vor lauter Aufregung über so hohen Besuch vergaßen die Familien sogar, die Mitgift auszutauschen. Die Bewirtung der Gäste fand im Prunkgemach von Elias Gumperts statt, das mit goldenem Leder ausgeschlagen war: «Am Hochzeitstage, gleich nach der Trauung, war eine vorzügliche Kollation [Zwischenmahlzeit] von allerhand Früchten, Konfitüren und auserlesenen fremden Weinen und Früchten hergerichtet. . . . Mein Sohn Mordechai war damals ein Kind von ungefähr fünf Jahren, es gab kein schöneres Kind in der Welt, und wir hatten ihn sehr schön und sauber gekleidet. Alle die Vornehmen haben ihn schier aufgefressen, und besonders der Prinz hat ihn stets bei der Hand gehalten. Wie nun die Vornehmen von den Konfekten und Früchten gegessen und auch wohl von den Weinen getrunken hatten, hat man den Tisch abdecken lassen und hinausgetan. Dann sind verkleidete Leute hineingekommen und haben sich gar schön präsentiert und allerhand Possen gemacht, die zur Ergötzlichkeit gedient haben. Zuletzt haben die Verkleideten einen Totentanz aufgeführt, der sehr rar gewesen ist . . . der junge Prinz samt dem Fürsten Moritz und allen Vornehmen sind doch sehr vergnügt hinweggegangen, und kein Jude hat wohl in hundert Jahren solche Ehre gehabt. Also ist die Hochzeit in aller Freude zu Ende geführt worden.»

Ein Forschungszentrum
für Christen und Heiden

Seine schützende Hand hielt der Kurfürst nicht zufällig über die Schwärmer in Herford und die Juden in der Mark. Der Mann, der Brandenburg-Preußen mit Sinn für das Machbare in kleinen politischen Schritten zäh nach oben brachte, sympathisierte mit denen, die über den Tag hinaus dachten. Hinter der Abneigung gegen die religiösen Orthodoxen steckte eine Phantasie, die sich dazu hinreißen ließ, über die Staatsräson hinauszugehen und starre Dogmen und alte Ordnungen zu vergessen und von einer neuen Welt zu träumen. Der in diesem Jahrhundert zu den kühnsten Utopisten gehörte und zu den engagierten Christen außerhalb der etablierten Kirchen war am brandenburgischen Hofe kein Unbekannter: Johann Amos Comenius. Friedrich Wilhelm hatte den Schwiegersohn des großen Pädagogen empfangen. Johann Raue, der als Lehrer die Ideen des Comenius verbreitet hatte, saß schon sieben Jahre als Bibliothekar im Schloß an der Spree. Und nun trat jemand in den Gesichtskreis des Kurfürsten, der Phantasie und Geld für ein kühnes Projekt des Tschechen forderte. An Phantasie war bei Friedrich Wilhelm kein Mangel.

Es war im Sommer 1666 in Cleve, da erzählte der Leibarzt des Kurfürsten, Nikolaus de Bonnet, seinem Herrn, daß der Schwede Benedikt Skytte den Plan habe, eine Universität zu gründen, in der die besten Gelehrten und Wissenschaftler aus aller Welt frei und ungestört forschen und lehren könnten. Skytte sei der Meinung, niemand anders als der brandenburgische Herrscher könne ein so großes und ungewöhnliches Projekt verwirklichen. Friedrich Wilhelm fing Feuer und bat, die Sache in einer Denkschrift näher zu erläutern. Im Januar 1667 wurde der Schwede nach Berlin eingeladen und mit allen Ehren vom Kurfürsten in Audienz empfangen.

Benedikt Skytte war für das gebildete Europa und seine Politiker kein Unbekannter. Sein Vater hatte dem großen Schwedenkönig Gustav Adolf als Erzieher und Vertrauter gedient und in Schweden mehrere Akademien gegründet, wo nach den Ideen des

Comenius unterrichtet wurde. Der Sohn machte ebenfalls Karriere: als Kammerherr der Königin Christine und ihr Günstling, als ein Reisender, der in politischen Missionen und zu seiner eigenen Freude Paris und London, Neapel und Leiden kennenlernte. Anfang der fünfziger Jahre machte sich Benedikt Skytte auf nach Ungarn zu seinem Idol Comenius und führte in Sárospatak wochenlang intensive Gespräche mit ihm. In Schweden war unterdessen eine andere Partei an die Macht gekommen. Skytte fiel in Ungnade, wurde angeklagt, seiner Ämter entkleidet, und nur mit Mühe gelang es ihm endlich, das Land verlassen zu dürfen. In einem deutschen Sauerbrunnen wollte er angeblich seine Gesundheit pflegen. Doch ein Mann mit soviel Verbindungen und Ideen war nicht für ein ruhiges Kurgastleben geschaffen. Und offenbar hatte Skytte ein Gespür dafür, wen er mit seinen phantastischen Plänen begeistern konnte. Kaum war der schwedische Freiherr in Berlin, empfing ihn der Kurfürst im März 1667 nicht nur zur Audienz, sondern ernannte den Geheimen Rat Georg von Bonin zum Gesprächspartner für den Gast. Die beiden trafen sich fast täglich zu Konferenzen über die «Brandenburgische Universität für alle Völker, Wissenschaften und Künste».

Skytte füllte eifrig Blatt um Blatt mit seinen Vorstellungen, pries den Kurfürsten als «Salomo der Christenheit» und verglich Brandenburg mit dem, was einst «Ägypten für den Orient, Delphi für Griechenland und der Tempel Salomos für die Juden» gewesen sei. Neben solchen Gedankenanflügen, die dem Geldgeber schmeicheln sollten, standen detaillierte Schilderungen über das «neue Athen»: Die Universitätsstadt sollte mit regelmäßigen Straßen und Plätzen angelegt werden, mit Palästen für die kurfürstliche Familie und weitläufigen Gebäuden für die Wissenschaftler und Universitätsbeamten. Neben Museen und Laboratorien waren Fabriken und Künstlerateliers geplant, Bet- und Hörsäle, Waisenhäuser und Hospitäler, Reitbahnen und botanische Gärten, Druckereien und Säulenhallen. Zum Lustwandeln gab es schattige Alleen und Promenaden. Brücken überquerten zierliche Kanäle. Alle Leistungen würden für die Ewigkeit in ein goldenes Buch eingetragen, und für die Ausführung der Ideen und eine geregelte Verwaltung sorgte ein Riesenstab von Sekretären, Schreibern und Schatzmeistern. Dutzende von Apothekern und Ärzten, Köchen und Kellermeistern, Stallknechten und Nachtwächtern tauchten in den Papieren des Benedikt Skytte auf. Er versprach dem Stifter solcher Wunderdinge nicht nur ewigen Ruhm, sondern auch unermeßlichen Reichtum. Denn an dieser Universität sollte es keine Trennungen zwischen Theorie und Praxis geben. Mit wissenschaftlichen Entdeckungen würden gewerbliche und wirtschaftliche Leistungen erbracht werden.

Die ungewöhnlichen Unternehmungen, die dieser Schwede in Berlin entwarf, haben eine auffallende Ähnlichkeit mit der Vision, die Johann Amos Comenius als sein Lebenswerk zusammenfaßte: die «Panegersia». Comenius predigte «Allerleuchtung, Allwissenschaft», eine Weltsprache und eine Weltreligion. Es war seine Lieblingsidee, die er in den vierziger Jahren, ständig unterwegs, in diesem «Allgemeinen Weckruf» («Panegersia») entwickelt hatte, «. . . die gemeinsame Mutter Erde trägt und nährt uns alle, Luft und Wind umwehen und beleben alle, alle überdacht der gleiche Himmel, die gleiche Sonne . . . Da wir alle Mitbürger einer Welt sind, was hindert uns, daß wir uns in einem Gemeinwesen unter gleichen Gesetzen zusammenfinden?»

Was so kühn und modern aussieht, ist die Utopie einer vergangenen Welt. In solchen Ideen lebte das immer noch nicht ganz versunkene Mittelalter weiter, das inbrünstig an die Einheit des Universums glaubte; das jede Einzelheit als Teil eines wohlgeordneten Ganzen sah. Die neue Zeit hatte anderes im Sinn. Der Zweifel an allem löste die Zusammenhänge auf. Der Philosoph und Mathematiker Descartes lehrte Europa, daß nur die wissenschaftliche Analyse Bestand hatte. Während Comenius und Benedikt Skytte noch träumten, hatte die Vernunft den Traum schon abgelöst.

Friedrich Wilhelm gehörte zu beiden Welten. Im Augenblick hatte die Utopie die Oberhand. Im April 1667 unterzeichnete er tatsächlich ein Patent mit dem Versprechen, 15000 Taler für die Universitätsgründung, die in Tangermünde im Oderbruch geplant war, flüssig zu machen.

Der Erlaß erging in Form einer Einladung an die «vertuosen Leute [Könner]» in aller Welt, an gelehrte Flüchtlinge und Heimatvertriebene, an alle, die auf Befreiung von Tyrannei hofften.

Sie sollten im «Tempel der Gelehrsamkeit» eine sichere und offene Zuflucht finden. Niemand mußte Steuern zahlen, die «Leute von hervorragendem Wissen» erhielten sogar festes Gehalt und freie Wohnung. Bei den angrenzenden Ländern sollte eine ständige Neutralität ausgehandelt werden, damit die Gelehrten und Weisen auch in rauhen Kriegszeiten in ihren Studierzimmern unbehelligt blieben. Vor allem sollte niemand wegen seines Glaubens ausgeschlossen werden: Allen im christlichen Glauben voneinander Abweichenden war freie Religionsausübung gestattet, allen, die an den dreieinigen Gott glaubten und auf Christi Opfertod ihre Hoffnung setzten. Das Edikt ging noch weiter: Auch Juden, Araber und andere Ungläubige sollten zugelassen sein, sobald sie sich verpflichteten, ihre Irrtümer für sich zu behalten und als gute Bürger ohne Ärgernis zu leben.

Ein großartige Vision, die nur jemand bejahen konnte, dem Toleranz und Gewissensfreiheit mehr bedeuteten als Staatsräson und politisches Kalkül. Doch Friedrich Wilhelm hatte seinen Sinn für Realitäten nicht ganz verloren. Vor allem brachte ihn die Geldfrage schnell wieder auf den Boden der Tatsachen, zumal der Geheime Rat von Bonin ihn immer dringender auf die Undurchführbarkeit solcher Pläne hinwies. Man zog sich elegant aus der Affäre und bedeutete dem Schweden, er möge erst einmal Gelehrte herbeibringen, die nach Tangermünde aufbrechen würden. Skytte reiste ab und versuchte in Frankfurt am Main, den jungen und später so berühmten Philosophen Gottfried Wilhelm Leibniz zu gewinnen. Der lehnte ab, und das taten alle Gelehrten, mit denen Skytte verhandelte. Die Stadtväter wurden auf den seltsamen Gast in ihren Mauern aufmerksam, sie wiesen ihn aus. Gläubiger verfolgten ihn. Das Feuerwerk seiner Pläne verglühte so schnell, wie es emporgeschossen war. Enttäuscht kehrte Benedikt Skytte nach Schweden zurück.

Im Frühjahr 1668 erschienen zwei Abgesandte der vor knapp acht Jahren auf Anregung des Comenius gegründeten wissenschaftlichen Gesellschaft in London – Royal Society of London for Improving Natural Knowledge – bei dem brandenburgischen Residenten. Sie berichteten, ihnen sei aus Hamburg ein Patent zugegangen, in dem der Kurfürst angekündigt habe, daß in seinen

Landen «eine neue Universität . . . aufzurichten und dieselbe wie auch die frembden dasselbst sich Niederlassenden herrlich zu privilegieren». Die Engländer wünschten Einzelheiten zu erfahren, weil ihnen das Projekt «genereux, rühmlich und nützlich» schien. Außerdem erwähnten sie, daß viele englische Christen, die mit keiner der großen Konfessionen konform gingen – die Nonkonformisten –, gern außer Landes leben würden. In Berlin war man von solchen Aussichten gar nicht mehr begeistert. Zum Treffpunkt der unbequemen Geister Europas wollte man nun doch nicht werden. Friedrich Wilhelm schrieb seinem diplomatischen Vertreter in London sogleich zurück, daß man Leute, die «in der Religion gar nicht richtig, sondern unruhig und aufwieglerisch» seien, nicht gebrauchen könne, zumal der große Plan – das «vorgewesene desseing» – nicht mehr existiere. In Brandenburg willkommen seien allerdings englische Handwerker, «die aufrichtig in der reformierten Religion und auch von Mitteln wären». Der Ausflug in die Utopie war beendet.

Das Testament

Verweilen wir noch etwas in jenen Jahren, als Friedrich Wilhelm ein Vierteljahrhundert Herrschaft hinter sich hatte.

Im Frühjahr 1667 – die Kurfürstin hoffte in Holland immer noch auf Genesung – da setzte sich der Kurfürst, der als Strohwitwer im Cöllner Schloß lebte, in stillen Stunden in seinem Kabinett an den Tisch und griff zur Feder. Er zog Bilanz, brachte seine Erfahrungen und seine Ziele für den Nachfolger in einem «politischen Testament» zu Papier und spiegelte damit auch seine eigene Politik. Es begann mit der Religion. Dreimal täglich solle der Sohn Gott um Weisheit, Verstand und Beistand für sein schweres Amt bitten. Den Untertanen müsse der Herrscher mit gutem Beispiel, rechtem und nüchternem Lebenswandel vorangehen. Und «Eure von Gott gegebenen Untertanen müsset Ihr ohn Ansehen der Religion als ein rechter Landesvater lieben, ihren Nutzen und Bestes, in billigen Dingen, allzeit gerne zu befördern suchen, die Commercia überall in Aufnahme bringen und auf mehrere Peuplierung [Bevölkerung] denken».

Weiter: «Die liebe Justicia lasset Euch in allen Euren Landen höchlichst befohlen sein, und sehet dahin, damit sowohl den Armen als den Reichen ohne Ansehung der Person Recht verschaffet werde: denn das befestiget die Stühle der Regenten.»

Solche Ausgewogenheit hinderte den Kurfürsten nicht, seinem Nachfolger zu raten, die Reformierten den Lutheranern als fürstliche Beamte vorzuziehen. Es sei wichtig, sie standesgemäß zu besolden, damit sie unbestechlich blieben. Aber: «Hütet Euch, daß ihr einen Diener allein nicht zu groß machet und ihm alle Autorität alleine lasset.» An diese Maxime hat sich Friedrich Wilhelm zeit seines Lebens gehalten. Er war klug genug, viele Aufgaben zu delegieren. Doch er vergaß nie, daß ein Fürst «gleich den Bienen, die den besten Saft aus den Blumen saugen», allen zuhörte und dann seine Entscheidung «mit einer prompten Exekution» ausführte.

In der Außenpolitik empfahl Friedrich Wilhelm, daß Brandenburg-Preußen zwischen den europäischen Ländern die «rechte Balance» halte. Bündnisse sind gut, aber das Vertrauen auf die eigenen Kräfte noch besser, «stehet allzeit in guter Postur, damit Ihr Nachdruck habet». Ganz wichtig ist, daß bei Todesfällen im Herrscherhaus die von Brandenburg beherrschten Länder nicht aufgeteilt werden.

Nichts wurde ausgelassen: Die Getreidemagazine müssen stets gut gefüllt sein, nicht nur für wirtschaftliche Notzeiten, sondern ebenso für kriegerische Verwicklungen. Wer vier Scheffel ausleiht, muß fünf zurückbringen. Ganz besonders wichtig für die Wohlfahrt des Staates ist das Herzogtum Preußen, «ein kostbares Kleinod». Nirgendwo dürfen Festungen oder Besatzungen aufgegeben werden, und der Oberbefehl muß immer beim Kurfürsten liegen.

Während Friedrich Wilhelm diese Zeilen schrieb, kam ihm wohl die Erinnerung an seinen Vater und das gespannte Verhältnis, das er in dessen letzten Lebensjahren zu ihm hatte. Damals war er melancholisch geworden, weil der Vater ihm den geringsten Einblick in die politischen Geschäfte verwehrte. Jetzt, Dreißig Jahre später, schrieb Friedrich Wilhelm an seinen Sohn: «. . . ich hätte mich glücklich geschätzt, daß es meinem Herrn Vater beliebig gewesen wäre, mir so viel, als ich Euch von Eurem Staat hierin Nachricht gebe, zu meiner Wissenschaft hätte hinterlassen wollen, so wäre mir meine Regierung im Anfang nicht so schwer geworden.»

Karl Emil, der Älteste, war 1667 zwölf Jahre alt. Im Augenblick brauchte er diese Ratschläge noch nicht. Bevor der Kurfürst sein politisches Testament sorgsam wegschloß, machte er noch eine letzte Bemerkung: «Und habe ich dieses aus meinem eigenhändigen Konzept abgeschrieben, welches ich alsofort darauf verbrannt, im Jahr 1667. Den 19. Mai in Cölln an der Spree. Friedrich Wilhelm Kurfürst.»

9
Realitäten

Die utopischen Pläne für die Universität in Tangermünde standen in schrillem Widerspruch zu den Berichten, die dem Kurfürsten täglich von der wirtschaftlichen Lage seiner Länder und von der Not seiner Untertanen zu Ohren kamen. Die Macht, die sich Brandenburg-Preußen im Kreis der Großen erkämpft hatte, stützte sich auf eine schlagkräftige, gutausgerüstete und disziplinierte Truppe. Solche Soldaten aber kosteten Geld, viel mehr, als die an Bodenschätzen und Landwirtschaft armen Gebiete aufbringen konnten. Seit Jahren mußten die Kontributionen – Grundsteuern – in der Mark von Soldaten unter Androhung von Zwang eingezogen werden. Oft war einfach nichts zu holen. Es gab kaum Ansätze eines Wiederaufbaus, der die verheerenden Verwüstungen des Dreißigjährigen Krieges, dessen Ende immerhin zwei Jahrzehnte zurücklag, beseitigt hätte. Der Kurfürst machte nur zaghafte Versuche, das ungerechte Besteuerungssystem – der Adel war von allen Steuern befreit – abzuschaffen. Die Not provozierte örtliche Bauernaufstände, die nur mit größeren Truppenverbänden niedergeschlagen werden konnten. Doch Soldaten kurbeln keine Wirtschaft an. Die Mark verödete immer mehr: Die Bauern flüchteten ins Ausland, um der Leibeigenschaft und den Zahlungen zu entgehen. Die Städte verfielen, weil die verarmten Hausbesitzer die Grundsteuer, die in Friedenszeiten festgesetzt worden war, nicht mehr zahlen konnten. Bauern und Städter allein mußten die ständig steigenden Staatskosten aufbringen. Während der Zeit des Krieges gegen Schweden wurden eine Zeitlang monatlich 110000 Taler eingetrieben. Kaum vorstellbar, wie sie zusammenkamen.

Spandau ließ den Geheimen Rat wissen, daß von ehemals 400 Bürgern nur noch 70 bis 80 übriggeblieben seien. Der Stadt Pritzwalk wurden für drei Jahre die Abgaben erlassen, weil Krieg und Brände die meisten Bürger vertrieben hatten. 1666 erklärte der Geheime Rat dem Kurfürsten, die Kontributionen seien nur noch durch Zwang einzutreiben, die Bevölkerung völlig verarmt. Friedrich Wilhelm selbst war einer gerechteren Verteilung der Lasten nicht abgeneigt. Schon Anfang der fünfziger Jahre versuchte er, die Akzise – eine allgemeine Verbrauchssteuer, auf Handelsware, Lebensmittel und Gegenstände des täglichen Bedarfs, die er in Holland vor Jahrzehnten kennengelernt hatte – einzuführen. Doch der Adel wehrte sich erfolgreich. Wie konnte man ihm zumuten, Steuern wie die niedrigsten Plebejer zahlen zu müssen und ihnen so gleich zu werden! Besonders die Städte erhofften sich von der Akzise, die die Grundsteuer ersetzen sollte, Erleichterungen, weil dann alle gleichmäßig zur Kasse gebeten wurden. Es kam zu geheimen Zusammenkünften; Bittschriften und Gesandtschaften gingen an den Kurfürsten. Der setzte Kommissionen zur Untersuchung ein. Nichts änderte sich.

1667 machte Friedrich Wilhelm einen neuen Vorstoß zur Einführung der Akzise. Weil die Bürger fürchteten, daß die wohlhabenden Ratsherren mit dem Adel gemeinsame Sache machen würden, erschienen sie zornig auf den Rathäusern, um dem kurfürstlichen Vorschlag Druck zu verleihen. Die hohen Herren fürchteten um ihre Sicherheit. Von Aufruhr und Krieg wurde geflüstert. Die Ritterschaft sah ein, daß es diesmal ernst war, und bot dem Kurfürsten freiwillig 24000 Taler, wenn die Akzise nicht eingeführt würde. Wieder gab Friedrich Wilhelm nach. Die Entrüstung in Stadt und Land schlug hohe Wellen. In der Altmark kamen die Bürger zusammen und schworen, allen den Hals zu brechen, die von ihnen Steuerrückstände forderten. Auch die Bauern weigerten sich zu zahlen. Als schließlich unter solchem Druck eine allgemeine Steuer auf Alkohol, Salz, Saatgut, Vieh, Backwerk und Handwerksware ausgeschrieben wurde, galt sie nur für die Städte. Die Junker konnten weiterhin ihr Bier auf dem Lande brauen und damit Geschäfte machen, ohne einen Pfennig Steuern dafür zu bezahlen.

Bei diesem System blieb es: An den Stadttoren wurde penibel jede eingeführte Ware mit einer Steuer belegt. Wer als Händler aufs Land hinauszog, mußte nachweisen, daß er seine Steuer bezahlt hatte. Schon das bißchen Gerechtigkeit brachte sofort die Kontrolleure auf den Plan, die bald nicht mehr von der städtischen Selbstverwaltung, sondern vom Staat gestellt wurden. Der Staat übergab diese Aufgaben an die Kriegskommissare, weil das Militär inzwischen die beste einheitliche Verwaltung im Staat besaß. Nur in Berlin und Cölln, wo der Kurfürst Herr im Hause war, beseitigte er die ungerechte Besteuerung und unterstellte endlich die Angehörigen von Hof und Adel, Beamte und Soldatenschaft ebenfalls der allgemeinen Steuer. Sehr bald meldete der Rat: «Es helfen jetzt viele, die bisher nichts gegeben, zumal leider mehr Bier und Wein getrunken wird, als der Mensch bedarf.» Endlich erlebte auch die Bauwirtschaft einen bescheidenen Aufschwung. Bürgermeister Zarlang hatte 1661 im Turmknopf der Heiliggeistkirche eine Urkunde mit der Klage versteckt, daß die Bürger ihre Grundstücke und Häuser an die Höflinge verloren. Nun gab er in die neue Turmspitze von St. Nikolai eine sehr viel optimistischere Auskunft: «Zu dieser Zeit ward zum Troste der unglücklichen und verarmten Bürger, die bisherige höchst abscheuliche und verderbliche Besteuerungsart abgeschafft, durch die die Bürger zugrunde gerichtet wurden, dafür ist die sogenannte Akzise zum großen Vorteile und Nutzen der Bürger eingeführt worden. Dadurch sind in den verflossenen zwei Jahren mehr als 150 ganz verfallende Gebäude wiederhergestellt oder sogar vollständig neu aufgeführt worden, zur Vergrößerung und Verschönerung der Stadt.»

Die zentrale Einziehung der Abgaben durch die Heeresverwaltung brachte große organisatorische Vorteile. Die Ungerechtigkeiten im System wurden dadurch nicht beseitigt. Solange überhaupt Geld kam, und sei es mit noch so großer Verzögerung und unerträglichem Zwang, war Friedrich Wilhelm nicht bereit, die entscheidenden Privilegien seiner adligen Standesgenossen, die auf dem Land lebten, anzutasten. Er brauchte sie in seinem Heer als gute Offiziere und in den oberen Rängen seiner immer weiter auswuchernden Beamtenschaft.

Eine neue Frau

Daß der kurfürstliche Witwer im Schloß zu Cölln lange allein bleiben würde, konnte sich niemand vorstellen. Wer ihn kannte, wußte, daß Friedrich Wilhelm ein geselliger Mensch war, ein Mann, der seine Tage und Nächte nicht ohne eine Frau an seiner Seite zubringen wollte. Und die Staatsräson erforderte es geradezu, durch fürstliche Heiraten neue Verbindungen für das Land zu knüpfen. Schon im Herbst 1667 tauchten an Europas Höfen die ersten Gerüchte über eine Wiederverheiratung auf, der Brandenburger war eine ausgezeichnete Partie. Im Frühjahr 1668 mischten sich die oranischen Verwandten der verstorbenen Kurfürstin ein, die um ihren Einfluß bei Hofe fürchteten. Louise Henriettes Mutter, die energische Prinzessin Amalie, beklagte sich bei Otto von Schwerin, sie sei nicht einmal anwesend gewesen, als das Testament ihrer Tochter geöffnet worden sei. Der Schwager des Kurfürsten, Johann Georg von Anhalt-Dessau, deutete an, daß eine neue Heirat die Ansprüche der Kinder aus erster Ehe gefährden könne. Friedrich Wilhelm war empört und schrieb an Schwerin, er werde in seiner Antwort an seine Schwiegermutter kein Blatt vor den Mund nehmen, Leuten, «so sich nur umb das Ihrige bekümmern sollten, nur ihren Nutzen suchten undt ohne das wenig oder gar nicht auf den meinen sehen». Diese Monate bewiesen wieder einmal, wie sehr der Freiherr aus Pommern über die Politik hinaus ein persönlicher Vertrauter des Kurfürsten war. Mit ihm allein korrespondierte der Landesvater ab April 1668 über seine Heiratspläne. Friedrich Wilhelm hielt sich immer häufiger im Potsdamer Schloß auf, während Schwerin im Schloß zu Cölln seiner Arbeit nachging. Schwerin war es auch, der mit der neuen Braut den Ehekontrakt aushandelte, ihr ein Bild des Kurfürsten beschaffte, ein Gutachten über ihre religiöse Einstellung gab und schließlich die Prinzessin Amalie von der bevorstehenden Heirat benachrichtigte. Friedrich Wilhelm kannte seine zweite Frau schon seit vielen Jahren: Die Herzogin Dorothea von Lüneburg aus dem Hause Holstein-Glücksburg, 32 Jahre alt. Sie war mit einem guten Freund des Kurfürsten verheiratet gewesen. Seit zwei

Jahren lebte sie zurückgezogen auf einem Schloß im Harz als kinderlose Witwe. Dorothea erkärte sich bereit, für ihren zweiten Mann vom lutherischen zum reformierten Glauben überzutreten. Damit war das größte Hindernis beseitigt. Nun mußte der Kurfürst seine Verwandtschaft vorbereiten. An seine Lieblingsschwester, die Herzogin von Kurland, schrieb er: «Ich muß eine haben, die meiner warte, wenn ich krank bin», und erwähnte auch seine unmündigen Kinder. Die Nachricht, die an den alten Vertrauten Graf Johann Moritz nach Cleve ging, klang ebenfalls wie eine Entschuldigung: «Ich glaube, daß es Euer Liebden im Anfange etwas wird verwundert haben; ich bin so ganz allein, daß ich, um Gesellschaft zu haben, es habe tun müssen.» Beide Gründe hatten ihre Wahrheit. Daß der Kurfürst so vorsichtig zu Werke ging, lag wohl vor allem an der uneingeschränkten Achtung, die Louise Henriette innerhalb der ganzen weitläufigen Verwandtschaft entgegengebracht worden war, und an der Tatsache, daß die Herzogin Dorothea aus sehr anderem Holz geschnitzt war. Diese an Körper viel robustere und an Geist sicher gröbere Frau erinnerte so gar nicht an die sensible und kluge oranische Prinzessin.

Der Kurfürst hatte sich entschieden. Im Juni 1668 wurde ohne Aufwand und im kleinen Kreis im Schloß zu Gröningen nahe Magdeburg geheiratet. Als der Fürst von Anhalt anfragte, ob er am «Beilager» – der zeitgemäße Ausdruck für die Hochzeitsfeier – teilnehmen dürfe, ließ Friedrich Wilhelm ihm kühl mitteilen, solches könne «wohl ohne seiner verrichtet werden, weil es mir alleine angehet und ich seiner Hilfe nicht nötig habe». Landzuwachs brachte diese Heirat für Brandenburg nicht, da das Fürstentum Lüneburg inzwischen an Dorotheas Schwager gegangen war.

Nach Preußen

Der Wohlstand eines Landes beruht im Frieden nicht auf seinen Soldaten, sondern darauf, daß Handel und Wandel florieren. Der Kurfürst hatte diese Lektion in jugendlichen Jahren in Holland gelernt und nicht vergessen. Wo er freie Hand hatte, entwickelte er Phantasie und Risikofreudigkeit. Warum sollte es in der Mark Brandenburg mit ihren vielen natürlichen Seen und Flüßchen nicht ein ebenso wirkungsvolles Verkehrsnetz über die Wasserstraßen geben wie in den Niederlanden? Schon seine Vorgänger hatten darüber nachgedacht, wie man Elbe und Oder und auf diese Weise Ost- und Nordsee verbinden könnte. Als klar wurde, daß Stadt und Hafen Stettin in Pommern auf absehbare Zeit nicht zu gewinnen waren, ließ Friedrich Wilhelm den alten Kanalplan verwirklichen. Die Konstruktion entwarf der italienische Ingenieur Philipp de Chièze, dem 1662 die Bestallungsurkunde überreicht wurde: «Nach dem S.K.D. jetzt gesonnen sein, den Neuen Graben aus der Oder in die Spree fertigen zu lassen, also haben Sie die Direction solcher Arbeit dero Kammerjunker dem von Chièze hiemit dergestalt auftragen wollen, daß er solche nach seinem besten Willen und Verstand befordern und vollführen: denen dabei arbeitenden Soldaten kann er entweder Taglohn geben oder ihnen die Arbeit anverdingen, nach dem er es am nützlichsten und zuträglichsten ermessen wird; den Anfang der Arbeit hat er zwischen Mühlrose und Neu Häusgen zu machen.» Eine Woche später schrieb der Pfarrer von Müllrose ins Kirchenbuch: «Anno 1662 am 7. Juni ist Ihre Kurfürstliche Durchlaucht zu Brandenburg bei der Kaisersmühle angelangt und folgenden Tag der Anfang zum Schiffgraben gemacht worden.» Fünf Jahre später hieß es: «Und haben in diesem Jahr 500 Mann ohne die Zimmerleute daran gearbeitet; im folgenden Jahre aber 600 Mann – 1664 und 1665 haben 500 Mann daran gearbeitet. 1666: 200, 1667: 150 Mann.» Im folgenden Jahr war der Durchbruch geschafft: ein Kanal von 23 Kilometer Länge mit dreizehn Schleusen. Das erste Schiff brachte Korn nach Berlin und fuhr mit Salz beladen zurück. Vor allem die Waren aus Breslau, dem Umschlagplatz für den gesamten südosteuropäischen Handel, mußten nicht mehr den langen Weg um Dänemark herum bis Hamburg antreten. Berlin wurde die neue Drehscheibe. Eine eigene Schiffergilde entstand hier, deren Mitglieder das Gut von den kleineren Oder- auf die großen Elbkähne umluden.

Schon im August 1668, kurz nach der Hochzeit mit Dorothea, benutzte Friedrich Wilhelm die neue Wasserstraße bei seiner Reise nach Preußen. Die Fahrt stand unter einem schlechten Stern. Erst ertrank ein kurfürstlicher Page. Dann wurde ein Kind von einem Mühlstein erschlagen, der sich durch die Erschütterung der Ehrensalve gelöst hatte. Schon wurde getuschelt, der Kanal bringe keinen Segen. Doch die Schwarzseher täuschten sich.

Friedrich Wilhelm machte sich nicht nur auf die Reise, um seinen Untertanen in Preußen und vor allem in Königsberg die neue Kurfürstin zu zeigen. Auch nach dem Huldigungseid, den ihm 1663 die Stände nach langem Streit im Schloßhof geschworen hatten, gab der östliche Besitz, über den der Brandenburger souveräner Herrscher war, oft Anlaß zur Sorge. Dem Schöffenmeister Hieronymus Roth, der so hartnäckig für das alte Recht gekämpft hatte, folgte ein neuer Rebell.

Der Oberst Christian Ludwig von Kalckstein hatte sich schon am ersten Aufruhr in den sechziger Jahren beteiligt. Damals schrieb der Kurfürst an Schwerin, man müsse diesem Menschen «das Maul stopfen». Nach 1663 gab es in der Familie Kalckstein heftige Intrigen. Der Vater wollte seinen Sohn Christian Ludwig enterben, starb aber darüber. Um die Erbschaft nicht zu verlieren, ging der Bruder Christoph Albrecht noch einen Schritt weiter. Er denunzierte seinen Bruder wegen hochverräterischer Reden bei der Behörde. Sofort wurde eine Untersuchungskommission eingesetzt, die allerdings nichts zutage brachte. Doch der Kurfürst wollte ein abschreckendes Beispiel statuieren. Im November 1667 landete Christian Ludwig von Kalckstein in einem gutbewachten Keller im Königsberger Schloß. Sechs Monate später wurde der Oberst wegen majestätsschänderischer Reden zur Zahlung von 5000 Talern verurteilt. Die Preußen hatten wieder einen Märtyrer. Es war kein kluger Schachzug des Kurfürsten, denn wie in der Mark murrten überall in Königsberg und auf dem Land die Steuerzahler. Das Geld war kaum einzutreiben. Immer noch besaßen die Stände das Recht, ihrem Herrn die Steuern zu bewilligen oder zu verweigern. Als Friedrich Wilhelm 1667 sein «politisches Testament» schrieb, hatte er seinen Nachfolger gewarnt: «Karessieret die Preußen, aber habet stets ein wachendes Auge auf sie. Ich habe sie Zeit meiner Regierung kennenlernen. Gott gebe, daß ihr nicht etwas Mehres lernen möget.» Der Kurfürst hatte sich zu früh gefreut. Er sollte von seinen Preußen noch einiges mehr lernen.

Als der preußische Landtag 1669 zusammentrat, verweigerte er dem Landesvater weitere Steuern. Über die vom Kurfürsten vorgeschlagene Summe von 144000 Talern jährlich wollte man gar nicht erst reden. Die Weigerung sollte Friedrich Wilhelm zwingen, die verhaßten Soldaten außer Landes zu nehmen. Die Preußen hatten die «märkische Sklaverei» gründlich satt. Da der alte nicht parierte, blieb dem Kurfürsten nichts anderes übrig, als einen neuen Landtag für 1670 einzuberufen. Kurz zuvor floh Christian Ludwig von Kalckstein nach Warschau. Dort war gerade König Michael auf den Thron gewählt worden. Ihm kam dieser Überläufer im rechten Augenblick, um es dem Brandenburger ein wenig zu zeigen. Die vom Kurfürsten verlangte Auslieferung lehnten die Polen strikt ab.

In diesen kritischen Wochen wurde der preußische Statthalter zu Grabe getragen – Fürst Boguslaus Radziwiłł, der Friedrich Wilhelm immer mit gutem Rat versorgt hatte. Von einem Leibarzt des Hofes einbalsamiert, lag die fürstliche Leiche in einem mit Silber bestickten Kleid drei Wochen für die Öffentlichkeit auf einem Paradebett. Der prächtige Leichenzug wurde von dreihundert Soldaten mit Fackeln begleitet.

Es ist unwahrscheinlich, daß Radziwiłł den Plan gebilligt hätte, den Friedrich Wilhelm, für den der Oberst Kalckstein offenbar ein rotes Tuch war, nun aussheckte. Ende des Jahres lockte der preußische Gesandte in Warschau den Obersten ohne Begleitung in seine Wohnung. Dort lauerten Soldaten, die den Rebellen überfielen, knebelten, in eine Decke wickelten und bei Nacht und Nebel über die Grenze nach Preußen brachten. Doch damit war es immer noch nicht genug. Der Kurfürst setzte für ein Verfahren gegen Kalckstein einen neuen Gerichtshof ein, an dem – entgegen preußischem Recht – zwei Kammergerichtsräte aus Berlin teilnehmen mußten. Dann verlangte der Landesvater – entgegen den beschwörenden Einwänden von Schwerin und dem gesamten Geheimen Rat –, sein Opfer auch noch zu foltern. Den preußischen Richtern wurde großzügig gestattet, der brutalen Prozedur fernzubleiben.

Wollte sich der Kurfürst die Landstände auf diese Weise gefügig machen, so ging diese Rechnung nicht sofort auf. Die «bösen Leute» weigerten sich weiter, Steuern zu zahlen, ehe man nicht ihre Beschwerden gegen kurfürstliche Willkürmaßnahmen ernst nahm. Friedrich Wilhelm aber wollte ein für allemal wissen, «ob die Preußen ihn noch für ihren Herrn anerkennen oder nicht». Wieder in die Mark zurückgekehrt, schrieb er nach Königsberg: «Inmittels will ich, daß an die Oberräte und den Statthalter geschrieben werde, daß ich als Erb- und Oberherr Verordnungen tun werde, wie es des Landes Zustand und das Beste meines Hauses erfordert und ich vor Gott und Nachwelt verantworten kann.» Schwerin, der mit dem neuen Statthalter, dem Fürsten von Croy, zur Milde riet, fand keine Zustimmung. Friedrich Wilhelm hatte schon Order abgehen lassen, mit «einigen Völkern voran nach Preußen zu gehen». Andere Berater stützten die harte Linie des Kurfürsten. Aus Cleve riet der Statthalter zur Folter: «Um Gottes Willen lassen Ew. Liebden Kalk davon brennen, da muß Furcht in dergleichen Vögels mit Ernst gebracht werden, anders E. Lbd. allezeit beunruhigt werden.» Die Strenge brachte bei Kalckstein keinen Erfolg, die Folter keine umstürzenden Ergebnisse. Trotzdem verurteilte ihn das Gericht zum Tode. Allerdings nicht einstimmig: Zwei Richter legten feierlich Verwahrung gegen das Urteil ein und distanzierten sich. Es half nicht. In diesem Fall – so selten er war – suchte der Kurfürst offensichtlich nicht Recht, sondern Rache. Im November 1672 mußte der Oberst in Memel seinen Kopf auf den Block des Scharfrichters legen.

Auf dem Hintergrund solcher Unerbittlichkeit gaben die Stände zuletzt ihren Widerstand auf. Sie erklärten sich zum Zahlen bereit mit dem Hinweis, dies sei wirklich das letzte Mal, von äußersten Notlagen abgesehen. Es war tatsächlich das letzte Mal, aber nicht im Sinn der Stände. In Zukunft würde sich Friedrich Wilhelm stets auf die kritische Lage berufen, die ihm – ohne Einberufung der Stände – neue Steuererhebungen erlaubte. Seine Meinung stand fest: «Die Erfahrung weiset, daß mit diesen Landtagen und kostbaren Deliberationibus [Verhandlungen] der Sache nicht geholfen wird.»

Vergebens erklärten die Stände in den folgenden Jahren, daß die drohende Türkengefahr für das Reich oder der Einfall der Franzosen in Cleve die Preußen nichts anginge. Auch der Statthalter setzte sich für die verarmten Untertanen ein und schickte dem Kurfürsten eine Probe des Brotes, von dem die meisten satt werden mußten: Es bestand aus Häcksel und gemahlener Baumrinde. Friedrich Wilhelm ließ sich nicht umstimmen. Seine Soldaten zogen durch das Land und trieben die Abgaben ein. Im Westen hatte ein Krieg für Brandenburg-Preußen begonnen, der Unsummen verschlang. Im Mai 1674 besetzten die Soldaten des Kurfürsten in aller Morgenfrühe im Handstreich Königsberg. Die Einwohner wurden völlig überrascht und hängten vor Schreck weiße Tücher aus den Fenstern. Die Ratsherren schworen unter Tränen Treue und Ergebenheit. Preußen war endgültig eingemeindet, die neue herrscherliche Macht hatte sich gegenüber der alten Ständeordnung durchgesetzt. In Zukunft würde es im Osten keine Rebellen mehr geben.

Die Kinder – alte und neue

Als Friedrich Wilhelm im Spätsommer 1668 über den Müllroser Kanal nach Preußen reiste, nahm er nicht nur seine zweite Frau Dorothea, sondern auch die beiden ältesten Söhne aus erster Ehe mit. Die neue Familie sollte erst einmal richtig zusammenwachsen. Schwerin blieb in Berlin zurück und kam erst einige Wochen später nach. Der Erzieher vermerkte in seinem Tagebuch, daß die Prinzen ihn in Königsberg nicht so freudig wie sonst begrüßten.

Vor allem der dreizehnjährige Karl Emil wurde mit jedem Monat widerspenstiger. Die beginnende Pubertät, der Tod seiner Mutter, die neue Frau seines Vaters – irgendwo mußten die aggressiven Gefühle ein Ventil finden. Niemand war geeigneter als der sanfte Schwerin. Eines Tages sagte Karl Emil seinem Hofmeister ins Gesicht, er werde ihn absetzen, sobald er die Macht dazu habe. Schwerin notierte über seinen Schüler: «Er entsetze sich recht, wenn er mich sehe und wollte wohl gar aus dem Fenster springen. Er hatte eine Abscheu vor dem Studieren, hätte es bisher aus Zwang getan, fühle sich unglücklich, daß er ein Prinz wäre, darum studieren und einen Hofmeister haben müßte.»

Der Streit wurde so heftig, daß Schwerin aus pädagogischen Gründen sein Bett aus dem Zimmer des Prinzen holen ließ. Zugleich überlegte er mit den andern Lehrern, was zu tun sei, «damit die Prinzen bei Lust blieben und keine Aversion vor dem Studieren bekämen, insonderheit daß sie die Prinzen mit den grammatischen Regeln nicht beschwerten und das Analysieren nicht so stark brauchten, besondern sie mit Lust expliciren ließen».

Der Kurprinz blieb dabei: Er wolle nur Soldat sein, und wer Lateinisch könne, sei kein Kämpfer. Schwerin wurde deutlicher: «Wenn er solche Sentiments und Einbildung, die ich ihm schon so oft verboten, nicht würde fahren lassen, so müßte ich endlich wider meinen Willen meine Gelindigkeit ändern und das tun, womit ich ihn in jüngeren Jahren verschont; denn er müßte seinen Kopf brechen und gehorsam werden, oder er könnte kein Prinz sein, würde auch nicht kapabel sein, künftig andere in Gehorsam zu halten.»

Dem Kurfürsten blieben die Schwierigkeiten mit seinem Ältesten nicht verborgen. Er stellte sich hinter Schwerin und griff auch selber ein. Am Hofe sprachen sich solche Zwischenfälle schnell herum, wurden begierig aufgenommen. Der kaiserliche Gesandte meldete eines Tages nach Wien, der Kurprinz hätte mit seinem Vater «einen Strauß auszustehen, weil er nit forstudieren wollen, vermeindend, daß der Degen und der Krieg mehr für ihm wäre als die Pedanterie, wie ers heißt; sein Herr Vater aber verstehts nit also und hat ihn etliche Tage nit aus dem Zimmer gelassen, bis die Deprecation [Abbitte] gar solenniter [feierlich] geschehen». Auch

Hunde und Degen wurden dem jungen Mann zeitweilig fortgenommen, um ihn zur Räson zu bringen. Dies hinderte Karl Emil nicht, mit seinen Sticheleien fortzufahren und den jüngeren und ahnungslosen Bruder Fritz in die Querelen hineinzuziehen. Eines Tages gab es Bratäpfel bei Frau von Schwerin, und Fritzchen wollte sich damit ordentlich den Bauch füllen. Als ihm die Gastgeberin keine weiteren Äpfel mehr zugestand, mischte sich Karl Emil heftig ein und forderte Nachschub für seinen Bruder. Anlässe zu solchen Reibereien gab es genügend. Der Onkel, Fürst Johann von Anhalt-Dessau, goß zudem Öl ins Feuer. Karl Emil gestand, daß der Dessauer ihm gesagt habe, ein Prinz brauche nicht zu studieren und er würde ihn gerne mit auf Reisen nehmen und ihm schöne Mädchen zeigen.

Doch es gab nicht nur Ärger für den Kurfürsten. Sehr bald brachte Dorothea ein gesundes und kräftiges Kind nach dem andern auf die Welt. In Königsberg war es im Mai 1669 ein Junge, der auf den Namen Philipp Wilhelm getauft wurde. Ein Jahr später, im November 1670, gab es im Schloß an der Spree zum erstenmal eine kurfürstliche Prinzessin zu bewundern: «Darüber ist bei dem ganzen Hofe, wie auch in allen 3 Städten zu Berlin, weil es bis dato bei vorhandenen 4 churfürstlichen Prinzen an einem Fräulein ermangelt, grosse Freude entstanden, und zur Bezeugung derselben sind einige Stücke gelöst [Kanonenschüsse abgefeuert] und alle Glocken dreimal geläutet worden.» Die erste Tochter des Kurfürsten erhielt den Namen Maria Emilie. Der Kurfürst vergaß über seine Neugeborenen die Söhne aus erster Ehe nicht. Vor allem den Ältesten rief er oft nach Potsdam, wenn der Hof sich dort aufhielt. Aber noch war Schwerin der offizielle Erzieher, und Friedrich Wilhelm vermied alles, was dessen Autorität hätte untergraben können. Er schrieb dem Freiherrn, daß es für seinen Schüler nachmittags nur Urlaub geben dürfe, wenn am Morgen eifrig gelernt worden sei. Und: «Ihr werdet mir hierüber [auf dem laufenden] halten und mir allzeit wissen lassen, wie er sich verhält.»

Nichts hatte sich geändert: Mitten in allen politischen Turbulenzen vergaß der Kurfürst seine Pflichten als Vater keineswegs. Dabei brauten sich gerade in diesen Jahren in Europa Gewitterwolken zusammen, die Friedrich Wilhelm viele schlaflose Nächte brachten.

10

Der Krieg kommt wieder

Die Balance zwischen den Großmächten, an der dem Kurfürsten soviel gelegen war, damit sein Land nicht von einer Seite mit ins Verderben gezogen würde, verschob sich seit Beginn der sechziger Jahre immer bedrohlicher zugunsten Frankreichs. Dort hatte sich Ludwig XIV. selber ans Regieren gemacht, und sein Ziel stand fest: Die Habsburger in Europa auf den zweiten Rang zu verweisen. Die Mittel: das eigene Land durch Eroberungen an den Grenzen auszudehnen und alle, die noch zu Habsburg hielten, durch Bündnisse mit den umliegenden Ländern von allen Seiten zu umgarnen und zu isolieren. Französische Diplomaten verstanden es meisterhaft, ihre Opfer davon zu überzeugen, wie uneigennützig und friedliebend der Sonnenkönig handelte. Der Kurfürst von Brandenburg-Preußen war in diesem politischen Spiel eine wichtige Figur. Nicht nur, weil sein Heer sich im Krieg gegen Polen und Schweden bewährt hatte, sondern weil er durch seinen Besitz am Niederrhein im Westen des Reiches ein Machtfaktor war. Und dort lockten Ludwig XIV. die niederländischen Generalstaaten.

Französische Truppen fielen 1667 in die Niederlande ein. Brandenburg-Preußen blieb neutral. Nachdem dieser Kleinkrieg ein Jahr später beigelegt wurde, ließ sich Friedrich Wilhelm 1669 sogar durch ein Geheimbündnis in das französische Lager ziehen. Er, der einmal geprahlt hatte: «Ich will lieber in des Türken Protektion sein als in französischer Dienstbarkeit.» Doch in diesem Augenblick war seine Empörung über den Kaiser größer, der bei der soeben beendeten polnischen Königswahl gegen den von Brandenburg unterstützten Kandidaten intrigiert hatte. Der Kurfürst ließ gegenüber Schwerin seinem Zorn über den in Wien freien Lauf: «Läßt mir Gott Leben und Gesundheit, so werde ich suchen, solches zu revanchiren, denn es ist zu grob. Das ist der Dank, daß ich ihm die Krone aufgesetzt habe; die Zeit kann kommen, daß ich ihm die ab- und einem andern, der es besser meritiert als er, wieder aufsetze.» War das sein Ernst? Wollte der Kurfürst wirklich den Franzosen im Reich den Weg bahnen? Sah er nicht, daß Ludwig XIV. schon wieder rüstete und daß es diesmal endgültig gegen das freie Holland gehen sollte? Wollte Friedrich Wilhelm zusehen, wie das Land, an dem er so hing, mit dem ihn Verwandtschaft, ein gemeinsamer Glaube verband, vom katholischen Frankreich geschluckt würde?

Im Februar 1670 wurde sein fünfzigster Geburtstag groß gefeiert, und im Königsberger Schloß tanzte ein Ballett adliger Studenten, bei dem auch Karl Emil mitmachte für ihn. Ein Jahr später führten die Schüler des Berliner Gymnasiums an Friedrich Wilhelms Geburtstag auf dem Rathaus ein Schauspiel auf. Es hieß «Der sieghafte Alexander», und die historischen Parallelen waren unüberhörbar. Doch solche Unterhaltungsstückchen lösten die politischen Probleme nicht. Der kaiserliche Gesandte meldete nach Wien, daß der Kurfürst ungewöhnlich melancholisch und niedergeschlagen sei. Im Sommer 1670 hatten französische Soldaten Lothringen besetzt. Die Herren von Köln, Münster und Hannover schlossen sich offen dem Franzosen an. Es ließ sich nicht mehr verdrängen, wohin die Reise ging.

In Berlin erschien ein französischer Beauftragter, erklärte offen, daß der Krieg gegen Holland beschlossene Sache sei, und lud den Kurfürsten ein, zusammen mit dem Bischof von Münster und dem Kurfürsten von Köln gegen die Niederlande zu ziehen. Friedrich Wilhelm lehnte ab und versuchte Frankreich davon zu überzeugen, daß solche Pläne Europa in den Strudel unheilvoller Umwälzungen ziehen würden. Schwerin notierte: «Der Kurfürst verwendet alle Sorgfalt, den Frieden zu erhalten, darin Sie allein Ihr Interesse suchen.» Der Franzosenkönig fuhr stärkeres Geschütz auf und schickte einen seiner fähigsten Diplomaten, Louis Verjus, Graf von Crécy. Verjus wurde mit allen Ehren bei Hofe empfangen. Seine Forderung: Der Kurfürst solle in dem nahenden Konflikt wenigstens neutral bleiben. Doch was als vorteilhafter Ausweg hingestellt wurde, rief bei Friedrich Wilhelm nur unangenehme Erinnerungen wach: «Was neutral zu sein ist, habe ich schon vor diesem erfahren; und wenn man schon die allerbesten Conditiones hat, wird man doch übel traktieret. Ich hab' mich verschworen, mein Leben lang nicht neutral zu sein, und würde mein Gewissen damit beschweren. Ich habe diese ganze Nacht wegen dieser wichtigen Sache nicht schlafen können, und habe Gott fleißig angerufen, mir in den Sinn zu geben, was ich zu thun und zu lassen hätte.» Schwerin hatte seine Meinung in dieser Sache schon lange gefaßt und warnte dringend vor einem Bündnis mit Holland. Nicht nur, weil Brandenburg-Preußen ganz allein stand: In Wien tat man, als ginge diese Sache Österreich und das Reich gar nichts an. Zudem waren die Holländer, wo eine bürgerliche Partei am Ruder war, unsichere Kantonisten und voller Mißtrauen gegenüber dem Kurfürsten, von dem sie fürchteten, er würde seiner oranischen Verwandtschaft wieder an die Macht verhelfen. Das war keine so falsche Überlegung.

Wenn Friedrich Wilhelm nicht neutral bleiben wollte, gab es nur die Alternative: Holland oder Frankreich. Als er diese Frage im Februar 1672 seinen Geheimen Räten stellte, wollte keiner so recht eine Antwort geben. Drei Monate später hatte der Kurfürst seine Entscheidung getroffen. Brandenburg und die Niederlande unterschrieben ein Verteidigungsbündnis. Wäre es nach der politischen Lage und vor allem nach dem alleinigen Interesse für sein Land gegangen, so hätte Friedrich Wilhelm sich anders entscheiden müssen. Schwerin schrieb in diesen Tagen: «Mir stehen die Haare zu Berge.» Wir können nicht in das Herz des Kurfürsten sehen, aber wir dürfen annehmen, daß es nicht unbeteiligt war. Der Herrscher aus der Mark liebte dieses platte Land an der Küste. Er hat die vier Jahre seiner Jugendzeit, die er dort verbrachte, nie vergessen und blieb, wie er wenige Monate vor seinem Tod dem holländischen Gesandten anvertraute, in seinem Herzen immer ein wahrer Holländer.

Die Rechnung für soviel Tollkühnheit wurde sofort präsentiert. Im Juni 1672 marschierten französische Truppen in die clevischen Lande ein. Der Hauptstoß allerdings richtete sich gegen die Niederlande. Als binnen kurzem die Franzosen vor den Toren Amsterdams standen, öffneten die Holländer in höchster Not die Deiche und überfluteten das eigene Land. Unterdessen nahm der Feind fast das ganze Herzogtum Cleve ein. Sogar Wesel am Rhein kapitulierte. Damit allerdings hatte Ludwig XIV. den Frieden im Reich gebrochen, und langsam wachte man am Kaiserhof auf. Militärische Hilfe wurde dem Brandenburger versprochen. In Halberstadt sollten sich die beiden Heere zu einem gemeinsamen Feldzug treffen. Im Frühjahr gab es wieder eine Taufe im kurfürstlichen Haus. Albert Friedrich hieß der zweite Sohn, den Dorothea dem Kurfürsten schenkte. Der nun fünffache Vater nahm den inzwischen 17 Jahre alten Karl Emil zum erstenmal mit in den Geheimen Rat. Und der Kurprinz war jetzt stets dabei, wenn Schwerin fremden Gesandten Audienz gab.

Mitte August 1672 verließ Friedrich Wilhelm mit der Leibgarde Berlin und zog nach Halberstadt. Die Armee zählte fast 20000 Mann. Täglich wurden sie gemustert und zu Manövern ausgeschickt. Die Franzosen unter Marshall Turenne waren unterdessen in Westfalen aufmarschiert und warteten ab.

Auch der Kurfürst mußte warten. Ungewöhnlich viel Zeit ließ sich die kaiserliche Armee, die von Böhmen heraufmarschierte. Endlich, am 12. September, meldete eine Zeitung aus dem brandenburgischen Hauptquartier in Halberstadt: «Übermorgen werden wir aufbrechen, wegen continuirlichen Regens, daher einem der Koth bis an die Knie reichet, will schlimm marschieren sein. Man sagt, dass Turenne uns mit 40000 M[ann] entgegenkommt; so solches wahr, so wirds in Kurzem Schläge setzen. Indessen gibt dieser Marsch den Niederlanden Luft. Wollen verhoffen, sie werden nun auch das ihrige thun.» Es kam nie zur Schlacht. Die Österreicher taten alles, um den Kurfürsten davon abzubringen. Und der Franzose fand es am klügsten, zu warten, bis der Feind angriff oder müde wurde. Und so geschah nichts weiter, als daß bei scheußlichem Wetter und immer schlechter werdender Moral zwei große Heere ziellos zwischen Main, Rhein und Weser durch die Lande zogen. Mit den Brandenburgern marschierte der holländische Gesandte und schrieb anschaulich über diesen trüben Feldzug nach Hause: «Der Marsch wird so eilig fortgesetzt, als es bei dem fürchterlichen Regenwetter und den schlechten Wegen möglich ist. Im Stift Hildesheim und Umgegend sind alle Bewohner in die Berge geflüchtet, mit Vieh und Allem, so dass es an Nahrung für die Soldaten fehlt. Der Bischof von Münster hat die Brücke über die Weser bei Höxter abbrechen lassen.» Und weiter: «Gestern ist man von Wispenstein aufgebrochen und mit vielen Mühen durch die Berge gerückt. Turenne steht in der Grafschaft Marck. Die brandenburgische Armee hat grosses Verlangen, ihn zu Gesicht zu bekommen. Der Kurfürst reitet alle Tage an der Spitze seiner Armee. Morgen, als an einem Sonntag, soll die Armee ruhen.»

Im Februar 1673 machten die Generäle des Kurfürsten nicht mehr mit. Einstimmig forderten sie, das eigene Heer müsse sich hinter die Weser zurückziehen und dort einquartieren, um nicht völlig aufgerieben zu werden. Jeden Tag gab es mehr Deserteure. Friedrich Wilhelm, der wieder einmal in seinem Verdacht bestätigt worden war, daß auf die Kaiserlichen kein Verlaß sei, zog mit seinem Heer bis an die Elbe zurück und streckte zugleich die Fühler nach Paris aus. Sollte er sein Land für nichts ruinieren lassen? In den befreundeten Niederlanden spottete man, der Kurfürst ziehe durch die Lande wie einst die Israeliten durch die Wüste. Solche Worte machten schnell die Runde. Friedrich Wilhelm überlegte, wie man die Mäuler mit einem Flugblatt stopfen könnte, das von Hamburg – dem deutschen Zeitungszentrum auch jener Tage – in Umlauf zu setzen sei, und fragte Schwerin, «ob nicht von einem ohne Namen an einen in Hamburg geschrieben werden möchte, daß ich keine Schuld habe, sondern daß die Kaiserlichen alles verschuldet hätten». Am 1. April 1673 zog die Leibgarde wieder in Berlin ein, «ohne einzige Verrichtung». Dorothea hatte ihren Mann auf diesem Feldzug begleitet, und sie würde es auf allen folgenden tun, mochten die Umstände noch so miserabel sein. Diesmal war sie beim Auszug schon schwanger gewesen. Jetzt kehrten drei kurfürstliche Herrschaften heim ins Cöllner Schloß. Im Januar hatte Dorothea auf der Festung Sparenberg in der Grafschaft Ravensberg wieder einen Sohn geboren, Karl Philipp.

Der Kurfürst wußte, daß der Rückzug aus dem holländischen Bündnis ihm keine guten Noten eintrug. Aber er zeigte «keine Scheu, daß die ganze Welt solches sehen und darüber urteilen möge». Im Juni 1673 erhandelte der Geheime Rat Franz Meinders, neben dem 58 Jahre alten Schwerin inzwischen der einflußreichste Berater Friedrich Wilhelms, in Vossen bei Löwen mit Frankreich einen Sonderfrieden.

Zeit für die Kunst

Weil Friedrich Wilhelm sich selber Zeit dazu ließ, dürfen auch wir für einen Moment aus der großen Politik aussteigen und zusehen, was sonst noch in diesen Jahren im kurfürstlichen Kabinett über die Schreibtische der Geheimen Sekretäre ging. Als 1666 der Hofmaler Willem van Honthorst starb, der 17 Jahre für den Kurfürsten gemalt hatte, wurden sehr bald neue Künstler aus Holland an die märkische Residenz gezogen. Der Kurfürst liebte vor allem Stilleben. Der berühmteste Vertreter dieses Genres in Berlin war Hendrik de Fromantiou, Schwiegersohn des großen Philip Wouwerman. Der Maler wurde 1670 für 600 Taler jährlich bestallt. Zwei Jahre später reiste er im Auftrag des Kurfürsten nach Amsterdam. Fromantiou hatte bei einigen Bildern, die der Amsterdamer Kunsthändler Gerrit Uylenborch für den Kurfürsten eingekauft hatte, den Verdacht, daß diese Bilder, die angeblich von Tizian, Michelangelo, Holbein, Raffael und anderen, stammten, nicht echt waren. Bei dem Prozeß in Amsterdam konnte Fromantiou die Sachverständigen mit seiner Analyse überzeugen. Der Kunsthändler mußte die Bilder zurücknehmen.

Aus Holland kamen auch die Bildhauer, denen der Hof seine Aufträge gab. Einer der am meisten beschäftigten war Bartholomäus Eggers. 1674 erhielt er zum Beispiel den Auftrag, zwölf Kaiserbilder aus gutem Marmor und acht «Kindlein» zu meißeln. Dem Geld mußten die Künstler oft genug hinterherlaufen. Als Eggers einmal drohte, seine Statuen anderweitig zu verkaufen, schrieb der Kurfürst an seinen Statthalter in Cleve: «. . . und weil es zu Unserem sonderbahren despect gereichen würde wofern Ihm nicht schleunige Zahlung wiederfahren und er dadurch die arbeit zu verkauffen veranlasst werden solle, alß ersuchen Wir E[uer] L[iebden] nochmahlen fr[eund] Vetterlich, die gewisse und ohnfehlbare anstalt [Anweisung] bei der Kammer zu thun, damit erwähnter Bildhauer ohne eintzigen fernern Verzug befriediget und nicht länger aufgehalten werden möge». Allerdings sah sich Friedrich Wilhelm die Honorare, selbst wenn er nicht zahlen konnte, sehr genau an. Bei der Rechnung des Meisters Eggers, die

Cleve nun schleunigst bezahlen sollte, hatte er eigenhändig an den Rand geschrieben, «daß derselbe alles über die Maß hoch angesetzt».

Im Jahre 1673, als Brandenburg-Preußen seinen Frieden mit Frankreich machte, geschah, was sich Karl Emil so sehnlich gewünscht hatte: Für den Achtzehnjährigen ging seine Ausbildung unter den Augen Schwerins zu Ende. Er war mündig. Der Oberpräsident konnte sich dieser Arbeitsentlastung nicht lange freuen.

Im gleichen Jahr drang der Kurfürst darauf, daß Schwerin nun die Erziehung des siebenjährigen Ludwig übernehme, so wie es die verstorbene Kurfürstin Louise Henriette gewünscht hatte. Schwerin sträubte sich heftig. Nicht nur, weil seine Kräfte langsam nachließen, sondern weil vor allem die ständig zunehmenden Zerstreuungen bei Hofe eine geregelte und kindgerechte Erziehung erschwerten. Erst nachdem der Kurfürst versprochen hatte, daß Ludwig und Fritz, der Zweitälteste, den ganzen Sommer auf Schwerins Gut in Altlandsberg leben und sonst möglichst wenig am Hofleben teilnehmen sollten, übernahm Schwerin die neue Aufgabe.

Intermezzo bei Hofe

Im Frieden mit Frankreich hatte der Kurfürst Neutralität zugesagt. Wenig später schickte Ludwig XIV. den gewandten Verjus wieder auf die Reise in die Mark. Nicht nur, weil der Brandenburger schnell seinen Sinn ändern konnte, sondern auch um ihn zu einer aktiven Allianz zu überreden. Der König hatte noch längst nicht aufgehört, Europas Landkarte zu verändern. Von Verjus, der im Gegensatz zu manchem anderen Diplomaten realistische und gut beobachtete Schilderungen nach Paris schickte, wissen wir, daß Friedrich Wilhelm seine Kehrtwendung zu Frankreich und der Bruch mit Holland mehr wurmten, als er zugeben wollte. Hatte er noch im Frühjahr geprahlt, die ganze Welt könne ihm ohne Scheu zusehen, so verzog er sich nun wochenlang mit Dorothea und wenigen Begleitern in die Wälder zum Jagen. Kaum daß die Geheimen Räte wußten, wo er sich aufhielt. Er, der sich sonst so pflichtbewußt um alles kümmerte, ließ plötzlich die Zügel schleifen, drückte sich vor Entscheidungen, brütete allein an langen Abenden. Verjus notierte: «Ich bin hier an einem schrecklichen Hof gelandet. Der Fürst ist völlig unsicher in seinen Gefühlen, seine Minister sind zerstritten. Im Grunde steht es nicht gut für uns und es wird schwierig sein, das zu ändern . . . Die Zurückgezogenheit und Einsamkeit des Herrn von Brandenburg, der ständig mit der Kurfürstin auf dem Land ist, macht es sehr schwer, die Sache richtig zu behandeln . . . Auch fast alle Minister vergraben sich in ihren Landhäusern. Der ganze Hof ist über die Provinz verstreut, so wie der Fürst, der fast niemanden sehen will.»

Das Warten dauerte dem Diplomaten schließlich zu lange. Er begab sich ebenfalls aufs Land und spürte den Kurfürsten im ehemaligen Kloster Himmelstädt auf. Friedrich Wilhelm hatte keine Wahl. Er mußte Verjus empfangen, wollte er nicht einen Affront riskieren. Die erste Begegnung war eine peinliche Angelegenheit. Friedrich Wilhelm wurde immer wieder rot vor Verlegenheit, schwieg verbissen oder redete ziemlich wirres Zeug: «Was ich auch tat, um die Audienz aufzulockern, sie verlief in eisiger Atmosphäre, bis er mich zur Kurfürstin führte.» Dorothea, die stets für das französische Bündnis eingetreten war, bedankte sich mit überschwenglichen Worten für die Artigkeiten, die Verjus ihr im Namen Ludwigs XIV. sagte, und brachte das Eis zum Schmelzen. Es gelang dem Diplomaten, die nächsten Audienzen stets mit beiden Eheleuten zu verbringen, bis sich schließlich der Kurfürst wieder so frei und ungezwungen bewegte, wie Verjus es von ihm gewohnt war.

Auf die Dauer konnte sich Friedrich Wilhelm nicht verkriechen. Er raffte sich auf, erschien wieder in der Residenz und befahl Schwerin, Meinders und Friedrich von Jena, mit Verjus zu verhandeln. Die Klagen des Diplomaten, daß man das kurfürstliche Ehepaar kaum noch zu Gesicht bekomme, hörten allerdings nicht auf. Wenn man nicht den Herrscher selbst zu fassen vermochte, dann mußten eben jene bearbeitet werden, die dessen Entscheidungen vorbereiteten oder stets in seiner Nähe waren.

Das probate Mittel, mit dem man damals alle Widerstände zu überwinden glaubte, wurde in den peniblen Abrechnungen der Diplomaten unter «Geschenke» verbucht. Bestechungen heißt das weniger schöne Wort. Niemand war gegen die Korruption gefeit. Verjus zeigte Geschmack bei der Auswahl der Geschenke und der Wahl seiner «Opfer». Paul Fuchs, damals Sekretär des Kurfürsten, erhielt zu seiner Hochzeit zwei silberne, vergoldete Armleuchter, seine Frau ein vergoldetes Kästchen voller Essenzen, Seifen und Öle. Fuchs sollte in den nächsten Jahren der wichtigste Politiker in Brandenburg-Preußen werden. Die Hofdame der Kurfürstin, Elisabeth von Wangenheim, war doppelt wichtig, weil sie auch noch mit dem Stallmeister des Kurfürsten verlobt war, den dieser auf allen Ritten um sich hatte. So erhielt das Fräulein unter anderem ebenfalls ein kostbares Kästchen mit Inhalt, in Silber getriebene Körbe, eine goldene Uhr mit Diamanten besetzt, seidene Bänder und Handschuhe. Der Stallmeister selbst bekam auch eine goldene Uhr und ein Paar kostbare Pistolen. Als Karl Emil an einem Pferd des Franzosen Gefallen fand, und eine Summe bot, um es zu kaufen, schickte Verjus es natürlich sofort in den kurfürstlichen Stall – ohne Rechnung.

Auch an allerhöchster Stelle war man nicht abgeneigt. Häufig schrieb der Diplomat nach Paris, daß man sich für die Kurfürstin ein Geschenk ausdenken müsse, weil er von seinen Verhandlungspartnern immer drängender gemahnt würde, die Kurfürstin nicht zu vergessen. Eines Tages trug ihm Meinders zu, Friedrich Wilhelm selbst hätte ihn gefragt, ob es nichts für seine Frau gäbe. Doch Paris biß nicht an. Dorothea mußte – diesmal noch – leer ausgehen, und böse Zungen behaupteten, eben daran seien die Verhandlungen gescheitert.

So weit ging die Eitelkeit des Kurfürsten sicher nicht. Die Mission des Verjus kam nicht recht voran, weil sich die politische Lage sehr schnell änderte und Friedrich Wilhelm nur darauf gewartet hatte, um wieder Bündnisse eingehen zu können, die seiner Überzeugung entsprachen.

Die Franzosen spürten, daß ihr Verbündeter schon wieder auf dem Absprung war. Die von Paris versprochenen Gelder für den Unterhalt der brandenburgischen Truppen – Subsidien genannt –

flossen sehr spärlich. Dem Kurfürsten war das nur recht: «Ich sehe wohl, daß kein Geld vorhanden und daß man den Narren mit mir spielt. Ich bin recht erfreut darüber. Denn wenn sie ihr Versprechen nicht halten, so bin ich auch nicht schuldig, dem meinigen nachzukommen.» Es kam ein neues Jahr, 1674, und Friedrich Wilhelm stellte seinen Geheimen Räten wieder einmal die Frage, wie er sich in Zukunft gegenüber Holland – den «Vereinigten Provinzen» – verhalten solle: «Weil ich den gegenwärtigen Zustand je länger je gefährlicher sehe, indem, wenn ich keine Subsidien bekomme, meine Länder dabei zugrunde gehen werden. Da meine Völker [Soldaten] abzudanken mir keiner raten wird, so begehre ich, daß meine Räte sich zusammentun und überlegen sollen, wie ich mich weiter zu betragen habe, und wenn die Vereinigten Provinzen an mich schicken würden, ob ich mich mit ihnen in Traktate [Verträge] einlassen soll.»

Es ging alles sehr schnell. Im Frühjahr brach Ludwig XIV. in die Pfalz ein und verwüstete sie. Im Mai 1674 erklärte das Reich dem Franzosenkönig den Krieg. Immer mehr deutsche Fürsten stellten sich auf die Seite des Kaisers. Friedrich Wilhelm war in diesen Wochen schlimm dran. Die Gichtanfälle, die in den letzten Jahren stetig zugenommen hatten, warfen ihn für viele Wochen aufs Bett. Hinzu kamen schmerzhafte Steinkoliken. Der kaiserliche Gesandte in der Residenz meldete nach Wien, der Kurfürst sehe grau und verfallen aus.

Trotzdem gingen die Verhandlungen zwischen Berlin und Wien weiter. Im Juli schlossen der Kurfürst, der Kaiser, Spanien und die Niederlande in Berlin ein Bündnis. Friedrich Wilhelm setzte durch, daß der Frieden nicht wieder von allen zusammen geschlossen werden mußte, sondern jeder einen Sonderfrieden aushandeln konnte. Das muß erwähnt werden, weil diese Klausel schwer auf ihn selbst zurückfallen sollte.

Doch vorerst sprach man nur vom Krieg. Friedrich Wilhelm lehnte in einer Audienz mit Verjus endgültig alle französischen Pläne ab und deutete an, der Diplomat sei in der Stadt nicht mehr erwünscht. Im Zeughaus suchte er sich seine Waffen für die Schlacht aus und musterte die acht Kompanien der Leibgarde. Fast 18000 Mann brandenburgischer Truppen sammelten sich

wieder bei Halberstadt unter dem Kommando des alten Haude-
gens und Feldmarschalls Georg von Derfflinger. Im August 1674
zog «der Kurfürst mit dem ganzen Hofstaat wider Frankreich
zum andern Mal». Der ganze Hof: Das waren außer Friedrich
Wilhelm seine Frau Dorothea und Karl Emil, der gut neunzehn
Jahre alt war und auf kriegerische Ehren hoffte. Zurück blieb die
zweite Tochter des Kurfürsten, Elisabeth Sophie, die im April zur
Welt gekommen war. Schwerin reiste mit den Prinzen Ludwig
und Fritz in die clevischen Lande, um den eigenen Untertanen
und den verbündeten Niederlanden sichtbar Mut zu machen und
weil Fritz wieder Probleme mit seiner Wirbelsäule hatte. Niederländische Ärzte sollten Linderung schaffen.

Kaum war Schwerin abgereist, gab es Streit zwischen Friedrich
Wilhelm und seinem ältesten Sohn. Der Kurfürst beschwerte sich,
daß dieser sich, wo man gegen Frankreich ziehe, ausgerechnet
einen französischen Koch halte. Karl Emil verteidigte sich mit der
Bemerkung, Schwerin habe ihm dazu geraten. Der jedoch schrieb
an den Kurfürsten, das Gegenteil sei richtig. Er hätte abgeraten,
weil jedermann sich darüber verwunderte. Die Abneigung des
Schülers gegen seinen ehemaligen Lehrer muß tief gesessen haben.

Verpaßte Gelegenheiten

Die verbündeten Feinde Frankreichs beschlossen, nicht in die
Niederlande einzufallen, sondern durch einen Zug ins Elsaß die
Holländer zu entlasten. Im Oktober 1674 zogen die Brandenburger bei Straßburg über den Rhein. Das Verhältnis zwischen Friedrich Wilhelm und dem kaiserlichen Feldherrn Bournonville war
denkbar schlecht. Der Kurfürst drängte zum Angriff. Die Kaiserlichen weigerten sich. Sollte sich das traurige Schauspiel vom
Herbst 1672 wiederholen, als man nutzlos zwischen Rhein und
Weser umherzog? Das feindliche Lager der Franzosen vor Augen,
machte Friedrich Wilhelm seinem Herzen in Gegenwart eines Ge-

sandten aus Straßburg Luft: «Da sehet den Hund in seinem auserlesenen Vorteil, und wir sind hier und müssen krepieren, können ihm auch nichts tun, da wir ihn doch in unserer Gewalt gehabt und vertilgt hätten, wo nicht der Bournonville, der Schurke, es verhindert hätte.»

Der Kurfürst beschwerte sich immer wieder über die lose Moral der kaiserlichen Soldaten, die plündernd durch die Gegend zogen und die Bevölkerung arm machten. Aber was sollte man auch sonst an diesen langweiligen Tagen und Wochen tun? Und die Vorräte wurden immer knapper. Auch die brandenburgischen Truppen machten ihre «Ausflüge», um etwas zu «organisieren». Der Kammerherr Dietrich von Buch führte während des ganzen Krieges Tagebuch. Wir werden noch oft davon profitieren. Ende Oktober 1674 heißt es: «Der Oberst Lieutenant Hennig maehte einen Streifzug, von dem er nach zwei Tagen, mit Beute beladen, zurückkehrte; er brachte das ganze Silberzeug vom Herrn Marschall Crequi und andere Sachen, verladen auf fünf Maulesel; er hätte leicht den Marschall selbst bekommen, denn er hörte noch die Trompete, welche zum Rückzug blies, aber die Berge hinter Navorne verhinderten ihn, zu folgen.»

Für die Privilegierten hatte der Krieg seine ritterlichen Seiten noch nicht verloren. Der Kammerherr: «In diesen Tagen töteten unsere Leute den Marquis von Crussel, welchen Seine Hoheit einbalsamiren und in das Lager des Feindes schicken ließ.»

Das Mißtrauen zwischen den Verbündeten fraß sich immer tiefer. Sogar von Verrat wurde gemunkelt: «Man hielt Kriegsrath, wo alle Prinzen und Generale versammelt waren; aber ich weiß nicht, was ich davon denken soll, jedesmal, wenn man im Rath etwas bestimmt hatte, das nachher ausgeführt werden sollte, hatte Herr v. Bournonville einen Trompeter zum Feinde zu senden, sei es wegen der Gefangenen, oder um anderer Sachen, ja er ließ dies selbst nicht, trotz dem es ihm Seine Kurfürstliche Durchlaucht verboten hatte.»

Nicht nur die Moral der Soldaten sank. Es gab kein Brot und nur noch stinkendes Wasser. Viele Soldaten erkrankten. Kein Wunder, daß von Buch im November 1674 schrieb: «Diesen Tag wurde unser guter Kurprinz krank, er war General-Major und Be-

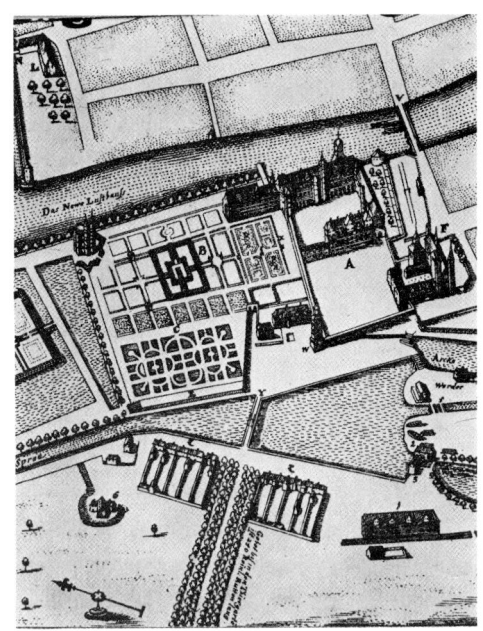

Prospect des Vor-Hoffes im Schloß, Ihrer Chur-Fürstl:
Durchl: van Brandenburg: Zu Cöllen an der Spree.

1. das Schloß.   3 Eingang in inneren Hoff.   5 die Dom Kirch.
2. Der Schöne Saal.   4 der Eingang der Porten.   6 die Latern.

Johann Stridbeck. del. Sculp. 1690

25 Das kurfürstliche Schloß auf der Spreeinsel
26 Der Vorhof des Cöllner Schlosses

27 Neue Kommunikationswege: wandernde Zeitungsverkäufer
28 Brutaler Strafvollzug im 17. Jh.: Halseisen und Schanzfron

29 Aus dem Lehrbuch des kurfürstlichen Leibarztes
30 Das Weltbild des Kopernikus setzt sich durch: empirische Astronomie

31 Andreas Schlüters Reiterdenkmal des Großen Kurfürsten

fehlshaber des zweiten Treffens geworden und nahm sich seines Dienstes mit so viel Fleiß früh und spät an, visitirte beständig das Lager, besonders die Kranken, führte die Leute selbst zur Arbeit an die Verschanzungen und tath alles mit so viel Eifer und guter Manier, daß der alte Herzog von Lothringen eines Tages zum Herzog von Zell und anderen Prinzen und Herren sagte: ‹Meine Herren, was den jungen Kurprinzen von Brandenburg betrifft, so setze ich Alles darauf, vorausgesetzt, er fährt so fort, wie er sich jetzt zeigt, daß er nach zwei Jahren der größte Truppenführer in ganz Europa ist.›» Die Rechnung ging nicht auf. Der alte Herzog hatte eine andere Möglichkeit vergessen.

Karl Emil ging es schlecht, das Fieber stieg. Anfang Dezember 1674 wurde er nach Straßburg gebracht. Am siebten Tag mußte der Kammerherr in sein Tagebuch eintragen: «Der Kurprinz starb, er war ein Prinz, der Gott fürchtete . . . Er war, obgleich nicht groß, sehr gut gebaut, schön und stark von Armen und Beinen, hatte für sein Alter große Kräfte, einen degagirten freien Ausdruck, schönen Kopf, lebhafte schön geschnittene graue Augen, ein schönes Gemisch von Weiß und Roth, eine Adlernase, nicht klein, den Mund schön mit gut geformten Lippen, hatte sein Kopf ein schönes Oval und langes gut geordnetes hellbraunes Haar.»

Friedrich Wilhelm lag im Quartier in Kolmar, wo auch Dorothea, wieder einmal schwanger, bei ihm war. Der Kammerherr erhielt den Auftrag, seinem Herrn die traurige Botschaft zu übermitteln. Buch brachte es nicht übers Herz und ließ erst die Kurfürstin informieren: «Diese gute Prinzeß war so betroffen, als wäre es ihr eigener Sohn, sie weinte große Thränen, und sagte: ihre Kinder hätten einen zweiten Vater verloren, er liebte sie wie seine eigenen Brüder. Als sie zu Bett gegangen, sagte sie es dem Kurfürsten. Er war so bewegt, daß er die ganze Nacht weinte.» Am nächsten Tag sah Buch den Kurfürsten. Er machte «mir ein Zeichen, mit ihm zu reden, indem er mich um die Details der Krankheit bat. Ich gab sie ihm genau an, oft unterbrochen durch des Kurfürsten Thränen wie der meinigen. Seine Hoheit sagte mir: ‹Wolle Gott, daß er nicht Gift bekommen hat.› Er unterhielt sich mit mir lange über dieses Thema.»

Treten wir ein wenig aus dem Drama heraus: Von den drei Söhnen Friedrich Wilhelms aus seiner Ehe mit Louise Henriette ist der älteste – begabt, temperamentvoll, vom Vater geliebt, in die politischen Geschäfte eingeführt – tot. Fritz, der zweite – kränklich, ruhig, ohne auffallende Eigenschaften –, ist von einer Stunde zur anderen Nachfolger auf den Sitz des Kurfürsten von Brandenburg geworden. Dann gibt es noch Ludwig, acht Jahre alt. Auf vier Augen steht sie nun, die Nachfolge aus erster Ehe. Außerdem hat «das zweite Bett», wie sich die Zeit ganz ohne Augenzwinkern ausdrückte, drei weitere gesunde männliche Nachkommen hervorgebracht. Zu bezweifeln, daß die Tränen der Dorothea nicht echt waren, steht keinem an. Daß ihr gewisse Gedanken durch den Kopf gingen, ist keine Phantasterei und ihr auch nicht zu verdenken.

Die Leiche des Prinzen wurde in feierlicher Prozession unter dem Geläut der Glocken und dem Donner der Kanonen bis an den Rhein geleitet und trat den Weg nach Berlin an. Der Hof war immer noch im Felde, als man Karl Emil im Februar 1675 in der kurfürstlichen Gruft im Dom beisetzte.

Es wurde ein düsteres Jahresende für die Brandenburger und ihr kurfürstliches Haus. Sein Vertrauen in die Wege Gottes verhinderte nicht, daß Friedrich Wilhelm tief verzweifelt war über den Tod seines Sohnes, in den er große Hoffnungen gesetzt hatte. Der naßkalte Winter brachte dem bald 55jährigen neue Gichtanfälle. Es ließ ihn nicht unberührt, daß es seinen Soldaten immer schlechter ging. Voller Sorgen dachte er bei nächtlichen Lagerfeuern an die ferne Mark, die gegen einen Einfall der Schweden nicht zu verteidigen war. Sollte alles, was er in Jahrzehnten aufgebaut hatte, in diesen grauen Wochen im Elsaß zu Ende gehen? Der Kurfürst entschloß sich, lieber in der Schlacht zu sterben als länger Hunger und Kummer auszuhalten. Er setzte sich bei den Verbündeten durch. Anfang Januar 1675 schlugen die feindlichen Truppen aufeinander ein. Die Franzosen konnten ihre Stellungen halten, und das kam in dieser Situation einem Schlachtensieg gleich. Die Verbündeten zogen sich über den Rhein nach Osten zurück. Die brandenburgischen Soldaten marschierten in Richtung Franken. Der Kammerherr schreibt: «Wir reisten zeitig ab. Indem wir eine kleine Brücke auf dem Weg passirten, konnte Seine Kurfürstliche Durchlaucht ein großes Unglück haben. Die Brücke fiel unter den beiden letzten Pferden vor dem Wagen Seiner Hoheit. Die Frau Kurfürstin, seit 6 Monaten schwanger, sprang leicht aus dem Wagen, und suchte dem Kurfürsten zu helfen, welcher seine Füße in Wolfsfelle eingewickelt hatte. Dennoch befreite er sich bald, und ein Glück war es, daß unter der Brücke sich nicht eine große Tiefe befand, sonst hätten die Pferde den Wagen nach sich gezogen. Seine Hoheit war sehr ärgerlich über diesen Vorfall und sagte, daß dies gekommen sei, weil sie heut nicht die Predigt gehört hätten.»

In Schweinfurt gingen die Truppen ins Winterquartier. Hier erfuhr der Kurfürst endgültig, daß seine Vorahnungen böse Wirklichkeit geworden waren. Als Verbündete der Franzosen hausten schwedische Truppen in Brandenburg wie die Wandalen. Berlin war bedroht. Würde Friedrich Wilhelm ein Kurfürst ohne Land? Weil er hoch gestiegen war, wurde der Jahresanfang zu einem bitteren Tiefpunkt, wie ihn Friedrich Wilhelm in seiner Regierungszeit noch nicht erlebt hatte.

Was würde bei ihm die Oberhand behalten? Melancholie und resignierende Weltflucht oder jene Zähigkeit, die ihn bisher vor allem ausgezeichnet hatte, mit der er es geschafft hatte, sein Land aus aussichtsloser Position in die vordere Reihe der europäischen Mächte zu bringen.

Der Große Kurfürst

Friedrich Wilhelm verlor weder den Kopf noch den Mut. Panikartig zurück in die Heimat zu marschieren hätte die Verbündeten hart getroffen, und nun hatte er Freunde nötig. Er konnte nicht riskieren, seine westlichen Grenzen ungeschützt hinter sich zu lassen. Und er brauchte mehr Soldaten. Wie konnte Brandenburg allein den Schweden widerstehen, die seit den Tagen des großen

Gustav Adolf eines der schlagkräftigsten Heere in Europa ins Feld führten?

Im Winterquartier begann eine fieberhafte diplomatische Aktivität. Der Kurfürst diktierte Brief auf Brief. Seinem Schwager, dem Fürsten von Anhalt-Dessau, der als Statthalter in der Mark geblieben war, befahl er, überall zu verbreiten, daß der Kurfürst im Anmarsch sei, «damit die Unsrigen dadurch neuen Mut fassen und versichert sein mögen, daß ich sie nicht lassen werde». Der Regierung in Hinterpommern zögerte er nicht zu sagen, daß die Hilfe nicht von einem Tag auf den andern erwartet werden könne: «Wir sind Tag und Nacht darauf bedacht, wie Unserem Lande zu helfen. Ehe Wir aber zu den rechten Mitteln, solches mit Nachdruck zu tun, kommen können, müssen Wir allerdings viel über Uns und Unsere treuen Untertanen mit Leidwesen ergehen lassen.» Vor allem war sein Glaube an Gottes gnädige Fügung unerschütterlich. Der Tod seines Sohnes hatte dieser innersten Überzeugung nichts anhaben können: «Ich getraue Meiner gerechten Sache; Gott hat Mich so oft gnädig aus mancher Gefahr, worin Ich gestanden, wunderbarlich errettet. Ich zweifle nicht und vertraue ihm, er werde es noch in diesem auch tun und seine gnädige Hand von Mir nicht abziehen, sondern Mich mit Ehre und Ergötzung von Meinen Feinden wunderbarlich heraushelfen.»

An den Kaiser ging die dringende Bitte um Hilfe. Dem Prinzen von Oranien in den Niederlanden schilderte der Kurfürst sein Schicksal in den dunkelsten Farben: «Euer Liebden können sich versichern, daß ich nunmehr in solchem Stande durch die Schweden gesetzt bin, daß, wenn ich heute zu sterben komme, meine lieben Kinder an den Bettelstab geraten würden, denn im Kriege von anno 1618 bis 1648 [habe ich] solchen Ruin meiner Lande nicht gesehen, als diesen.»

Die Unterstützung durch die Niederländer war ihm so wichtig, daß sich Friedrich Wilhelm im März 1675 mit seiner Frau auf die Reise an den Niederrhein machte. Er war inzwischen ein kranker Mann, da nützten alle Wolfsfelle nichts. Kurz vor Cleve traf ihn ein so schwerer Gichtanfall, daß auch die leiseste Berührung zur Qual wurde und man alle Mühe hatte, den Landesherrn wenigstens bis ins Schloß zu transportieren. An eine Weiterreise war vorerst nicht zu denken. Seine Ärzte konnten ihm nicht helfen. Welchen Schmerzen ein Gichtkranker ausgesetzt war, hat Thomas Sydenham, Engländer, berühmter Arzt und Zeitgenosse, eindringlich geschildert: «Der Anfangs gelinde Schmerz wird allmählich stärker und steigt von Stunde zu Stunde . . . bis schließlich zur Nacht der Schmerz den höchsten Grad erreicht . . . und bald den Charakter einer heftigen Spannung annimmt, bald die Empfindung des Zerreißens der Bänder hervorruft, oder dem Bisse eines nagenden Hundes, zeitweilig dem Gefühl des Druckes und der Einschnürung gleicht. Dazu ist der ergriffene Teil so außerordentlich und lebhaft empfindlich, daß der Patient weder das Gewicht der darauf liegenden Bettstücke, noch die durch starke Schritte erzeugte Erschütterung des Zimmers ertragen kann.»

Prinz Wilhelm III. von Oranien kam nach Cleve. Schließlich konnte der Kurfürst doch noch selbst in den Haag aufbrechen. Ihm wurde Hilfe versprochen, und sofort ging ein Brief an den Statthalter: «Gott sei gedankt, daß alle Alliierten nunmehr einig sein, daß vigoureusement gegen die Schweden agiert werden solle.» Er selbst reiste, so schnell es ging, zurück zum Heer nach Franken. Zwischendurch schrieb er seinen Räten in der Mark, die langsam ungeduldig wurden und den sofortigen Einmarsch der heimischen Truppen verlangten, sie sollten ihre Worte in acht nehmen. Wenn einer zu entscheiden habe, dann sei er es. Gleichzeitig befahl er für den 10. Juni in allen seinen Landen einen strengen Buß- und Bettag und eine Predigt über Jeremias 20: «Laß mich deine Rache an ihnen sehen.» Doch die Verbündeten rührten sich nicht. Da hielt es den Kurfürsten nicht länger. Er wagte den Alleingang. Anfang Juni bewegte sich das brandenburgische Heer, rund 21 000 Mann, auf Eilmärschen in Richtung Nordosten.

Damit jedermann wußte, worum es diesmal ging, hatte der Kurfürst wieder einmal ein Flugblatt im Reich verbreiten lassen: «Teutschlands wahrhaftes Interesse bei jetzigen Konjunkturen.» Mit publizistischem Geschick wurde darin an die Greuel erinnert, die jedem noch im Gedächtnis hafteten. So wie im Dreißigjährigen Krieg würden die Schweden auch diesmal wieder hausen, um «Kurbrandenburg den Garaus zu machen». In Wahrheit ging es

345

um Deutschland: «Mit teutschen Blute und Gute sein die Schweden groß geworden.» Es wäre unverantwortlich, in diesem Augenblick Brandenburg allein zu lassen, das soeben «einen Prinzen von unvergleichlichen Qualitäten» für das Reich geopfert habe. Friedrich Wilhelm verstand etwas von Propaganda.

Die Truppe brauchte bis Magdeburg vierzehn Tage, eine außergewöhnliche Leistung. Unterwegs verabschiedete sich die Kurfürstin und blieb in der Festung Sparenberg zurück, wo bald eine dritte kurfürstliche Prinzessin zur Welt kam. Sie hieß nach der Mutter Dorothea.

Die Schweden hatten unterdessen längs der Havel die Städtchen Brandenburg, Rathenow und Havelberg besetzt. Ihre Truppen lagerten vor allem an den beiden äußeren Enden dieser Strecke in Brandenburg und Havelberg. Sie ahnten nicht, wie nahe der Feind schon herangerückt war. An einem Samstagabend brach der Kurfürst bei strömendem Regen mit seiner Armee von Magdeburg auf. Er ließ den Hauptteil der schwer beweglichen Infanterie zurück und verließ sich ganz auf rund 1200 Mann zu Fuß und 5000 bis 6000 Reiter. Er wußte, daß ihn vor allem Sumpf erwartete. Mühsam bahnten sich Menschen und Pferde einen Weg durch den Morast. Der Kurfürst beschloß, Rathenow anzugreifen, weil es dort eine Brücke über die Havel gab. Der Coup gelang am 25. Juni, die Schweden wurden völlig überrascht. Noch während Friedrich Wilhelm in der Stadt an einem Dankgottesdienst teilnahm, machten sich die schwedischen Truppen in Brandenburg schleunigst auf den Weg, um sich mit dem andern Teil der Armee bei Havelberg zu vereinigen. Es gab für die Schweden nur eine Richtung, und nur eine Brücke, um das von Sümpfen und Havelarmen durchzogene Gebiet zu passieren – den Paß von Fehrbellin, südlich von Neuruppin. Das nachzuvollziehen war keine militärische Anstrengung. Wenn sich die Brandenburger gegen die Übermacht der schwedischen Armee halten wollten, gab es ebenfalls nur eine Möglichkeit: Sie mußten diese Vereinigung verhindern und einen Teil der Schweden schlagen, bevor dieser die Brücke bei Fehrbellin in Richtung Norden passiert hatte. Es gab deshalb kein Ausruhen in Rathenow, die erschöpften Truppen mußten weiter. Die folgende Nacht blieben die Pferde gesattelt, die Soldaten schliefen auf der Erde, Friedrich Wilhelm in seiner Kalesche. Es regnete immer noch.

Was am nächsten Tag, dem 28. Juni 1675, in Fehrbellin geschah, ist fast ein Vierteljahrhundert lang gefeiert und bejubelt worden. Heinrich von Kleist hat diese Schlacht und die Geschichte vom Prinzen von Homburg, der angeblich wegen Ungehorsams vom Kurfürsten zum Tode verurteilt wurde, auf die Bühne gebracht. Der Prinz von Homburg hat sich bei Fehrbellin tapfer geschlagen, der Rest ist Legende. Die Einzelheiten der Schlacht überlassen wir den Militärhistorikern. Sehen wir den Kurfürsten, der – im gelben Lederkoller und den Degen in der Faust – sich auf seinem Schimmel heftig mit anfeuernden Rufen ins Getümmel stürzte. Um acht Uhr morgens begann es. Gegen zehn verließen die Schweden – knapp 12000 Mann – das Schlachtfeld und setzten sich ab. Die Brandenburger waren zu erschöpft, um zur Verfolgung aufzubrechen. Sie hatten ohnehin genug getan: «. . . nachdem alles vorbei gewesen, haben wir auf der Walstatt, da mehr als tausend Toten umb uns lagen, gegessen und uns brav lustig gemacht.» So schrieb der Prinz von Homburg an seine Frau. Etwa 2000 Schweden waren gefallen, von den Brandenburgern rund 500. Der Kurfürst diktierte sofort einen Brief an den Statthalter: «Es hat aber der höchste Gott mir die Gnade getan, daß wir denselben [Feind] außer Felde geschlagen.» Wieder wurde ein Dankgottesdienst gehalten. Diesmal verzichtete Friedrich Wilhelm auf kräftige Töne und ließ den 118. Psalm predigen, der ausdrückte, was er in diesen Jahren erfahren hatte: «Es ist gut auf den Herrn zu vertrauen und nicht sich verlassen auf Menschen.» Die Schweden wollten Gottes Zorn nicht weiter herausfordern, verließen die Mark und zogen sich nach Pommern zurück.

Der Sieg von Fehrbellin blieb in Europa nicht verborgen. Noch auf dem Schlachtfeld schrieb Friedrich Wilhelm an den Kaiser in Wien. Blitzschnell verbreitete sich die Sensation an den anderen Höfen: Die brandenburgische Armee, die noch niemals zuvor allein in die Schlacht gezogen war, hatte die hervorragende schwedische Truppe aus dem Feld geschlagen. Aus Cleve meldete Fürst Johann Moritz: «Es ist unglaublich, wie solches bei Groß und Klein eine Freude und Ruhm verursacht hat; rufen nun alle, der

Brandenburger ist ein braeff Kerl.» Schwerin schrieb aus der gleichen Gegend: «Die Leute, so aus Holland und Amsterdam kommen, können nicht genug sagen, was vor ein Ruhmb bei Euer
Kurfürstlichen Durchlaucht ist.» Die widerborstigen Stände meldeten: «Wir haben bereits ein Großes und über unsere Kräfte
getan. Jedoch, wenn wir nun wissen, daß es zu Sr. Kurf. Durchl.
Bestem und Dienst angewandt wird, wollen wir gern noch ferner
tun, was uns möglich.»

Das Erstaunen blieb nicht den oberen Rängen vorbehalten. Die
fahrenden Sänger nahmen sich der Ruhmestat an, sangen ein
«Neues Lied von der glücklichen Victorie» auf die alte Melodie
des Liedes «Gustav Adolfus hochgeboren» und gaben Friedrich
Wilhelm den Titel, den ihm die Geschichte gelassen hat (bei seinem Gegenspieler Ludwig – Louis le Grand – hat er nicht gehalten):

> «Der Große Kurfürst ging mit Macht
> Um Frieden zu erlangen,
> Er suchte der Franzosen Pracht
> Und ihres Trotzes Prangen
> Zu stürzen durch die Kriegeskunst.
> Es wünschte mit Verlangen
> Ein jeder Gottes Güt' und Gunst
> Zu dem, was angefangen.
> Es kam der Schwed' aus Mitternacht,
> Durch Frankreichs Geld getrieben,
> Mit seiner Lapp- und Finnenmacht
> Ließ sehr viel Bosheit üben . . .
> Es ward verjaget Mann und Weib,
> Das Vieh ward durchgeschossen,
> Man macht' es, daß nichts überblieb,
> Das vielen sehr verdrossen;
> Bis daß zuletzt der große Held
> Sich plötzlich eingefunden,
> Und seinen Namen in der Welt
> Noch höher aufgebunden.»

Im gleichen Monat zog die siegreiche Armee durch die Stadttore der märkischen Residenz und führte die erbeuteten Fahnen, Standarten und Kanonen mit im Zug. 150 Gefangene folgten zu Fuß, die Verwundeten in sieben Wagen. Auch die Leichen der gefallenen brandenburgischen Offiziere wurden an den Bürgern vorbeigetragen. Friedrich Wilhelm – der «Große Kurfürst» – kam erst Tage später mit einer kleinen Nachhut und so unerwartet, daß ihn die Wache kaum erkannte. Er verließ die Stadt schon am nächsten Tag wieder, um den Schweden noch einmal nachzusetzen. Eine Woche später wurde das offizielle Freudenfest gefeiert. Nach dem Kirchgang donnerten die Geschütze ihre Ladung von den Wällen, und am Abend stoben von der Spree aus bunte Feuerwerke in die Luft.

Auf nach Pommern

Als Friedrich Wilhelm auf dem elsässischen Rückzug war und ihm der Einfall der Schweden in die Mark gemeldet wurde, rief er spontan aus: «Das kann den Schweden Pommern kosten.» Was damals bloß ein ferner Wunschtraum war, brachte der Tag von Fehrbellin in greifbare Nähe. Das Reich erklärte Schweden den Krieg und versprach Brandenburg Hilfe. Endlich. Wie hatte sich der Kurfürst danach gesehnt, Pommern – auf das er einen rechtmäßigen Anspruch hatte – zu seinen Landen zählen zu dürfen. Zähneknirschend hatte er im Frieden von 1648 verzichten müssen. Vergessen hatte er nicht.

Die Schweden aus der Mark Brandenburg vertrieben zu haben, das genügte nicht mehr. Mit Dänemark schloß der Kurfürst gleich nach Fehrbellin ein Bündnis. Sein Ziel: Ganz Pommern zu erobern und die Schweden auf ihre skandinavischen Grenzen zurückzuwerfen. Friedrich Wilhelm lebte auf. Er konnte aktiv werden, Pläne machen, Entscheidungen treffen. Es bewegte sich. Der Kurfürst vergaß Gicht und Koliken, scherte sich nicht darum, daß er die Krankheit geradezu herausforderte. Vorbei waren Melancholie und Verzweiflung. Der Aufschwung brachte alle Lebensgeister zurück. Ende dieses Jahres sah der Kammerherr von Buch, was er nicht mehr für möglich gehalten hatte: Friedrich Wilhelm nahm alle Treppen im Cöllner Schloß ohne fremde Hilfe. Natürlich war es nicht nur die Aktivität, die so sichtbare Veränderungen mit sich brachte, sondern der Erfolg, der dem Kurfürsten und seinen Truppen die nächsten drei Jahre treu blieb und ganz Europa in immer neues Staunen versetzte.

Lassen wir die militärischen Erfolge des Kurfürsten vom Sommer 1675 bis Ende 1678 am Horizont aufmarschieren: Das pommersche Wolgast, die Inseln Usedom und Wollin werden erobert, von den Schweden zurückgewonnen, wieder von den Brandenburgern besetzt. Die Insel Rügen fällt. Und als eindrucksvollste Leistungen: Stettin und Stralsund, die stolzen Hafenstädte, werden belagert, beschossen, ergeben sich. Am Ende des Jahres 1678 meldete der Kurfürst stolz dem Kaiser, daß in ganz Pommern kein schwedischer Soldat mehr stand. Der Kammerherr von Buch notierte auf diesem Feldzug: «Von da fuhren wir nach Rügen, wo wir am Ufer seine Kurfürstliche Durchlaucht fanden, der von hier die Ausschiffung angesehen hatte. Hier erwartete man die Ankunft der Jacht bis nach 9 Uhr Abends. Es war sehr kalt, ich ließ Feuer anmachen und ein Fell bringen, daß seine Kurfürstliche Durchlaucht sich darauf legen sollten. Als die Schaluppen kamen, kehrten wir auf die Jacht zurück. Am 19. gingen Ihre Durchlauchten früh ans Land; ich soll Zelte besorgen. Es war so stürmisch, daß Ihre Kurfürstliche Durchlaucht nur mit Mühe [stand] hielt. Wir speisten nahe einer Scheune, ich mußte Marschall, Stallmeister und Vorschneider machen; die Kurfürstin sagte mir, sie vertraue meiner Treue und Tapferkeit ihre Leute. Ich schlief auch die ganze Nacht nicht, und machte die Ronde zu jeder Stunde. Die Leute, welche aus Stralsund kamen, erzählten von der großen Unordnung, die dort herrsche.»

Der wichtigste militärische Mitarbeiter des Kurfürsten war der alte Derfflinger, sein Feldmarschall. Die beiden waren sich nach manchem Streit seit dem mißratenen Feldzug ins Elsaß sehr sympathisch. Im Pommernfeldzug wurde Derfflinger, mehr als siebzig Jahre alt, sehr krank: «Unser Feldmarschall Derfflinger hatte seit gestern Abend einen heftigen Anfall Blasenkrampf und Kolik; zur Zeit, als er zu sterben glaubte, sandte mich der Kurfürst zu ihm, um ihn zu besuchen. Ich fand ihn in einem sehr traurigen Zustande, eine Viertelstunde später gingen Seine Kurfürstliche Durchlaucht selbst dahin, und rückten darauf aus, um unsere Fouragiere zurückkehren zu sehen, welche sehr guten Vorrath für mehrere Tage eingebracht hatte.» Als Derfflinger während des Feldzuges aus Altersgründen um seinen Abschied bat, diktierte der Kurfürst: «. . . und da wir Euch kennen, Ihr auch bereits bei Uns viel Sauer und Süß gekostet habt, so ist es besser, daß Ihr auch bei Uns bis ans Ende ausharrt und, nachdem Ihr den Samen geworfen, auch der Früchte genießt.»

Auch im Krieg gingen andere, friedliche Geschäfte weiter. Im Hauptquartier zu Lüdershagen stellte Friedrich Wilhelm die Urkunde für den neuen Hofmaler Rütger van Langerfeld aus: «Thun auch solches hiermit also und der gestalt, daß Er uns und unserm Churfürstlichen Hause treu, hold und gewertig sein, Unsern nutzen und Bestes überall suchen, schaden und Nachtheil nach Vermögen verhüten und abwenden helffen, seiner Kunst treu und fleißig gebrauchen. Die sticke [Bilder], so Er vor uns verfertigen wird in unser Cabinet einliefern, und sich in allem wie ein treufleißiger Hofmahler gebühret verhalten solle. Daneben wollen Wir, daß Er unser vielgeliebten Söhnen Printz Ludiwigs und Printz Philip Wilhelms in Reißen und Mathematicis, zu gewißen stunden unter weisen solle. Weshalb Er sich bey unserm Geheimen Rath und Ober Präsidenten dem Freyherrn von Schwerin anzumelden hatt.»

Im Frühjahr 1678 machte sich auf Wunsch des Kurfürsten der «Porcellain Macher» Pieter Fransen van der Lee aus Delft auf den Weg in die Mark. In Potsdam installierte er eine «Fayence-Bäckerei», und der Kurfürst bewilligte ihm unter anderem diese Privilegien: «Es soll auch Erwehnter Porcellain-Macher seine Kunst frey von allen bürgerlichen Lasthen und anderen Beschwerden treiben . . . Es steht dem Porcellain-Macher frey seine verferthigten Wahren an welchem Orthe Er will, zu verkaufen, jedoch daß Sr. Churfl. Durch. zuerst darausß wehlen, was Sie davon erkauffen wollen; Wann er auch besagethe Wahren von hier nach Berlin bringen lässet, soll er deßfals keinen Zoll oder ander unpflichten erlegen . . . Daneben wollen Sr. Churfl. Durchl. ihn hiemit privilegiret haben, daß in Zwölff nacheinander folgenden Jahren kein ander Porcellain-Macher in dero hiesigen Landen sich setzen, noch einig Delftisch porcellain zu verhandeln hienein gebracht werden solle; Weßhalb Sie ein öffentlich Verboth an dero Zohlstädte ergehen lassen wollen.»

Zwei wirtschaftliche Grundsätze der Zeit lesen wir aus dieser Urkunde. Einmal sind «die Lasthen», und das bedeutet die Steuern, immer noch Sache der Bürger. Und zum andern setzt man nicht auf den Wettbewerb, sondern auf das Monopol. Um das Monopol zu halten, müssen die Grenzen – und das sind die Zollschranken – ganz hoch und dicht gehalten werden. Die Beamten begegneten dem Porzellanbäcker offenbar mit Mißtrauen und Zurückhalten. Pieter Fransen beschwerte sich beim Kurfürsten. Aus dem Feldlager ging sofort ein Brief an den Amtsschreiber zu Potsdam: «Wir vernehmen ungnädig, daß Du Dich weigerst, die dem Porcellainbecker, Pieter Fransen von der Ley, aßignirte wochentliche unterhaltsgelder auszuzahlen. Wann Wir aber dieselbe unfehlbahrlich entrichtet wissen wollen, so befehlen Wir Dir hiemit in allem ernste, demselben nicht allein so forth allen Nachstandt, sondern auch das Wochentliche current unweigerlich auszuzahlen, und darunter keinen mangel erscheinen zulassen, widrigen falles wir Dich desfalls ansehen werden.» Pieter Fransen starb schon zwei Jahre später. Aus dem Porzellangeschäft wurde nichts.

Als Friedrich Wilhelm ins Elsaß zog, war Schwerin mit den beiden jüngeren Prinzen an den Niederrhein gegangen. Auch das ganze Jahr 1675 blieb der Freiherr dort, bis nach 1676 hinein. Friedrich Wilhelm vermißte ihn: «Ich wünschte, daß ihr itzo zwei Leiber hättet, damit ihr mit dem einen bei mir und mit dem andern zu Cleve bei meinen Kindern wäret; denn es fallen allerhand Dinge vor, da man wohl Rat bedarf.» Guten Rat brauchte man vor allem gegenüber den Holländern, die das versprochene Geld zum Unterhalt der Truppen nicht schickten. Verärgert schrieb der Kurfürst an den Prinzen von Oranien: «Von der Luft kann man nicht leben.» Noch ärgerlicher als das ausbleibende Geld aber war das immer dichter werdende Gerücht, die Holländer wollten mit den Franzosen ihren eigenen Frieden machen. Daran konnte Brandenburg nicht gelegen sein, solange nicht ein Friedensschluß die neuen Verhältnisse in Pommern legalisiert hatte.

Friedrich Wilhelm war so beunruhigt, daß er persönlich im Frühjahr 1677 aufbrach, um mit Wilhelm von Oranien zu reden. Er kam nicht weit. Krankheit und Alter ließen sich auf die Dauer nicht überlisten. Die Gicht meldete sich so heftig, daß der Kurfürst in Hamm wochenlang im Bett lag, unfähig, auch nur einen Schritt zu tun. Bis Wesel am Rhein schleppte er sich dann noch weiter. Dort kam ihm der Prinz entgegen und schwor, keinen Sonderfrieden mit dem Franzosenkönig einzugehen. Ein Versprechen, das in der politischen Wirklichkeit keinen Bestand hatte.

Im Frühjahr 1678 konnten es die Holländer nicht mehr verheimlichen, daß sie Frieden wollten, ohne auf ihre brandenburgischen Verbündeten länger Rücksicht zu nehmen. Der niederländische Gesandte bei Hofe mußte sich vom Kurfürsten schwere Vorwürfe anhören: «Ihre Hochmögenden [Generalstaaten] machen es so, daß ich, wenn sie wieder einmal überfallen werden, nicht der Freund sein werde, der ihnen helfen wird. Was mich betrifft, so bin ich benachteiligt, aber sie werden es am Ende auch fühlen.» Über die Frage, wie es nun weitergehen sollte, kam es zu einem schweren Zerwürfnis zwischen Friedrich Wilhelm und Schwerin, gegen den die Holländer intrigierten und dem Bestechlichkeit vorgeworfen wurde. Wochenlang schloß sich der gekränkte Freiherr in seiner Wohnung ein, erschien zu keiner Ratssitzung und bat um seinen Abschied. Schwerin war doppelt empfindlich. Er fühlte sich krank und schwach, und gerade ein Jahr zuvor war seine zweite Frau gestorben. Die Kurfürstin Dorothea vermittelte und bat ihn, nochmals an den Kurfürsten zu schreiben, ohne zu erwähnen, daß er nicht mehr weitermachen wolle. An den preußischen Statthalter schrieb Schwerin daraufhin: «Das habe ich getan heute, wiewohl ich fest darauf bestehen werde, daß ich zur Ruhe komme. Sie können nicht glauben, wie schwach ich werde.» Die beiden alten Weggefährten versöhnten sich, Friedrich Wilhelm wischte das Entlassungsgesuch vom Tisch. Ein neuer Sommer im pommerschen Feldzug stand vor der Tür. Irgendwann mußte es ans Verhandeln gehen. Der Freiherr war ihm unentbehrlich.

Um dem geschwätzigen Hof zu beweisen, daß alles wieder im Lot war, bat die Kurfürstin Schwerin, der seine Tochter verheiraten wollte, die Hochzeit auszurichten, solange man noch in Berlin war. Als Wilhelmine von Schwerin dem Grafen Ahasverus von Lehnsdorff das Jawort gab, geschah dies in Gegenwart des Herrscherpaares.

Ein Jahr zuvor, als Schwerins Frau auf den Tod erkrankte, hatte der elfjährige Prinz Ludwig rührende Briefe an die geschrieben, bei denen er zu Hause war: «Ich denke allezeit an sie und an den Herrn von Schwerin und an die Fräulein, daß sie alle so betrübt sein. Ach daß Gott wollte, daß die gute Frau von Schwerin gesund würde, ich wollte gern an die Armen 100 Taler geben.» Und als er von ihrem Tod erfuhr: «Ich wollte wohl von Herzen gern meinen herzallerliebsten Herrn von Schwerin trösten, aber Gott weiß, daß ich selbsten von Nöten habe, daß man mich tröstet. Er hat sehr viel verloren, aber ich habe auch meine liebe Pflegemutter verloren. Wer wird nur ins künftige so vor mich sorgen. Und man saget mir, daß Herr von Schwerin sich auch krank grämen wird. Aber ich bitte umb Gottes willen, er gebe sich doch zufrieden. Wenn ich den Herrn von Schwerin auch verliren sollte, oder er mich verlassen, so wär ich ja ein armer Mensch. Wo er mich ein bißchen lieb hat, so wird er sich nicht mehr grämen, denn werde ich auch aufhören, mich zu grämen.» Schwerin heiratete im März 1677 zum drittenmal und schrieb an den Kurfürsten: «Gott weiß, daß ich diese Heurat nicht tue aus einiger fleischlicher Lust, mein Alter wird desfalls wohl vor mich sprechen. Es ist mir aber unmöglich gewesen, bei meiner Bedienung ohne Gehilfin und bei meinen Schwacheiten ohne Pflegung zu sein. Ich werde alsdann erst recht vollkommentlich vergnüget sein, wann ich weiß, daß es E. Churfl. Durchl. gefällig gewesen.» Und an den clevischen Statthalter: «Ich wünsche, daß meine jetzige Frau auch noch so glücklich sein möge und E. Fürstl. Gnaden, wie die beide vorige getan, eine gute Mahlzeit bereiten könne.»

Zurück in die Politik, Frühjahr 1678: Nachdem er ihnen hart zugesetzt hatte, bot Ludwig XIV. den Holländern einen verlokkenden Frieden. Sie sollten alle seine Eroberungen zurückbekommen und einen günstigen Handelsvertrag dazu. Der Pferdefuß: Schweden dürfe nicht als der Verlierer dastehen. Daß diese Macht vom Kontinent verdrängt blieb und der Brandenburger in Zukunft den nördlichen Raum allein beherrschte, wollte Frankreich auf keinen Fall zulassen. Schwerin urteilte: «Die Bedingungen sind hart, ausgenommen für Holland, aber besonders schlimm für uns, weil Schweden in vorigen Stand gesetzt werden soll. Gott mag uns trösten. Es sieht wunderlich aus.» Im August schloß Holland mit den Franzosen Frieden.

Friedrich Wilhelms Antwort: Er zog wieder nach Pommern in den Krieg. Im Oktober ergab sich Stralsund und huldigte ihm – die Stadt, die der Belagerung des großen Wallenstein widerstanden hatte. Der Kurfürst hatte alles, was er wollte. Da kam die Nachricht, daß die Schweden in Preußen eingebrochen waren. Ende Dezember 1678 standen sie dicht vor Königsberg.

Verlorene Siege

Der Kurfürst handelte sofort, ohne nach rechts oder links zu sehen. Um den Feind zu täuschen, zog er demonstrativ und scheinbar sorglos von Pommern nach Berlin. Doch er blieb nur wenige Tage im Schloß. Begleitet von seiner Frau und dem einundzwanzigjährigen Kurprinzen, brach er heimlich über Hinterpommern nach Preußen auf. Ein Feldzug begann, der etwas Geisterhaftes an sich hat. Der 59 Jahre alte Mann jagte mit eiserner Durchhaltekraft einem Ziel hinterher, das auf dem Schlachtfeld gar nicht mehr zu erreichen war.

Am 20. Januar 1679 – es war schneidend kalt – ging es bei Marienburg über die Weichsel. Die Schweden waren, seit sie von der Ankunft des Kurfürsten gehört hatten, auf dem Rückzug. Um so schneller mußte es weitergehen. Mit Schlitten überquerten die Brandenburger das zugefrorene Frische Haff. Eine Woche später rückte Friedrich Wilhelm in Königsberg ein. Von feierlichen Empfängen wollte er nichts hören, befahl vielmehr den Bürgern, sofort 300 Schlitten, 12000 Pfund Brot, 3000 Faß Bier und natürlich Roggen, Gerste und Hafer für die Armee zu liefern. Als ein Bürgermeister nicht genug Schlitten stellte, wurden ihm zwanzig Soldaten ins Haus einquartiert. Zwei Tage später war der Spuk schon vorbei, der Kurfürst eilte dem Feind nach. Mit Schlitten ging es auch über das Kurische Haff. Die Schweden flüchteten, wagten keine Schlacht. Schließlich gab Friedrich Wilhelm auf. Seine Generäle verfolgten den Feind noch bis vor Riga.

Der Kurfürst war an seinem Geburtstag, dem 16. Februar, wieder in Königsberg. Die Nachricht, die er dort erhielt, machte allen Jubel und jede Freude über den rasanten Feldzug zunichte. Der Kaiser hatte in Nimwegen mit den Franzosen Frieden geschlossen. Das Reich folgte. Auf dem Höhepunkt seiner militärischen Erfolge stand Friedrich Wilhelm politisch ganz allein. Wir können die nächsten Monate überspringen, die Verzweiflung, die den Kurfürsten ergriff, seine Hektik, die ihn wildeste Pläne ausbrüten ließ, um doch am Ende einzusehen, daß keiner durchführbar war. Aus Holland versuchte der Oranierprinz zu trösten: «Ich hege so furchtbaren Schmerz, Ihnen jetzt nutzlos zu sein, daß ich dem nicht genügend Ausdruck geben kann.»

Friedrich Wilhelm war schließlich zu allen Eingeständnissen bereit, wenn nur Pommern in seinem Besitz blieb. Das aber konnte Ludwig XIV. nicht dulden. Wozu hatte er Schweden in den Krieg getrieben? Und Frankreich war unbesiegt. Das allein zählte. Friedrich Wilhelm hatte über Pommern die westliche Front vergessen. Diesmal war er kein Realist gewesen. Hatten ihn die militärischen Erfolge fortgerissen. Alle seine Vorschläge wurden vom französischen König abgelehnt. Franz Meinders handelte einen Frieden aus, der im Juni 1679 in Saint-Germain-en-Laye bei Paris unterzeichnet wurde. Brandenburg mußte sämtliche pommerschen Eroberungen wieder herausrücken. Aus Berlin schrieb Schwerin über den Kurfürsten an Meinders: «Es ist zum Erbarmen, ihn zu sehen, wenn er von Stettin redet.»

Verbittert sah sich Friedrich Wilhelm von allen ehemaligen Verbündeten betrogen und hatte doch selber am Beginn dieses Krieges durchgesetzt, daß jeder seinen eigenen Frieden aushandeln durfte. Nun hatten sie alle ihre eigenen Interessen verfolgt. Gerade ihn hätte eine solche Einstellung nicht wundern dürfen. Doch er haderte, und der größte Schuldige saß für ihn – wieder einmal – in Wien. Als der Kaiser den Abt des Klosters Banz nach Berlin schickte, um den Kurfürsten als zukünftigen Bundesgenossen zu gewinnen, lehnte dieser strikt ab, «weil ich leider erfahren, daß Ihre Kaiserliche Majestät und mit derselbigen des Reiches konjungierte Macht und deren Alliierte das Reich nicht einmal in einer vorigen Sicherheit und Harmonie erhalten können». Nein, lieber schluckte er die Worte, die er gestern gegen den Franzosen ausgespuckt hatte, wieder hinunter. Wieder einmal warf der Kurfürst das Ruder herum. Die Warnungen Schwerins gegen eine Koalition mit Frankreich schlug er in den Wind und belehrte ihn: «Wie der Kaiser und das Reich an uns gehandelt, lieget am Tage . . . Gegen Frankreich haben wir, wie bekannt, wohl nicht Ursache einige sonderliche Affektion zu haben . . . weil uns das französische Joch wohlbekannt.» Doch die Machtstellung, die Ludwig XIV. jetzt innehatte, sprach für ein Bündnis, weil «menschlichem Ansehen nach bei so gestellten Sachen keiner seine Sicherheit und Konvenienz finden wird, als in Frankreichs Freundschaft und Allianz.»

Im Oktober 1679 kam das geheime Bündnis mit dem Feind von gestern zustande. Der Kurfürst versprach, sich dafür einzusetzen, daß der Franzose zum deutschen Kaiser gewählt würde. Er wollte sich in die französische Eroberungspolitik nicht einmischen und erhielt dafür Subsidien – Bargeld –, um sein Heer im Frieden finanzieren zu können. Mit verdächtigem Überschwang stürzte sich Friedrich Wilhelm in die neue Freundschaft. Als ihm auffiel, daß sein Leibregiment rote Schärpen trug – wie die kaiserliche Armee –, ließ er sie durch weiße ersetzen und verkündete laut, er habe sich «von ganzem Herzen» von der roten Partei getrennt. Als Frankreich ein Stückchen Reichsgebiet nach dem andern einheimste und schließlich Straßburg eroberte, blieb der Brandenburger stumm. Nicht nur das: Er beschenkte den französischen Gesandten Rébenac in Berlin mit einem kostbaren Degen, der vor Diamanten strotzte. Voller Ironie schrieb Rébenac nach Paris: «Das sind die Steine, mit denen man mich hier bewirft.» Sechs Jahre dauerte die immer wieder erneuerte Allianz. Niemand wird beschönigen wollen, daß in ihrem Schutz Ludwig XIV. das Reich an die Wand drücken und seine Raubkriege ungehindert fortsetzen konnte. Und Friedrich Wilhelm mußte sich nun an jenen hochtrabenden patriotischen Worten messen lassen, die er einst per Flugblatt im Reich verbreitet hatte. Damals, als es seinen Interessen im Krieg gegen die Schweden diente, war es ihm leicht von den Lippen gekommen, alle fremden Mächte zu verurteilen, die Deutschland bedrohten. Nun, wo seine Interessen nicht tangiert wurden, rührte er keinen Finger.

Machiavelli hat die Machtpolitik nicht erfunden, seine Zeit – die italienische Renaissance – sie nicht zum ersten- oder letztenmal praktiziert. Politik ohne Macht ist nicht vorstellbar. Und daß sie mit einer Person unauflöslich verknüpft ist, liegt auch im 20., dem demokratischen Jahrhundert nicht jenseits aller Phantasie. Für die Zeitgenossen Friedrich Wilhelms gab es keine Alternative: S[eine] Ch[urfürstliche] D[urchlaucht] seien kein individuum. Wo sie zu Grunde gehen, da implicieren sie ihre Untertanen in ihr Verderben.» So schrieb der clevische Geheime Rat Daniel Weimann 1656 über seinen Herrn. Der barocke Fürst war unumschränkter Herrscher. Aber lassen wir uns nicht täuschen von einem prunkvollen Äußeren und einer Politik, die tatsächlich von der Willkür des Monarchen geprägt wurde, und das noch für lange Zeit. Aus dem Chaos nach dem Zusammenbruch der mittelalterlichen Welteinheit bildete sich in den Jahrzehnten, als Friedrich Wilhelm Brandenburg-Preußen zu einem Staat machte, unübersehbar die neue Ordnung. Die Bemühungen Friedrich Wilhelms in Stadt und Verwaltung sind ein Teil davon. Die Außenpolitik spielt sich am längsten in den alten Gleisen ab. Wir erfahren es heute noch. Im Innern der Staaten, im Miteinander der Untertanen, wird sie zuallererst sichtbar, die neue Zeit, in der nicht persönliche Willkür, sondern gleiches Recht für alle herrscht: eine bürgerliche Welt.

11

Der lange Friede

Zwei Monate bevor der bittere Friede unterzeichnet wurde, im August 1679, feierte die kurfürstliche Familie in Potsdam die erste Hochzeit der nachfolgenden Generation. Fritz, den wir in Zukunft Friedrich nennen wollen, denn er ist immerhin 21, heiratet seine Cousine Elisabeth Henriette von Hessen-Kassel. Es war eine Liebesheirat. (Daß Cousin und Cousine ersten Grades heirateten, war in adligen Kreisen weit verbreitet.) Der Prinz hatte sich 1676, auf der Rückreise von einem mehrjährigen Aufenthalt am Niederrhein, in Kassel verlobt, nachdem Schwerin beim Kurfürsten ein gutes Wort für ihn eingelegt hatte. Schwerin war es auch, der in Kassel mit gedrechselten Worten offiziell um die Hand der Braut warb: «Gleichwie der Allerhöchste die Fürsten und Götter dieser Welt von den andern Menschen in vielen Dingen unterschieden und indem er sie zu derselben Beschickung und Beherrschung geschaffen, ihnen zugleich andere Gedanken und Absehen in ihrem Vorhaben eingepflanzet, also erweiset sich solches vornehmlich in ihrer Verehelichung, da sie nächst dem allgemeinen Zweck der Vermehrung des menschlichen Geschlechtes auch dahin ihre löbliche Vorsorge gerichtet sein lassen, damit durch ihre eheliche Alliance zugleich dero hohe Thronen und Häuser befestiget und nicht minder dero Untertanen als ihr eignes beste Sicherheit und Wohlfahrt beobachtet, absonderlich aber die väterliche Ehre und Fortsetzung der wahren christlichen Religion befördert werde.»

Zwischen Prinz Friedrich und seinem Erzieher Schwerin war es niemals zu so weitreichenden Spannungen gekommen wie zwischen seinem verstorbenen älteren Bruder Karl Emil und dem Oberpräsidenten. Auch nachdem Friedrich aus der Obhut Schwerins entlassen war, besuchte er ihn gerne in Altlandsberg und war dabei, als der Freiherr seine zweite Frau begrub.

Während für den Kurerben das eheliche Leben begann, schrieb der todkranke Schwerin, 63 Jahre alt, auf seinem Landgut sein Testament. Er wollte neben seinen beiden ersten Frauen begraben sein und verbat sich bei seiner Beerdigung eine Darstellung seines

Lebensweges, «denn soviel meine Ahnen und Herkommen belanget, ist solches gnugsam bekannt, also daß es nicht nötig, solche auf der Cantzel abzulesen». Die Lebenden sollten nur daran erinnert werden, «daß ich meinem Gott, wiewohl nicht so vollkommentlich, als ichs wohl gewünschet und große Ursach gehabt, herzlich geliebet und gefürchtet, meine vielfältigen Sünden und meine große Unwürdigkeit mit herzlicher Reue und schuldiger Demut erkannt, meiner gnädigsten Herrschaft treulich gedienet und alle mir dabei zugestoßene Widerwärtigkeit und Glücksveränderung geduldig ertragen, auch auf mein seliges Ende beständig gewartet.» Prinz Friedrich vermachte er einen mit Edelsteinen besetzten Pokal, Prinz Ludwig einen kostbaren Stab, den Louise Henriette ihm geschenkt hatte. Prinz Philipp Wilhelm sollte einige kostbare Schalen «und alle meine Muschelchen» bekommen.

Anfang Oktober fand Schwerin die Kraft, in seine Zimmer im kurfürstlichen Schloß zu Cölln an der Spree überzusiedeln. Der Kurfürst war über Schwerins Krankheit wohl informiert und schrieb ihm aus Potsdam: «Ich habe zwar gerne vernommen, daß das Fieber nachgelassen und es sich ein wenig gebessert. Es tuet mir aber leid dabei, daß die Mattigkeit noch so groß und insonderheit Ihr so beschwerliche Plage von der Milz habet. Weil ich wohl weiß, daß in dergleichen Krankheiten keine bessere Arznei ist als die Gemütsruhe und Zufriedenheit, so zweifle ich nicht, Ihr werdet nach dem großen Verstande, so Euch der höchste Gott verliehen, Euch derselben gebrauchen, alle Dinge, so einigen Unmut erregen könnten, aus dem Sinne schlagen und dadurch Eure völlige Genesunge facilitiren. Könnte die Versicherung meiner gnädigen Affection gegen Euch, und daß ich sehnlich verlange, Euch völlig restituiret zu sehen, etwa dazue helfen, so will ich Euch dieselbe hiemit gegeben haben.»

Dem sensiblen Schwerin werden diese Zeilen gutgetan haben. Schon zwei Tage später ging sein Brief mit Dank für das tröstende Schreiben zum Kurfürsten: «Es hat dasselbe mich dergestalt aufgerichtet, daß ich hoffe, der liebe Gott werde ferner die Gnade und Hilfe verleihen, daß ich meine allerschuldigste Dankbarkeit selbst werde ablegen können.» Es kam anders. Ende des Monats bat der Freiherr einige Räte zu sich in sein Zimmer, weil er zu schwach war, in die Ratsstube zu gehen, und gab ihnen sein Testament. Am 14. November 1679 erhielt Friedrich Wilhelm die Nachricht, daß Schwerin gestorben sei. Ein treuer und selbstloser Freund war tot. Ein Jahr zuvor hatte Graf Johann Moritz, der Statthalter am Niederrhein, das Zeitliche gesegnet. Keiner hatte dem Kurfürsten so lange gedient wie diese beiden. Es wurde einsam um den nun bald sechzigjährigen Herrscher von Brandenburg-Preußen. Er wird sich gefragt haben, wieviel Zeit die Zukunft für ihn noch bereithielt, besonders dann, wenn ihn – in immer kürzeren Abständen – die Gichtanfälle heimsuchten (damals meist Podagra genannt).

Mitte Dezember 1679 meldete der neue holländische Gesandte am Hofe von Berlin nach Amsterdam, er habe noch keine Audienz gehabt, «weil der Kurfürst in Potsdam ist und an Podagra leidet». Weil er die Audienz für seine Akkreditierung brauchte, machte sich Amerongen auf nach Potsdam und durfte den Kurfürsten in dessen Schlafzimmer aufsuchen: «Der Kurfürst hat kaum aufstehen und nur mit Mühe sprechen können.» Friedrich Wilhelm klagte über die im letzten Krieg erlittenen Verluste und vertröstete den Gesandten im übrigen auf weitere Besprechungen mit ihm selbst und seinen Ministern. Ebenso erhielt Amerongen bei der Kurfürstin und den Prinzen Audienzen. Am 20. kehrte er mit dem Kurfürsten, «dessen Befinden sich bedeutend gebessert», nach Berlin zurück.

Verhielt die Gicht sich ruhig, kamen die Nierenkoliken. Amerongen ein andermal: «Der Kurfürst ist so krank, dass man mit ihm über Sachen von Wichtigkeit nicht sprechen kann. Dies verzögert die Entscheidungen vieler Sachen, und die andern Gesandten werden in ihren Verhandlungen ebenso behindert . . .»

Einer hatte in diesen Jahren immer Zutritt beim Kurfürsten und versäumte es nicht, die übrigen Diplomaten, die vor Neid platzten, seinen Sonderstatus spüren zu lassen. Es war der französische Gesandte Graf Rébenac de Feuquières. Rébenac hatte sich während des Pommernfeldzuges bei der anderen Seite aufgehalten und den schwedischen Verbündeten des Franzosenkönigs moralische Unterstützung gegeben. Friedrich Wilhelm, der nie vergaß, daß er nach dem Krieg mit seinen Gegnern wieder leben mußte, hatte sich bei der Belagerung Stralsunds auffällig um den französischen Diplomaten gekümmert. Ständig ließ er sich von Gefangenen berichten, wie es Rébenac, der sich in der Stadt aufhielt, ging. Als er hörte, das Haus des Franzosen sei von Bomben und glühenden Kugeln getroffen worden, ließ er ihm mitteilen, es weithin sichtbar zu kennzeichnen, damit die brandenburgischen Geschosse es verschonen könnten. Eines Tages verlief sich der Lieblingshund des Franzosen in die feindlichen Linien. Friedrich Wilhelm ließ ihn suchen und durch einen Trompeter seinem Herrn zurückbringen. Noch bevor Stralsund kapitulierte, erhielt Rébenac eine Einladung des Kurfürsten ins brandenburgische Hauptquartier. Rébenac lehnte ab, doch Friedrich Wilhelm blieb hartnäckig. Kaum war die Kapitulation ausgehandelt, schickte er den Grafen Dohna, um den Franzosen abzuholen. Der Kurfürst empfing den Gesandten des Feindes mit einer Überschwenglichkeit, die an Peinlichkeit grenzte. Der Brandenburger trank auf die Gesundheit des großen Königs und tat alles, um sich als Freund Frankreichs zu empfehlen. Es war eine zu plumpe und durchsichtige Anbiederung, über die sich der französische Diplomat mokierte. Manchmal war der alte Fuchs von erstaunlicher Naivität.

Es gehörte zu den Fähigkeiten der französischen Politiker, alle Register zu ziehen und jede Schwäche auszunutzen. Kaum herrschte Frieden, zog Rébenac an den Berliner Hof. Die Rechnung ging auf, die Vorzugsbehandlung wurde fortgesetzt. Voller Wut beobachteten die Diplomaten anderer Mächte, wie Rébenac bei Hofe ein und aus ging und das Ohr der Mächtigen hatte. Freilich, die Berichte des Franzosen nach Paris sind mit Vorsicht aufzunehmen. Rébenacs Eitelkeit ließ ihn jedes Gerücht als Sensation nach Hause melden, trübte ihm den Blick dafür, daß der Brandenburger so naiv nun auch wieder nicht war, wie er ihn darstellte. Auch mit Rébenac trieb der Kurfürst sein altes Spiel, ließ ihn gerne in dem Glauben, daß er alt und krank sei und zu keiner rechten Entscheidung mehr fähig. Aber natürlich fühlte sich Friedrich Wilhelm auch geschmeichelt von seinen ausgezeichneten Beziehungen zu jener Macht, die in diesen Jahren Europa beherrschte. Frankreich stand nicht nur politisch an der Spitze, sondern französische Kultur machte sich an jedem europäischen Hof breit, der etwas von sich hielt, und Berlin wollte da nicht zurückstehen.

Rébenac fand ständig neue Vorwände, um rauschende Feste zu inszenieren, bei denen keiner, der bei Hofe etwas gelten wollte, fehlen durfte. Besonders beliebt waren Kostümfeste, wo sich der Edelmann gerne als Bürger oder als exotisches Wesen darstellte. Da erschienen die Mitglieder der kurfürstlichen Familie als griechische Götter oder orientalische Potentaten, und der Hofpoet, den es inzwischen auch gab, verkleidete sich als Apotheker. An seinem Mantel waren statt Knöpfen lauter kleine Arzneifläschchen, und statt des Degens trug er an der Seite eine große Klistierspritze. Wenn der Kurfürst mit seiner Frau nicht persönlich teilnahm, ließ er wenigstens durch seine Soldaten gewaltige Böllerschüsse lösen.

Wie seine Vorgänger griff Rébenac zu durchaus handfesten Mitteln, um Politik zu machen. Sorgfältige Rechnungen liegen vor über alle seine «Geschenke», deren einziger Zweck Bestechung war. Obenan auf der Liste Rébenacs stand der Geheime Rat Franz Meinders, seit dem Tod Schwerins der wichtigste Mann in Berlin und dem französischen Bündnis sehr zugetan. Paul Fuchs war inzwischen auch Geheimer Rat geworden und deshalb wichtig, weil er von einer engen Anlehnung an Frankreich gar nichts hielt. Auch die Frauen der beiden Männer gingen natürlich nicht leer aus. Rébenac machte alles mit barem Geld, an dem seinen «Geschäftspartnern» mehr gelegen war als an versilberten Blumenkörbchen. Am häufigsten war um den Kurfürsten allerdings jemand anders, ein holländischer Kammerdiener namens Kornmesser. Gleich bei seiner Ankunft in Berlin hatte Rébenac «kein Bedenken getragen, demselben 3000 Gulden Rheinisch zu verehren». Kornmesser hatte Einfluß, weil er «Tag und Nacht bei dem Kurfürsten sich aufhalte, ihn des Nachts in allen seinen Schmerzen kehren und wenden und sonsten was erzählen und vorsagen müsse».

Die kurfürstliche Familie selbst wurde nicht ausgespart. Daß Prinz Philipp ein Pferd mit Sattel- und Zaumzeug bekam, gehörte noch zu den kleineren Aufmerksamkeiten. Ganz wichtig war die Kurfürstin, die bei dem kurzen Bündnis Anfang der siebziger Jahre leer ausgegangen war. Solche Fehler wollte Rébenac nicht wiederholen und stellte Dorothea gleich nach seiner Ankunft etwas ganz Besonderes in Aussicht. Sofort ließ man in Berlin einen Lehnstuhl aus Bernstein als Gegengabe für Ludwig XIV. herstellen und wurde sehr ungehalten, als das Geschenk aus Paris auf sich warten ließ. Endlich, im März 1680, kam ein Sonderkurier aus Frankreich, und Rébenac konnte die Kostbarkeit überreichen. Es war ein Halsschmuck in Gestalt einer Rose, die vor Diamanten nur so blitzte, und passende Ohrringe. Die Kenner bei Hofe stritten sogleich darüber, ob der Schmuck nun 60000 oder bloß 40000 Taler wert sei. Dorothea war so begeistert, daß sie persönlich dem König einen Dankesbrief schrieb und versprach, sich immer voller Eifer für die Union zwischen den beiden Ländern einzusetzen.

Auch Friedrich Wilhelm selbst hatte keine Skrupel, sich reich beschenken zu lassen. Einmal ließ er sich voller Freude eine samtene Kassette voll frisch geprägter Goldstücke überreichen. Immer wenn Rébenac das Gefühl hatte, daß antifranzösische Strömungen bei Hofe die Oberhand gewannen, ging ein Schreiben nach Paris ab mit der Aufstellung von möglichen Geschenken. Der Kurfürst sei ein Liebhaber von spanischen Pferden, hieß es dann. Oder: «Sehr lieb würden ihm auch Gemälde sein, für welche er eine große Leidenschaft hat, ohne sie, in Ermangelung geschickter Leute, befriedigen zu können. Er wünschte sich sehr das Porträt Eurer Majestät und gäbe alles darum, eins von Mignard zu haben.»

Am Hof zu Berlin waren mit dem Ansehen auch die Ansprüche stetig gestiegen. Nicht nur in der Politik wollte Friedrich Wilhelm es denen zeigen, die sich hämisch freuten, als die großen brandenburgischen Siege in Pommern am Ende nur einen verlorenen Frieden brachten. Für ihn gab es endgültig keine Zweifel mehr, daß er und sein Staat zu den Großen in Europa zählten und daß sich diese Größe in der Aufwendigkeit seines Hofes spiegeln mußte. Als Wilhelm III. von Oranien im Oktober 1680 zu Besuch an die Spree kam, wurde die gesamte Dienerschaft mit neuen gold- und silberbesetzten Uniformen ausstaffiert. 24 Trompeter kündeten die Ankunft der hohen Gäste, und im kurfürstlichen Marstall standen mehr als fünfhundert Pferde bereit. Immer mehr Gesandtschaften kamen aus allen Teilen der Welt, und sie wurden festlich bewirtet und beschenkt. Aus Moskau erschienen sechzig Mann, die in feierlicher Prozession Zobel-, Hermelin- und Fuchspelze, persische und chinesische Seide, Teppiche und kostbare Schalen ins Schloß trugen. Hinter den Menschen zogen die Tiere einher, zwei Kamele und zwei Büffel. Abends gab es zu Ehren der Russen im Tiergarten ein Feuerwerk. Nach den Russen reisten Abgesandte des Tataren-Khan in die Mark. Ihr Dolmetscher war ein Mann «ohne Ohren mit hölzerner Nase». Zum Personal des Kurfürsten zählten in diesen Jahren 24 Kammerjunker, 21 Pagen, 20 Lakaien, 30 Leute in der Hof- und Reiseküche, acht Leibärzte, drei Apotheker, Leibkutscher und unzählige Diener, die allein für die Jagd bereitstanden. Die Kurfürstin hatte ihr eigenes Personal, ebenso ihre Söhne und Töchter. Auch am Hofstaat des frisch vermählten Friedrich, der von seinem Vater Schloß Köpenick geschenkt bekam, wurde nicht gespart, und Prinz Ludwig hatte nicht wenige Ansprüche. Jetzt im Frieden konnte man endlich das in langen Feldzügen völlig abgenutzte silberne Reisegeschirr in Augsburg einschmelzen und neu formen lassen. Dorothea, die rund dreißig Pferde besaß, ging nicht nur pro forma mit dem Kurfürsten zur Jagd, sondern griff auch gerne selber zum Gewehr. 1686 traf sie einen Hirsch mitten ins Herz, der sich – so die Hofberichterstattung – trotzdem wieder erhob und noch ein Stück weiterlief. Solche Merkwürdigkeiten verbreiteten sich sogleich wie ein Lauffeuer. Mochte Friedrich Wilhelm wochenlang in Potsdam oder einem seiner Jagdhäuser verschwinden, das Hofleben hatte sich inzwischen selbständig gemacht und ging trotzdem weiter. Ein durchreisender Franzose meinte 1682 anerkennend: «Der Hof des Kurfürsten ist freigiebiger als irgend ein anderer in Deutschland, und obgleich dem Kurfürsten der Titel eines Königs fehlt, werden diese Ansprüche doch nicht vermißt, wenn man von einem königlichen Hofe nach Berlin kommt.»

Im Sommer 1681 kamen in Pyrmont die wichtigsten Fürstenhäuser Norddeutschlands mit der dänischen Königinwitwe und ihrem Sohn zu einem Polit- und Familientreffen zusammen. Außer den herzoglichen Ehepaaren aus Hannover und Celle kamen die Kurfürstinnen von Sachsen und der Pfalz, die mit dem dänischen Herrscherhaus verwandt waren. Friedrich Wilhelm hatte außer seiner Frau Sohn Friedrich nebst Schwiegertochter mitgenommen. Die Brandenburger – mehr als 200 Pferde im Troß – trafen als erste ein. Das Protokoll verlangte, daß der erste den später Ankommenden eine Antrittsvisite machte. Doch der Kurfürst weigerte sich. Er war überzeugt, daß ihm – dem Ranghöchsten – solche Ehre gebührte. Tagelang wurde darüber diskutiert, und wenn man sich am Brunnen oder auf der Promenade begegnete, taten die hohen Herrschaften so, als sei das reiner Zufall. Schließlich setzte sich die Königinwitwe mit der Ansicht durch, daß man dem kranken, von Gicht geplagten Kurfürsten solche Anstrengungen nicht zumuten könne, und alle Fürstlichkeiten nahmen eine Einladung von Dorothea zum Besuch des brandenburgischen Quartiers an.

Pech hatte bei dieser Reise Rébenac. Natürlich mußte er mit, um zu erfahren, was bei diesem Familientreffen ausgeheckt wurde. Doch statt überall seine neugierige Nase hineinzustecken, lag er etliche Tage im Bett und konnte sich anschließend nur humpelnd am Stock fortbewegen – er hatte sich den Fuß verstaucht. Als Rébenac wieder nach Berlin zurückkam, war er «müde und ruiniert». Weil er keine Kutsche mieten konnte, mußte er sich ein paar Pferde kaufen. Glücklicherweise hatte er kurz vor der Abreise 1200 Taler beim Spiel gewonnen. Das Leben für einen Gesandten in Berlin war teuer, und pünktlich kamen die Zahlungen aus der Heimat nie. Rébenac beschäftigte in seinem Haushalt ohne die Küchenjungen 25 Personen. Ständig fehlte es an Geld, obwohl er, nach eigenem Urteil, mit seinen Gästen nur einfach speiste: Ein Hauptgericht und vier kleinere Gänge mit Braten und Beilage zum Nachtisch Früchte, die besonders teuer waren. Der Wein kostete ein Vermögen. Außer Fleisch und Brot war eigentlich alles teuer. Die Stadt hatte sich auf die vielen fremden Gesandtschaften noch nicht eingestellt. Vor allem ging der Aufwand, den man trieb, weit über die wirtschaftlichen Kräfte des Landes.

Doch solche Argumente wollte Friedrich Wilhelm nicht hören. Das Schloß der Väter war ihm nun zu provinziell geraten, und er befahl seinen Architekten, in dem alten Gebäude einen großen repräsentativen Raum zu schaffen. Es entstand der Alabastersaal, zehn Meter hoch und mit einem Grundriß von 27 zu 16 Metern. Hohe Pfeiler unterteilten die Wände, und für die Nischen dazwischen gab der Kurfürst bei Bartholomäus Eggers Marmorstatuen der elf märkischen Kurfürsten und sein eigenes Abbild in Auftrag. Später kamen hinzu eine Statue des Julius Cäsar mit einem Adler, Konstantin der Große, Karl der Große, auf einem Drachen stehend, und Rudolf I. von Habsburg. Eggers verpflichtete sich zur Herstellung «vom besten Italiänischen weißen Marmor (welchen Er auf seine Kosten anschaffen muß), nach denen hievon gemachten Modellen, und zwar ein Jegliches aus einen gantzen stücke, dergestalt, daß solche von Jedermänniglichen, sonderlich denen Kunstverständigen, gelobet und sonder tadel befunden werden sollen».

Die Decke schmückten gewaltige Gemälde. Auch außen am Schloß tat sich einiges.

Die hölzernen Buden auf dem Schloßplatz entlang der Schloßmauer wurden abgerissen und durch steinerne Lauben ersetzt, in denen Händler und Krämer ihre Ware feilboten. Ein Eingang zum Schloß erhielt einen dreigeteilten Vorbau, der an römische Triumphbögen erinnerte. Auch die Brücke nach Berlin lobten jetzt die Fremden: «Die lange Brücke, von welcher aus man auf dem Platz vor dem Schloß arriviret [ankommt], ist ein überaus zierlich Bauwerk nach holländischem Modell und trägt zu beiden Seiten an den Bahnen die Wappen der brandenburgischen Provinzen.» Den Magistrat von Berlin drängte der Geheime Rat, «daß der Rathauskeller nicht nur mit guten Weinen versehen, sondern auch wie in andern großen Städten vornehme sowohl einheimische als frembde Leute bequeme Logementer dabey haben können, ihre gescheffte vermittelst einer ergötzlichkeit abzuthun, und darzu unter andern das größte Gewölbe zu gebrauchen, auch einen kostbahren eingang dazu machen zu lassen».

Neben der Kunst vergaß Friedrich Wilhelm die Wissenschaften nicht, auch wenn es Dilettanten waren, die er förderte. Alle Welt sprach damals von der Jesuitenmission in China. Überall in den Zimmern stand auf zierlichen Konsolen chinesisches Porzellan. China war die große Mode. Der Berliner Propst Andreas Müller beschäftigte sich seit Jahren mit der exotischen Sprache und war überzeugt, eine Methode gefunden zu haben, «in gar kurzer Zeit» Chinesisch zu lernen. Der Kurfürst versprach ihm 5000 Taler für einen «Schlüssel zur chinesischen Literatur». Doch die Kollegen des Geistlichen verdammten ein solches Unternehmen als «Teufelswerk», und das Honorar aus dem Schloß kam nie. Aus der Sache wurde nichts. Erfolgreicher war Christian Menzel, der vielseitig interessierte Leibarzt des Kurfürsten. 1685 brachte er ein lateinisch-chinesisches Lexikon heraus.

Im gleichen Jahr unterschrieb der Kurfürst auf Drängen seiner Ärzte endlich die Urkunde, mit der – 23 Jahre nach den ersten Planungen – in Berlin ein medizinisches Kollegium für die Mark Brandenburg gegründet wurde, um «solchem schädlichen Wesen und Mißbräuchen vermittels heilsamer und guter Ordnung so viel immer möglich zu begegnen». Was sich in diesen zwanzig Jahren in Brandenburg geändert hatte, verriet der zweite von 32 Paragraphen: «Damit auch dieses Collegium desto mehr Authorität und Nachdruck in ihren Verrichtungen haben möge, so wollen Wir aus Unserem Geheimen Rath einen als Praesidem hujus Collegii constituiren und adjungiren, welcher so offt es die Noht und Wichtigkeit der Sache erfordert, Ihnen mit gutem Rath und That beystehen, dessen Anliegen Uns vortragen und Ihre Consilia zu des Landes Bestem mit dirigiren sol.» Das, was von den Ärzten als reine Standesorganisation geplant war, erblickte nun als staatliche Behörde das Licht der Welt. Wieder hatte der Staat ein Stück Wohlfahrt seiner Bewohner unter seine Kontrolle gebracht.

Die neue Behörde war nicht nur für die Mediziner zuständig, sondern hatte auch die «Inspection über alle in Unsern Landen vorhandenen Apotheken, ausser der Hoff Apotheken, welche denen Leib- und Hoff-Medicis allein zukommt». Auch wurden alle gewarnt, die an den Rändern der ärztlichen Kunst sich versuchten: «Die Gewürtzkrähmer, Alchymisten, Destillatores, Zuckerbäkker, Parfumirer, Branntweinbrenner und dergleichen sollen sich keines weges mit den Artzney-Wesen vermengen, noch Medicamenten als welche eigentlich und allein in die Apothecken gehören praepariren, und aus der Hand verkauffen . . . viel weniger sich des curirens anmassen.» Die «Oculisten, Operatores, Stein- und Bruchschneider, Zahnbrecher etc.» mußten ebenfalls vor dem neuen Kollegium eine Prüfung ablegen und «darauf nach Befinden zugelassen oder abgewiesen werden». Und endgültig vorbei war die Zeit, als ein Blick in den menschlichen Körper einer Gotteslästerung gleichkam: «Damit die jungen Studiosi Medicinae, Wundt Aertzte, Hebammen und andere so bey Schäden, Gebährenden und andern Krancken gebrauchet werden, auch andere, des Menschlichen Leibes constitution und der Glieder Beschaffenheit desto besser erlernen mögen, so sollen die Medici dieses Unsers Collegii darauf bedacht seyn, daß so offt möglich und Corpora zu erlangen seynd, Anatomien angestellet werden . . .» Der Kurfürst setzte sich sehr dafür ein, daß an der Universität in Frankfurt an der Oder ein «anatomisches Theater» für die Studenten gebaut wurde; ein Hörsaal mit aufsteigenden Tribünen, wo sie beim Sezieren der Leichen lernen konnten.

Zu diesem Thema noch eine kuriose Geschichte am Rande. Meister Johannes Dietz, Feldscher beim Großen Kurfürsten, erzählt in seinen Erinnerungen, daß damals die «Frantziser» – die Syphilis – in Berlin sehr verbreitet war und er daran viel Geld verdiente: «Unter vielen hatte ich einen Geheimbten Rath zu bedienen, welcher mir öfters seine Maladie klagete. Wie ich ihm aber die ganze Krankheit auslegete, und wie es müßte kurieret werden, gab er sich ohne Bedenken in die Kur. Jedoch verbot er mir auf Leib und Leben, es nicht jemand wissen zu lassen; auch seine Leute und Diener durften es nicht wissen. Denn keine Frau hatte er nicht; er speisete täglich bei der kurfürstlichen Tafel.» Johannes Dietz traktierte den Geheimen Rat nicht nur mit selbstgekochten Tränken und Pillen. Sein Heilmittel war die Schwitzkur. «Das schwerste war nur, einen Schwitzkasten anzustellen. Und da machte ich diese Invention: nämlich, ich kehrete einen beschlagenen Stuhl umb, legte ein Brettchen drauf, drauf mußte sich der Herr ganz nacket setzen, unter ihm machte ich mit spiritus vini in einem Näppchen Feuer, umb ihn hängete ich erstlich sein Bettuch, wohl vierfach, und darnach seinen Mantel mit Sammet, steckte es mit Nadeln zu. Da saß Herr Urian und mußte so lange schwitzen, als er es ausdauern konnte.» Der Geheime Rat war überzeugt, daß ihn die Kur von seinem Übel befreit hatte.

Eine saubere Stadt

Nach mehr als vier Jahren Krieg siedelte der Hof wieder ständig in der Residenz an der Spree. Friedrich Wilhelm wurde auf seinen Ausfahrten durch Berlin und Cölln förmlich mit der Nase darauf gestoßen, daß seine nun fast zwanzig Jahre alte Straßenordnung kein voller Erfolg war. Es stank an allen Ecken und Enden. Hemmungslos schütteten die Bürger bei Dunkelheit ihre Nachttöpfe aus den Fenstern und hatten bei Tag keine Scheu, ihre privatesten Geschäfte auf den Straßen zu verrichten. Der Geheime Rat erließ 1680 eine zweite Ordnung, die sich ausdrücklich auf diese beiden Übel bezog. Wer weiterhin Straßen und Luft verpestete, auf den wartete der Pranger. Ermahnt wurden auch die Zimmerleute, die immer noch mit Vorliebe auf der Straße arbeiteten, unzumutbare Verkehrshindernisse für die zunehmende Zahl der Kutschen und Reiter. Die alte Ordnung hatte den Hausbewohnern befohlen, die Straße vor der Häuserfront bis in die Mitte zu pflastern. Viele hatten sich bisher darum gedrückt. In Zukunft rückten ein paar Handwerker an, pflasterten auf öffentliche Kosten die Straße, und anschließend kam ein Soldatentrupp, um den Betrag vom Hausbesitzer zwangsweise einzutreiben.

Eine entscheidende Verbesserung der Brandbekämpfung war schon Anfang der siebziger Jahre durchgesetzt worden. Alle Öfen und Kamine durften nur noch aus Stein gebaut und mußten alle vier Monate gereinigt werden. In den Ställen waren offene Fackeln verboten. Die Laternen in den Straßen erhielten einen Schutzhelm. Getreide- und Heuvorräte mußten außerhalb der Stadtmauern gelagert werden. Um das einmal ausgebrochene Feuer systematisch zu bekämpfen, war jede Zunft zu einer bestimmten Aufgabe verpflichtet. Auf den Kirchtürmen saß nachts ständig ein Musiker, der im Notfall mit Trommeln und Horn Alarm gab. Dann eilten die Fuhrleute ins Rathaus und holten die dort untergebrachten Leiterwagen zur Brandstelle. Die Brauer kümmerten sich um die Spritzen und Pumpen. Die Zimmerleute warteten mit Äxten und Haken, um brennende Hausteile niederzureißen und die umliegenden Gebäude zu schützen. Andere schleppten mit

Pferdewagen wassergefüllte Fässer herbei, und die Lehrlinge mußten von der Spree oder dem nächsten Brunnen eine lange Kette bilden, in der der Ledereimer von Hand zu Hand ging. Eine Kata-
strophe wie in London, wo 1666 ein Feuer fast die ganze Stadt
zerstörte, war in Berlin kaum denkbar. Nirgendwo in Europa gab
es ein so gut organisiertes Feuerwehrsystem.

Ein anderes Problem ließ sich viel schwerer lösen. In der Mark
Brandenburg gab es immer mehr Bettler und umherirrendes Volk,
das weder Nahrung noch Arbeit hatte. Auch in Berlin und Cölln
waren sie inzwischen unübersehbar. Die Ausweisungsedikte blieben ohne Wirkung. Da kamen die Geheimen Räte auf die Idee,
aus dem Laster eine Tugend zu machen. Es war ja auch unsinnig,
Menschen zu vertreiben, die allenthalben fehlten. So entstanden in
den achtziger Jahren städtische Erziehungs- und Spinnhäuser, wo
die in den Augen ehrbarer Bürger verlotterten Elemente Moral
eingebleut bekamen und man zugleich ihre Arbeitskraft nutzte.
Vor allem Mädchen, die ohne Arbeits- oder Wohnnachweis aufge-
griffen wurden, waren wegen ihrer geschickten Hände in den
Spinnhäusern gesucht. Diese Idee war keine brandenburgische Erfindung. In den Niederlanden wurden Kinder und Erwachsene in
ähnlichen Einrichtungen seit Jahrzehnten auf brutalste Weise ausgenutzt. Nach der Devise: Wer für das Wohl der Bürger sorgt,
kann auch Opfer fordern. Mit der Gleichheit haperte es in diesem
Punkt allerdings fundamental. Opfer und Fürsorge waren auf sehr
unterschiedliche und ungerechte Weise verteilt.

Über neugewonnenem, inzwischen befestigtem Ansehen und
sauberen Straßen darf die negative Seite nicht verschwiegen werden. Brandenburg-Preußen fehlte die wirtschaftliche Substanz,
um die politischen Kraftakte des Kurfürsten schadlos zu überste-
hen und zu finanzieren. Es erhielt tiefe Blessuren in diesen langen
Kriegsjahren. Das Land war ausgeblutet, die Armut vieler Bewohner zum Erbarmen, und es zeigte sich kein Ansatz für Besserungen. In der Mark war man an Hiobsbotschaften gewöhnt, aus
Preußen waren sie neu. Auch dort hatte der Krieg des Kurfürsten
das Land ruiniert. In Königsbergs bester Zeit in der ersten Hälfte
des Jahrhunderts wurden im Hafen rund 400 Schiffe mit Waren
abgefertigt. Jetzt kamen nur noch 200. Die Bürger hatten kein

Geld, um mehr als das Notwendigste einzukaufen. Den Bauern auf dem Land starb das Vieh an Seuchen, und blieb es am Leben, gab es keine Interessenten. Mochten die Soldaten auch mit dem Gewehr auf den Höfen erscheinen, um die Abgaben einzutreiben: Entweder die Höfe waren verödet, oder es lebten dort ein paar Elendsgestalten, von denen nichts zu holen war.

Wir müssen auch sehen: Friedrich Wilhelm hielt weiterhin an einer ungerechten Besteuerung fest, um die Privilegien des Adels zu schützen und dem Staat ein einfaches, zentral kontrollierbares System zu erhalten. Das war eine kurzsichtige und unvernünftige Politik: Sie bestand darauf, daß in den Städten die Akzise – eine Verbrauchssteuer auf alle Waren – erhoben wurde und das Land – davon völlig getrennt – weiterhin starre Kontributionen ablieferte, von denen der Adel beständig befreit war. Sogar noch mehr: Wo der Adel Bauernhöfe kaufte oder – häufiger – die Bauern vertrieb, zu Leibeigenen machte und anschließend die Güter einheimste, da brauchte der Adel für diesen Unrechtsbesitz auch nichts zu zahlen. Die fehlende Summe wurde statt dessen den noch übriggebliebenen Bauern aufgehalst. Kein Wunder, daß diese völlig verarmten Bauern lebten wie die Tiere und nicht selten ihren Hunger mit «Spreu, verfaulten Trebern und andern abscheulichen und unmenschlichen Dingen» zu stillen suchten.

Zu Anfang der achtziger Jahre hatten die Kriegskommissariate die Steuerverwaltung endgültig in der Hand. Sie versuchten bald, selber Steuerpolitik zu machen. Ausländische Importe wie Glas, Eisen, Metalle, Zucker, Tabak, billige Tuche, Leder und Salz wurden verboten. Doch es gab in der Mark weder genügend Rohstoffe, noch konnten die Handwerker so billig arbeiten wie das Ausland. Dort waren Manufakturbetriebe – Vorläufer der Fabriken – schon längst etabliert, in denen viele Handwerker saßen und jeder nur bestimmte Einzelteile anfertigte. In Berlin versuchte man in diesen Jahren sehr stümperhaft, die ersten Manufakturen einzurichten. Die Versuche schlugen alle fehl.

Friedrich Wilhelm war zu klug, um nicht zu merken, wie schlecht es der Wirtschaft seines Landes ging. Es mußte ihn um so tiefer treffen, als er seit seinem Jugendaufenthalt in Holland überzeugt war, daß jeder moderne Staat von einer florierenden Wirtschaft abhängig war. Friedrich Wilhelm besaß auch zuviel Phantasie, um nicht über Besserungen für seine heruntergekommene Wirtschaft nachzudenken. Und weil er zu radikalen Änderungen im Innern nicht bereit war, lenkte er seinen Blick und seine Hoffnung weit über die Grenzen hinaus auf ferne Küsten.

Intermezzo in Afrika

Wieder einmal war es der Krieg, der das Neue auf den Weg brachte. Als sich Mitte der siebziger Jahre die Niederlande nur mit knapper Not der französischen Truppen erwehren konnten, sah Benjamin Raule, Reeder und Unternehmer in Middelburg, keine Existenzmöglichkeit mehr in seinem Heimatland. Raule war ein Mann voller Ideen und Lust am Abenteuer. Er suchte einen Mann, mit dem er seine Pläne verwirklichen konnte – und trat in den Dienst des Kurfürsten von Brandenburg-Preußen. Wie bei so manchem anderen, der in kein Klischee paßte, hatte Friedrich Wilhelm ein offenes Ohr auch für diesen Holländer, und er hielt gegen alle späteren Intrigen an ihm fest.

Benjamin Raule wurde 1675 kurfürstlicher Rat. Er stellte eine Kriegsflotte auf, die er dem Kurfürsten vermietete und mit der er die Belagerungen von Stettin und Stralsund durch eine wirksame Blockade von See her ergänzte. Nach dem Friedensschluß, 1680, segelten 28 Kriegsschiffe mit 502 Geschützen unter brandenburgischer Flagge, und Friedrich Wilhelm hatte keine Skrupel, sie auf Kaperfahrten zu schicken. Zwar ging das Unternehmen, die spanische Silberflotte auszunehmen, schief. Aber bei Ostende fiel nach kurzem Kampf das große spanische Schiff «Carolus Secundus» in brandenburgische Hände. Ein Überraschungscoup, der in Europa ungläubiges Erstaunen und Neid hervorrief. Gab es überhaupt noch ein Gebiet, auf dem sich der Brandenburger nicht hervortat? «Carolus Secundus» war nicht nur mit Kanonen, sondern auch mit Brabanter Spitzen und Leinwand beladen, was 100000

Taler brachte. Anschließend wurde es umgetauft und führte als Flaggschiff «Wappen von Brandenburg» die Charterflotte des Kurfürsten an.

Die Idee, daß Schiffe nicht nur zum Krieg, sondern vor allem auch zum Handel nützlich sind, hatte Benjamin Raule. Er machte Friedrich Wilhelm den Vorschlag, sein Glück an der afrikanischen Westküste zu suchen – exotische Gewürze und Hölzer, vielleicht sogar Gold und andere Metalle aufzuladen. Das war der Ausweg aus der miesen Wirtschaftslage in Innern. Im Frühjahr 1682 wurde durch kurfürstliches Edikt die «Brandenburgisch-Africanische Compagnie» gegründet: «Demnach wir erwogen, wie daß der höchste Gott einige Unserer Landen mit wohlgelegenen Seehäfen beneficiret, und dannenhero Vorhabens sein, unter andern Mitteln, so Wir zur Verbesserung der Schiff-Fahrt und des Comercii, als worin die beste Aufnahm eines Landes bestehet, einzuführen bedacht, vermittelst Göttlicher Hülfe und Segens, eine nach der in Africa belegenen so genandten Guineischen Küste handelnde Compagnie aufzurichten . . .»

Der Segen eines Landes liegt in seinem Handel. Diese alte Devise des Kurfürsten hatte die trägen Kaufleute in Königsberg immer noch nicht überzeugt, wenn sie mit Risiko verbunden war. Sie lehnten die Beteiligung an solchen Abenteuern ab, blieben weiterhin in ihrer Stadt sitzen und verdienten lieber am Umschlag der Waren, die im Hafen lagen. Da kamen der Zufall und die Unternehmungslust der Friesen Friedrich Wilhelm zu Hilfe. Die ostfriesischen Stände baten ihn um Unterstützung gegen die eigene Landesherrin. Im November 1682 besetzten dreihundert brandenburgische Soldaten ohne Gegenwehr die Burg Greetsiel nordwestlich von Emden und blieben dort. Mit der Stadt Emden schloß Friedrich Wilhelm einen Handels- und Schiffahrtsvertrag, legte eine Garnison in die Stadt und hatte unverhofft ein Traumziel erreicht: einen brandenburgischen Hafen an der Nordsee. Noch heute blickt sein Denkmal am Kai von Emden in die Ferne.

Unterdessen war Brandenburg-Preußen schon auf dem besten Wege, Kolonialmacht zu werden und auch auf diesem Gebiet in die Reviere anderer europäischer Mächte – Holland, England, Frankreich, Portugal, Spanien – einzubrechen. Unter der Leitung des Offiziers Otto Friedrich von der Groeben gingen im Dezember 1682 zwei Schiffe am Kap der drei Spitzen an der Goldküste vor Anker und nahmen wenig später ein Stück afrikanische Erde feierlich für Brandenburg-Preußen in Besitz. Groeben notierte in seinem Tagebuch, wie der Kapitän die kurfürstliche Flagge auf einen Hügel an Land brachte, «die ich mit Paucken und Schallmeyen auffgeholet, mit allen im Gewehr stehenden Soldaten empfangen, und an einem hohen Flaggen-Stock auffziehen lassen . . . Und weil Seiner Churfürstlichen Durchlaucht Nahme in aller Welt Groß ist, also nennete ich auch den Berg: den Grossen Friedrichsberg.»

Der Oberst hatte außer vierzig Soldaten eine Instruktion an Bord, den dort lebenden «Mohren» einen Brief «mit goldenen Buchstaben» zu überreichen, der sie unter brandenburgischen Schutz stellte und den Bau einer Festung in Küstennähe ankündigte. Als Gegenleistung gab es Geschenke an die Eingeborenen, silberne Becher und Porträts des Kurfürsten. Damit keiner auf die Idee käme, etwas in die eigene Tasche zu stecken, hieß es in der Instruktion: «Die Geschenke, . . . soll Er ihnen, ohne daß dah was anermangele, richtig geben.» Daß die weißen Herren die Schwarzen bestenfalls wie unmündige Kinder behandelten, war eine Moral, die kein Europäer damals – und noch für lange Zeit – anzweifelte.

Es lief alles nach Vorschrift. Unter dem Schutz von sechs Kanonen wurden Zäune geflochten, Gräben gegraben und Pfähle gesetzt. Als Angehörige eines feindlichen Stammes die Weißen samt ihren «brandenburgischen Negers» eines Tages angriffen, ließ von der Groeben eine sechspfündige Kugel unter sie schießen, «welche recht in den größten Haufen geschlagen. Zugleich hatte der Krieg ein Ende, weil die Mohren nichts weniger, als das grobe Geschütz vertragen könen, sie höreten auf zu schießen und lieffen in aller Geschwindigkeit, denen unsere Schwartzen noch ein ziemliches Stück nachsetzten.» Der Oberst übergab kurz nach dieser Feuertaufe, bei der er geschickt die Streitigkeiten zwischen den afrikanischen Stämmen ausgenutzt hatte, das kleine Fort an den Kapitän des zurückbleibenden Schiffes und landete im August 1683 mit guten Nachrichten, seltsamen Tieren und Pflanzen und einigen

«Mohren» in der Heimat. Die schwarzen Menschen waren als Dienstboten beliebt, und man versuchte, ihre Talente zu nutzen. Aus dem Jahre 1685 erfahren wir, daß einer der holländischen Hofmaler vom Kurfürsten gebeten wurde, den «Mohren» der Kurfürstin in die Lehre zu nehmen.

Die Vorbereitungen für die nächste Afrika-Fahrt liefen schon, als Groeben zurückkehrte. Friedrich Wilhelm prüfte selbst das lange Verzeichnis von Menschen und Material für die Verstärkung der Besatzung und den Ausbau der Feste. Alles wurde in Königsberg zusammengestellt. Diesmal nahm man nicht nur Steine und Kalk, sondern auch einen Wagen samt vier Pferden mit übers Meer. Die Soldaten begleiteten ein Feldprediger, ein Schreiber, ein Büchsenmeister und Feuerwerker, ein Feldscher und ein Chirurg. Die Männer wurden vom Grafen Döhnhoff geworben. Sie sollten nicht nur kämpfen können, sondern «womöglich alle arbeitsleute sein», Maurer, Schneider, Tischler, Schmiede, und «2 oder 3 die auf der Violl oder andern instrumenten spielen». An Kleiderausstattung bekam ein jeder sechs Hemden, zwei Paar Schuhe, ebensoviel Strümpfe, zwei Mützen und drei Halstücher und außer dem Mantel noch einen «guten Regenrock». Mit zwei Schiffen kamen sie alle im Frühjahr 1684 an der Goldküste an.

Im gleichen Jahr wurde der Sitz der Africanischen Compagnie nach Emden verlegt und in Berlin eine Admiralität eingerichtet. Der erste Schritt zum Marineministerium war getan. Benjamin Raule wurde aufgefordert, weitere Schiffe zu besorgen, und im Herbst des gleichen Jahres kaufte Friedrich Wilhelm ihm neun Schiffe mit 176 Kanonen ab. Brandenburg-Preußen hatte nun endgültig seine eigene Marine. Es war Friedrich Wilhelms Idee, und er ließ sich von der Kritik, die seine engsten Mitarbeiter vorbrachten, nicht beeindrucken. Sie hatten gute Gründe für ihre Überlegungen und für ihre Warnungen vor unnützen Geldausgaben. Niemand wußte, ob diese Ausgaben jemals Zinsen bringen würden. Nur um am Berliner Hof ein paar Schwarze vorzeigen zu können und ein paar «rare Affen und Papageien», war das ganze Unternehmen viel zu kostspielig. Die Herren Geheimen Räte rümpften die Nase über diesen Phantasten Benjamin Raule, und im stillen schüttelten sie wieder einmal den Kopf darüber, wie anfällig ihr Kurfürst für solche Träumer war. Friedrich Wilhelm gab ihnen schriftlich, warum er das afrikanische Unternehmen weitermachen würde: «Weil Wir aber dasselbe einmal angefangen und es überall in der Welt einen éclat gemachet, auch von Gott mit herrlichen Häfen in Unseren Landen versehen sein, so befinden Wir unsere Gloire dabei interessiret, daß Wir dasselbe continuieren.» Wenn es um das gesamte Design ging, überzog Friedrich Wilhelm großzügig die kleinlichen Realitäten. Herrliche Häfen in Brandenburg-Preußen? Das war mehr eine Übertreibung, denn mit dieser Bezeichnung durfte sich nur Königsberg schmücken. Um die Wirkung ging es diesem Kurfürsten, mochte der Unterbau noch so wacklig sein.

Was die handfesten Ergebnisse betraf, behielten die Kritiker recht. Der Kolonisierungsversuch in Afrika fand kein gutes Ende. Die Holländer, Verbündete in Europa, wurden in der Ferne zu erbitterten Gegnern. Zwei Befestigungen, die außer dem ersten brandenburgischen Fort gebaut wurden, konnten einem holländischen Überfall nicht widerstehen. Die Mannschaft in Groß-Friedrichsburg hielt aus. Aber von Handel und Geschäften war keine Rede mehr. Die Minikolonie machte nur noch Sorgen und Kosten. Friedrich Wilhelms Nachfolger haben dieses Erbe knapp vierzig Jahre später an die Niederlande verkauft.

Eine komplizierte Persönlichkeit

Je älter Friedrich Wilhelm wurde, desto mehr schälte sich sein schwieriger Charakter heraus, traten die Gegensätze immer stärker hervor. Der Kurfürst bewahrte auch jetzt, wo er auf die Siebzig zuging, Spontaneität und Phantasie. Er ließ sich anstecken von den Ideen des Benjamin Raule, auch wenn der Nutzen nicht in Talern auszurechnen war. Er schickte brandenburgische Schiffe an afrikanische Küsten und träumte von Expeditionen nach China und Japan. Er setzte auf die Zukunft des Staates, den er geformt hatte.

Doch die Pläne, die er schmiedete, und die Unternehmungen, die er riskierte, wurden begleitet von körperlichen Schmerzen, die kaum je nachließen, und zunehmender Isolierung. Es folgten Tage und Wochen, in denen Friedrich Wilhelm außer seiner Frau keinen Menschen sehen wollte. Krankheit und Melancholie stellten sich in diesen achtziger Jahren immer häufiger ein. Mit Gichtschmerzen und Nierenkoliken lag der Kurfürst wochenlang im Bett. Wenn er auf war, konnte er es nur sitzend im Lehnstuhl aushalten. 1684 im Frühjahr, als die Gesandten schon eilfertig nach Hause meldeten, daß es wohl zu Ende gehe, verordnete ihm Dr. Bentekoe, sein holländischer Leibarzt, eine Trinkkur. Friedrich Wilhelm, sonst kein sehr gehorsamer Patient, trank wirklich jeden Morgen auf nüchternen Magen dreißig bis vierzig Tassen Tee und bildete sich ein, es habe Besserung gebracht. Etwas, woran er nie die Lust verlor, war die Jagd. Kaum konnte er sich wieder ein wenig bewegen, ließ er sich – inzwischen ein fülliger Mann geworden – aufs Pferd heben und ritt in die Wälder. Die ältere Geschichtsschreibung hat nur das eine gesehen: Einen kranken alten Mann, von der Welt isoliert und zunehmend von seiner Frau beeinflußt, die nicht von seiner Seite wich. Es ist ein falsches Bild. Denn auf der anderen Seite gab es bei ihm immer noch Kreativität und Energie und eine Durchsetzungskraft, die ausführen ließ, was er sich vorgenommen hatte. Waren die Perioden der Einsamkeit vorbei, besuchte er die Messe in Frankfurt an der Oder, feierte Friedrich Wilhelm so gerne wie früher und überraschte selbst seine Gegner als charmanter Gastgeber. Und es gab einiges zu feiern am Hofe zu Berlin.

Im August 1679 hatte Kurprinz Friedrich endlich Elisabeth Henriette von Hessen-Kassel geheiratet. Zwei Jahre nach der Vermählung seines ältesten Sohnes gelang Friedrich Wilhelm eine Überraschung, als er durchsetzte, daß sein gerade fünfzehn Jahre alter Sohn Ludwig die reiche Louise Charlotte Radziwiłł zur Frau nahm, Tochter des verstorbenen preußischen Statthalters. Der Kurfürst erhoffte sich durch diese Heirat, die in Königsberg stattfand, reiche polnische und litauische Erbschaften für das Haus Brandenburg.

Das erste Enkelkind, das zur Welt kam, war ein Mädchen, die

Tochter des Kurprinzen. 1683 schon starb ihre Mutter, die Frau von Prinz Friedrich, an den Blattern. Friedrich wollte schnell wieder heiraten, und er wußte auch, wen: die von allen Zeitgenossen als überaus schön und geistreich gerühmte Prinzessin Sophie Charlotte von Hannover. Das Klima zwischen den beiden Häusern war notorisch schlecht. Für die Welfen war der Brandenburger ein Emporkömmling, und die Mutter der Auserwählten nannte in ihren Briefen den Kurfürsten dumm und trunksüchtig und erschauerte vor dessen vielen Pickeln im Gesicht. Friedrich mußte um seine zukünftige Frau kämpfen. und setzte sich durch. An einem Sonntag im September 1684 wurde im Schloß Herrenhausen bei Hannover prächtig Hochzeit gehalten. Dann zog Friedrich nach Berlin.

Im November kam Sophie Charlotte mit ihrer Mutter und dem ältesten Bruder nach. In Spandau begrüßte Friedrich Wilhelm seine neue Verwandtschaft mit über zehntausend Soldaten. Rébenac, der französische Gesandte, hatte ihn begleitet und schrieb begeistert nach Paris: «Die schönsten Truppen, die ich je in Deutschland gesehen hatte.» Dann zog die hohe Gesellschaft in langer Prozession in die Residenz ein, wo natürlich die Hochzeit noch einmal gefeiert wurde. An einem Abend tanzten die jüngeren Kinder des Kurfürsten aus seiner Ehe mit Dorothea mit andern Hofleuten zusammen in dem historischen Ballett «Der Götter Freudenfest». Friedrich Wilhelm war in so guter Laune, daß sich die Herzogin von Hannover geschlagen gab und nach Hause berichtete: «Der gute Kurfürst war alle Tage in Spitzen gekleidet und immer vergnügt und froh wie ein Mann von 40 Jahren. Ich gab ihm mit Vergnügen einen Kuß.» Es war derselbe Mann, der sich wenige Monate zuvor todkrank in Potsdam verkrochen hatte.

Das fröhliche Fest überlagerte Spannungen, die zwischen Friedrich Wilhelm und seinem ältesten Sohn ausgebrochen waren. Friedrich, der Erbe, täuschte sich nicht, wenn er sich von seinem Vater vernachlässigt fühlte. Zwar hatte ihn der Kurfürst nach dem Tod von Karl Emil in die politischen Geschäfte eingeführt und ließ ihn an den Sitzungen des Geheimen Rates teilnehmen. Doch er sah in diesem Sohn immer nur die zweite Wahl, verglichen mit dem talentierten Verstorbenen. Das unausgesprochene Mißtrauen auf beiden Seiten wuchs. 1680 kam es zum ersten Streit, als der Sohn hintenherum erfuhr, sein Vater habe ein Testament gemacht und Ludwig XIV. zum Vollstrecker ernannt. Wir können uns die Einzelheiten sparen. Die Tatsache allein genügte, um den Sohn gegen den Vater aufzubringen. Die Stimmung zwischen den beiden wurde so schlecht, daß die ausländischen Gesandten jeder vertraulichen Begegnung mit dem Kurprinzen aus dem Wege gingen, um nicht das Mißfallen des alten Kurfürsten zu erregen. Der Familienzwist im Hause Brandenburg gab Anlaß zu immer neuen Gerüchten und Spekulationen, nicht nur in Berlin, sondern an allen europäischen Höfen.

Auch die große Politik beschäftigte Friedrich Wilhelm in diesen Jahren. Wenn er gehofft hatte, durch sein Bündnis mit den Franzosen schließlich doch noch Pommern zu gewinnen, so mußte er diesen Traum bald begraben. Und weil er, was das Reich und dessen Führung durch den Kaiser betraf, im Herzen kein Umstürzler war, ging es ihm schon nahe, als vom Balkan her die Türken gegen Österreich rückten. Er sagte es offen zu Rébenac: «Das Hemd ist mir näher als der Rock. Ich bin ein Kurfürst des Reiches und muß dem Reiche in seiner Not beistehen.» Doch nur langsam und vorsichtig konnte er seine Politik auf neue Bahnen – die die alten waren – umlenken. Wien wurde ohne brandenburgische Truppen von den Türken befreit, und das wurmte den Herrn in Berlin mächtig.

Der erste entscheidende Schritt weg vom französischen Bündnis wurde mit einem Geheimvertrag gemacht, der im August 1685 die alte Allianz zwischen Brandenburg und den Niederlanden erneuerte. Rébenac, der sonst immer gut Informierte, erfuhr davon nichts. Den Anlaß, sich in aller Öffentlichkeit von Frankreich zu trennen, gab Ludwig XIV. selbst, und es war ein sehr ehrenhafter für den Kurfürsten. Im Oktober 1685 erklärte der Franzosenkönig das Edikt von Nantes für null und nichtig. Franzosen mit reformiertem Glauben – Hugenotten – hatten in Zukunft keine bürgerlichen Rechte mehr und nur noch eine Wahl: katholisch zu werden. Die Antwort des reformierten Herrschers von Brandenburg-Preußen kam schon zwei Wochen später. Am 8. November 1685 erließ Friedrich Wilhelm das zu Recht berühmte Edikt von

Potsdam. Er lud darin alle «der evangelisch-reformierten Religion zugetanen Glaubensgenossen, welche durch die eingetretenen harten Verfolgungen und rigorosen Prozeduren veranlaßt seien, ihren Stab zu versetzen und aus selbigem Königreich hinweg in andere Lande sich zu begeben», ein, nach Brandenburg-Preußen zu ziehen, «um dadurch die große Not und Trübsal, womit es dem Allerhöchsten gefallen, einen so ansehnlichen Teil seiner Kirche heimzusuchen, auf einige Weise zu sublevieren und erträglicher zu machen.»

Die Hugenotten kommen

Die Entrechtung der Hugenotten kam nicht aus heiterem Himmel. Schon 1666 hatte Friedrich Wilhelm an Ludwig XIV. geschrieben und versucht, mit politischen Argumenten zugunsten seiner Glaubensgenossen Eindruck zu machen. Der Brandenburger erinnerte den König daran, daß das stärkste Band zwischen den Franzosen und den protestantischen Mächten die Glaubens- und Gewissensfreiheit sei. Aber schon damals stellte sich Ludwig XIV. taub und ließ nicht mit sich handeln, ob es Rechtens sei, den Hugenottenkindern höhere Schulen zu verbieten und die Eltern aus den Zünften zu vertreiben. Der katholische Klerus in Frankreich drängte auf Vernichtung der feindlichen Brüder, und der König, der die Geistlichen brauchte, gab nach.

Inzwischen hatte es sich auf dem Kontinent herumgesprochen, daß außer den Niederlanden auch Brandenburg-Preußen protestantische Flüchtlinge aufnahm. Mit Zustimmung des Kurfürsten wurde in Berlin 1672 die erste französisch-reformierte Gemeinde unter Leitung des Predigers David Fornerod gegründet. Zehn Jahre später stellte ihnen Friedrich Wilhelm die Schloßkapelle als ständiges Gotteshaus für die sonntäglichen Gottesdienste zur Verfügung. Es kam die Creme der Berliner Gesellschaft, Geheime Räte und Generale und nicht selten Mitglieder der kurfürstlichen Familie. Zahlreiche französische Offiziere dienten von Anfang an in der brandenburgischen Armee, als ranghöchster vor Beginn der großen Flüchtlingswelle von 1685 der General-Leutnant und Oberstallmeister Louis de Beauveau, Graf d'Espence, ein Kavalier aus altem Adel.

Wie sehr sich diese Franzosen in der Residenz an der Spree zu Hause fühlten, ganz selbstverständlich auf ihre Rechte pochten, ja sich als etwas Besonderes ansahen und nicht mit dem gewöhnlichen Maßstab gemessen werden wollten, ließ der Prediger Fornerod eines Tages einen brandenburgischen Beamten sehr deutlich spüren. Es war der kurfürstliche Bibliothekar Christoph Hendreich, der uns schon einmal aufgefallen ist, weil er mit ungewöhnlicher Schnelligkeit und Sachkenntnis den gesamten kurfürstlichen Bücherbestand katalogisierte. Inzwischen war er neben Johann Raue, dem Comenius-Anhänger, wohlbestallter kurfürstlicher Bibliothekar. Zu denen, die mit Erlaubnis Friedrich Wilhelms Bücher ausleihen und mit in ihre Wohnung nehmen durften, gehörte David Fornerod. Die Bibliothek hatte nichts als Ärger mit ihm. Fornerod überschritt nicht nur ständig die Leihfrist und mußte immer wieder gemahnt werden. Er brachte auch die meisten entliehenen Bücher «übel zugerichtet» wieder zurück. Alle guten Worte Hendreichs zeigten keinerlei Wirkung. Als der Geistliche eines Tages mehrere Bände eines kostbaren Werkes beschmutzt in die Bibliothek brachte und einen weiteren Band verlangte, platzte Hendreich der Kragen. Er weigerte sich. Daraufhin wurde der Bibliothekar von dem Diener Gottes so unflätig beschimpft, daß Hendreich sich beim Kurfürsten beschwerte. Das Schreiben ging erst zum Geheimen Rat, der es an Friedrich Wilhelm mit der Empfehlung weiterleitete, «dem Bibliothecario zu befehlen, dem Fornerod keine Bücher mehr zu leihen; Und weil Er Ihn dergestalt injuriiret, daß er Ihm dahero, zur Verhütung einer und andern inconventien, auch in der Bibliothec selbsten keine Bücher mehr leihen solle». Friedrich Wilhelm versuchte, der Ehre seines Beamten genüge zu tun, ohne den angesehenen Immigranten ganz zu verärgern, und schrieb aus Potsdam, der Geheime Rat solle Fornerod zu sich bestellen und ihm deutlich machen, «daß wie Uns sein bezeigen gegen Unsern Raht und Bibliothecarium zu ungnädigem mißfallen gereichte, Wir also auch wolten, daß er demselben wegen der wider ihn ausgestoßenen Injurien gebührende satisfaction geben, ins künfftige auch, weil Er unsere Bücher so übel zugerichtet, deren keine mehr aus unserer Bibliothec mit zu hause nehmen, und wan Er sich einiger in der Bibliothec selbsten gebrauchen wolte, sich dabey bescheidentlich und glimpflich erweisen, auch die Bücher nicht verderben solle . . .»

Die peinliche Affäre war noch nicht zu Ende, denn Fornerod zeigte sich unversöhnlich. Vor den Räten bestritt er alle Beleidigungen, wollte sie deshalb auch nicht zurücknehmen, obwohl «er sich nicht entblödete, in praesentz denselbigen noch mehr mit anzüglichen Worten anzugreifen». Als der Delinquent auch alle Vorwürfe leugnete, wurden die betroffenen Bücher aus der Bibliothek geholt, «welche alle sehr heßlich zugerichtet waren». Die Räte ließen nicht weiter mit sich handeln und erklärten, daß Fornerod keine Bücher mehr mit nach Hause nehmen durfte.

Kein Zweifel, die reformierten Franzosen, die nach Brandenburg kamen, waren eine Elite. Die Hugenotten stellten nicht nur hervorragende Juristen, Ärzte und Militärs, sondern auch tüchtige Handwerker, die zugleich ein in Brandenburg bisher unbekanntes Organisationstalent besaßen. Friedrich Wilhelm war entschlossen, diese Talente und wirtschaftlichen Kapazitäten für sein Land zu nutzen, als er die Franzosen mit offenen Armen empfing. Wie konnte er, der sich über den wirtschaftlichen Ruin seines Landes den Kopf zerbrach, eine solche Gelegenheit vorübergehen lassen! Diese nützliche Seite der Medaille verkleinerte die ideelle keineswegs: Daß er seinen reformierten Glaubensgenossen Schutz und Hilfe bot, daß er für Gewissensfreiheit und gegen religiösen Fanatismus eintrat, war für Friedrich Wilhelm jenseits aller politischen Überlegungen eine Herzensangelegenheit. Es ging dem Kurfürsten sicher nicht um Propaganda, wenn Graf Rébenac zum Stichwort Hugenotten nach Paris meldete: «Es vergeht kaum ein Tag, an dem er nicht – aus Mitleid oder Zorn – außer sich gerät.»

Kaum waren die ersten Flüchtlinge im Januar 1686 in Berlin angekommen, empfing der Kurfürst Abordnungen in Potsdam. Der Oberstleutnant de Campagne gehörte zu den ersten. Sein Eindruck über Friedrich Wilhelm: «Er zeigte, daß er aufs tieffste von unseren Leiden ergriffen war und sie lindern wollte. Er wünschte, daß man ihm die Mittel erzählte, welche wir angewendet hatten, um der Wachsamkeit der an den Grenzen aufgestellten Wachen zu entgehen, und die Grausamkeiten, deren man sich bedient, um die Reformierten zum Religionswechsel zu zwingen. Bei dieser traurigen Erzählung konnte er sich der Thränen nicht erwehren.»

Das Potsdamer Edikt, als Flugblatt auf französisch und deutsch in Frankreich verteilt, informierte die Hugenotten über die Vergünstigungen, die in Brandenburg auf sie warteten: Sie konnten ihren zukünftigen Heimatort frei wählen. Dort standen ihnen freie Wohnungen zur Verfügung, für die sie sechs Jahre lang keine Abgaben zahlen und keine Einquartierungen dulden mußten. In den Städten durften sie jedes Gewerbe und Handwerk ausüben, Unternehmer erhielten finanzielle Zuschüsse. Wer aufs Land ging, bekam freie Äcker. Der französische wurde dem deutschen Adel gleichgestellt. Witwen und Pensionäre würden auch in Brandenburg ihre Zahlungen erhalten. Neben solchen Hinweisen auf die Zukunft standen die besten Reiserouten ins gelobte Land. Die Flüchtlinge sollten sich in Frankfurt, Amsterdam und Hamburg sammeln, wo brandenburgische Beauftragte für ihren Weitertransport sorgten.

Insgesamt zogen in den folgenden Monaten rund 30000 Franzosen ins Deutsche Reich, davon 20000 nach Brandenburg-Preußen, ein großer Zuwachs bei einer Bevölkerung von rund anderthalb Millionen. Sie verstreuten sich über das ganze Land. Magdeburg, Halle, Frankfurt an der Oder bekamen große französische Kolonien. Die meisten aber blieben in Berlin, wo sich neben den rund 12000 Einwohnern bis zum Ende des Jahrhunderts 4000 Franzosen niederließen. Wohin sie kamen, erregten die Hugenotten mit ihren feinen Kleidern und gepflegten Manieren die Bewunderung, aber auch den Neid der Deutschen. In Magdeburg und Halle mußte die Bevölkerung energisch ermahnt werden, die Fremden wohlwollend zu behandeln und nicht zu benachteiligen. Alle Aufrufe, freiwillig für die Reformierten zu spenden, blieben ohne Echo. Die Einstellung der Lutheraner gegenüber dem «calvinistischen Gift» hatte sich unter einer ruhigen Oberfläche nicht geändert. Im Januar 1686 schrieb der Kurfürst eine Zwangskollekte aus und forderte noch einmal zum Mitleid auf «gegen diese arme bedrengte Leute».

Außer den klugen Köpfen, die als Ärzte, Juristen und Theologen einen Posten fanden oder aus der Schatulle des Kurfürsten bezahlt wurden, veränderten vor allem die Handwerker, die es gewohnt waren, ihren Beruf fabrikmäßig im großen Stil zu betreiben, das Gesicht Berlins. Und Luxuswaren, die bisher für teures Geld aus dem Ausland importiert werden mußten, stellte man nun selber her.

Außerhalb von Berlin entstanden – vor allem auf den Friedhöfen – große Maulbeerbaumplantagen, auf denen Seidenraupen gezüchtet wurden. Statt der bisher üblichen Handschuhe aus Pelz oder Stoff fabrizierten die Franzosen feine Lederhandschuhe. Schon lange vor der Flüchtlingswelle war Jean Quintin kurfürstlicher Hofschneider geworden. Nun erhielt er viele neue Mitarbeiter. In allen Arbeiten, bei denen man geschickte Finger brauchte, hatten die Franzosen Meisterschaft entwickelt: künstliche Blumen, goldene Stickereien und Borten, Knöpfe und Spitzen. Auch die Hutmode erhielt Auftrieb, und das erste französische Meistermodell bekam natürlich Friedrich Wilhelm überreicht. Geschickte Uhrmacher kamen ins Land, Goldschmiede und Graveure. Allerfeinste Tapeten aus Goldstoff und Seide fertigte nun der Franzose Mercier an, und der Hof gab sofort etliche große Gobelins in Auftrag. Um Licht im Haus zu haben, war man nicht mehr darauf angewiesen, pfundweise Tran zu kaufen. Jetzt gab es feines, in Zinnformen gegossenes Wachs.

Auch die Küche in der Residenz erhielt durch die Hugenotten spürbaren Auftrieb. «Bohnenesser» nannte man die Fremden, weil dieses Gemüse, nebst den Erbsen, an der Spree bisher unbekannt war. Nun machten die Franzosen vor, daß es ebenso gut schmeckte wie Blumenkohl, Spargel oder Artischocken – alles exotische Neuerungen, die nun auf die Tische der Wohlhabenden kamen. In der Armee wurden ganze Regimenter mit Franzosen aufgefüllt, und ihr höchster Vertreter wurde der Marschall Friedrich von Schomberg, der 1687 in Berlin eintraf. Ein Jahr später richteten Franzosen am Eingang zum Schloß einen Taxi-Dienst für Sänften ein. Jeder konnte gegen Bezahlung dort eine «Portechaise» besteigen.

Beide Seiten mußten sich erst aneinander gewöhnen. Insgesamt ging die Eingliederung von so vielen Fremden, die einen sehr anderen Lebensstil gewohnt waren, erstaunlich reibungslos vonstatten. Kein anderes Land in Europa hat in diesem Jahrhundert ein solches Experiment gewagt. Es fügt sich in den Zusammenhang, daß in dieser Zeit – 1686 – Friedrich Wilhelm sich den großen und unbequemen Samuel Pufendorf als brandenburgischen Geschichtsschreiber wählte. Längst war der 54jährige Sachse über die Grenzen des Reiches hinaus berühmt und gehaßt. Pufendorf, der in Deutschland das Naturrecht begründete, verbreitete, systematisierte und als erster Völkerrecht lehrte, war auf vielen Gebieten zu Hause: Jurist und Historiker, Philosoph und Politiker. In Heidelberg bekam er, der nie eine Doktorarbeit geschrieben hatte und für seine Trinkfreudigkeit bekannt war, einen Lehrstuhl und verkündete als erster lutherischer Professor in Deutschland etwas bisher Unvorstellbares. Die Vernunft, so dozierte Pufendorf im Sinne des Descartes, sei die einzige Grundlage der Erkenntnis und nicht etwa die Autorität des Aristoteles oder der Bibel. Jeder Mensch – ob Christ oder Heide – habe von Natur aus bestimmte Rechte, die in der Vernunft und nicht im Glauben begründet seien. Ein Aufschrei ging von Leipzig bis Straßburg durch das Land, wo die Herren Professoren immer noch schworen, nichts anderes zu lehren, als in den Büchern des Aristoteles stand. Wo die Theologen als Oberzensoren fungierten und Doktorarbeiten über «Das Gewicht der Weintrauben im Lande Kanaan» schreiben ließen. Pufendorf hatte sie selber als Student kennengelernt, diese Schriftgelehrten und Pharisäer, und er bekämpfte sie nun mit geschliffener Feder. Er wetterte in Pamphleten gegen jene «Priester, die unter dem Namen des Gebets nur die greuliche Wut ihres erbitterten Gemütes ausschnauben», und scheute sich nicht, einen seiner Gegner als «eine feste Säule der Barbarei» zu charakterisieren. Und weil er es nicht nötig hatte, in Deutschland klein beizugeben, folgte Pufendorf einem Ruf nach Schweden.

Seit 1670 lebte der Umstrittene als Professor im schwedischen Lund und konnte dort erst 1688 seine Zelte abbrechen. Als Vorausgabe an seinen brandenburgischen Gönner brachte Pufendorf 1687 eine Abhandlung «Über das Verhältnis der christlichen Religion zum Staat» – «De habitu christianae religionis ad vitam civilem» – auf den Markt. Gewidmet war sie Friedrich Wilhelm und nichts anderes als ein theoretisches Fundament für dessen bisher praktizierte Kirchenpolitik. Pufendorf versuchte das Unmögliche: Er stellte fest, daß Religion und Staat von ihrem Ursprung her nichts miteinander zu tun haben. Diese klare Trennung bedeutete eine eindeutige Abgrenzung gegen jene mittelalterliche Vermengung, die orthodoxe Lutheraner so fanatisch verteidigten. Diese These garantierte zugleich Gewissens- und Glaubensfreiheit. Doch Pufendorf mußte auch erklären, warum bei einer so aufgeklärten und toleranten Einstellung der Staat unumschränkt in die Kirchen hineinregierte und sie unter seiner totalen Kontrolle haben wollte – wie es der Kurfürst von Brandenburg vorgemacht hatte. Der Mann aus Sachsen fand einen Ausweg: Der christliche Herrscher durfte eingreifen, weil er der Schutzherr der Kirchen und für den öffentlichen Frieden zuständig war. Pufendorf war so widersprüchlich wie seine Zeit: Er befreite die Politik von der Religion, die Gewissen aller Bürger von jedem Zwang und predigte zugleich den Kirchen politische Enthaltsamkeit und Gehorsam gegenüber der Obrigkeit.

ˏ Nicht nur die Hugenotten fanden beim Kurfürsten Verständnis. Mit ihnen kamen Pfälzer, Wallonen und Waldenser, die alle wegen ihres protestantischen Glaubens flüchten mußten, ins Land. Sie fanden zwischen Cleve und Königsberg eine neue Heimat. Die Toleranz in Brandenburg-Preußen, die Friedrich Wilhelm so sichtbar und permanent praktizierte, war mehr als wirtschaftliches Profitdenken oder ein Nebenprodukt christlicher Nächstenliebe. Sie hatte sich längst selbständig gemacht und stützte sich auf jenes Naturrecht, das Samuel Pufendorf in Deutschland heimisch machte. 1686 bat Friedrich Wilhelm seinen vertrauten Rat Paul Fuchs, einen Brief an den Herzog von Savoyen, der die Waldenser verfolgte, zu entwerfen. Er wurde auch abgeschickt, und der Brandenburger konnte seinen Namen mit Fug und Recht unter dieses Programm setzen: «Wie heftig auch immer in der Regel der Hass sein mag, der aus der Verschiedenheit der Religionen entspringt; älter und heiliger ist doch das Gesetz der Natur, nach welchem der Mensch verpflichtet ist, den Menschen zu tragen, zu dulden, ja dem ohne Schuld Gebeugten aufzuhelfen. Denn ohne dieses Band der menschlichen Gesellschaft, durch welches nicht allein die gesitteten, sondern auch die barbarischen Völker in allen Zeiten miteinander verwachsen sind, hätte keine Beziehung unter den Völkern jemals bestehen und Dauer haben können.»

Der lange Abschied

Die Verfolgung der reformierten Glaubensbrüder in Frankreich war für den Kurfürsten der letzte Anstoß, die Allianz, die er mit dem königlichen Tyrannen eingegangen war, wieder aufzugeben. Zumal auch die Staatsräson es nicht gebot, mit dem größten Feind des Deutschen Reiches weiter gemeinsame Sache zu machen. Friedrich Wilhelm wußte außerdem, daß es Zeit war, sein Haus zu ordnen. Er hatte nicht mehr viel Zeit, eine neue Politik zu betreiben, die auch den Nachfolger verpflichten würde.

Der Geheimvertrag mit den Niederlanden hatte die Richtung schon vorgezeichnet, und der Kurfürst ging mit Beginn des Jahres 1686 entschlossen weiter. Im Februar kam ein Vertrag mit Schweden zustande. Endlich waren die beiden protestantischen Länder keine Feinde mehr. Über allen Gegensätzen hatte Friedrich Wilhelm nie vergessen, wie er als Junge die Leiche des großen Gustav Adolf – seines Onkels – begleiten durfte. Schon während der Verhandlungen mit den Schweden liefen auch zwischen Berlin und Wien die ersten Anknüpfungsversuche. Brandenburg wollte sich wieder an Kaiser und Reich anschließen. Friedrich Wilhelm war bereit, berechtigte Ansprüche seines Hauses auf Teile von Schlesien, die Österreich eingezogen hatte, aufzugeben, wenn er dafür den Kreis Schwiebus erhielt. Schwiebus lag als kleine habsburgische Insel östlich von Frankfurt an der Oder in brandenburgischer Umgebung. Doch der Kaiser weigerte sich hartnäckig, und Baron Fridag, der österreichische Gesandte in Berlin, hörte sich ungerührt an, wie der Kurfürst ihn in langen Gesprächen zu überzeugen versuchte. Der Baron hatte eine ganz andere Idee, und es gelang ihm auch, sie durchzusetzen. Wer den kranken Kurfürsten sah, wußte, daß das Ende nur eine Frage der Zeit war. Und dem Baron Fridag war natürlich bekannt, daß der Kurprinz und baldige Nachfolger ein Parteigänger des Kaisers war. Der Schluß aus beiden Überlegungen hieß: Österreich verzichtete in seinem Vertrag mit dem alten Kurfürsten auf den Kreis Schwiebus und ließ sich zugleich in einem geheimen Schreiben vom Kurprinzen versichern, daß dieser Schwiebus wieder herausrücken würde, sobald er die Regierung in Brandenburg übernahm.

So geschah es. Der Vater wurde von seinem Sohn betrogen – im Interesse des Staates. Geschadet hat es niemandem. Dem Reich nützte es, denn weiteren Vergewaltigungen durch Frankreich wollten sich die beiden größten deutschen Staaten nun gemeinsam widersetzen. Friedrich Wilhelm vollzog diesmal den Frontwechsel aus Überzeugung und mit dem Wissen, daß eine kriegerische Auseinandersetzung mit dem Verbündeten von gestern unausweichlich war: «Und so ist gewiß zu hoffen, daß Frankreich in solchen Stand gesetzt werden dürfte, daß man es ins künftige nicht mehr zu fürchten haben würde.»

Einen Monat später, im April 1686, setzten sich brandenburgische Truppen in Marsch, um mit dem Kaiser und seinen übrigen Verbündeten die Türken aus Ungarn zu vertreiben. Es waren 7000 Mann zu Fuß und 1200 Reiter. Schon in Berlin bei der Musterung sah Friedrich Wilhelm zu. Als der Zug sich endlich in Bewegung setzte, ließ der kranke alte Mann sich aufs Pferd heben und begleitete seine Soldaten über Frankfurt an der Oder bis nach Krossen. Johannes Dietz, der Feldscher, war auch dabei: «Die Zelte wurden aufgeschlagen und ein formales Lager drei Tage gehalten. Das Bier und Wasser in dem Städtchen wurde vom Viehe und Menschen ganz ausgesoffen, daß nichts mehr zu bekommen war, und wir von weitem es holen mußten. Endlich wurde zum Marsch geblasen und die Stücke zum Abschied alle gelöset. Der wohlselige Kurfürst, als ein liebreicher, tapferer Held, nahm vor der Fronte von uns allen Abschied, zwar mit Thränen, und sagte: Nun ziehet hin, ihr Kinder, in Gottes Namen! Ich werde euch nicht alle wiedersehen!»

Seine Offiziere verabschiedete er gesondert in einem Zelt. Der Kurfürst erinnerte sie an den Ruhm der brandenburgischen Waffen und befahl, diesen auch in Zukunft nicht zu verdunkeln: «Er rekommandiere ihnen daneben gute und scharfe Ordre zu halten und des Landmannes, auch des Getreides auf dem Felde zu schonen, wie auch alle Vorsicht zu gebrauchen, daß durch ihre Schuld keine Feuersbrünste entstünden, sondern möglichstermaßen verhütet würden.» Am liebsten wäre er selbst mit ins Feld gezogen. Aber, so entschuldigte sich Friedrich Wilhelm bei seinen Offizieren, die Kräfte reichten nicht mehr, und die Schmerzen seien zu groß. Im Geiste würde er sie begleiten. Und Baron Fridag, der daneben stand, erinnerte sich: «Bei diesen Worten wurde der Herr Kurfürst so sehr bewegt, und ob er zwar die Rede vollführte, so gaben jedoch sowohl die häufigen Zähren als kommovierte Stimme solches öffentlich zu erkennen.»

Der Feldzug war ein Erfolg. Ofen – heute ein Teil von Budapest – wurde von den Kaiserlichen und ihren Verbündeten zurückerobert. Doch weder der Sieg noch die gemütvollen Worte des Landesvaters können das Elend aufwiegen. Johannes Dietz: «Mein Gott, was war da vor ein Geschrei und Lamentieren von den Blessierten von allerhand Nationen. Etlichen waren die Arme, Beine weg, etlichen die Köpfe entzwei, die untern Kinn weg, daß die Zunge da hing. Wann sie so mir, auf den Zeltstangen entgegengetragen wurden und schrieen erbärmlich: Ach, mach mich tot! Stecht mich tot etc. Da dacht ich: Daß Gott erbarme, gehet's hier so zu? Wärest du davon geblieben, wie dich dein Vater gewarnet hat.»

Das war erst das Vorspiel bei der Belagerung. Dann kam der Sturm auf die Stadt: «Da ward das Kind im Mutterleibe nicht geschonet. Alles, was angetroffen ward, mußte sterben. Wie ich denn mit Augen gesehen, als ich mich auch vom Berge über die Bresche in die Stadt gedrungen, daß Weiber dagelegen und die gelöseten Pistolen noch in der Hand haltend, teils bloße Säbel. So aber nackend ausgezogen, die Leiber mit Partisanen durchstochen, durch die Geburt. Die Leiber aufgerissen, daß die noch nicht gebornen Kinder herausgefallen; welches mich am meisten gejammert. Nackete Kinder von ein bis zwei Jahren aufgespießet und an die Mauren geschmissen wurden! – Ich bin erstaunet, was da ist vorgegangen, daß auch Menschen viel grausamer als Bestien gegeneinander sich bezeigeten.»

Erst wurde geplündert, dann ging die Stadt in Flammen auf. Mitten in diesen Greueln flehten drei Menschen den brandenburgischen Feldscher um Hilfe an: «Als ich eben einen Keller, wo es oben brannte, vorbeiginge, da eine alte Mutter mit zwei wunderschönen Töchtern auf mich zugekrochen kam; mich nach ihrer Mode umb die Füsse fassend, weinende, auf ihre Sprache, welche ich nicht verstund, umb Schutz und ihr Leben baten. Ich sahe sie an. Sie waren schön und langgewachsen, eine von zwölf, die andere etwa von achtzehnen Jahren . . . Ich dachte lange, was ich mit ihnen machen wollte. Aber diese Sorge war vergebens. Denn sobald ich solche in mein Zelt gebracht, ihnen Essen und Trinken vorgesetzt, so sie aber nicht gewollt, hatte der General Schöneck, der uns kommandierete, davon Nachricht bekommen, daß ich schöne Türkin'n rausgebracht. Ließ mir befehlen: ich sollte solche an ihn gleich schicken, sie zu verwahren. – Das mußte ich thun und war meine schöne Beute los. Sie wurden mit heraus, mit vielen andern vornehmen Türken und reichen Juden bis nach Berlin gebracht. Allda ich sie wiedrum bei der Garde als Feldscher zu kurieren und zu verbinden hatte. Sie ließen sich hernach taufen und wurden vornehme verheiratet.»

Mit der Ansprache an seine Truppe in Krossen hatte der Kurfürst endgültig Abschied von seinen Soldaten genommen. Er sah in ihnen wirklich seine Kinder, er war der Vater eines festen brandenburgischen Heeres. Von seinen allerersten Regierungsjahren an hatte er die militärische Macht als ersten und wichtigsten Pfeiler seines Staates eingeplant. Die Armee wurde zum Symbol der neuen erfolgreichen Rolle, die Brandenburg-Preußen inmitten der europäischen Staaten spielte. Die Tränen des Kurfürsten waren echt.

Mehr als zehn Jahre hatte Friedrich Wilhelm seine westliche Residenz Cleve und die benachbarten Niederlande nicht mehr gesehen. Hier war das Vorbild für die Armee und für den zweiten Pfeiler, auf den er den Staat, der langsam Gestalt annahm, baute: eine Lebensform, die das Mittelalter hinter sich ließ, geprägt von Disziplin, Arbeit und Toleranz – eine nüchterne Bürgerkultur.

Noch einmal zog es in diesen Monaten den alten Kurfürsten dorthin, wo er sich immer zu Hause gefühlt hatte. Doch der Auftakt
war alles andere als eine sentimentale Reise in die Vergangenheit.

Im Januar 1686 hatte Friedrich Wilhelm ein neues Testament
gemacht, das gegenüber 1680 dem Kurprinzen eher Vorteile
brachte und den Kaiser zum Vollstrecker ernannte. Doch wieder
wurde Friedrich nicht informiert. Zu diesem Ärger kam beim
Prinzen die Trauer um den Tod seines kleinen Sohnes, der im gleichen Monat – gerade sechzehn Wochen alt – gestorben war. Als
im Mai 1686 Friedrich Wilhelm seinen beiden ältesten Söhnen –
aus erster Ehe – eröffnete, er werde nach Cleve reisen, aber ohne
sie, kam es zu heftigen Auseinandersetzungen. Friedrich und
Ludwig, die beiden Betroffenen, fühlten sich gegenüber den Kindern aus zweiter Ehe zurückgesetzt und verlangten, mitfahren zu
dürfen. Der Klatsch bei Hofe über die zerstrittene Familie blühte
wieder einmal. Doch der Kurfürst bestand darauf, nur ohne seine
beiden Söhne oder überhaupt nicht zu reisen. Schließlich fand
man einen Kompromiß. Die Prinzen verzichteten auf ihre Mitrei-
se und bekamen dafür die Erlaubnis, wenig später für längere Zeit
nach Holland beziehungsweise nach Kassel gehen zu dürfen.

Am 30. Juni setzte sich der Reisezug endlich in Bewegung. Mit
von der Partie waren der kaiserliche Gesandte Baron Fridag und
natürlich auch Graf Rébenac, der Franzose, der immer noch
Hoffnungen hatte, den Brandenburger wieder umzustimmen. Es
ging langsam voran. Man nahm Rücksicht auf Friedrich Wilhelm,
der schnell ermüdete und ständig Schmerzen hatte. Nach achtzehn
Tagen war Wesel am Rhein erreicht, wo man fast zwei Wochen
blieb. Am 30. Juli ging es weiter nach Cleve. Dort traf am 4. August endlich Wilhelm III. von Oranien ein. Der Kurfürst war ver-
stimmt, weil man ihn so lange hatte warten lassen. Doch eine drei-
stündige Aussprache räumte allen Groll aus dem Wege. Friedrich
Wilhelm nahm eine Einladung für den 14. an: Dann sollte auf der
Mookerheide bei Nimwegen eine große Parade der oranischen
Truppen stattfinden. Es wurde eine glänzende Heerschau. Der
Prinz von Oranien ritt der Kutsche mit dem Kurfürstenpaar aus
Brandenburg voran und hielt fast die gesamte Zeit den Hut in der
Hand, wie Rébenac meldete. Eine Geste größter Höflichkeit. Der

französische Gesandte war überhaupt beeindruckt von dem, was er hier sah: «Man glaubt, sich bei der Armee seiner Majestät zu befinden. Man exerziert auf dieselbe Weise und fast alle Befehle kommen auf französisch.» Am Abend gab der Oranier für seine Gäste ein prachtvolles Essen.

Friedrich Wilhelm und Dorothea fuhren zurück nach Cleve, wo sie noch einmal Wilhelm III. von Oranien empfingen. Wieder unterhielten sich die beiden Männer unter vier Augen. Welche politischen Pläne sie besprachen, ist unbekannt. Über den kommenden Krieg gegen Frankreich, oder wie man den katholischen Stuartkönig in England vom Thron vertreiben könnte? Auch Rébenac mußte nach Paris melden: «Man weiß nicht, was in diesen Konferenzen vor sich gegangen ist.» Wir brauchen nicht klüger zu sein. Am 17. August 1686 trat der kurfürstliche Konvoi über Wesel, Hamm, Lippstadt, Bielefeld und Minden die Rückreise an.

Das Jahr ging vorbei, ein neues kam. An der Oberfläche schien endlich Ruhe eingekehrt im Haus der märkischen Hohenzollern. Doch wer ein bißchen näher hinsah, dem blieb nicht verborgen, daß von einer harmonischen Familie nicht gesprochen werden konnte. Friedrich Wilhelm und Dorothea hielten sich fast nur noch in Potsdam auf. Friedrich, der Erbe, lebte mit seiner jungen Frau Sophie Charlotte in Köpenick, und der einzige aus der Familie, mit dem er freundschaftlich verkehrte, war sein Bruder Ludwig. Auch die Frauen der beiden Prinzen verstanden sich gut, und so verbrachte man viele Abende gemeinsam. Ab und zu fuhr der Älteste nach Potsdam, besuchte auch seine Stiefmutter. Doch mehr als Höflichkeit war es nicht. Das Mißtrauen saß zu tief. War er wieder zu Hause in Köpenick und fühlte sich nach einer solchen Ausfahrt zufällig nicht wohl, griff Friedrich sofort in Panik nach den unzähligen Pulvern, mit denen ihn seine Schwiegermutter in Hannover versorgte. Gift hieß die Angst, unter der die beiden Prinzen aus erster Ehe lebten. Kein angenehmer Hausgenosse. Und wer wußte denn schon, welche Wirkung dieses seltsame schwarze Getränk hatte, das man neuerdings bei Hofe aus Holland importierte? Manche Tasse Kaffee, bei der Gegenpartei genossen, mußte für schlimme Beschuldigungen herhalten.

Auch Ludwig fühlte sich zunehmend von seinem Vater vernachlässigt. Ja, er warf ihm sogar vor, gehaßt zu werden, und wurde darüber immer melancholischer und sprach von einem frühen Tod.

Im Februar 1687 allerdings schien es mit Friedrich Wilhelm endgültig zu Ende zu gehen. Rébenac meldete nach Paris: «Seit mehreren Tagen herrscht Besorgnis über die Gesundheit des Kurfürsten. Seine Beine sind bis zu den Schenkeln voller Wasser, und er hat alle Anzeichen eines schweren Gichtanfalles.» Der französische Gesandte durfte den Kurfürsten im Krankenzimmer besuchen, und Friedrich Wilhelm sagte ihm mehrere Male, daß er bald sterben werde. Die eigenen Prognosen erwiesen sich als falsch. Die kräftige Konstitution setzte sich noch einmal durch. Der Aufschub, den Friedrich Wilhelm erhielt, brachte ihm jedoch wenig Freude.

Ende März 1687 erkrankte Ludwig, der Zweitälteste, am Scharlach. Die Ärzte stellten eine falsche Diagnose und erklärten, die Krankheit sei nur eingebildet. Ludwig bat seinen Vater um einen letzten Besuch. Ließ ihm ausrichten, er wolle ihm vor seinem Tod noch einmal die Hand küssen. Friedrich Wilhelm lehnte ab, unterstützt von den Ärzten. Eine solche Abschiedsszene würde nur eine Verschlechterung bringen. Wenig später war das jüngste Kind tot, das Louise Henriette ihrem Mann geboren hatte. Die Ärzte, um ihre falsche Diagnose zu halten und ihre Ehre zu retten, stützten darauf mit fachlicher Autorität eine These, von der ohnehin jeder überzeugt war: Gift. Was nützte es, daß eine Kommission, die noch im April zusammentrat, keinerlei Beweise für solche ungeheuren Vorwürfe fand. Als wenig später auch noch Prinz Friedrich erkrankte – vielleicht an seinen eigenen Gegengiften –, hielt es ihn und seine Frau nicht länger in Berlin. Schleunigst brach man zu einer Kur nach Karlsbad auf und ließ einen Hof hinter sich, an dem Mißtrauen und Feindschaft eine unerträgliche Atmosphäre schufen. Wenig später traf Dorothea, die im Mittelpunkt aller Verdächtigungen stand, vor lauter Aufregungen zum zweitenmal der Schlag. Sie konnte sich aber erstaunlich schnell und vollständig erholen.

Friedrich und seine schöne Frau wurden überall als Gäste des Kaisers mit Ehren und Aufmerksamkeit empfangen und behandelt. Was für ein Unterschied zum düsteren Berliner Hof. Als im Juni die Abreise nahte, meldete der Prinz seinem Vater, er werde nicht mehr in die Mark zurückkehren, sondern nach Cleve gehen, dessen Statthalter er seit sechs Jahren war. Die ungewohnte Freiheit hatte ihre Wirkung getan. Der Kurfürst war entrüstet, zornige Ausbrüche wechselten mit Tränen ab. Noch war er der Herr im Haus und kein Gebot so fundamental wie der Gehorsam der Kinder gegenüber ihren Eltern. Fünf Monate lang währte das Drama. Zuerst gingen Briefe hin und her: drohende aus Berlin, höfliche von seiten des Sohnes, der dennoch nicht nachgab und eine Bestrafung der Mörder seines Bruders forderte. Freunde und fremde Höfe legten sich ins Zeug, vermittelten. Schließlich verzichtete der Prinz auf seine Reise nach Cleve. Nach Berlin aber wollte er nicht zurück und machte erst einmal in Kassel Station. Sophie Charlotte bestärkte ihren Mann. An der Spree wurde kolportiert, sie weigere sich, vor dem Tode ihres Schwiegervaters den Fuß auf märkischen Boden zu setzen.

Friedrich Wilhelm tat das Seinige dazu, die Spannungen noch zu vertiefen. Als er erfuhr, seine Schwiegertochter sei wieder schwanger, ließ er in einem zornigen Ausbruch anklingen, daß wohl ein anderer als sein Sohn der Vater sein müsse. Außerdem stoppte er die Zahlungen für den Unterhalt des Prinzen und beantwortete vorläufig keine Briefe mehr.

Die Szene erhält eine pikante Note, wenn wir ein halbes Jahrhundert zurück in die Vergangenheit gehen. Es ist schwer vorstellbar, daß der alte Friedrich Wilhelm im Schloß zu Potsdam sich nicht erinnerte. Konnte er vergessen haben, daß er selber mit seinem Vater – wenn auch auf weniger dramatischem Hintergrund – eine ähnliche Machtprobe versucht hatte? Damals, Mitte der dreißiger Jahre, als er sich erfolgreich weigerte, seinen Aufenthalt in Holland abzubrechen?

In Berlin versuchte der Kurfürst, alles seinen gewohnten Gang gehen zu lassen. Er fühlte sich gesundheitlich so gut, daß der ganze Hof im August zur Jagd in die Neumark aufbrach. Die Abwechslung brachte ihn auf andere Gedanken, besänftigte wohl auch seinen Zorn. Die Briefe, die er im September diktierte, hatten einen anderen Ton. Wenn der Prinz zurückkomme, solle er in

Gnaden und mit allen Ehren aufgenommen werden. Als der holländische Gesandte Jacob Hop im Oktober eine Audienz beim Kurfürsten hatte, schnitt dieser den leidigen Familienstreit von selber an. Der Prinz, so versicherte Friedrich Wilhelm, habe seinen kindlichen Gehorsam gegenüber dem Vater bezeigt und eine Vermittlung über den Streit sei im Gange.

Wichtigster Mittler zwischen Vater und Sohn wurde Eberhard Danckelmann, der ehemalige Erzieher des Prinzen und immer noch sein Vertrauter. Von Danckelmann und den übrigen Geheimen Räten verlangte die Affäre ein ungewöhnliches Maß an Diplomatie, Feingefühl und vorsichtigem Lavieren zwischen den familiären Fronten. Niemand stellte in Frage, daß Friedrich Wilhelm, so alt und krank er war, alle Entscheidungen souverän in der Hand hatte. Doch ebensowenig wollte es keiner mit dem verderben, der morgen schon unumschränkter Herrscher in Brandenburg-Preußen sein würde. Was immer Danckelmann mit seinem früheren Schüler aushandelte, der Prinz und seine Frau gaben nach. Im November 1687 trafen beide in Potsdam ein. Friedrich hatte eine lange Aussprache mit seinem Vater, und beide Seiten gaben sich alle Mühe, einen endgültigen Schlußstrich zu ziehen. Der Sohn, den Sophie Charlotte im Oktober zur Welt gebracht hatte, tat ein übriges, die menschlichen Beziehungen aufzubessern und das Selbstbewußtsein des Prinzen zu heben.

Das Ende

Diesmal hielt die Versöhnung. Der Schatten des Todes legte sich mildernd über alle alten Wunden. Im Februar feierte Friedrich Wilhelm seinen 68. Geburtstag. Es war sein letzter. Die Zuversicht, mit der er auf sein Ende wartete, hinderte ihn nicht, voller Energie für die Zukunft zu planen.

Es ging um eines seiner Lieblingsprojekte, die Bibliothek. Längst war der umgebaute «Apothekenflügel» des Schlosses, in dem jetzt über 20000 Bücher standen, zu klein geworden. Die Bibliothekare wußten nicht mehr, wohin mit den Beständen. Der Kurfürst nutzte diese Notlage, um einen alten Wunsch endlich zu verwirklichen: Der Lustgarten sollte eingerahmt werden von prächtigen Gebäuden, die der Öffentlichkeit zugänglich waren. Nichts eignete sich dazu besser als eine Bibliothek. Im April 1687 schloß Friedrich Wilhelm einen Vertrag mit dem alten Hofbaumeister Michael Matthias Smids, der seit 35 Jahren in seinen Diensten stand. Im Anschluß an den «Apothekenflügel» sollte ein langer, zweigeschossiger Bau die Ostseite des Lustgartens einnehmen und mit seinem hinteren Teil an die Spree grenzen. Smids wurde befohlen, «geschwinde mit diesem baw» anzufangen. Die Ausführung übernahm dann wohl Smids' Schüler Johann Arnold Nering, der schon an den Schlössern in Oranienburg und Potsdam mitgearbeitet hatte. Im Frühjahr 1688 hatte man das Erdgeschoß hochgezogen.

Die neue Bibliothek verlangte nach gutaussehenden Büchern. Lorenz Berger, Jurist und Münzenfachmann, war seit 1686 Bibliothekar. Er machte den Vorschlag, alle Bücher einheitlich in rotes Leder zu binden und auf die Buchrücken die kurfürstlichen Insignien in Gold zu prägen. Der alte Bibliothekar Christoph Hendreich, der einstmals seinem Kollegen Johann Raue mit neuen Vorschlägen Ärger gemacht hatte, war von dem Neuling Berger gar nicht begeistert und argumentierte in einer Denkschrift an den Kurfürsten vom Januar 1688 heftig gegen Bergers Pläne. Zwischen den Bibliothekaren und den Geheimen Räten begann ein Papierkrieg, der das ganze Frühjahr andauerte.

Die Anstrengungen, die Friedrich Wilhelm während seiner ganzen Regierungszeit gemacht hatte, um die Residenz an der Spree aus ihrer provinziellen Verschlafenheit herauszureißen und ihr ärmliches Äußeres zu verändern, waren inzwischen unübersehbar. Der italienische Geschichtsschreiber Gregorio Leti kam 1687 und schrieb über Berlin: «Alle diese Stadtteile bilden in Wahrheit eine Stadt, die, wenn nicht zu den größten in Deutschland, so doch gewiß zu den schönsten und angenehmsten gehört, obwohl sie zu sandig ist und rings von Wäldern umgeben.» Vor der Silhouette der Stadt ankerten Prahmschiffe mit ihren großen Segeln, brachten über den Müllroser Kanal Waren aus Schlesien und Böhmen, die am Friedrichswerder in großen Lagerhäusern und Packhöfen umgeschlagen wurden.

Im Frühjahr 1688 traf endlich Samuel Pufendorf in Berlin ein, den der Kurfürst zwei Jahre zuvor zu seinem Geschichtsschreiber ernannt hatte. Er kam noch rechtzeitig, um später aus eigener Anschauung die erste Biographie über Leben und Sterben des Großen Kurfürsten zu schreiben.

Am Karfreitag, es war der 16. April 1688, nahm Friedrich Wilhelm wie immer das Abendmahl. Gleich nach Ostern verschlimmerte sich sein Zustand. Die Ärzte mixten Medizinen und klebten Pflaster auf die aufgedunsenen Beine. Helfen konnten sie nicht. Das Wasser stieg immer weiter den Körper hinauf. Anfang Mai ging es dem Patienten etwas besser. Der Kurfürst machte seine letzte Ausfahrt. Im Schloß wurde er nur noch in einem Sessel getragen. Saß er an der Tafel, war er meist so schwach, daß ihn der Schlaf überkam. Trotzdem empfing er die fremden Gesandten wie gewohnt und sagte dem Baron Fridag, er wolle warten, was Gott mit ihm disponiere, der sei doch der beste Medicus.

Am 7. Mai, es war ein Freitag, ließ Friedrich Wilhelm sich um sieben Uhr morgens ankleiden und den gesamten Geheimen Rat nach Potsdam rufen. Die Herren nahmen sich so viel Zeit, daß ein neuer Bote hinausgeschickt wurde und ihnen meldete, sie sollten sich beeilen. Der Kurfürst «wüßte, daß er nun das letzte mahl Rath halten würde und daß er wenig Zeit mehr zu leben hätte». Als alle versammelt waren, Prinz Friedrich an der Spitze, hielt der kranke alte Mann, der 48 Jahre lang Brandenburg-Preußen regiert hatte, seine Abschiedsrede: Er erinnerte daran, unter welchen traurigen Bedingungen er begonnen hatte. Er vergaß nicht, daß in seiner Zeit viel Unruhe und Krieg im Land geherrscht hatten, und kam schließlich auf den guten Stand zu sprechen, in dem er den Staat hinterlasse. Von seinen Feinden gefürchtet, geliebt und geehrt von seinen Freunden. Dann wandte sich Friedrich Wilhelm direkt an seinen Ältesten, übergab ihm das Regiment, ermahnte ihn, seine Untertanen zu lieben, und sagte: «Mögt Ihr den Ruhm, den ich Euch vererbe, bewahren und mehren.» Friedrich kniete vor seinem Vater und erhielt den Segen.

Zwei Tage dauerte das Sterben des Kurfürsten. Die übrigen

Kinder, Schwiegertöchter wurden gerufen, kamen in sein Schlafzimmer und erhielten ebenfalls seinen Segen. Die Hofprediger erschienen, beteten mit dem Kranken, der von Zeit zu Zeit das Bewußtsein verlor. Doch die meiste Zeit war er völlig klar, beschenkte seine Diener und tröstete immer wieder Dorothea, seine
Frau.

Was ist das für ein Spektakel, dem wir beiwohnen? Wie kann
man das Privateste so öffentlich zelebrieren? Es mutet uns seltsam
an, vielleicht unglaubwürdig, weil wir es längst nicht mehr kennen: das Sterben inmitten der Familie. Der Tod war für Friedrich
Wilhelm und alle, die es miterlebten, das natürliche Ende des irdischen Daseins und der selbstverständliche Übergang aus der Zeit
in die Ewigkeit. Die Todeserwartung, ja Todessehnsucht, wie sie
vor allem dieses barocke Zeitalter in Gedichten und Gebeten arti-
kulierte, entsprang nicht einer Lust am Untergang, sondern der
täglichen Erfahrung mit dem Elend der Welt und kam aus einem
Glauben, der keine Zweifel kannte.

Friedrich Wilhelm hatte selbst viele begraben und betrauert, die
er liebte. Nun war die Reihe an ihn gekommen. Darum ist echt,
was sich uns wie Theater darbietet. Zu seiner Frau, die ihren
Schmerz nicht verbergen konnte, sagte der sterbende Kurfürst:
«Es muß doch einmal geschieden sein und einer dem andern vorangehen. Für mich habe ich genug gelebt, und von meinem Gott
unzählige, unverdiente Wohltaten erhalten. Wäre es denn nicht
billig, daß ich dem die Seele wiedergäbe, von dem ich sie erhalten
habe? . . . Zurück werde ich nicht kommen. Aber seid versichert,
daß wir uns dereinst in der frohen Ewigkeit gewiss wiederum vereinigen werden.»

Abgesehen von Perioden der Melancholie, hatte Friedrich Wilhelm zeit seines Lebens gerne Menschen um sich gehabt. Er war
ein Familienmensch. Warum sollte er sich im Sterben anderes
wünschen? Immer wieder wollte er seine Familie sehen, «gleichsam als wenn er ein grosses Vergnügen hätte, vor ihren Augen zu
sterben». Damit genügte er zugleich einer Pflicht, die für ihn wie
die Zeitgenossen selbstverständlich war: den Nachgeborenen ein
Beispiel zu geben, wie sie einst selber den Tod erwarten sollten.

Am 9. Mai 1688, es war ein Sonntag, morgens zwischen neun

und zehn Uhr, tat Friedrich Wilhelm seinen letzten Atemzug, «ohne einige Veränderung des Gesichtes, als er selbst das Haupt geneiget und sich die Augen zugedrückt». Die Nachricht, daß Friedrich Wilhelm sich im Tod selbst die Augen geschlossen habe, verbreitete sich sofort an allen Höfen Europas. Legende oder Wahrheit: Es zeigt, wie ihn sich die Zeitgenossen dachten. Für sie starb einer, der Größe hatte und mit Vernunft und Disziplin begabt war.

Samuel Pufendorf hat es gemäß dem Pathos seiner Zeit in seiner Geschichte des Großen Kurfürsten nicht unterschlagen, «daß da einer gelebt hatte, der den Helden erkennen ließ». Doch zugleich fühlte der Bürger Pufendorf, der in seinen Schriften die unumschränkte Souveränität des Herrschers rechtfertigte, sie aber an ein Recht band, das für alle verbindlich war, an diesem Hohenzollern eine bürgerliche Nähe, die den Tyrannen nicht auszeichnete, wohl aber die neue Zeit, die angebrochen war. Der Gelehrte schrieb auch von dem Toten, daß er ein Mann von «vortrefflicher Generosität» war und begierig, alles zu wissen. Ein großer Herrscher, der den geringen Leuten freundlich begegnete.

Wie viel hatte sich geändert, seit der Vater des Kurfürsten 48 Jahre zuvor – von der Welt unbeachtet – in Königsberg gestorben war. Damals sprach niemand von jenem zerrissenen Land, in dem alle Soldaten hausten, die der Dreißigjährige Krieg zu bieten hatte. Damals war der junge Mann, der in Brandenburg-Preußen an die Regierung kam, fast ein Fürst ohne Land. Nun war er tot nach einer ungewöhnlich langen Regierungszeit. Und so vieles auch unfertig blieb, angefangen und liegengelassen: Die Energie und die Phantasie des Großen Kurfürsten waren der Motor, der aus Brandenburg-Preußen erst einmal einen Staat gemacht hatte, noch dazu einen, der zum zweitmächtigsten im Deutschen Reich aufgerückt war, der durch diesen Mann nicht nur ein Heer, sondern eine neue Weltanschauung besaß, die weiterwirkte.

Weil dieser neue Machtfaktor in Deutschland einen reibungslosen Übergang vom alten zu dem neuen Herrn brauchte, wurden an diesem 9. Mai 1688 in den Morgenstunden sogleich alle Wege um Potsdam gesperrt und ein kaiserlicher Kurier, der die wichtige Nachricht weitergeben wollte, zurückgehalten. In Berlin schlossen sie die Stadttore mit der Begründung, «es wäre einer ermordet worden». Erst als Kurfürst Friedrich in die Stadt zog und ihm die Garnison gehuldigt hatte, ritten die Boten und Gesandten in alle Himmelsrichtungen mit der Nachricht, daß es Gott gefallen habe, «unsern allertheuersten Churfürsten aus dieser Sterblichkeit hinweg zu nehmen».

Eine Woche später wurde die hohe Leiche in feierlicher Prozession ins Cöllner Schloß überführt, damit ihr jedermann die letzte Ehre erweisen konnte. Der verstorbene Kurfürst lag auf einem Himmelbett in einem Zimmer, das ganz mit schwarzem Tuch ausgeschlagen war. Er trug den langen roten Samtrock, der allen Kurfürsten zustand, weiße Handschuhe mit goldenen Fransen und rote polnische Stiefel. Rechts lag der Kurhut, mit Perlen und Diamanten bestickt, links ein kostbares Schwert. In der rechten Hand hielt er das Zepter, Zeichen der Herrschaft. Die brennenden Kerzen auf acht silbernen Leuchtern brachten Licht und Schwüle in den Raum.

Es war September, als sich ein langer Zug vom Schloß zum Dom bewegte. Unter den Trauernden aus ganz Europa Dorothea, die Witwe, von weißen Trauergewändern verhüllt. Der Große Kurfürst Friedrich Wilhelm von Brandenburg wurde in die Gruft getragen.

Friedrich, der Sohn, ein gebildeter Verschwender und nicht ohne politische Zähigkeit, hat das Erbe bewahrt, ja vermehrt und sich 1701 in Königsberg die Krone aufs Haupt gesetzt. Von nun an waren die märkischen Hohenzollern Könige in Preußen. Friedrich Wilhelm, der Enkel, ein sparsamer Hausvater mit Schürze und Ärmelschonern, erzwang einen zentralistisch-bürokratischen Staat, zu dem der Großvater das Fundament gelegt hatte. Friedrich der Große, der Urenkel – ein anderes Kapitel, ein weites Feld. 1750 baute er in Berlin einen neuen Dom. Die Sarkophage der Vorfahren wurden überführt. Einen ließ er öffnen, in dem jener Mann lag, den die Zeitgenossen ebenfalls einen Großen genannt hatten, und er sagte zu den Umstehenden: «Messieurs, der hat viel getan.»

Bibliographie

Eine Auswahl der wichtigsten Quellen und Bücher, die dieser Biographie zugrunde liegen. Sie betreffen nicht nur den Großen Kurfürsten, sondern ebensosehr auch wichtige Strömungen der Zeit und prominente Zeitgenossen aus Kultur, Wissenschaft, Theologie und Sozialgeschichte.

R. Alewyn (Hg.): Deutsche Barockforschung, Köln ²1966

R. Alewyn u. K. Sälzle: Das große Welttheater, Reinbek 1959

M. Arendt, E. Faden, O.-F. Gandert: Geschichte der Stadt Berlin, Berlin 1937

W. Artelt: Christian Mentzel, Leibarzt des Großen Kurfürsten, Leipzig 1940

M. Ashley: Das Zeitalter des Barock, München 1968

L. Bäck: Spinozas erste Einwirkungen auf Deutschland, Berlin 1895

Die Bäder des Fürstentums Waldeck, Bad Pyrmont 1906

J. H. v. d. Berg: Metabletica. Über die Wandlung des Menschen, Göttingen 1960

M. Blekastadt (Hg.): Unbekannte Briefe des Comenius und seiner Freunde, Kastellaun 1976

H. Blumenberg: Die kopernikanische Wende, Frankfurt a. M. 1965
– Die Genesis der kopernikanischen Welt, Frankfurt a. M. 1965

B. v. Brentano: Sophie Charlotte und Danckelmann, Wiesbaden 1949

C. v. Brockdorff: Descartes und die Fortbildung der kartesianischen Lehre, München 1923

F. L. Carsten: Die Entstehung Preußens, Köln 1968

P. Chaunu: Europäische Kultur im Zeitalter des Barock, München 1968

J. A. Comenius: Das Labyrinth der Welt und das Paradies des Herzens, Luzern 1970

S. Dach: Gedichte, Bd. 2, Halle/Saale 1937

K. Demeter: Das deutsche Offizierkorps in Gesellschaft und Staat 1650–1945, Frankfurt/M. ²1965

F. Dickmann: Der Westfälische Frieden, Münster ²1965

R. Dietrich: Kleine Geschichte Preußens, Berlin 1966

J. Dietz: Mein Lebenslauf, des Großen Kurfürsten Feldscher, München 1966

H. Döbler: Hexenwahn, München 1977

R. A. Dorwart: The Prussian Welfare State before 1740, Cambridge Mass. 1971

E. Dössler: Die Wirtschaft der Grafschaft Mark, Altena 1961

J. G. Droysen: Geschichte der preußischen Politik, III. Teil, 3 Bde., Leipzig 1861–65

E. Eisenbarth: Kleiderordnungen, Göttingen 1962

N. Elias: Die höfische Gesellschaft, 2 Bde., Darmstadt ²1975

B. Engelmann: Preußen, München 1979

H. Erbe: Die Hugenotten in Deutschland, Essen 1937

B. Erdmannsdörffer (Hg.) u. a.: Urkunden und Actenstücke zur Geschichte des Kurfürsten Friedrich Wilhelm von Brandenburg, 23 Bde., Berlin 1864–1929
– Graf Georg Friedrich von Waldeck, Berlin 1869
– Deutsche Geschichte 1648–1740, Leipzig 1892
E. Faden: Berlin im Dreißigjährigen Krieg, Berlin 1927
A. Feilchenfeld (Hg.): Denkwürdigkeiten der Glückel von Hameln, Berlin 1923
W. Fischer: Quellen zur Geschichte des deutschen Handwerks, Göttingen 1957
W. Flemming: Deutsche Kultur im Zeitalter des Barock, Konstanz ²1960
R. H. Foerster: Die Welt des Barock, München 1970
G. Franz: Der Dreißigjährige Krieg und das deutsche Volk, Stuttgart ²1961
M. Fürstenwald (Hg.): Trauerreden des Barock, Wiesbaden 1973
F. Gause: Geschichte der Stadt Königsberg, Bd. 1, Graz 1965
H. Gerlach: Nur der Name blieb, Düsseldorf 1978
O. Glaser: Die Niederländer in der brandenburg-preussischen Kulturarbeit, Berlin 1939
Großer Generalstab (Hg.): Brandenburg-Preußen auf der Westküste von Afrika 1681–1721, Leipzig 1921
S. Haffner: Preußen ohne Legende, Hamburg 1978
J. Haller: Die deutsche Publizistik 1668–1674, Heidelberg 1892
N. Hammerstein: Jus und Historie, Göttingen 1972
H. Harnisch: Die Herrschaft Boitzenburg, Weimar 1968
A. Hauser: Sozialgeschichte der Kunst und Literatur, München 1975
P. Hazard: Die Krise des europäischen Geistes, Reinbek ⁵1965
H. Heckmann: Barocke Gedichte, Berlin 1976
M. Hein: Otto von Schwerin, Königsberg 1929
S. Heinzelmann (Hg.): Paul Gerhardt, Neuffen 1969
D. Hennebo: Geschichte des Stadtgrüns, Hannover 1970
– *u. A. Hoffmann:* Geschichte der deutschen Gartenkunst, Bd. 2, Hamburg 1965
W. Hesse: Beiträge zur Geschichte der früheren Universität in Duisburg, Duisburg 1879
G. Hinz: Die Schöppenbücher der Mark Brandenburg, Berlin 1964
O. Hintze: Die Hohenzollern und ihr Werk, Berlin 1915
– Geist und Epochen der preußischen Geschichte, Göttingen ²1967
A. Hirsch: Geschichte der Medicinischen Wissenschaften in Deutschland, München 1893
A. Hirsch: Bürgertum und Barock im deutschen Roman, Frankfurt a. M. 1934
E. Hirsch: Geschichte der neueren evangelischen Theologie, Bd. 1, Gütersloh ²1960
S. Hirsch: Erinnerungen an den Großen Kurfürsten und seine Gemahlin Louise von Oranien, Berlin 1852
J. Huizinga: Holländische Kultur im 17. Jahrhundert, Basel 1961

S. Isaacsohn: Das preußische Beamtenthum des siebzehnten Jahrhunderts, Berlin 1878

H. Jahn: Berlin im Todesjahr des Großen Kurfürsten, Berlin 1935

J. Jacoby: Boguslaus Radziwill, Marburg ²1960

K. Jaspers: Spinoza, München 1978

F. Kampers: Die Lehninsche Weissagung über das Haus Hohenzollern, Münster 1897

G. v. Kessel: Henniges von Treffenfeld und seine Zeit, Stendal 1863

E. D. M. Kirchner: Die Churfürstinnen und Königinnen auf dem Throne der Hohenzollern, 2. Theil, Berlin 1867

C. v. Klinckowstroem: Knaurs Geschichte der Technik, München ⁵1973

W. Knappich: Geschichte der Astrologie, Frankfurt a. M. 1967

B. v. Köhne: Berlin, Moskau, St. Petersburg, Schriften des Vereins für die Geschichte der Stadt Berlin, Heft XX, Berlin 1882

G. Küntzel (Hg.): Die politischen Testamente der Hohenzollern, Leipzig 1911

J. Kvačala (Hg.): Die pädagogische Reform des Comenius in Deutschland, 2 Bde., Berlin 1903–4

M. Lackner: Die Kirchenpolitik des Großen Kurfürsten, Witten 1973

P. Lahnstein: Das Leben im Barock, Stuttgart 1974

H. Landwehr: Die Kirchenpolitik Friedrich Wilhelms, Berlin 1894

M. Lehmann: Preußen und die katholische Kirche, Bd. 1, Leipzig 1878

W. Löschberg: Unter den Linden, Berlin 1973

F. Lucä: Ein Zeit- und Sittenbild aus der zweiten Hälfte des 17. Jahrhunderts, Frankfurt a. M. 1854

F. Lütge: Deutsche Sozial- und Wirtschaftsgeschichte, Berlin 1952

G. Mann: Wallenstein, Frankfurt a. M. 1971

O. Meinardus: Protokolle und Relationen des Brandenburgischen Geheimen Rates aus der Zeit des Kurfürsten Friedrich Wilhelm 7 Bde., Leipzig 1889–1919

– Neue Beiträge zur Geschichte des Großen Kurfürsten, Forschungen zur Brandenburgischen und Preußischen Geschichte, 16/1903, 17/1904

F. Meinecke: Die Idee der Staatsräson in der neueren Geschichte, München 1957

A. Mette u. J. Winter: Geschichte der Medizin, Berlin 1968

M. Meyer: Die Handwerkerpolitik des Grossen Kurfürsten und König Friedrich I., Berlin 1884

J. M. Meyfart: Teutsche Rhetorica oder Redekunst, Tübingen 1977

E. Münzer: Aus brandenburgischen Flugschriften der Stockholmer Bibliothek, Forschungen zur Brandenburgischen und Preußischen Geschichte 2/1889

– Die brandenburgische Publizistik unter dem Großen Kurfürsten, Märkische Forschungen 18/1884

E. Muret: Geschichte der französischen Kolonie in Brandenburg-Preußen, Berlin 1885

W. Nahrstedt: Die Entstehung der Freizeit, Göttingen 1972

V. A. *Nordmann:* Justus Lipsius, Helsinki 1932
G. *Oestreich:* Der brandenburgisch-preußische Geheime Rat, Würzburg 1937
– Preußen als historisches Problem, Berlin 1964
– Geist und Gestalt des frühmodernen Staates, Berlin 1970
– Die Niederlande und Brandenburg-Preußen, Bonn ²1973
– Friedrich Wilhelm, der Große Kurfürst, Göttingen 1971
E. *Opgenoorth:* Friedrich Wilhelm der Große Kurfürst von Brandenburg,
Teil 1, Göttingen 1971
J. L. *Pagel:* Die Entwicklung der Medicin in Berlin, Wiesbaden 1897
G. *Pagès:* Le Grand Electeur et Louis XIV., Paris 1905
G. F. *Papen:* Pyrmonter Brunnen, 3 Bde., 1770–76
E. *Paunel:* Die Staatsbibliothek zu Berlin, Berlin 1965
D. H. *Pennington:* Seventeenth Century Europe, London 1970
H. v. *Petersdorff:* Beiträge zur Geschichte der Mark im Dreißigjährigen Krie-
ge, Forschungen zur Brandenburgischen und Preußischen Geschichte
2/1889
– Der Große Kurfürst, Leipzig ²1939
R. *Petsch:* Verfassung und Verwaltung Hinterpommerns, Leipzig 1907
J. *Pfizer:* Zwey sonderbare Bücher Von der Weiber Natur / Wie auch Deren
Gebrechen und Kranckheiten, Altdorff 1673
W. *Philipp:* Das Werden der Aufklärung, Göttingen 1957
M. *Philippson:* Der Große Kurfürst Friedrich Wilhelm von Brandenburg,
3 Bde., Berlin 1897–1903
H. *Prutz:* Aus des Großen Kurfürsten letzten Jahren, Berlin 1897
S. v. *Pufendorf:* Friedrich Wilhelms des Grossen Chur-Fürsten zu Branden-
burg Leben und Thaten, Berlin 1710
L. v. *Ranke:* Preußische Geschichte, Hamburg 1878
W. *Rood:* Comenius and the Low Countries, Amsterdam 1970
C. *Sachs:* Musik und Oper am kurbrandenburgischen Hofe, Berlin 1910
T. *Saring:* Luise Henriette Kurfürstin von Brandenburg, Göttingen 1941
J. L. *Saunders:* Justus Lipsius, New York 1955
K. *Schaller:* Die Pädagogik des Johann Amos Comenius, Heidelberg 1962
– Comenius, Darmstadt 1973
Th. H. L. *Scheurleer u. G. H. M. P. Meyjes (Hg.):* Leiden University in the
Seventeenth Century, Leiden 1975
F. *Schevill:* The Great Elector, Chicago 1947
G. *Schmoller:* Der deutsche Beamtenstaat vom 16. bis 18. Jahrhundert, Leip-
zig 1898
H. *Schnee:* Das Hoffaktorentum in der deutschen Geschichte, Göttingen 1964
L. *Schneider:* Berlinische Nachrichten, Heft VIII u. XI, Berlin 1873/74
R. *Schneider:* Die Hohenzollern, Frankfurt a. M. 1961
A. *Schöne (Hg.):* Stadt-Schule-Universität-Buchwesen und die deutsche Lite-
ratur im 17. Jahrhundert, München 1975
H.-J. *Schoeps:* Philosemitismus im Barock, Tübingen 1952
– Das war Preussen, Honnef 1955

- Jüdische Geisteswelt, Köln 1960
- Israel und Christenheit, München 1961
- Barocke Juden, Christen, Judenchristen, Bern 1965
- Preussen, Berlin 1966
- Üb' immer Treu und Redlichkeit, Düsseldorf 1979
V. v. Seckendorff: Teutscher Fürstenstaat, Frankfurt a. M. ⁵1678
P. Seidel: Die Beziehungen des Grossen Kurfürsten zur niederländischen Kunst, Jahrb. d. Königl. preuss. Kunstsammlungen, Bd. 11, Berlin 1890
G. v. Selle: Geschichte der Albertus-Universität zu Königsberg in Preussen, Königsberg 1944
J. Siegemunde: Die königlich-preußische und chur-brandenburgische Hof-Wehemutter, Hildesheim 1976
K. Spannagel: Minden und Ravensberg unter brandenburgisch-preußischer Herrschaft von 1648–1719, Hannover 1894
- Konrad von Burgsdorff, Berlin 1903
H. Stephan: Geschichte der preußischen Post, Berlin 1859
S. Stern: Der preussische Staat und die Juden, Teil 1, Tübingen 1962
Ch. Stoll: Sprachgesellschaften im Deutschland des 17. Jahrhunderts, München 1973
M. Stürzbecher: Berlins alte Apotheken, Berlin 1965
- Beiträge zur Berliner Medizingeschichte, Berlin 1966
V. d. Swarte: Descartes, Paris 1904
E. M. Szarota: Geschichte, Politik und Gesellschaft im Drama des 17. Jahrhunderts, Bern 1976
H. Szymanski: Brandenburg-Preußen zur See, Leipzig 1939
M. Szyrocki: Die deutsche Literatur des Barock, Reinbek 1968
K. Tautz: Die Bibliothekare der Churfürstlichen Bibliothek zu Cölln an der Spree, Leipzig 1925
R. v. Thadden: Die brandenburgisch-preußischen Hofprediger, Göttingen 1959
F.-K. Tharau: Die geistige Kultur des preußischen Offiziers von 1640-1806, Mainz 1968
H. v. Treitschke: Aufsätze, Reden und Briefe, Bd. 1, Meersburg 1929
E. Trunz: Dichtung und Volksleben in den Niederlanden, München 1937
E. Vehse: Geschichte des preußischen Hofes, 2 Bde., 1901
R. Vierhaus: Deutschland im Zeitalter des Absolutismus, Göttingen 1978
Th. d. Vries: Spinoza, Reinbek 1970
M. Weber: Die protestantische Ethik, Gütersloh ⁴1975
M. Wehrli (Hg.): Deutsche Barocklyrik, Zürich 1977
F. Wilken: Geschichte der Königlichen Bibliothek zu Berlin, Berlin 1828
Ch. Wilson: Die Früchte der Freiheit, München 1968
T. Wittmann: Das Goldene Zeitalter der Niederlande, Leipzig 1972
E. Wolf: Grosse Rechtsdenker der deutschen Geistesgeschichte, Tübingen ⁴1963
R. F. Young (Hg.): Comenius in England, London 1932

Bildquellenverzeichnis

Der Schutzumschlag zeigt vorn den Kurfürsten Friedrich Wilhelm von Brandenburg im Alter von etwa dreißig Jahren. Ausschnitt aus einem Gruppenbild von Matthias Czwiczek, Staatliche Schlösser und Gärten, Schloß Charlottenburg, Berlin. Hinten zeigt der Schutzumschlag das Staatswappen des Kurfürstentums Brandenburg: In Silber ein mit Kurfürstenhut gekrönter, goldbewehrter roter Adler mit goldenen Kleestengeln; Zepter und Schwert in den Fängen; blaues Brustschild mit goldenem Zepter (Erzkämmereramt); Farben: Rot, Weiß.

Das Vorsatzpapier vorn mit der Karte der brandenburgisch-preußischen Lande zeigt die im Text vorkommenden geographischen Namen. Gestaltung: Grischek-Grafik, Hamburg. Das Vorsatzpapier hinten zeigt einen nachträglich kolorierten Plan der Zwillingsstädte Berlin und Cölln aus dem Jahre 1648. Bildarchiv Preußischer Kulturbesitz.

Die Abbildungen auf den Kunstdrucktafeln

1 Friedrich Wilhelm von Brandenburg mit Kurmantel und Zepter. Porträt von G. Fließ aus dem Jahre 1653. Bildarchiv Preußischer Kulturbesitz

2 Mit sieben Jahren (1627) kam Friedrich Wilhelm in die Obhut eines Erziehers. Fern von den Eltern verbrachte er die nächsten sieben Jahre in Küstrin an der Oder. Gemälde eines unbekannten Malers. Historia-Photo, Bad Sachsa

3 Der Große Kurfürst mit seiner ersten Frau Louise Henriette von Oranien und seinen drei Kindern aus dieser Ehe, Karl Emil (l.), Friedrich und Ludwig. Nur Friedrich überlebte den Vater. Gemälde von Jan Mitjens. Bildarchiv Preußischer Kulturbesitz

4 Eigenhändiger Bericht des Großen Kurfürsten über die Schlacht von Warschau 1656, als die brandenburgische Armee mit den verbündeten Schweden die Polen besiegte. Historia-Photo, Bad Sachsa

5 Friedrich Wilhelm reitet mit seiner Frau Louise Henriette zur Jagd. Der Kurfürst liebte dieses adlige Freizeitvergnügen über alles. Kupferstich von Vischer de Jonge. Historia-Photo, Bad Sachsa

6 Der Große Kurfürst und seine zweite Frau Dorothea lassen sich von dem französischen Flüchtling Pierre Fromery Juwelen zeigen. Nach 1685 kamen Tausende von Hugenotten, die in Frankreich verfolgt wurden, nach Brandenburg-Preußen. Kupferstich von Daniel Chodowiecki, 1784. Bildarchiv Preußischer Kulturbesitz

7 Die beiden Residenzstädte Berlin und Cölln nahmen unter der Herrschaft des Großen Kurfürsten sichtbar an Glanz und Umfang zu. Kupferstich von einem unbekannten Künstler, um 1700. Bildarchiv Preußischer Kulturbesitz

8 Friedrich Wilhelm ließ außerhalb der Stadtmauern eine doppelte Allee von Lindenbäumen anlegen, die Straße «Unter den Linden» war geboren. Hier: Blick in Richtung Tiergarten. Zeichnung von Johann Stridbeck d. J., 1691. Bildarchiv Preußischer Kulturbesitz

9 Otto von Schwerin (1616–1679) war der wichtigste politische Berater des Kurfürsten, Erzieher der Kurprinzen und ein enger Vertrauter der Kurfürstin Louise Henriette. Zeitgenössisches Bildnis unbekannter Herkunft

10 Johann Amos Comenius (1592–1670), der große tschechische Pädagoge, war in Berlin wohlbekannt. Idealisierender Bildnisstich aus dem 19. Jahrhundert (?). Comenius-Institut, Münster

11 Simon Dach (1605–1659), Professor für Poesie in Königsberg, war der Lieblingsdichter des Kurfürsten. Kupferstich aus dem Jahre 1730. Bildarchiv Preußischer Kulturbesitz

12 Elisabeth von der Pfalz (1596–1662), die Gemahlin des «Winterkönigs», war eine Tante des Kurfürsten. Friedrich Wilhelm lernte die weltgewandte Frau und ihre drei klugen Töchter bei seinem Aufenthalt in Holland (1634–1638) kennen und schätzen. Kupferstich von Wilhelm Delff nach einem Porträt von Miereveld. Bildarchiv Preußischer Kulturbesitz

13 Samuel von Pufendorf (1632–1694) lehrte als erster in Deutschland Natur- und Völkerrecht. Der Kurfürst machte ihn zu seinem Geschichtsschreiber. Kupferstich von Joachim von Sandrart, um 1685. Bildarchiv Preußischer Kulturbesitz

14 René Descartes (1596–1650) setzte die kritische Vernunft als oberste Autorität ein. Die Wirkung des Franzosen auf die moderne Welt kann kaum überschätzt werden. Kupferstich von Gerard Edelinck nach dem Porträt von Frans Hals. Bildarchiv Preußischer Kulturbesitz

15 Der Konditor: Das festliche Essen war ein wichtiger Bestandteil des höfischen Lebens im Barock. Je raffinierter, desto besser. Kupferstich von Abraham de Bosse (1605–1676). Bildarchiv Preußischer Kulturbesitz

16 Der Ball: Nach dem Essen ging das Vergnügen weiter. Im Hintergrund spielten die Musiker zu Tanz und Klatsch. Kupferstich von Abraham de Bosse (1605–1676). Bildarchiv Preußischer Kulturbesitz

17 1663: Im Hof des Königsberger Schlosses schwören die preußischen Stände Friedrich Wilhelm (unter dem Baldachin), als ihrem souveränen Herrscher, die Treue. Kupferstich von J. G. Bartsch nach einer Zeichnung von Christoph Gercke. Historia-Photo, Bad Sachsa

18 Größe und Legende. Bei Fehrbellin soll der Stallmeister Emanuel von Froben seinem Kurfürsten das Leben gerettet haben, «indem er, bemerkend, daß die Schweden das weiße Pferd des Kurfürsten zum Zielpunkt ihres Geschützes ausersahen, denselben durch eine List zum Tauschen der Pferde vermochte, worauf er alsbald von einer Kugel tödlich getroffen wurde». Bildteppich von Mercier aus einer Folge von sechs Gobelins, die Berliner Hugenotten König Friedrich I. schenkten. Bildarchiv Preußischer Kulturbesitz

19 In der Schlacht gegen die Schweden bei dem havelländischen Städtchen Fehrbellin am 28. 6. 1675 brachte Friedrich Wilhelm die Flucht seiner Regimenter zum Stehen, indem er selbst an der Spitze seiner Reiterei angriff. Seit diesem Sieg über die als unbesiegbar geltenden Schweden heißt er der «Große Kurfürst». Die Bildbeschriftungen lauten:

Abbildung
Des durch sonderbarliche Göttliche hülffe und Beistandt so wunderbahren, und, dergleichen fast nicht erhörten Sieges, Welchen Seine Chur-Fürstl. Durchl. zu Brandenbg. der Durchlauchtigste Fürst und Herr FRIEDRICH WILHELM, Marggraff zu Brandenburg erhalten.

Nach dehm Sie zwei Tage zuvor den Paß zu Ratenaw, und die darinn gelegene Schwedische Dragouner unterm Commando Herrn Obristen von Wangelin erobert und gefangen, mit bej Sich habender Cavallerie und Dragounern die königl. Schwedische Armée, welche den Winter über und bishero in den Chur Fürstl. Erblanden de facto einlogieret, mit mehr dañ feindtlicher Gewalt darinn verharret, haben Sie dieselben den 18. Junj Stil votre Ao. 1675 hinter der Landwehr bei Linum zum Stande gebracht, und darauff zunechst dem Dorff Hackelberg nach zweistündigem harten gefechte und erlegung sehr vieler Mannschaft auff dem Platze, glücklich in die flucht geschlagen, und innerhalb drejen Tagen die Chur Fürstlichen Lande wieder zuräumen gezwungen.

Ordnung des Treffens:
1 Waren Brandenbg. leichtere Artillerie welche auff den Feind immer gebraucht worden.
2 Die Dörfflingschen und Bomstorffschen Dragouner, hin und wieder umb die Stücke und an den hügel versetzet.
3 Die Dölwigschen 2 Battaillons, welche auff die Stücke los gingen und von den Brandenburgischen gantz ruiniret worden seindt.
4 Der Schwedische r Flügel und folgends Ihre Armée.
5 Brandenburgische Reuterej wie sie gestanden und folgends getroffen.
6 Die erste attaque des Anhaltischen Regiments, welches zuerst auff die Döllwigschen gegangen und poussiret worden, hernach die Chur Fürstlichen Trabanten auff, den Feind getroffen, und denselben stutzig gemacht. Darauff die Dörfflingsche und Bomsdorffsche Dragouner in

ihren posto, über die maßen feuer gegeben, darbejfolgends Ihre Durchl. der Landgraff von Heßen Homburg, auch Ihre Excell. General Lieutenant Görtzke und Obriste Mörner zu hülffe kommen, auff den Feind getroffen, davon das Dölwigsche Regiment gäntzlich niedergehauen worden.

7 Die gegend woselbst Seine Chur Fürstl. Durchl. nebst Ihro Excell. dem Herrn General Feld Marschall Frhr. von Dorffling sich auffgehalten und Commandiret haben.

Die Eintragung oben rechts «DER RIEHN» bezieht sich auf das Flüßchen Rhin, welches das Rhinluch nordwestlich von Berlin entwässert und in die Havel mündet. Südlich des Rhin liegen die Ortschaften Hakenberg und Fehrbellin.

Unten rechts triumphiert der brandenburgische Adler über erbeuteten Schwedenwaffen. Auf dem Schriftband steht VENI VIDI VICI, «Ich kam, sah und siegte», der berühmte Ausspruch des römischen Feldherrn Gaius Iulius Caesar nach seinem Sieg bei Zela, 47 v. Chr. Dieser Kupferstich von Gottfried Bartsch wurde angeblich im Auftrag des Großen Kurfürsten angefertigt. Bildarchiv Preußischer Kulturbesitz

20 Für den Großen Kurfürsten (rechts) kämpfte bei Fehrbellin auch Landgraf Friedrich II. von Hessen-Homburg, der «Prinz von Homburg» (Mitte), den Heinrich von Kleist in seinem Drama verewigte. Schabkunstblatt von Johann Joseph Freidhoff (1768–1818) nach einem Gemälde von Carl Kretschmar (1769–1847) aus dem Jahre 1802. Bildarchiv Preußischer Kulturbesitz

21 1683: Brandenburgische Schiffe ankern vor der westafrikanischen Goldküste, und Soldaten erbauen das vierzackige Fort Groß-Friedrichsburg. Nach einer Skizze des Kapitäns von Schnitter, der die beiden kurbrandenburgischen Schiffe «Kurprinz» und «Mohrian» befehligte und den Ausbau des Forts leitete. Historia-Photo, Bad Sachsa

22 Brandenburger in Afrika: Sie nehmen das Land, wo wenig später das Fort errichtet wird, für den Großen Kurfürsten in Besitz. Auf der Fahrt nach Berlin gehören auch einige «Mohren» zur Ladung. Historisierender Holzstich aus dem 19. Jahrhundert. Historia-Photo, Bad Sachsa

23 Belagerung von Stettin 1677: Die pommersche Hafenstadt wird vom Großen Kurfürsten erobert. Bildteppich von Mercier im Schloß Charlottenburg. Vergleiche oben die Bemerkung zu Abb. 18. Bildarchiv Preußischer Kulturbesitz

24 Landung auf Rügen 1678: Friedrich Wilhelm (Mitte) besetzt im Krieg gegen Schweden die pommersche Insel. Historisierender Holzstich aus dem 19. Jahrhundert. Historia-Photo, Bad Sachsa

25 Der kurfürstliche Bezirk in Cölln auf der Spreeinsel.

A: das Schloß. W: der Wasserturm, über den das Spreewasser ins Schloß geleitet wird. F: der Dom. B, C: der Lustgarten. Y: die Hundebrücke, die geradewegs zur Lindenallee führt (dort seitliche Beschriftung: «Gehet bis in den Thiergarten, ist 290 Reinl[ändische] Rutten lang»). Bildarchiv Preußischer Kulturbesitz

26 Der Hof vor dem Schloß (links) mit Blick auf den Dom im Hintergrund war ein belebter Platz. Bildbeschriftung: «Prospect des Vor-Hoffes im Schloss, Ihrer Chur-Fürstl: Durchl: von Brandenburg: zu Cölln an der Spree. 1 das Schloss. 2 der Schene Saal. 3 Eingang in Inneren Hoff. 4 der Eingang oder Porten. 5 die Dom Kirch. 6 die Latern.» Aquarellskizze von Johann Stridbeck d. J. aus dem Jahre 1690. Bildarchiv Preußischer Kulturbesitz

27 Im Jahrhundert des Großen Kurfürsten ziehen in wachsender Zahl Zeitungsverkäufer durch das Land und verbreiten die Nachricht von großen und kleinen Begebenheiten. Kupferstich von Fischer nach einem Gemälde von J. J. van Vliet. Bildarchiv Preußischer Kulturbesitz

28 Das Rechtswesen des 17. Jahrhunderts steckt noch tief im Mittelalter. Wer gegen Recht und Moral der Zeit verstößt, muß mit schweren körperlichen Strafen rechnen: hier Halseisen und Frondienst im Schanzenbau. Bildarchiv Preußischer Kulturbesitz

29 Einspritzung von Arzneien in die Blutadern von Berliner Leibgardisten. Der kurfürstliche Leibarzt Johann Sigismund Elsholtz berichtet über seine Menschenversuche in dem wissenschaftlichen Lehrbuch «Clysmatica nova» («Neue Clystierkunst»), Cölln 1667. Bildarchiv Preußischer Kulturbesitz

30 Nie zuvor wurde soviel erforscht und entdeckt. Die Wissenschaften machten sich endgültig frei von der Bevormundung durch die Theologie. Die Astronomie bestätigt die Theorien des Kopernikus über das neue Bild vom Kosmos. «Der Sternseher», Kupferstich aus «Hauptstände» von Weigel, 1698. Der Text zu dieser Darstellung lautet:

Der Sternseher
Der Frommen Himmels Schein scheint Erden Augen klein
Deß Himmels Lauff in Zirckel-Ringen
zumessen, und so hoch sich schwingen,
ist viel: doch trägt es mehrers ein,
So auff den Lebens-Lauff zusehen,
daß, wann uns Zeit und Tod umdrehen,
wir dorten feste Sternen seyn.

Bildarchiv Preußischer Kulturbesitz

31 In heldischer Pose: Das berühmte Reiterstandbild des Großen Kurfürsten von Andreas Schlüter, 1696 begonnen, auf der Langen Brücke (Aufnahme von 1944). Heute steht es vor dem Charlottenburger Schloß. Bildarchiv Preußischer Kulturbesitz

Namenregister

BERLIN
soll von ALBERTO sugenant Ursus,
der Beer von Anhalt Marggraffen su Brandenburg erbauet sein u. daher den Namen Berlin überkommen haben, da re neystlich suge, nomen hat sie A:1380 eine grosse Feuersnoth ausgestanden, ihr ist aber hernach gewaltig wider auffgeholffen, u. mit mehrern Privilegen begabet worden, da aber A:1440 ihre Burger des guten Glücks halber so sie in der Kauffmanschafft gehabt übermuthig worde u. sich an ihrem Rath vergriffen hat Marg. graff Friderich ihre Freyheit beschnitt u. ein Schlos allhier gebauet u. haben solgends die Churfürsten su Brandenburg ihr Hofflager allhier angestellet, sie liget an dem Flus Spree der sich bey Spandau in die Havel mit derselben aber bey Werben in die Elbe ergiset. In der Closter Gassen ist das Haus worinen die Alte Churfürsten Hoff gehalten, diese Statt ist nicht sonders gros, hat 3 Thor u. wird in 4. Kirche geprediget. Gegen Berlin über dem Wasser lieget die Statt COLLN allwo die Churfürstlich nu Königliche

(Bildbeschriftungen auf der Karte:)
SPREE FLUS
Spandauer Thor
Long Brucken
Das neue Thor
BERLIN